Lebensraum Wald: Baumstubbe

Ein Heer von Kleinlebewesen wie Gliederfüßer, Pilze und Bakterien arbeitet systematisch an der notwendigen Zerstörung der Baumstubben – ein Musterbeispiel von perfektem Materialrecycling in der Natur. Auf dem frischen Baumstumpf (links) sonnt sich ein Trauermantel, den mittleren halb zerfallenen Stumpf besiedeln Stockschwämmchen und Geweihkeulen. Rechts ist der Stumpf schon fast verrottet.

Lebensraum Meer

Einer über dem anderen: Die Gezeiten mit ihren rhythmisch wechselnden Wasserständen sind der wirksamste Faktor, der die Sitzplätze auch auf dem Pfahlwerk von Buhnen oder anderen Uferbefestigungen verteilt. Oben siedeln sich die Arten an, die das Trockenfallen während der Ebbe ertragen, während unten die Meeresbewohner sitzen, die ständig von Wasser umgeben sein müssen.

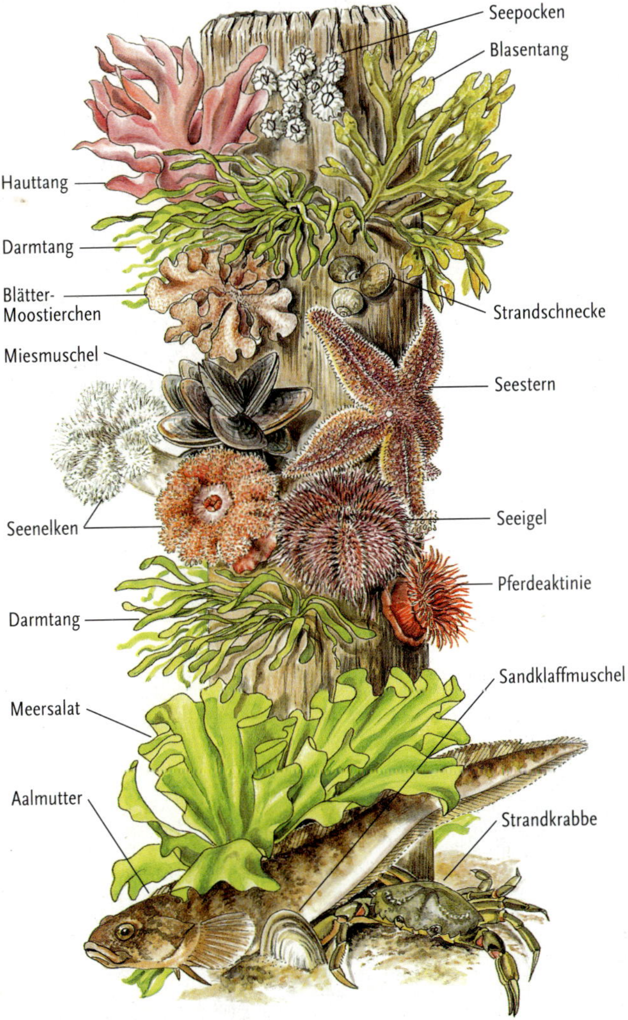

Bruno P. Kremer
Ralf Blauscheck
Klaus Janke

Der Kosmos Naturführer

für unterwegs

KOSMOS

Zu diesem Buch

Der *Kosmos-Naturführer für unterwegs* begleitet Sie während der vier Jahreszeiten Frühling, Sommer Herbst und Winter durch fünf verschiedene Lebensräume. Diese Lebensräume sind der Wald, Süßgewässer wie Tümpel, Bach und Weiher, die Wiese, das Meer und die Alpen. Jeder Lebensraum wird in einem einleitenden Kapitel kurz vorgestellt (siehe Seiten 8 – 67). Anschließend besuchen Sie alle Lebensräume in den Jahreszeiten Frühling (siehe Seiten 68 – 193), Sommer (siehe Seiten 194 – 345), Herbst (siehe Seiten 346 – 455) und Winter (siehe Seiten 456 – 541).

Winter
Herbst
Sommer
Frühling

Die einleitenden Kapitel zu den einzelnen Lebensräumen sind grau unterlegt.

Die vier Jahreszeiten
Jede Jahreszeit erkennen Sie an der Farbe, mit der der Text unterlegt ist. So sind die Frühlingsseiten gelb, die Sommerseiten grün, die Herbstseiten ockerfarben und die Winterseiten blau getönt. Daran können Sie in diesem Naturführer leicht erkennen, in welcher Jahreszeit Sie sich gerade befinden.

Die fünf Lebensräume
Jeder Lebensraum ist an einem Symbol neben der Seitenzahl leicht zu erkennen. Interessieren Sie sich beispielsweise für den Wald, so müssen Sie nur die Seiten mit dem Waldsymbol suchen.

Lebensraum Wald

Lebensraum Tümpel, Bach und Weiher

Lebensraum Wiese

Lebensraum Meer

Lebensraum Alpen

Inhalt

Lebensraum Wald

Lange Zeit war das Verhältnis der Menschen zum Wald ausgesprochen zwiespältig. In früheren Jahrhunderten galt der Wald vor allem als dunkel, undurchdringlich oder gar unheimlich. Zahlreiche Mythen und Märchen zeichnen kein sehr günstiges Bild vom Wald, in dem wilde Tiere hausen, die knorrigen Baumstämme Grimassen schneiden, die Äste dem einsamen Wanderer ins Gesicht schlagen oder die Wurzeln nach seinen Füßen langen. Obwohl aus dem Wald schon immer wertvolle Rohstoffe und sogar ein Großteil der Nahrung bezogen wurde, blieb er ein finsterer, sogar als lebensfeindlich verschrieener Ort, in dem sich nur zwielichtige Gestalten wie Holzknechte, Wegelagerer, Wilddiebe oder Kräuterhexen zurechtfanden. Etwas von diesem alten Gefühlshorizont wird immer noch lebendig, wenn man einen Wald bei Dunkelheit erlebt oder eine geschlossene Waldung in unübersichtlichem Gelände durchqueren möchte. Zugegeben: Früher waren die objektiven Gefahren für Leib und Leben im Wald sicherlich größer.

Spätestens in der Zeit der Romantik wandelte sich das Naturverständnis geradezu grundlegend. Natur erhielt nun neue und vor allem positiv besetzte Gefühlswerte. Auch der Wald war nicht mehr länger die bedrohliche Wildnis, die man weithin zu meiden oder entschlossen zu bekämpfen hatte. Anstelle des Feindbildes trat allmählich eine schon fast ökologisch betonte Sichtweise mit wachsendem Verständnis für die zahlreichen Wohlfahrtswirkungen und für die unentbehrliche Rolle im Naturhaushalt. Saftiges Sommergrün, munteres Vogelgezwitscher oder beruhigendes Wipfelrauschen wurden jetzt zu Erlebnisinhalten, die zuvor weithin unbekannt waren und nunmehr das neue Gefühlsbild des Waldes mitbestimmten – wohl auch deshalb, weil sich in der Arbeitswelt der Menschen fast gleichzeitig eine zunehmende Naturentfremdung vollzog. Fast selbstverständlich forderte dieser Verlust auf der anderen Seite einen emotionalen Ausgleich, und dafür war der grüne, lebensfrische Wald gerade recht.

Ganz ähnlich bewerten wir den Wald heute. Wir wissen ziemlich gut Bescheid um seine Bedeutung für natürliche Ressourcen wie Luft und Wasser, für die ständige Bereitstellung nachwachsender Rohstoffe oder seine Wirkung in einem abwechslungsreichen, ansprechenden Landschaftsbild. Wir erfahren im Wald zudem einzigartige und ungemein vielgliedrige Lebensgemeinschaften. Und schließlich brauchen wir den Wald nicht nur als materiellen Versorgungsträger, sondern auch für die körperliche und seelische Erholung. Das Erleben von Natur oder Naturnähe ist nicht ersetzbar. Die grüne Lebensfreude Wald, um mit Bertold Brecht zu sprechen, hat in unserem Leben einen sehr hohen Stellenwert. Auf Dauer kann sich wohl niemand in einer künstlichen Umwelt aus Plastik, Metall und Beton wohl fühlen. Ab und zu muß der Mensch vor der von ihm geschaffenen Alltagswelt Reißaus nehmen. Die sonntäglich überfüllten Wanderparkplätze rund um die großen Waldgebiete sind dafür ein sehr überzeugender Beweis. So wandelte sich der unheimliche Urwald zum freizeitbetonten Er-

Einladung zur Erkundung: Artenreicher Bergahorn-Ulmenwald.

holungspark. Um so mehr muß es wohl auch mit Sorge erfüllen, wenn das flächengrößte Ökosystem unseres Landes durch bedenkenlos freigesetzte Schadstoffe aus der Umwelt in Existenznot geraten ist.
Die facettenreiche Lebensgemeinschaft Wald in allen ihren Erscheinungsformen bietet vieles für Auge und Ohr, für Hirn und für Herz, und dies auch noch zu allen Jahreszeiten. Aber sie erschließt sich vielleicht nicht immer von selbst. Aus diesem Grunde werden im vorliegenden Buch – beginnend mit dem Frühjahr – zahlreiche Waldspaziergänge vorgeschlagen, die jeweils ein besonderes Schwerpunktthema in den Vordergrund rükken.
Unser Erlebnisraum sind dabei die Wälder und Forsten, wie man sie in der Niederungslandschaft oder im Mittelgebirgsraum antrifft. Einige weitere erlebniswerte Waldtypen wie etwa die Auenbereiche an Flüssen oder die eigenartigen Gehölzformationen im Hochgebirge stellen Ihnen die verschiedenen Anregungen in den Teilkapiteln über die Binnengewässer bzw. die Alpen vor. Viele der in den einzelnen Waldspaziergängen vorgestellten Themen sind jedoch auch an den Gehölzen im Stadtpark oder selbst an einer bunt gemischten Gartenhecke in der Nachbarschaft nachvollziehbar. So muß man nicht in den nächsten Wald gehen, um die geschilderten Naturphänomene selbst zu erleben.

Vom Werden des Waldes

Nicht immer war die Waldflächenverteilung so, wie sie sich heute im Kartenbild darstellt. Und auch die Artenzusammensetzung hat im Verlauf der Jahrtausende immer wieder erhebliche Veränderungen erfahren.
Das heutige Waldbild ist das Ergebnis von zwei Prozessen, die sich zum Teil überlagern: Auf der einen Seite steht die nacheiszeitliche Waldentwicklung, auf der anderen der wirtschaftende Mensch mit seinem in historischer Zeit stark angewachsenen Flächenverbrauch.
Während der Kalt- oder Eiszeiten sah der etwa 400 Kilometer breite Gürtel zwischen den nordischen und den alpinen Eisrandlagen etwa so aus wie Skandinavien nördlich des Polarkreises – baumlose Tundra mit Dauerfrostboden und nur fleckenweise unterbrochen von Zwergstrauchbeständen.
Nach der Eiszeit folgte eine Phase, in der im wesentlichen nur Weiden, Birken und Kiefern mit geringer Deckung vertreten waren (Parktundrenzeit bis etwa 8000 v. Chr.). Dann wurde das Klima freundlicher. Birken, Kiefern, Weiden und Zitter-Pappeln rückten weiter nach Norden vor. Im westlichen Mitteleuropa zogen dafür zunehmend die Kennarten des Eichen-Mischwaldes ein, nämlich Ulmen, Eschen, Linden und Eichen. Anfangs wurden sie noch von ausgedehnten Hasel-Beständen begleitet. Später breiteten sich reine Ulmen-Linden-, Linden-Ulmen- oder zu-

Die Hudedeiche entwickelte sich so prächtig, weil ihr in früheren Jahrhunderten durch Waldweide die Konkurrenz genommen wurde (oben).

Ein naturnaher Wald ist räumlich, nach Arten und in der Altersstruktur immer vielfältig gestaffelt (links).

letzt auch Eichen-Linden-Wälder aus. Erst in den letzten beiden vorchristlichen Jahrtausenden entwickelte sich die Buche von Westen her zum beherrschenden Laubbaum – die lichten Eichen-Mischwälder wurden von schattigen Buchenwäldem abgelöst. Nur die höheren Berglagen blieben Tannen und Fichten reserviert.

Vor etwa 5000 Jahren begann in Mitteleuropa auch die gemeinsame Geschichte von Wald und Mensch. Solange sich die steinzeitlichen Menschen als Jäger und Sammler ernährten, blieben die Einflüsse auf die Pflanzendecke sicherlich gering. Seit der Jungsteinzeit wurde der Mensch jedoch zum Ackerbauern – durch eigenes Wirken mußte bereitgestellt werden, was die Natur an Versorgungsgütern vorenthielt. Zunächst wurden im dichten Wald kleinere Ackerflächen gerodet. Auch die Viehhaltung war während dieser Zeit nur mit Hilfe der Waldweide möglich. Der Wald wurde allmählich aufgelichtet. In fränkischer Zeit wurden die immmer noch ausgedehnten Wälder systematisch erschlossen. Bis etwa zum 15. Jahrhundert stellte sich ungefähr die Flächenverteilung ein, wie sie bis zur Zeit der industriellen Revolution vorlag.

Nur wenige große Waldgebiete blieben von der zunehmenden Nutzung ausgeschlossen (Bannwälder, beispielsweise der Reichswald bei Nürnberg oder der Schönbuch bei Stuttgart). In allen übrigen Gebieten wurden die Holzvorräte als Brennmaterial für Hüttenbetriebe, Salzsiederei, Glasherstellung und andere Gewerbezweige eingeschlagen. Der Niedergang der Wälder schien während dieser Zeit unaufhaltsam.

Erst im 19. Jahrhundert setzte sich zunehmend die Erkenntnis durch, daß man den Wald nicht schrankenlos ausbeuten darf; sondern daß er generationenübergreifende Pflege braucht, um dauerhaften Ertrag abzuwerfen. Zu Beginn des letzten Jahrhunderts wurde in Preußen die forstliche Betriebslehre entwickelt. Erst danach entstand eine systematische Forstwirtschaft, die sich um den Neuaufbau von Wäldern und Forsten bemühte.

Ökosystem Wald

Der Wald ist ein ungemein komplexes Gefüge aus verschiedenen Lebensgemeinschaften, die untereinander allesamt vernetzt sind und daher auch voneinander abhängen. Solche Lebensgemeinschaften (Biozönosen) bilden zusammen mit ihren Lebensräumen (Biotopen) ein Ökosystem, das man am besten von seinem Betriebsablauf her verstehen kann. Ein Ökosystem zeigt nämlich immer eine Dreigliederung in Produzenten, Konsumenten und Destruenten. Produzenten sind in jedem Fall die grünen Pflanzen des Waldes, angefangen bei den winzigen Erd- und Rindenmoosen bis hin zu den höchsten Bäumen. Nur diese grünen Pflanzen besitzen die Fähigkeit zur Photosynthese, der Produktion organischer Verbindungen aus Wasser und Kohlendioxid mit Hilfe der Strahlungsenergie des Sonnenlichts. Photosynthetisch aktive Pflanzen stellen somit die Betriebsstoffe eines Ökosystems her – pflanzliche Biomasse, die von anderen Lebewesen als Nahrung verzehrt und verwertet werden kann. Die Verzehrer oder Konsumenten gehören dem zweiten Funktionssegment eines Ökosystems an. Konsumenten sind zunächst einmal die Pflanzenfresser, dann aber auch alle Tiere, dic sich von Pflanzenfressern ernähren.

Weil die Konsumenten sehr viel schneller fressen, als die Produzenten nachliefern können, müssen beide Funktionsgruppen in einem ausgewogenen Verhältnis zueinander stehen (gewöhnlich im Bereich 99:1), das beiden das Überleben sichert. Konsumenten sind im Ökosystem Wald die unterschiedlichsten Tiergruppen, beispielsweise die Schnecken, das unendliche Heer der Insekten, aber auch Wirbeltiere wie Amphibien, Reptilien, Vögel oder Säuger.

Zum kompletten Ökosystem Wald gehören aber auch die Zersetzer oder Destruenten. Ihnen fällt die wichtige Aufgabe zu, durch Abbau von Totmaterial dafür zu sorgen, daß die Produzenten und Konsumenten nicht im eigenen Abfall untergehen. Bakterien, Pilze und etliche Kleinlebewesen aus verschiedenen Verwandtschaftsgruppen sind mit diesem Problem befaßt.

Die verschiedenen Lebensräume des Waldes sind stockwerkartig

Waldinseln prägen sehr das Erscheinungsbild der Kulturlandschaft.

gestaffelt, so daß sie umgekehrt für die unterschiedlichsten Besiedler und Lebensgemeinschaften attraktiv werden. Der Stockwerkbau beginnt bereits mit dem Boden, dem Fundament des Waldes, das die Pflanzen verankert und ihnen ständig mineralische Nährstoffe zufließen läßt. Über mehrere Schichten geht der Mineralboden in den Abfallhorizont mit seinem abgeworfenen und verrottenden Blattmaterial über, in dem sich gleich scharenweise Kleinlebewesen aufhalten. Wo es die Lichtverhältnisse zulassen, breiten sich größere Moospolster aus. Auch sie werden von einer unübersehbaren Anzahl mikroskopisch kleiner Organismen bewohnt. In der Krautschicht konkurrieren Farnpflanzen, Waldgräser und Waldblumen um Licht und Raum. Auch die Sämlinge von Sträuchern und Bäumen gehören zeitweise dieser Etage an. Die eigentliche Gehölzdomäne beginnt jedoch erst mit der Strauchschicht, die ihrerseits verschiedene Untergliederungen mit niedrigen, mittelwüchsigen und sehr großen Sträuchern aufweist. Der Bereich der Baumkronen, die die voraufgegangenen vier Stockwerke überschirmen, schließt nach oben ab. Bis oberhalb der 30-Meter-Marke ragen in einem artenreichen Laubmischwald Eichen, Ulmen oder Eschen auf. Rot-Buche und Hainbuche vertreten neben Berg-Ahorn oder Winter-Linde die Baumgestalten der 25-Meter-Klasse. Kleinere Waldbäume, die aber selbst noch die Großsträucher klar übertreffen, wären beispielsweise Erlen,

Naturverjüngung und Artengefüge bestimmen den Stockwerksbau des Waldes.

Wildkirschen, Feld-Ahorn oder auch Weißdorn.
Die Anzahl der gut entwickelten Stockwerke und ihrer Untergliederungen könnte man geradezu als Maß für die Natürlichkeit eines Waldes oder einer Waldgesellschaft verwenden. Je reichhaltiger die dreidimensionale Struktur ausfällt, um so zahlreicher sind auch die Tierarten, die sich in den verschiedenen Teilbereichen einfinden.
Eine Vorstellung von der zunächst gewiß nicht sichtbaren Artenvielfalt mag die Tatsache geben, daß man in und an einer Eiche bei gezielter Nachsuche mehr als 500 verschiedene Insektenarten nachweisen kann. In einem bunt zusammengewürfelten Mischwald mit üppigem Pflanzenangebot summieren sich die Artenzahlen rasch auf etliche Tausend.

Demgegenüber wirkt eine Monokultur aus Fichten völlig unterbesetzt und wie ein schmaler Ausschnitt aus der potentielllen Vielfalt. Zwar leben auch im Nadelforst mehrere Pflanzenarten und recht viele Kleintiere, doch reichen die Artenzahlen nicht einmal entfernt an das Gewimmel in einem Laubwaldbestand heran. Eine Monokultur mit Reinbeständen ist kein gewachsenes, sondem ein gelenktes Ökosystem mit vielen Schwächen und Nachteilen. Ökologisch sind solche unvollständigen Gebilde ziemlich minderwertig – einmal ganz abgesehen davon, daß sie auch im Wald- und Landschaftsbild eher störend wirken.

Waldgesellschaften

Wald ist noch lange nicht gleich Wald. Auch wenn man davon ausgehen muß, daß die ehemaligen natürlichen Wälder nutzungsbedingt allesamt ziemlich stark verändert wurden und Aufforstungen strenggenommen nicht einmal richtige Wälder sind, bleibt die spontane Artendynamik im Ökosystem Wald dennoch wirksam. So finden sich abhängig von der geographischen Lage, von den jeweiligen Bodenverhältnissen, vom Klima und vielen weiteren Standortfaktoren in den Wäldern charakteristische Artenkombinationen ein, die unter gleichen Bedingungen immer wieder miteinander auftreten. Solche Gefüge sind das Arbeitsgebiet der Pflanzensoziologen, die immer wieder zusammen vorkommende Arten als Pflanzengesellschaften beschreiben und untergliedern. Etwa ein Dutzend Waldgesellschaften kann für das Gebiet der Bundesrepublik Deutschland und das benachbarte Mitteleuropa als repräsentativ gelten, wenngleich damit die tatsächliche Anzahl verschiedener Waldtypen oder ihrer besonderen standörtlichen Ausprägungen gewiß nicht vollständig erfaßt ist. Für eine orientierende Übersicht reicht die nachfolgende Gliederung jedoch allemal aus.

Für die einzelnen benannten Waldgesellschaften sind die wichtigsten Kennarten jeweils angegeben. Dabei bedeuten

B Baumarten (Bestandsbildner und Begleiter)
S Straucharten (oft nur im Saum der betreffenden Gesellschaft)
K Krautige Pflanzen (Farne, Gräser, Stauden)

Buchenwälder

Hainsimsen-Rotbuchenwald

Weit verbreitete und ziemlich häufige, aber vergleichsweise artenarme Waldgesellschaft des Hügel- und Berglandes über saurem Ausgangsgestein.
B Rot-Buche, Trauben-Eiche, Vogelbeere, Zitter-Pappel
S Jungwuchs der Bäume, Faulbaum, Wald-Geißblatt
K Weiße Hainsimse, Draht-Schmiele, Dornfarn, Wald-Sauerklee, Heidelbeere, Wald-Ehrenpreis, Wiesen-Wachtelweizen, Maiblume

Perlgras-Rotbuchenwald

Recht häufige Waldgesellschaft auf stärker basenhaltigen Verwitterungsböden des Hügel- und Berglandes, in der Niederungslandschaft seltener vertreten. Ziemlich artenreiche Krautschicht.
B Rot-Buche, daneben auch Berg-Ahorn, Esche, Berg-Ulme
S fehlen im geschlossenen Bestand, nur am Waldmantel
K Einblütiges Perlgras, Waldmeister, Busch-Windröschen, Goldnessel, Vielblütige Weißwurz, Lungenkraut, Wald-Sanikel, Wald-Bingelkraut, in höheren Lagen auch Zwiebel-Zahnwurz und Quirlblättrige Weißwurz

Tannen-Rotbuchenwald

Typische Waldgesellschaft der höheren Mittelgebirgslagen Süddeutschlands (Schwarzwald, Schwäbische Alb, Bayerischer Wald), auf Böden mit mittlerer bis guter Basenversorgung.

B Rot-Buche, Weiß-Tanne, Gemeine Fichte, Berg-Ahorn, Berg-Ulme
S Trauben-Holunder, Rote Heckenkirsche, Hasel, Weißdorn
K Wald-Schwingel, Rundblättriges Labkraut, Hasenlattich, Wald-Schachtelhalm, Weiße Pestwurz, Eisenhutblättriger Hahnenfuß, Eichenfarn, Rasen-Schmiele

Eichen-Hainbuchenwälder

Eichen-Hainbuchenwald

Recht typenreiche Laubwaldgesellschaft in den Niederungsgebieten sowie in den Tallagen des Hügellandes, besonders häufig in Norddeutschland, als Labkraut-Hainbuchenwald auch in den wärmeren Gebieten Süddeutschlands.

B Stiel-Eiche, Trauben-Eiche, Hainbuche, Berg-Ahorn, Feld-Ahorn, Esche, Vogelbeere, Winter-Linde, Rot-Buche, Vogel-Kirsche
S Hasel, Weißdorn, Pfaffenhütchen, Schlehe, Gemeiner Schneeball, Roter Hartriegel
K Große Sternmiere, Wald-Zwenke, Flattergras, Goldnessel, Hain-Rispengras, Maiglöckchen, Wald-Labkraut

Erlen-Auenwälder

Eschen-Ulmen-Auenwald

Außerordentlich artenreiche Waldgesellschaft am Mittel- und Unterlauf der Ströme und Flüsse, oft auch als Hartholzaue bezeichnet; exemplarisch schön entwickelt im Taubergießen/Oberrhein.

B Stiel-Eiche, Feld-Ulme, Esche, Flatter-Ulme, Feld-Ahorn, Berg-Ahorn, Winter- Linde, Schwarz-Erle
S Weißdorn, Schlehe, Roter Hartriegel, Hasel, Kreuzdorn, Gemeiner Schneeball, Schwarzer Holunder, Waldrebe, Hopfen
K Lerchensporn, GelbesWindröschen, Wald-Goldstern, Scharbockskraut, Aronstab, Moschuskraut, Einbeere, Nelkenwurz, Rote Lichtnelke, Gundelrebe und zahlreiche weitere Arten

Erlen-Eschenwälder

Saumartig entwickelte Waldgesellschaft an den Uferzonen von Bächen und kleineren Flüssen im Berg-, Hügel- und Niederungsland. Je nach Höhenlage unterschiedliche Artenzusammensetzung.

B Schwarz-Erle, Esche, Berg-Ahorn, Stiel-Eiche, Trauben-Kirsche
S Weißdorn, Rote Heckenkirsche, Gemeiner Schneeball, Roter Hartriegel, Bruch-Weide
K Winkel-Segge, Hain-Sternmiere, Bitteres Schaumkraut, Scharbockskraut, Knotige Braunwurz, Kriechender Günsel, Mädesüß, Blut-Weiderich, Kohl-Gänsedistel

Der Auenwald (Weichholzaue) ist eine besonders interessante natürliche Waldgesellschaft.

Bruch- und Moorwälder

Erlen-Bruchwald

Selten gewordener Waldtyp auf staunassem Niedermoorboden, vor allem in Nord- und Nordwestdeutschland entwickelt.

B Schwarz-Erle, Moor-Birke, Vogelbeere
S Schwarze Johannisbeere, Grau-Weide, Ohr-Weide, Hopfen, Bittersüßer Nachtschatten
K Gelbe Schwertlilie, Sumpf-Lappenfarn, Königsfarn, Sumpf-Schachtelhalm

Birken-Bruchwald/Birken-Moorwald

Typische Waldgesellschaft in nassen, nährstoffarmen Senken und in den Randbereichen von Hochmooren, vor allem in Nord- und Nordwestdeutschland, gelegentlich auch in den Hochmoorgebieten der Mittelgebirge.

B Moor-Birke, Schwarz-Erle, Fichte, Vogelbeere
S Faulbaum, Ohr-Weide
K Moosbeere, Moorbeere, Pfeifengras

Wärmeliebende Eichenmischwälder

Eichen-Elsbeerenwald

Ausgesprochen wärmeliebender Wald auf trockenen Standorten, vor allem in Süddeutschland (Kaiserstuhl), in verarmter Form auch bis ins Mittelrheingebiet und seine großen Nebentäler.

B Trauben-Eiche, Flaum-Eiche, Elsbeere, Feld-Ahorn, Speierling, Französischer Ahorn
S Liguster, Berberitze, Wolliger Schneeball, Schlehe, Weißdorn
K Nickendes Leimkraut, Schwalbenwurz, Schwarze Platterbse, Blauroter Steinsame, Blutroter Storchschnabel

Eichen-Birkenwälder

Stieleichen-Birkenwald

Natürliche Waldgesellschaft auf nährstoffarmen Böden der nordwestdeutschen Heidegebiete, dort sogar als endemische Pflanzengesellschaft aufzufassen. Auf manchen Standorten kann die Rot-Buche in größeren Anteilen hinzukommen – dann wird dieser Waldtyp auch als Buchen-Eichenwald bezeichnet.

B Stiel-Eiche, Hänge-Birke, Vogelbeere, Wald-Kiefer, (Rot-Buche)
S Wald-Geißblatt, Wacholder, Faulbaum, Zitter-Pappel
K Draht-Schmiele, Heidelbeere, Schaf-Schwinge, Heidekraut

Hainsimsen-Traubeneichenwald

Weit verbreiteter Wald auf flachgründigen, mäßig nährstoffarmen Verwitterungsböden des Hügellandes und des tieferen Berglandes, häufig anzutreffen beispielsweise im Rheinischen Schiefergebirge, Odenwald, Spessart oder in der Rhön.

B Trauben-Eiche, Stiel-Eiche, Rot-Buche, Hänge-Birke
S Faulbaum, Brombeeren, Stechpalme (nur im Westen)
K Salbei-Gamander, Behaarte Hainsimse, Heidelbeere, Hain-Rispengras

Natürliche Nadelwälder

Heidelbeer-Fichtenwald

Natürlicher, typenreicher Fichtenwald (nicht Fichtenforst) der höheren Mittelgebirgslagen ab etwa 700 Meter.

B Gemeine Fichte, Vogelbeere, Weiß-Tanne
S Jungwuchs, sonst spärlich
K Siebenstern, Harz-Labkraut, Heidelbeere, Preiselbeere, Rippenfarn

Heidelbeer-Tannenwald

Natürlicher Nadelwald auf basenarmen Böden über silikatischem Ausgangsgestein, vor allem in den kontinental beeinflußten Gebirgen (östlicher Schwarzwald, Bayerischer Wald).

B Weißtanne, Gemeine Fichte, Wald-Kiefer, Rot-Buche, Hänge-Birke
S Faulbaum, Schwarzer Holunder, Hasel
K Heidelbeere, Draht-Schmiele, Wald-Hainsimse, Bärlappe

Der wohltätige Wald

Rund 39 Prozent der Fläche der Bundesrepublik Deutschland oder etwa 7,36 Millionen Hektar werden von Wäldern und Forsten eingenommen – nur etwa halb soviel, wie für die Landwirtschaft zur Verfügung steht, aber immerhin ein respektabler Flächenanteil, der groß genug ist, um weithin das Gesicht der Landschaft zu bestimmen. Um diesen Wald bemühen sich die Forstdienststellen, aber unter anderem auch Naturschützer und Landschaftspfleger. Warum ist es nun so wichtig, unsere Waldbestände gesund und leistungsfähig zu erhalten?

Aus dem Blickwinkel der Waldbesitzer (Staat, Gemeinden, Private) betrachtet, erfüllt der Wald gleich mehrere Nutzfunktionen. Die lebenden Bäume sind nachwachsende Rohstoffe, die irgendwann einmal zur Holzgewinnung dienen. In den Forstbetrieben und auch in den holzverarbeitenden Gewerbezweigen hängen somit vom Wald direkt und indirekt viele Zehntausende Arbeitsplätze ab. Vom Nutzen des Waldes spüren aber nicht nur die Waldbesitzer etwas. Jedermann darf sich an der sinnvollen und schonenden Nutzung der Waldfrüchte (beispielsweise Wald-Erdbeeren, Heidelbeeren, Preiselbeeren, Himbeeren oder Brombeeren) oder der eßbaren Waldpilze beteiligen. Bei der Nutzung der Wildbestände gibt es aus verständlichen Gründen Einschränkungen jagdrechtlicher Art.

Die tatsächliche Bedeutung der Waldbestände geht aber über ihre wirtschaftlichen Funktionen im weitesten Sinne erheblich hinaus. Die Wälder erfüllen nämlich eine ganze Reihe von wichtigen Aufgaben, die man zusammenfassend als landschaftsökologische Schutzfunktionen beschreiben könnte.

Der Wald reguliert den Wasserhaushalt der Landschaft.

Wälder sind wegen ihrer raumwirksamen Höhenstaffelung unsere wichtigsten Sauerstoffproduzenten. Wenn die Gehölze im Licht photosynthetisch aktiv sind, entnehmen sie der Atmosphäre Kohlendioxid zur Bindung in organische Moleküle, geben aber auch das gleiche Volumen an Sauerstoff ab. Allein dieser Vorgang ist ein richtiges grünes Wunder. Eine einzige ausgewachsene Rot-Buche von etwa 25 Meter Höhe und einer Gesamtblattfläche von mehr als 1500 Quadratmetern setzt an einem Sommertag ungefähr 7000 Liter Sauerstoff frei. Diese Menge ergibt 35

Waldwege: Erholung zu jeder Jahreszeit.

Kubikmeter saubere und sauerstoffreiche Atemluft – genug, um den Tagesbedarf von 50 Erwachsenen sicherzustellen. Wenn man diese Einzelleistung eines Baumes erst einmal auf einen größeren Bestand umrechnet, zeigt sich eindrucksvoll, wie unentbehrlich die grüne Lunge Wald für Siedlungen und Städte ist. Die stadtnahen Wälder sind nicht nur Freizeit- oder Erholungsräume. Noch wichtiger sind ihre lebenswichtigen Produktionsaufgaben.

Eine weitere landschaftsökologisch bedeutsame Waldfunktion ließe sich unter dem Begriff „Immissionsschutz" umschreiben: Bäume sind nämlich äußerst effektive Staubfilter. Im vielgliedrigen, dichten Blattwerk von Bäumen und Gehölzen wird die Freiland-Windgeschwindigkeit merklich reduziert. Die mit der Luft herangewehten Staubteilchen können sich daher sehr viel rascher absetzen. Über Städten enthält ein Kubikmeter Luft meist mehr als eine halbe Million Staubpartikel. In der gefilterten Waldluft sind es nicht einmal mehr 500. Ein Hektar Rotbuchenwald kann jährlich etwa 50 Tonnen Staub binden. Die gebundenen oder auf den Blättern anhaftenden Partikel werden vom Regen abgewaschen und können im Boden zur Humusbildung beitragen. Wenn es sich dabei allerdings um giftige Stäube aus industriellen Prozessen handelt, geht der Partikelfang den Wäldern jedoch letztlich an die Substanz.

Wälder regulieren in ganz beachtlichem Maße den Wasserhaushalt ganzer Regionen. In den Wurzelhorizonten des Waldbodens können große Mengen Niederschlagswasser zunächst gespeichert und anschließend mit zeitlicher Verzögerung wieder abgegeben werden. Bäche und Flüsse in Waldregionen führen nur selten Hochwasser. Nur in waldfreien Gebieten mit weiträumiger Flächenversiegelung geht alles Wasser sofort ab.

Ein großer Teil des gespeicherten Niederschlagswassers wird vom Wald verdunstet. Ein Hektar Laubwald setzt an warmen Tagen fast 30 Kubikmeter Wasser um. Dafür muß andererseits ein großer Betrag an Verdampfungswärme aufgewendet werden – der Grund dafür, daß es gerade bei heißem Sommerwetter im Wald angenehm kühl und auch immer spürbar feucht ist. Trotz der beachtlichen Menge, die ein Waldgebiet umsetzt, setzen die Bäume ihren Produktionsfaktor Wasser wesentlich sparsamer ein als die meisten Kulturpflanzen.

Heimliche Waldtiere sind Dachs (*Meles meles* – oben links), Baummarder (*Martes martes* – oben rechts), Waschbär (*Procyon lotor* – Mitte links) und Iltis (*Putorius putorius* – Mitte rechts). Wildschwein (*Sus scrofa* – unten links) und Rothirsch (*Cervus elaphus* – unten rechts) bevorzugen große, geschlossene Waldgebiete und sind recht häufig.

Lebensraum Tümpel, Bach und Weiher

Auf unseren Naturspaziergängen stoßen wir überall auf Lebensräume, die vom Wasser in unterschiedlichster Form geprägt werden und dort Flora und Fauna bestimmen: tropfende Felswände in einer Gebirgsklamm, schattige Bäche im Wald, kleine Tümpel in einer Feuchtwiese oder stille Seen in herbstlicher Landschaft – Wasser ist hier der bestimmende Faktor, mit dem sich die hier lebenden Pflanzen und Tiere zwangsläufig anfreunden müssen.

Während des Jahres wandelt sich das Gesicht der aquatischen Lebensräume grundlegend. Beginnend mit der erwachenden Natur nach der Schneeschmelze im Februar können wir die Grasfrösche – noch steif von den kühlen Temperaturen des Winters – bei ihrem Fortpflanzungsspiel beobachten. Die nur wenige Wochen später von hunderttausenden Kaulquappen wabernden Uferbereiche der Tümpel bleiben ebenso ein unvergessliches Erlebnis wie die pfeilschnellen Jagdflüge der Großlibellen im Hochsommer.

Bis auf die wenigen Frosttage, während derer in unseren Breiten das Leben auf Sparflamme läuft, bieten Gewässer uns das ganze Jahr über eine Schatzkiste voller beeindruckender Naturerlebnisse, die es zu entdecken gilt. Eine wichtige Voraussetzung dazu ist der vorsichtige und bewusste Umgang mit den Lebewesen des Wassers, da insbesondere der Nachwuchs an Land bereits nach kurzer Zeit Schaden erleiden kann. Auf zahllosen naturkundlichen Wanderungen erlebt man die Faszination des Lebensraumes Wasser immer wieder hautnah. Ob Kinder, Jugendliche oder Erwachsene – jeder kann dabei mit Erstaunen verfolgen, welch reichhaltige Ausbeute an verborgenen Wasserlebewesen jeder vorsichtige Zug mit dem Käscher an die Oberfläche befördern werden. Die Begeisterung für die bizarre Kleinlebewelt aus Kaulquappen, Libellenlarven, Wasserskorpionen und Molchen wird begleitet von unzähligen Fragen zu den Tieren, die im Käscher szappeln.

Leider wird in unserer von den Bautätigkeiten des Menschen bestimmten Umgebung den Gewässern nur selten die notwendige Beachtung entgegengebracht. Tümpel und Quellen verschwinden unter Erdmassen, Bäche werden zur schadfreien Ableitung des störenden Wassers noch immer verrohrt. Mit ihrer Zerstörung verlieren Tausende von Tieren unwiederbringlich ihren Lebensraum. Treu des Grundsatzes „Man schützt nur, was man kennt“ sollen die Kapitel über den Lebensraum Tümpel, Bach und Weiher die Augen für die verborgenen und heimlichen Schönheiten unter und über der Wasseroberfläche öffnen. Wer die strahlenden Kinderaugen nach einer erfolgreichen Tümpelexkursion gesehen hat, wird der drohenden Zerstörung eines Gewässers nicht mehr gleichgültig entgegensehen. Der Schutz der noch verbliebenen Feuchtgebiete ist deshalb ein vordringliches Ziel, das nur erreicht werden kann, wenn bereits Kinder durch eigene Beobachtungen den Wert dieser Lebensräume erkennen und schätzen lernen.

Kleine Gewässerkunde

Bevor wir unseren Naturspaziergang am Süßgewässer den Jahreszeiten entsprechend beginnen, sollten einige Grundlagen erläutert werden, die zu einem besseren Verständnis der Einzelbeobachtungen beitragen.
Zu den wichtigsten Faktoren, die einen Gewässertyp bestimmen, gehören
* Temperatur
* Sauerstoffgehalt
* Fließgeschwindigkeit
* Größe und Tiefe
* Nährstoffgehalt
* pH-Wert („Säurewert")

Das Interesse an der Natur sollte bereits in jungen Jahren geweckt werden. Eine Tümpelexpedition ist ein idealer Einstieg.

Es ist einleuchtend, daß die unterschiedlichen Bedingungen untereinander zusammenhängen, jedoch ist den meisten Naturfreunden kaum bekannt, welche Verknüpfungen bestehen. Das wohl wichtigste und auffälligste Phänomen ist das Zufrieren der Gewässer im Winter. Doch längst nicht alle Gewässer sind gleichermaßen betroffen, denn die Fließgeschwindigkeit eines Baches oder die Größe eines Weihers bestimmen den Grad und die Dauer des Zufrierens.
Aber auch der Sauerstoffgehalt und die Temperatur hängen eng zusammen: Das kühle Wasser eines Bergbaches kann aufgrund physikalischer Gesetzmäßigkeiten wesentlich mehr Sauerstoff

aufnehmen als das eines warmen Tümpels. Würden wir Tiere eines Bergbaches in einen besonnten, flachen Tümpel umsetzen, müßten sie schnell an Sauerstoffmangel sterben.
Zur besseren Übersicht teilen wir die heimischen Gewässer in drei Gruppen ein, die sich anhand ihrer Gemeinsamkeiten so am einfachsten beschreiben lassen:
1. Quellregion
2. Fließgewässer: Bäche und Flüsse
3. Stehende Gewässer: Tümpel, Teiche, Weiher, Seen
Die Vielfalt der Erscheinungsformen ist jedoch in jeder Gruppe so groß, daß nur die allgemeinen Grundlagen dargestellt werden können. Ein Tümpel in den Alpen hat zwar „Gemeinsamkeit" mit einem Tümpel im friesischen Flachland, jedoch wird das Alpengewässer je nach Gesteinsuntergrund, Umland, Besonnung und Höhenlage völlig anders aussehen. Dementsprechend wird sich auch die Tier- und Pflanzenwelt stark unterscheiden.

Klares, kühles Wasser kennzeichnet die meisten Tümpelquellen.

Die Quellregion

Die sprichwörtliche Reinheit des kristallklaren, sauberen Quellwassers besteht vielerorts heute nur noch in den Dorfgeschichten. In der Regel ist das ehemals saubere Quellwasser heute zu einem Giftmix von Abwasserrückständen aus Landwirtschaft und Haushalten verkommen.
Wenn das Grundwasser in einer Quelle an die Oberfläche tritt, hat es meist eine lange Reise durch Erdreich und Gestein hinter sich.

Die grünen Polster des Milzkrautes zeigen Sickerquellen an.

Die Mehrzahl der Inhaltsstoffe wird auf dem unterirdischen Weg durch feinste Poren und Hohlräume herausgefiltert. Quellwasser ist deshalb in der Regel nährstoff- und sauerstoffarm, zumal auch Abbauvorgänge in den oberen Bodenschichten dem Wasser Sauerstoff entziehen. Beim Austritt hat das Quellwasser aufgrund der Frostfreiheit tiefer Boden- und Gesteinsschichten trotz jahreszeitlicher Witterungsschwankungen eine gleichmäßig niedrige Temperatur von etwa 8–9 Grad Celsius.
Im Sommer fördert die Quelle kühles, im Winter im Vergleich zur Umgebung relativ warmes Wasser. Die Schwankungen betragen im Laufe eines Jahres oft weniger als 2 Grad Celsius. Auch in strengen Wintern frieren Quellen deshalb in der Regel nicht zu. Aber auch unter den Quellen finden wir verschiedene Ausprägungen, die in ihrer Beschaffenheit sehr variieren. Je nach Art des austretenden Wassers unterscheiden wir Sicker-, Tümpel- und Sturzquellen.
Die wohl häufigste Quellform sind Sickerquellen, die meist ein unscheinbares Dasein führen. Das Grundwasser sickert oberhalb einer wasserstauenden Schicht allmählich aus dem Erdreich. Große versumpfte Mulden, überzogen von einer wenig spezialisierten, aber eigenen Pflanzenwelt, sind typische Merkmale von Sumpf- und Sickerquellen. Hier finden wir bekannte Arten wie Milzkraut, Brunnenkresse oder Bitteres Schaumkraut. Die geringe oder weitflächig verteilte

Wasserführung wird allmählich in einer Vielzahl von Rinnsalen gesammelt und bildet den Quellbach. Die wenigen hochspezialisierten Quellbewohner verbringen ihr gesamtes Leben verborgen unter Pflanzen oder Fallaub. Die lichtscheuen Arten sind die ständige Dunkelheit des Grundwassers gewohnt und sterben bei Tageslicht und geringfügig höheren Wassertemperaturen sehr schnell ab. Arten wie der Höhlenflohkrebs, die Quellschnecke oder der Alpenstrudelwurm zählen zu diesen Quellspezialisten.

Wenn die austretende Wassermenge größer ist und stellenweise die leichteren Bodenbestandteile mitzureißen vermag, spricht man von einer Tümpel- oder Sprudelquelle.

Oft können wir die am Bodengrund aufsteigenden Sandfontänen „aufkochen" sehen, wenn das Wasser den Bodengrund hochwirbelt.

Tümpelquellen liegen in kleineren, oft nur einen Meter durchmessenden Mulden, in denen das aufgewirbelte Material allmählich immer weiter nach außen verlagert wird.

Das leichte und feinkörnige Material wird mitgespült, und reine Sandflächen am Boden zeigen deutlich eine Tümpelquelle an.

In größeren Quelltöpfen bildet die Pflanzenwelt oft gewaltige schwimmende Bestände aus. Charakteristisch sind Unterwasserpflanzen wie der Wasserstern und bestimmte Hahnenfußarten, aber auch Randbewohner wie die Brunnenkresse und das Bittere Schaumkraut.

Das Tierleben spielt sich hier nicht ganz so im Verborgenen ab wie in einer Sickerquelle. Oft finden wir in Tümpelquellen die gleichen Arten wie in oberflächenwassergespeisten Tümpeln. Amphibien wie Fadenmolche, Grasfrösche und Feuersalamander suchen zum Ablaichen gern Tümpelquellen auf. Dank der ständigen Zufuhr des relativ warmen Quellwassers werden im Winter die Lebensvorgänge kaum unterbrochen. Selbst in tiefverschneiten Quellen finden wir zahlreiche aktive Bewohner.

Die spektakulärste Form des Grundwasseraustritts, die Sturzquelle, finden wir besonders im Bereich der Hochgebirge, wo aus oft nur wenige Zentimeter großen Gesteinsritzen gewaltige Wassermengen ausströmen. Hier ist kaum Raum für Pflanzenbesiedlung. Alles, was sich der Kraft des Wassers in den Weg stellt, wird mitgerissen und zu Tal geschwemmt.

Auch an kleineren Erhebungen finden wir Sturzquellen. Dort, wo wasserstauende Schichten zu einem gerichteten Grundwasseraustritt führen, treten an Steilwänden und Hängen Sturzquellen zutage. Fließt das Wasser über Felskaskaden, kommt es häufig zu sogenannten „Rieselfluren": Flächen, an denen herabrieselndes Wasser einen ständigen Feuchtigkeitsfilm über Gestein und Pflanzen zieht. Viele übermooste Felswände zeugen von der Anwesenheit einer Rieselflur mit ihrer hochspezialisierten Lebewelt, die lediglich den hauchdünnen Wasserfilm auf Felsen und Pflanzen zum Oberleben benötigt.

Die Sturzquelle bahnt sich kraftvoll ihren Weg durch den Untergrund (oben).

Kleinere freigespülte Becken schafft das austretende Wasser von Sprudelquellen (unten).

Urwüchsig und gewaltig schießen die Wassermassen eines Gebirgsbaches zu Tal.

Fließgewässer

Der wichtigste und bestimmendste Faktor für alle Fließgewässer ist ihre Strömung geschwindigkeit. Die reißenden, tosenden Wassermassen in einem Gebirgsbach ebenso wie die des ruhig dahingleitenden Unterlaufes eines Flachlandflusses besitzen jeweils eine spezifische Tier- und Pflanzenwelt. Während die einen Lebewesen in der reißenden Strömung einen ständigen Überlebenskampf führen, was zu Anpassungen wie extremer Stromlinienform, Klauen, Haken und ausgefeilten Jagdmethoden geführt hat, trotzen im Unterlauf die Lebewesen dem Sauerstoffmangel und schadstoffbelasteten Schlamm.

Die Besiedler der quellnahen Bereiche sind an die Bedingungen des Oberlaufes angepaßt. Schon einige hundert Meter unterhalb können die meisten von ihnen nur kurze Zeit überleben. Besonders die höheren Temperaturen und der geringere Sauerstoffgehalt sind für sie lebensfeindlich.

Im Laufe der Bachfließstrecke verändern sich einige Merkmale sehr deutlich: Das allmählich langsamer fließende Wasser lagert im Oberlauf zunächst große Steinbrocken ab. Nach und nach weichen die hinterlassenen Steine ausgedehnten Schotterflächen bis sich im Unterlauf schließlich auch der feine Schlamm ablagert. So können wir anhand der Korngröße des Untergrundes die Strömungsgeschwindigkeit ablesen: Über 1,5 m pro Sekunde werden große Steine bewegt, bei 0,5 m/s noch Sand und ab 0,2 m/s nur noch der feine Schlamm.

Aufgrund der sinkenden Fließgeschwindigkeit und der dadurch länger einwirkenden Besonnung steigen gleichzeitig zum Unterlauf hin die Temperatur und deren jahreszeitliche Schwankungen. Im Sommer können an ruhigen, besonnten Flußabschnitten durchaus 20–25 Grad Celsius herrschen.

Mit der Temperaturzunahme sinkt aber auch der Sauerstoffgehalt: An der Mündung vermag das Wasser fast nur noch etwa die Hälfte des Sauerstoffes zu binden wie in der ständig kühlen Quellbachregion

Die wildbewegte Dynamik des Oberlaufes weicht im Laufe eines Bachlebens allmählich dem ruhigen, aber dennoch stetig seine Umgebung verändernden Mittelgebirgsbach. Während er im Oberlauf noch an sein tiefeingegrabenes Bett gefesselt ist, ver-

breitert er sich im Unterlauf scheinbar unregelmäßig: Ein naturnaher, noch nicht in ein Betonkorsett gepreßter Bach fließt in Mäandern durch das Tal. An den ruhigeren Innenschleifen, den sogenannten Gleitufern, lagert er mehr Schotter, Sand und Schlamm ab als an den außen liegenden Prallhängen, die vom Wasser nach und nach angenagt werden, so daß auf dieser Seite Steilufer entstehen. Man bezeichnet dieses sich ständig verändernde Fließverhalten eines Baches oder Flusses als Mäandrieren. Ein naturnaher Bach wird nicht selten nach dem Frühjahrs- oder Herbsthochwasser seinen Verlauf ändern, so daß es zur Ausbildung von Altarmen kommen kann.
Besonders im Flachland haben die großen Flüsse wie Rhein, Weser, Elbe und Ems ursprünglich gewaltige Altwassersysteme ausgebildet, deren Wert für die Pflanzen- und Tierwelt einzigartig war. Hier gab es Brutkolonien der Uferschwalben ebenso wie kopfstarke Bestände der Graureiher. Doch der Mensch hat im Rahmen von Hochwasser-Sicherungsmaßnahmen bis auf wenige Reste die Altwässer mit ihren begleitenden Auwäldern unwiederbringlich zerstört.
Von den Fischereiverbänden werden die Fließgewässer anhand des Fischbestandes in sogenannte Fischregionen eingeteilt und nach den dort anzutreffenden Hauptarten bezeichnet. Auf die Forellenregion im Oberlauf folgt die Äschenregion im oberen Mittellauf, danach tritt die Barbe als Leitfisch der Barbenregion auf. Zum Unterlauf hin, nachdem der Fluß seine wildbewegte Geschichte in die Landschaft geschrieben hat und zum großen, langsam dahingleitenden Strom wurde, haben wir zunächst die Brachsenregion. Darauf folgt die Kaulbarsch-Flunder-Region, die bereits von den Gezeiten beeinflußt wird und deshalb auch einen entsprechenden Salzgehalt aufweisen kann.
Neben den namengebenden Hauptarten finden sich überall Begleitarten, die durchaus in mehreren Fischregionen vorkommen können.

Der natürlich belassene Wiesenbach bietet zahllosen Lebewesen Lebensraum.

Stehende Gewässer

Im Vergleich zu der immer in Bewegung bleibenden Welt der Bäche wirken die Tümpel und Teiche, Weiher und Seen wie ruhende Pole in unserer Landschaft. Hier entdecken wir oft erst nach langem Suchen etwas Le-

bendiges im Gewirr der Wasserpflanzen oder des Uferröhrichts. Stehende Gewässer werden nach ihrer Größe und Entstehungsart eingeteilt.
Die kleinen, oft nur wenige Zentimeter tiefen Pfützen, die nach einigen regenfreien Sonnentagen bereits austrocknen können, bezeichnen wir als Lachen. Dies können ebenso die flachen Steinbruchgewässer sein wie eine kurzlebige, wassergefüllte Wagenspur auf einem Waldweg. Trotzdem kann sich eine erstaunlich reichhaltige Tierwelt darin aufhalten. Oft kommt es sogar zur Fortpflanzung einzelner, spezialisierter Amphibienarten (siehe Kapitel „Bis zum letzten Tropfen").
Die flachen, oft pflanzenlosen Pfützen können sich schon bei kurzer Besonnung auf 25–30 Grad Celsius erwärmen und verlieren dabei fast vollständig ihren Sauerstoffanteil.
Größere, mehrere Quadratmeter umfassende, beständigere Gewässer, die aber auch regelmäßig austrocknen und häufig nur weniger als 50 cm tief sind, stufen wir als Tümpel ein. In ihnen spielt sich bereits im zeitigen Frühjahr noch während der Schneeschmelze ein geschäftiges Treiben ab, wobei die darin lebenden Tiere die wenigen Wochen bis zum Trockenfallen nutzen, um den Nachwuchs groß zu bekommen. Bereits wenige Sonnenstunden reichen aus, um die Wassertemperatur an der Oberfläche auf über 25 Grad Celsius ansteigen zu lassen. Solchen Extrembedingun-

Wo Gehölzwurzeln das Ufer befestigen, sind künstliche Verbaue überflüssig.

Die Landwirtschaft hat vielerorts nur wenige Flachlandbäche so natürlich belassen.

gen sind nur wenige Lebewesen gewachsen – Fische fehlen hier in der Regel. Durch Wasservögel kann Fischlaich aber immer wieder eingeschleppt werden, so daß es wiederholt zur Neubesiedlung kommen kann.
Gerade in den Flußauen wird der natürliche Werdegang von solch kurzlebigen Kleingewässern wie den Tümpeln deutlich. Nach einem Hochwasser bleiben oft kleine flache Vertiefungen zurück, an denen die festigende Pflanzenschicht aufgerissen und das Erdreich ausgespült worden ist. Für einige Jahre stellen diese Tümpel neu zu besiedelnde Lebensräume dar, bevor sie wieder verlanden, weil aufgrund hohen Pflanzenwachstums die freie Wasserfläche einem verfilzten Dickicht weicht. Heute sind leider nur noch wenige Flüsse so ungebändigt, daß sie auf natürliche Weise ihre Umgebung immer wieder umgestalten. Auch durch die Ablagerung von Geschiebebänken aus Sand und Kies entstanden neben natürlich verlaufenden Flüssen oft kleine stehende Gewässer. In ihrem Erscheinungsbild sehr ähnlich sind die Sand- und Kiesgruben, in denen sich Wasser zu Lachen oder Tümpeln gesammelt hat. Dank des zunächst zerstörerischen Eingriffs des Menschen bieten sie Tieren und Pflanzen vergleichbare Bedingungen. Besonders die nur zentimetertiefen Lachen und pflanzenreichen Tümpel in der Nachbarschaft zu sonnenbeschienenen Sandhängen sind ideale Lebensräume aus Menschenhand. Die hier zu findende

Artenfülle verdeutlicht uns den enorm hohen Wert solcher Abgrabungen.
Neue Kleingewässer werden ohne Zutun des Menschen heute bei uns kaum noch entstehen. Bestehende Tümpel gehen durch den natürlichen Verlandungsprozeß verloren. Langfristig können diese wertvollen Lebensräume daher nur durch gestalterische Pflegemaßnahmen erhalten werden.
Tümpel können aber auch in einer Feuchtwiese entstehen, wenn sich hier in einer Bodensenke das Wasser sammelt und ein grundwasserbestimmtes Pflanzendickicht bildet. Im Laufe einiger Jahre kann bei allmählicher Bodenverdichtung und -absenkung ein dauerhafter Weiher entstehen, dessen Größe sich nicht viel von der eines Tümpels unterscheiden muß. Meist ist der Weiher allerdings tiefer, etwa bis 150 cm, seltener bis 200 cm. Wichtige Merkmale eines Weihers sind zwei weitere Kriterien: Er hat keinen Zu- und Ablauf und ist natürlichen Ursprungs. Sein künstlich geschaffenes Gegenstück ist der Teich, seiner Nutzung nach meist ein Fischteich.
Die Ausdehnung und Tiefe eines Weihers ermöglicht eine ausge-

Aufgrund der gewaltigen Schlammfracht, die der Fluß in seinem Unterlauf mit sich führt, bilden sich auf der letzten Strecke zum Meer breite, seichte Uferzonen aus (oben).

Wassergefüllte Wagenspuren sind – wenn auch nur für kurze Zeit – wertvolle Kleingewässer (rechts oben).

Tümpel inmitten landwirtschaftlich genutzter Wiesen haben vor allem mit Düngereintrag zu kämpfen (unten).

prägte Pflanzenwelt. Selbst die tiefsten Stellen werden aufgrund des mehr als reichlichen Lichtangebotes besiedelt. Trotz der im Sommer rasch ansteigenden Wassertemperatur ist sein Wasser meist sauerstoffreich, da die dichten untergetauchten Pflanzenbestände mehr Sauerstoff produzieren, als das Wasser zu binden vermag.
Viele Tiere nutzen die Beständigkeit und den Sauerstoffreichtum des Weihers. Selbst im Winter verlassen viele Tiere das Wasser nicht, sondern überwintern frostsicher im tiefgründigen Bodenschlamm.
Am Grund des Weihers sinkt die Wassertemperatur nie unter 4 Grad Celsius, was seine Ursache in den physikalischen Eigenschaften des Wassers hat: Bei 4 Grad Celsius erreicht es sein größtes Gewicht, so daß kälteres

Schattige Waldtümpel zeigen meist nur spärlichen Bewuchs.

Wasser leichter ist und sich oberflächennäher befindet.
Den größten Typ eines stehenden Gewässers stellt der See dar. Vereinfacht dargestellt hat ein See einen Zu- und einen Abfluß, ist tiefer als 2 m und deshalb in seiner Tiefzone pflanzenfrei. Ein See ist aufgrund seiner Größe nicht den rasanten Temperaturschwankungen ausgesetzt wie die kleineren Gewässertypen. Aufgrund des Zu- und Ablaufs können Fische auf ihren Laichwanderungen Seen durchkreuzen, so daß besonders die Fischfauna entsprechend gut ausgebildet ist und sich von den oft nur spärlichen Kleinfischbeständen der Kleingewässer erheblich unterscheidet.

In einem Weiher sind die einzelnen Pflanzenzonen oft deutlich voneinander abgegrenzt.

Aufgrund seiner Größe finden wir in einem See ein besonderes physikalisches Phänomen vor: Die Sonneneinstrahlung ist der Grund für eine Temperaturschichtung des Wassers, die im Laufe eines Jahres umgewälzt wird. Die oberste, im Sommer sich stark aufheizende Schicht, das Epilimnion, bleibt auch oberflächennah, weil warmes Wasser leichter als kaltes ist. Mangels ausreichenden Lichteinfalls und der dadurch nur geringen Aufwärmung bleibt das Tiefenwasser relativ kalt. Da hier Wasserpflanzen fehlen, wird das Tiefenwasser auch nicht mit Sauerstoff angereichert. Zwischen der Tiefenschicht, dem Hypolimnion, und dem Epilimnion liegt die sogenannte Sprungschicht, das Metalimnion, die vor allem im Sommer die beiden Temperaturschichtungen deutlich voneinander abgrenzt. (Wir kennen dieses Phänomen, wenn wir beim Schwimmen plötzlich regelrecht kalte Füße bekommen.)

Die Schichtung bleibt auch bei Wasserbewegungen durch Wind bestehen, denn die Sprungschicht verhindert das Absinken der warmen Wasserschicht in die kühle Tiefe, da die Wassermassen wie auf einer gleitenden Oberfläche abgeleitet werden.

Erst mit Ausbleiben ausreichender Sonneneinstrahlung verliert die Sprungschicht ihre trennende Wirkung, und die Windbewegungen durchmischen das Wasser bis in bodennahe Bereiche. Im Sommer kann deshalb das Tiefenwasser kälter sein als im Herbst.

Die Männchen des Kammmolches (oben), unserer größten Molchart, zeigen nur im Frühjahr ihren hohen gezackten Rückenkamm.

Der nachtaktive Europäische Flußkrebs (Mitte) ist aufgrund der Krebspest und zunehmender Verschmutzung der Fließgewässer nahezu ausgerottet.

Die ungiftige Ringelnatter ist eindeutig an ihren hellen Krönchen am Hinterkopf zu erkennen. Die scheuen Tiere flüchten bei Störungen sofort in das Wasser.

Fast ausgerottet wurde der nur noch an wenigen naturbelassenen Flußabschnitten vorkommende Fischotter (oben); der Biber (Mitte) verdankt seine heutigen Bestände nur den Wiedereinbürgerungsaktionen der letzten Jahrzehnte.

Das Hauptverbreitungsgebiet der urzeitlich anmutenden Europäischen Sumpfschildkröte (unten) liegt im Süden Europas.

Lebensraum Wiese

Wenn Sie gleich jetzt die Wahl hätten, einen Spaziergang zu unternehmen, wo würden Sie wohl am liebsten loswandern? Sicherlich nicht im finsteren Fichtenforst, wahrscheinlich auch nicht zwischen horizontweiten Maisäckern und schon gar nicht an einer lärmenden Landstraße. Eine sympathische Mittelgebirgslandschaft dürfte es eventuell schon sein, mit baumgesäumter Bachaue, strauchreichen Heckenzeilen, vielfältiger Feldmark und Wegen durch Wiesen. Zweifellos können auch Waldwanderungen sehr erholsam und anregend sein. Aber im geschlossenen Hochwald fehlt doch meist der Blickbezug zur freien Landschaft.

In der offenen Flur ist das alles völlig anders. Täler und Höhen, Ebenen, Mulden und Hügelketten breiten sich vor unseren Augen aus und lassen Landschaft im Zusammenhang erleben. Wiesen, Felder und Gebüsche, dazu auch Bäche, Tümpel und Weiher, eingestreute Dörfer und Einzelhöfe, kurz, alles was wir Kulturland nennen, gilt als besonders beliebte und erlebenswerte Landschaft. Über Heide und Moor, Wald und Wasser gibt es jede Menge Gedichte, Geschichten und Erzählungen. Das offene Kulturland aber ist in der Dichtung offenbar übersehen worden. Vielleicht ist es in seinen besonderen Werten allzu spät entdeckt worden – zu einem Zeitpunkt, wo kleinräumige Kulturlandschaft fast flächig zur weiträumigen Industrielandschaft verkam.

Was kann man im Wiesenland nicht alles erleben und erfahren. Eine richtige Wiese ist ja schließlich mehr als eine Ansammlung schnurgerader Grashalme. Wiesen, ob etwas feucht oder sehr trocken, sind artenreiche Vereine mit Pflanzen und Tieren. Zum jahreszeitlich wechselnden Blütenschmuck der Wiese gehört ganz einfach auch die farbige Vielfalt der Wiesenfalter, das Gewimmel von bunten Käfern, pelzigen Hummeln, emsigen Wollschwebern, Schwebfliegen und Bienen. Die Wiese ist Brutraum für Wiesenvögel, Futterreserve für die Säugetiere aus dem angrenzenden Waldstück und Jagdrevier von Bussard, Falken und Eulen. Wiese kann man sehen, riechen und hören – als kunterbunte Farbpalette, süßen Heu- und Honigduft oder Wettgesang von Grillen und Grashüpfern. Wenn man es recht bedenkt, kommt die Wiese der Vorstellung vom Paradies doch schon ziemlich nahe.

Die Wirklichkeit sieht mitunter ganz anders aus. Grünland ist landwirtschaftlicher Produktionsraum, auf dem mit reichlich Gift und Gülle Überschüsse erwirtschaftet werden, die eigentlich gar nicht benötigt werden. Im intensiv bewirtschafteten Land hat die Landschaftsästhetik keinen Stellenwert. Entsprechend einförmig sehen die Fluren häufig aus. Keine Rede mehr von Erholungsraum, Sozialfunktion, Regenerationsgebiet für Trinkwasser oder Biotopgefüge für umfangreiche Artenspektren.

Aber noch gibt es sie ja, die Feuchtwiese im norddeutschen Niederungsland, den Trockenrasen im Mittelgebirgsgürtel oder die blumige Futterwiese im höheren Bergland. Wir müssen sie genießen, solange diese reichen Lebensräume noch vorhanden sind, und Sorge tragen, daß sie in der verarmten Agrarlandschaft nicht noch weiter abnehmen.

Formen und Farben in Fülle: Naturerlebnis Blumenwiese.

Die facettenreiche Lebensgemeinschaft Wiese in allen ihren Erscheinungsformen bietet vieles für Auge und Ohr, für Hirn und für Herz, und dies gewiß auch zu allen Jahreszeiten. Aber sie erschließt sich vielleicht nicht immer von selbst. Aus diesem Grund wurden im vorliegenden Buch – beginnend mit dem Frühjahr – zahlreiche Wiesenspaziergänge zusammengestellt, die jeweils ein besonderes Schwerpunktthema aus der Wiesenökologie in den Vordergrund rücken. Erlebnisraum sind dabei Wiesen und Weiden, wie man sie überall im mitteleuropäischen Kulturland antrifft. Nur ganz spezielle Wiesentypen wurden ausgeklammert.

In allen von Gras dominierten Lebensräumen vom Typ Wiese oder Weide ist über das ganze Jahr hinweg immer etwas los. Sogar ein auf Streichholzlänge zurechtgestutzter Parkrasen stellt letztlich einen Lebensraum mit einem gewissen Charme dar, in dem sich eine zwar bescheidene, aber deswegen noch lange nicht uninteressante Artengemeinschaft zusammenfindet. Man muß hier allerdings auch auf die scheinbar weniger spektakulären Dinge achten. Viele faszinierende und spannende Abläufe in der (Ersatz-)Natur erschließen sich nicht unbedingt dem raschen oder oberflächlichen Blick. Bei allen nach Jahreszeiten sortierten Wiesenspaziergängen ist daher immer auch geduldiges Beobachten angesagt, um zu sehen, erleben und verstehen.

Wie der Wald zur Wiese wurde

Vor etwa 10 000 Jahren ging in Mitteleuropa die (vorerst) letzte Eiszeit zu Ende. Die Gletscher konnten abschmelzen, und mit der nacheiszeitlichen Erwärmung wanderten die zuvor verdrängten Pflanzen und Tiere aus den südost- beziehungsweise südwesteuropäischen Rückzugsgebieten wieder in ihr ehemaliges Verbreitungsgebiet Mitteleuropa ein, soweit sie nicht durch den Klimastreß ausgerottet worden waren. Über mehrere Zwischenschritte mit durchaus wechselnder Klimatönung wandelte sich das eiszeitlich überformte Mitteleuropa allmählich wieder zum Waldland. Nur an wenigen Stellen hatte der Wald keine Chance, etwa an Felsflanken mit extrem flachgründigem Boden, in Nieder- und Hochmooren, in mechanisch sehr stark beanspruchten Überschwemmungsauen und Fluträumen der großen Ströme und natürlich auch in den Höhenlagen oberhalb der klimatischen Baumgrenze.

Etwa im sechsten vorchristlichen Jahrtausend ereignete sich auch in Mitteleuropa ein folgenschwerer wirtschaftlich-sozialer Umbruch, der Übergang von der rein aneignenden Daseinssicherung der Jäger und Sammler zur planmäßigen nahrungsmittelproduzierenden Wirtschaftsform. Die damit einhergehende Seßhaftigkeit mit gemischter Landbewirtschaftung durch Feldbestellung und Tierhaltung brachte gleichzeitig die ersten gravierenden Eingriffe in die natürliche Umwelt: Als neue Lebensform breitete sich in Mitteleuropa das Bauerntum aus. Archäologisch ist diese Zeit anhand ihrer Bandkeramik faßbar, so benannt nach den kennzeichnenden Verzierungen ihrer Keramikgefäße. Botanisch fällt in diese Zeit vor rund 8000 Jahren die erste auf größeren Flächen betriebene Auflichtung des Waldes zugunsten von Kulturland.

Zunächst wurden für die Siedlungen größere Lichtungen in die Wälder geschlagen, wobei gleichzeitig Baumaterial für die Häuser gewonnen wurde. In der Niederrheinischen Bucht ist durch Grabung ein bandkeramisches Dorf mit etwa 160 Holzpfostenhäusern festgestellt worden, das sich über rund zwei Kilometer Länge an einem Bachlauf erstreckte. Brandrodung stellte die notwendigen Freiflächen für den Anbau von Nutzpflanzen (Einkorn, Emmer, Gerste, Erbse, Linse, Lein oder Ölmohn) zur Verfügung. Gleichzeitig stand das Vieh der jungsteinzeitlichen Bauern ganzjährig in der Umgebung der Dörfer im Wald oder auf den brachgefallenen Anbauflächen. Durch Eichel- und Bucheckernmast, Wegfraß von Sämlingen oder Jungwuchs und auch durch die Entnahme von Laubheu, wozu Äste und Zweige abgeschnitten wurden, lichtete sich der Wald immer mehr auf – sein natürliches Regenerationspotential wurde bei dieser Form der Nutzung überbeansprucht.

Wo anhaltend Waldweide betrieben wurde, wandelte sich der Wald über parkähnliche Zwischenstadien allmählich zu offenen und weitgehend gehölzfreien Triften oder Hutungen. Mit der Beweidung nahm der Holzvorrat mit dem Holzertrag ab, während die Bodenerosion und der Nährstoffaustrag mit dem Futtergewinn zunahmen. Waldweide verändert somit nicht allein das Vegetationsbild, sondern auch den

Die heutige Wiese ist ein ehemaliger Waldstandort.

Boden und seine Ertragsfähigkeit. Mit der Umstellung auf die Landwirtschaft schuf der Mensch aus der Naturlandschaft die Kulturlandschaft. Wirtschafts- und siedlungsbedingt entstanden bei diesem Prozeß völlig neue und dabei auch vergleichsweise großflächige Lebensraumtypen, die nachfolgend ziemlich rasch von den entsprechenden Lebensgemeinschaften besetzt wurden. Äcker, Felder, Weiden und Triften sind die zunächst sicherlich auffälligsten Gefüge, über die die Naturlandschaft in Kulturland umgewandelt wurde.
Im Ergebnis bestand die Kulturlandschaft aus kleinen, mehr oder weniger zusammenhängenden Flurstücken von Acker- und Grünland in stetigem Wechsel mit Saum- und Inselbiotopen von gänzlich anderem ökologischem Faktorenprofil – ein Gefüge, das seinerseits wertvolle Lebensstätten bieten kann, aber auch Korridore für den Austausch und die Verbreitung von Einzelarten bildet.
Wiesen sind erst eine verhältnismäßig späte Erscheinung. Sie wurden aus ehemaligem Weideland entwickelt, nachdem die Bauern dazu übergingen, die Pflanzen zur Gewinnung von Trockenfutter oder Stalleinstreu zu mähen. Die Anfänge dieser Nutzungsform lassen sich bis in die Bronzezeit zurückverfolgen. Die meisten der heutigen Wiesen dürften jedoch erst vor weniger als tausend Jahren entstanden sein.

Wiese – Weide – Wirtschaftsgrünland

Die aus Wäldern hervorgegangnen Weiden sind Pflanzengesellschaften, die ausschließlich für die Direkternährung von Weidetieren genutzt werden.
In der vorindustriellen Landwirtschaft kannte man nur eine extensive Betriebsform: Die Hutungen oder Allmenden, die von allen Dorfbewohnern gemeinsam genutzt wurden und im Besitz der Gemeinde blieben, waren relativ groß bemessen, so daß die Weidetiere viel mehr Futter vorfanden, als sie tatsächlich benötigten. Folglich konnten sie sich die schmackhaftesten Pflanzen(teile) aussuchen. Umgekehrt konnten sich dabei auch etliche Pflanzen erst richtig ausbreiten, die einerseits offene Standorte bevorzugen und außerdem durch besondere Merkmale (Stachelbesatz, Verdornungen, unangenehme Geschmacksstoffe, Hartlaubigkeit, Strohigkeit) nicht verbissen werden. Wacholder, Schlehdorn, Disteln, Hahnenfuß- und Wolfsmilch-Arten oder Binsen und Seggen sind gegen Verbiß allesamt gut geschützt. Auf den traditionellen Triftweiden waren sie daher häufig vertreten und nahmen mitunter sogar überhand. Um die Futterpflanzen besser zu nutzen, den Verbiß an Kulturpflanzen der bestellten Äcker einzudämmen und das Aufkommen unerwünschter, verbißfester Arten zu unterdrücken, wurden später eingefriedete Weideflächen eingerichtet. Lesesteinwälle, Bretter- oder Stangenzäune, Hecken oder Gräben hielten das Vieh aus der übrigen Feldmark heraus und in dichterem Besatz auf einer kleineren Fläche. Die Tiere blieben gewöhnlich vom Frühjahr bis in den Herbst auf dieser Standweide. Nicht weidegeeignete Fremdarten hatten bei dieser Betriebsform immer noch recht gute Chancen. So siedelten sich auf den vom Vieh gemiedenen Kotflächen Brennesseln, Ampfer-Arten oder Disteln an. Andererseits blieben der Standweide durch die Ausscheidungen der Tiere organische und mineralisierbare Nährstoffe erhalten. Nur die mit der Milch oder dem Fleisch dem System entzogenen Nährstoffe mußten auf Dauer wieder ausgeglichen werden.
Eine sehr gleichmäßige Nutzung bietet die moderne Umtriebs- oder Rotations-Mähweide. Dabei wird das verfügbare Grünland in etwa ein Dutzend gleich großer Parzellen unterteilt. Jede dieser Koppeln wird vom gesamten Viehbestand zur gleichen Zeit begangen, während sich die nicht beweideten Teilflächen wochenlang erholen können. Um unerwünschte Weidekräuter vollends auszuschalten, kann sogar in regelmäßigen Abständen gemäht werden. Die Nutzung der Pflanzen ist ausgesprochen rationell. Unter dem gemeinsamen Regime von Beweidung und Mahd können sich jedoch nur ganz wenige Arten, vor allem natürlich die Gräser und dazu noch einige Schmetterlingsblütengewächse durchsetzen.
Betrachten wir die zweite wichtige Form der Grünlandnutzung. Zwischen einer Weide und einer Wiese liegen eigentlich Welten. Richtige Wiesen entstehen bei reinem Mähbetrieb. Sie dienen der Ernte von Heu oder Stallstreu. Trotz ihres vergleichsweise jungen Alters in der Kulturlandschaft hat der besondere Bewirtschaftungsrhythmus im Wiesengelände eine Artenkombination zusammengeführt, die sich durch

Artenreiche Wirtschaftswiese. Der richtige Rhythmus fördert die Vielfalt.

zahlreiche Charakterarten auszeichnet und sich damit fast so verhält wie eine natürliche Pflanzengemeinschaft. Eine Einzelauslese wie bei der Beweidung, die verbißfeste Arten begünstigt, gibt es auf der Wiese nicht. Wenn die Schneiden von Sichel oder Sense, Balken- oder Kreiselmäher das Mähgut erfassen und niederlegen, haben alle betroffenen Pflanzen zumindest theoretisch die gleichen Startbedingungen für einen Wiederbeginn, soweit sie ihre verlorenen Teile tatsächlich wieder vollwertig ersetzen können. Die Mahd selektioniert also ziemlich einheitlich auf der gesamten Fläche, ohne punktuelle Bevorzugung wie bei der Beweidung.
Der mutmaßlich älteste Wiesentyp sind die Streuwiesen in nassen Niederungen, die für die Weidewirtschaft ausscheiden, weil das Vieh sie verschmäht. Die Bestände wurden im allgemeinen nur einmal und dann möglichst spät im Jahr geschnitten, wenn die Pflanzen bereits ziemlich strohig geworden waren und als Stalleinstreu taugten. Normalerweise sind solche einschürigen Streuwiesen sehr artenreich, weil alle Pflanzen Gelegenheit hatten, auszureifen und ihre Samen auszuwerfen. Eine Futterwiese wird dagegen immer im grünen oder blühenden Stadium gemaht, da sie ja proteinreiche Tiernahrung liefern soll. Schnittreif ist sie, wenn die hochwüchsigen Obergräser gerade mit der Blüte beginnen, gewöhnlich also etwa Ende Mai oder Anfang Juni. Da die Vegetationsperiode aber noch wochenlang andauert, können sich die re-

Blütenreich, aber relativ artenarm: Gelbe Blühwelle, mit Scharfem Hahnenfuß (*Ranunculus acris*).

generationsfähigen Wiesenpflanzen rasch erholen, so daß etwa Mitte August eine zweite Mahd möglich ist. Futterwiesen werden daher in der Regel zweischürig genutzt. Da mit jeder Heuernte jede Menge mineralischer Nährstoffe aus der Lebensgemeinschaft entnommen werden, wird die Futterwiese zur weiteren Ertragssicherung alsbald von einer regelmäßigen Düngung abhängig. Solche aufgedüngten Wiesen werden als Fettwiesen bezeichnet.

Bis zur Vereinheitlichung der Grünlandwirtschaft vor etwa zwei Jahrzehnten zeichneten sich in der Bundesrepublik Deutschland klare regionale Unterschiede im Anteil von Wiesen oder Weiden an der landwirtschaftlichen Nutzfläche ab. Im kontinental getönten Klima mit heißeren, trockenen Sommern, relativ niedriger Luftfeuchtigkeit und langen, meist kalten Wintern ist eine ganzjährige Weidehaltung nicht möglich. Für längere Zeit des Jahres muß dem aufgestallten Vieh Futter bereitgestellt werden, und dies setzt eben einen größeren Flächenanteil der Wiesenwirtschaft voraus: In Südwestdeutschland und auch im Alpen-. vorland beträgt der Wiesenanteil an der Gesamtnutzfläche meist über 50 Prozent. Umgekehrt liegt der Schwerpunkt des Weidebetriebs eindeutig im ozeanisch beeinflußten, wintermilden Nordwesten der Bundesrepublik mit einem Weide-Anteil von über 40 Prozent.

Thema mit Variationen

Außer dem Grünland, wie in der Sprache der Landwirtschaft die regelmäßig beernteten und gedüngten Grasländereien bezeichnet werden, umfaßt die Pflanzenformation Grasflur in Mitteleuropa auch noch eine ganze Reihe weiterer Pflanzengesellschaften. Zu nennen wären hier die als Magerrasen bezeichneten Gesellschaften trockener und nährstoffarmer Standorte, die nach landwirtschaftlichen Maßstäben eher als Öd- oder Unland eingestuft würden. Pflanzensoziologisch bilden die verschiedenen Grasfluren mit ihrer beachtlichen standörtlichen Bandbreite von staunaß bis extrem trocken, von saurem Substrat bis zum Kalkmergelverwitterungsboden oder von wenig beeinflußt („natürlich") bis naturfern (anthropogen) ein ungemein facettenreiches Gefüge mit vielerlei regionalen Abwandlungen. Die folgende Übersicht vermittelt mit ihrer Benennung der übergeordneten pflanzensoziologischen Einheiten (Verbände) daher wohl eher einen Eindruck der Vielgestaltigkeit als eine komplette Zusammenschau. Für die einzelnen Gruppierungen sind jeweils einige bemerkenswerte Kennarten **K** angegeben, die aber nicht in jedem Einzelfall auch tatsächlich vorkommen müssen.

Feucht-, Naß- und Streuwiesen

Sumpfdotterblumen-Naßwiese

Nährstoffreiche Wirtschaftswiese auf staunassem Untergrund, mitunter Ersatzgesellschaft von Auen- und Erlenbruchwäldern oder auch aus Großseggenriedern, Niedermooren und verschiedenen Verlandungsgesellschaften durch Entwässerung/Drainage hervorgegangen. Von der Ebene bis in die Bergregion.

K Sumpf-Hornklee, Sumpfdotterblume, Schlangen-Knöterich, Wald-Simse, Wasser-Kreuzkraut, Kohl-Kratzdistel, Sumpf-Pippau

Mädesüß-Pestwurz-Staudenflur

Staudenflur auf nährstoffreichen Auenböden entlang von Bächen und Flüssen, auch hochwasserbeeinflußte Pioniergesellschaft am Rand der Fließgewässer ohne nennenswerten Baumwuchs. Von der Ebene bis ins Bergland.

K Zottiges Weidenröschen, Sumpf-Storchschnabel, Sumpf-Ziest, Echter Baldrian, Blut-Weiderich, Mädesüß, Gemeine Pestwurz, Flügel-Johanniskraut

Pfeifengraswiesen

Verband mit mehreren Pflanzengesellschaften der Streuwiesen auf stark wechselfeuchten Böden von Auenlandschaften. Voller Blütenflor bei einschüriger Nutzung im Herbst. Von der Ebene bis ins Bergland.

K Teufelsabbiß, Färberscharte, Sibirische Schwertlilie, Pracht-Nelke, Weidenblättriger Alant, Knollige Kratzdistel, Gelbe Wiesenraute

Fettweiden und Fettwiesen

Fettweiden

Als Weidelgrasweide sehr ertragreiche Intensivweide in der Ebene und Hügelregion, vor allem im Nordwesten mit milden Wintern und feuchten Sommern; im Voralpenland durch die Rotschwingelweide ersetzt.

K Kammgras, Englisches Raygras, Wiesen-Lieschgras, Faden-Ehrenpreis

Glatthaferwiese

Typische Wiese der grundwasserfernen, gut gedüngten Standorte, die gewöhnlich zwei- oder mehrschürig genutzt wird. Im Blühaspekt ziemlich bunt, vor allem in Süddeutschland auf stärker erwärmten und durchlüfteten Böden. In der Ebene und in der Hügelregion.

K Glatthafer, Wiesen-Glockenblume, Wiesen-Labkraut, Wiesen-Storchschnabel, Acker-Witwenblume, Pastinak, Wiesen-Pippau, Futter-Esparsette, Wiesen-Salbei, Gamander-Ehrenpreis, Wiesen-Bocksbart, Wiesen-Margerite, Wiesen-Kerbel

Goldhaferwiese

Mit der typischen Glatthaferwiese im Bergland zunächst durch Übergänge gebunden, in höheren Lagen jedoch dominant. Untergrenze in den Nordalpen etwa bei 900 m, im Harz bei 400 m.

Viele geographische Rassen und Einzelgesellschaften sind innerhalb dieses Verbandes beschrieben worden.

K Weißer Krokus, Stern-Narzisse, Gemeiner Frauenmantel, Weicher Pippau, Große Bibernelle, Wald-Storchschnabel, Rote Lichtnelke, Hohe Schlüsselblume

Trocken- und Halbtrockenrasen

Trespen-Halbtrockenrasen

Typischer Halbtrockenrasen, der seine beste Entwicklung in submediterranen Gebirgen auf Kalkuntergrund aufweist, aber auch in Mitteleuropa in den sommerwarmen und nicht zu winterkalten Gebieten auftritt (Harzvorland, Mosel, Ahr-, Nahe- und Maintal, Kaiserstuhl, Schwäbische und Fränkische Alb). Vielfach werden die Halbtrockenrasen-Standorte von Rebfluren oder Ackerland eingenommen. Für die Erhaltung dieser ausgesprochen artenreichen und sehr blumigen Wiesen ist regelmäßige Triftbeweidung durch Schafe erforderlich. Viele Halbtrockenrasen sind Orchideenwiesen und stehen daher unter Naturschutz.

K Aufrechte Trespe, Karthäuser-Nelke, Gemeines Sonnenröschen, Hufeisenklee, Tauben-Skabiose, Berg-Gamander, Stengellose Eberwurz, Dorniger Hauhechel, Kriechender Hauhechel, Knollen-Hahnenfuß, Warzen-Wolfsmilch, Hummel-Ragwurz, u. a., Helm-Knabenkraut u. a., Deutscher Enzian

Trespen-Volltrockenrasen

Diese Magerrasen nehmen noch trockenere, meist steil südexponierte und ziemlich flachgründige Hänge ein, in denen beispielsweise selbst der Weinbau unmöglich wäre. Volltrockenrasen sind ziemlich lückig, weil zwischen den Pflanzen überall das anstehende Gestein hervortritt. Dauergesellschaft, die wegen der Standorteigenschaften nicht von Gehölzen verdrängt werden kann.

K Aufrechte Trespe, Gelbscheidiges Federgras, Apenninen-Sonnenröschen, Gemeines Heideröschen, Schmalblättriger Lein, Gemeine Kugelblume, Scheiden-Kronwicke, zusätzlich mit bunter Erdflechten-Gesellschaft

Steppenrasen

Schwingel-Steppen

Rasengesellschaften in kontinental getönten Trockengebieten mit knapp 500 Millimeter Jahresniederschlag, in der Bundesrepublik Deutschland beispielsweise im Gebiet des Mainzer Sandes, im unteren Nahetal und in Mainfranken, enthält zahlreiche seltene und unbedingt schützenswerte Pflanzenarten.

K Frühlings-Adonisröschen, Steppen-Wolfsmilch, Badisches Rispengras, Sand-Fingerkraut, Pferde-Sesel, Grauscheidiges Federgras, Feinblatt-Schafgarbe, Hügelmeier, Aufrechter Ziest u. a.

Sandfluren

Silbergrasrasen

Verschiedene Pioniergesellschaften auf offenem, weitgehend festgelegtem oder nur noch wenig verwehten Sand von Küsten- und Binnendünen, je nach Küstennähe mit höherem atlantischen oder kontinentalen Artenanteil.

K Silbergras, Sand-Segge, Bauernsenf, Schaf-Schwingel, Kleiner Ampfer, Dünen-Veilchen, Hasen-Klee, Kleiner Vogelfuß, Zwerggras

Watt- und Salzwiesen

Andelrasen

Überflutungsfester Pflanzenverband im Watt der Nordseeküste etwa zwischen mittlerer Hochwasserlinie und knapp oberhalb der Flutmarke des Springtidehochwassers.

K Englisches Löffelkraut, Strand-Milchkraut, Andel, Salz-Keilmelde, Strand-Wegerich, Meerstrand-Dreizack, Salz-Spark, Strandflieder, Salz-Aster u. a.

Strandnelkenrasen

Gesellschaftsgefüge, das im Bereich der Springtidehochwassermarke beginnt und den gesamten, vom Salz imprägnierten Bereich besiedelt, vertreten mit den Einzelgesellschaften Salzbinsen-Seggen-Ried, Meerbinsen-Ried, Bottenbinsenwiese und Strandwermutwiese.

K Salz-Binse, Strandnelke, Rot-Schwingel, Weißes Straußgras, Strand-Beifuß u. a.

Die Arnika (*Arnica montana*) gedeiht nur in nährstoffarmen Silikatmagerrasen.

Borstgrasrasen
Subalpine Borstgrasrasen Während die Borstgrasmatten der tieferen Lagen zumeist bodensaure Waldgesellschaften ersetzen, sind die Hochgebirgsgesellschaften dieses Pflanzenverbandes wohl überwiegend ursprünglich und nicht wirtschaftsbedingt. In den höchsten Lagen der Silikatmittelgebirge (Schwarzwald, Vogesen, Harz, Riesengebirge) kommen Pflanzenarten vor, die aufgrund ihrer übrigen Verbreitung Eiszeitrelikte darstellen. **K** Alpen-Flachbärlapp, Gold-Fingerkraut, Alpen-Klee, Alpen-Kreuzblume, Alpen-Wegerich, Bärtige Glockenblume, Katzenpfötchen, Borstgras, Stengelloser Enzian, Schweizer Löwenzahn, Weißzüngel
Tieflagen-Borstgrasmatten Die Gesellschaften dieses Verbandes sind Wirtschaftsrelikte, da sie potentielles Waldland besiedeln. Ihre Standorte neigen zur Bodenversauerung und zur Nährstoffarmut. Die Silikatmagerrasen dieses Typs sind zwar nicht so blumenbunt wie die Halbtrockenrasen auf Kalk, aber dennoch mit jahreszeitlich wechselnden Farbakzenten versehen. **K** Borstgras, Arnika, Hunds-Veilchen, Flügelginster, Gemeine Kreuzblume, Hain-Augentrost, Wald-Läusekraut, Schwarze Flockenblume, Felsen-Labkraut, Feld-Hainsimse, Dreizahn, Kleines Habichtskraut.

Nicht allzu selten, aber nicht immer zu sehen sind Reh (*Capreolus capreolus* – oben links), Maulwurf (*Talpa europaea* – Mitte links), Kaninchen (*Oryctolagus cuniculus* – unten links), Mauswiesel (*Mustela nivalis* – oben rechts) und Fuchs (*Vulpes vulpes* – unten rechts). Eine Rarität ist dagegen vielerorts der Feldhase (*Lepus europaeus* – Mitte rechts).

Lebensraum Meer

Wo das Meer beginnt, ist unsere Erfahrungswelt zu Ende. Genaugenommen endet die vertrautere Umwelt schon ein gutes Stück vorher irgendwo am Klippenrand oder auf der hochwassersicheren Deichkrone, jedenfalls dort, wo die Landkarte die durchaus widerrufliche Saumregion des Festlandes verzeichnet. Wir stehen hier staunend in einer Grenzregion, wo sich buchstäblich die Gegensätzlichkeiten zweier Welten begegnen und das Gefühl nach Orientierung sucht. Wald und Wiese, Feld und Flur liefern uns vertraute und verständliche Bilder. Es sind die Versatzstücke anmutiger Mittelgebirgsszenerien, die übliche Kulisse einer Landschaft, die die Kontraste vermeidet und schon deswegen nicht außergewöhnlich sein kann, weil sie aus dem Mittelmaß lebt. Ein feucht schimmerndes Watt, eine Kliffküste mit dem dumpfen Tosen der Brandung und überhaupt diese reliefberuhigte Landschaft mit dem grenzenlos sich darüber spannenden Himmel aus Wasser und Wolken sind dagegen etwas vollkommen anderes. Nur diese Landschaft konnte offenbar das Erbe der Einsamkeit antreten. Trotz Wellenschlag und Windgebraus bleibt sie lautlos und unaufdringlich. In ihrer stillen Großartigkeit zeigt sie sich selbst dann noch atemberaubend, wenn Wind und Wetter die Konturen nur noch zu Schattierungen in tonlosem Schiefergrau verschwimmen lassen.

Was Meer und Küste so unbedingt erlebniswert erscheinen läßt, ist mit Brandung und Tanggeruch, mit Salzluft und Möwengekreisch sicher nur sehr unvollkommen umschrieben. Bestimmt gehört noch dazu, daß man spätestens beim Parkplatz hinter den Dünenkämmen ein gut Teil Zivilisation mit manchen ihrer unliebsamen Begleiterscheinungen zurücklassen kann, um unten am Strand die Naturlandschaft in großräumigem Zusammenhang zu erleben. Gewiß spielt das Empfinden von Weite, die Erfahrung einer Welt ohne erkennbare Begrenzung, eine bedeutende Rolle. Auf jeden Fall ist es aber die totale Andersartigkeit der Lebensstätten: Klippenfelder sind nicht nur Felsen, die ins Meer stürzten, und Strände sind wohl auch nicht einfach nur von Wind und Wasser zurechtmodellierte Sandmassen. Was diese Biotopgefüge ausmacht, ist ihre faszinierend amphibische Natur. Zwischen Festland und Meer breitet sich ein gezeitengeformtes Sechsstundenland aus, dessen vielgliedrige Organismengemeinschaften von den Lebensformen an und in den Binnengewässern grundverschieden sind. Dieses Biotopmosaik mit seinen vielen Kleinwelten aus Land und Wasser läßt einfach keine Langeweile aufkommen, auch wenn der Erlebnisurlaub am Meer gleich für mehrere Wochen gebucht wurde. Die ungemein facettenreichen Lebensgemeinschaften der Küsten in allen ihren Erscheinungsformen bieten so manche Wohltat für Auge und Ohr, für Hirn und Herz und dies auch noch zu allen Jahreszeiten. Sie erschließen sich jedoch nicht von selbst, denn man erkennt und schätzt nur, was man auch weiß. Daher wurden im vorliegenden Buch, beginnend mit dem Frühjahr, zahlreiche Küstenspaziergänge zusammengestellt, die jeweils ein besonderes Schwerpunktthema aus der Ökologie der Strandlebensräume in

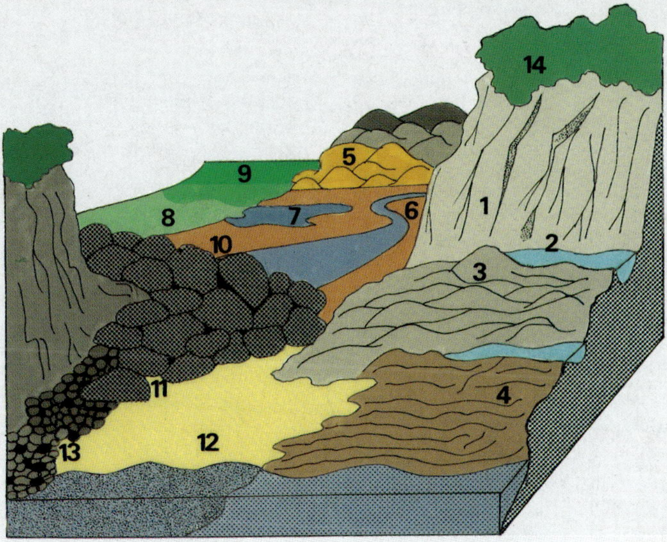

Vielfalt der Lebensräume: **1** Steilklippen, **2** Gezeitentümpel, **3** Klippenfeld, **4** Brandungsterrasse, **5** Dünenserien, 6 Ästuar (Flußmündung), **7** Lagune, **8** Salzmarsch, **9** Außendeichwiesen, **10** Schlickwatt, **11** Blockfeld, **12** Sandstrand, **13** Kiesstrand, **14** Landvegetation.

den Vordergrund rücken. Erlebnisraum für unsere Erkundigungen sind Sandstrände und Dünenserien, Salzmarschen und Außendeichgrünland, Schlickwatt und Gezeitenpriele, aber auch Klippensäume, Blockfelder und Brandungsterrassen, soweit sie gefahrlos zugänglich sind. Die jahreszeitlichen Wanderungen sind nicht spezifisch auf Nord- und Ostsee zugeschnitten, sondern geben auch viele Anregungen für andere Feriengebiete entlang des Atlantiks.

Meer und Küste sind schon allein deswegen so faszinierend, weil sie ganz anders funktionieren als die vom Festland vertrauten Lebensräume. Für Eintönigkeit oder Langeweile gibt es da keinen Raum. Sieht man einmal von den Unmengen an Insektenarten ab, die nahezu alle festländischen Lebensräume bevölkern (aber im Meer nur mit ganz wenigen Arten vertreten sind), so übertrifft nichts den Artenreichtum der marinen Lebensräume. Mehr noch: Hier begegnen uns nicht nur eine beachtliche Artenfülle, sondern auch höchst seltsame Organismentypen, die es so auf dem Festland gar nicht gibt. Einige davon, beispielsweise die Stachelhäuter, Muscheln, Nesseltiere, Krebse und Tange, sind spezieller Gegenstand der einzelnen nachfolgend vorgeschlagenen Spaziergänge am Meer, die sich jeweils einem besonderen und nicht unbedingt jahreszeitlich festgelegten Thema widmen.

Die Küste ist nur Teil des Meeres

Als Küstengast und Strandwanderer erleben wir eigentlich nur den gemeinsamen Grenzsaum zwischen Meer und Land. Beide Großlebensräume geraten im Küstengebiet förmlich aneinander und gestalten sich auch gegenseitig. Der Strand oder das Felswatt sind das Ergebnis der wechselseitigen Auseinandersetzungen und Versuche, dem Gegenüber jeweils das Terrain streitig zu machen.
Auch wenn gerade der Saum zwischen Meer und Land ökologisch und biologisch zu den faszinierendsten Lebensräumen überhaupt gehört, muß man sich immmer wieder verdeutlichen, daß auch die großartigste Küstenszenerie nur ein minimaler Bestandteil oder Ausschnitt aus dem Gesamtlebensraum Meer ist – der zugänglichste und deshalb auch mit Abstand am besten erforschte Teilbereich. Immerhin nehmen die Ozeane mit ihren Nebenmeeren nahezu 71 Prozent der Erdoberfläche ein – ein Gebiet von ungefähr 361 Millionen Quadratkilometer Flächeninhalt. Weit weniger als ein Prozent der Meeresfläche entfällt auf die Küstensäume sämtlicher Kontinente und Inseln.

Meer ist mehr

Meere sind keine flächigen Gebilde. Als landgebundene Lebewesen haben wir schlicht die falsche Perspektive und schauen fast immer nur von oben auf die horizontbegrenzten Wasserflächen. Das Meer beginnt jedoch eigentlich erst unterhalb der Oberfläche. Land und Luft werden – wenn man die höchsten Bäume der Erde einmal großzügig als Meßlatte nimmt – allenfalls bis zur 100 m-Marke über dem Grund besiedelt. Im Meer entfaltet sich das Leben formen- und szenenreich von der Wasseroberfläche bis hinab in die Unterwelt der Tiefseegräben. Im Meer kommt daher eine Umwelt von mehr als zehn Kilometer Vertikalausdehnung und mit nahezu 1,375 Milliarden Kubikkilometer Inhalt zusammen. Die Meere umfassen damit rund 90 Prozent der gesamten Biosphäre und sind fast so etwas wie Lebensraum schlechthin, während unsere so vertrauten Wälder, Wiesen und Auen im Vergleich dazu eher als kuriose Ausnahme dastehen. Was man vom Strandkorb aus von Horizont zu Horizont überblickt, kann ebenfalls nur ein winziger Ausschnitt aus dem unermeßlichen, aber dennoch begrenzten Meer sein – viel mehr als ein Tropfen davon ist es sicher nicht.

Das Ende ist noch weit entfernt

Wenn man beim Schwimmen allmählich den Boden unter den Füßen verliert oder die Klippe mit senkrechten Felswänden abstürzt, entsteht leicht der Eindruck, unter Wasser würde die abgründige Tiefe des Ozeans gähnen. Nirgendwo an unseren Küsten ist die Strandlinie oder Steilklippe jedoch mit der geologischen Randbegrenzung des Kontinents identisch. Fast überall setzt sich die kontinentale Erdkruste seewärts noch über eine geraume Entfernung fort. Erst weit draußen am Schelfrand fällt der Meeresboden über den Kontinentalhang auf Wassertiefen bis 6000 m ab. Bis zum Schelfrand reicht das Flachmeer, auch wenn die Wassertiefe 200 m beträgt.

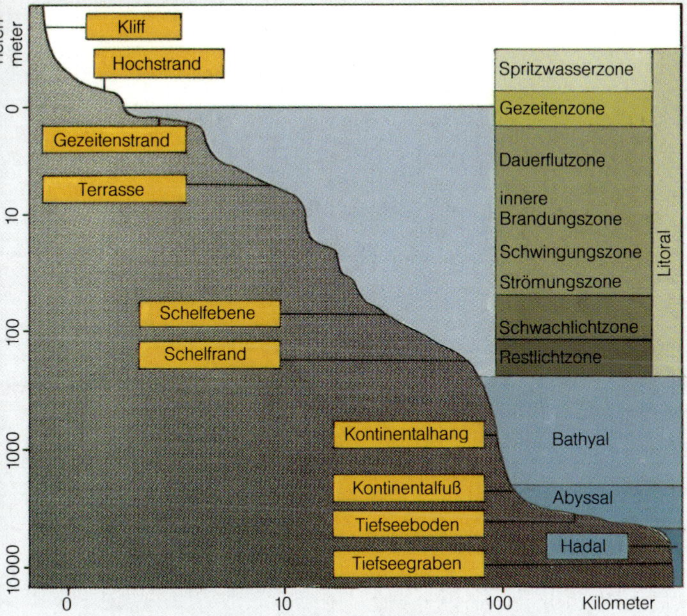

Tiefengliederung des Lebensraumes Meer. Der größte Teil dieser Wasserwelt bleibt unserem Blick verborgen.

Über und unter der Gürtellinie

Was auf dem Schelfrand, am Kontinentalhang oder im Bereich der Tiefseeböden vorgeht, ist zwar hochinteressant, aber nicht unmittelbar erlebbar. Sehen und erkunden kann man vom Meer geprägte Lebensräume eigentlich nur an der Küste selbst. Nun verlagern die Gezeiten hier über den Tag hinweg ständig die genauen Grenzlinien. Für unsere Streifzüge und Beobachtungspraxis bekommen wir dadurch ein sehr brauchbares Gliederungs- und Orientierungsmittel an die Hand. Den mehr oder weniger breiten Geländegürtel zwischen der Hochwassermarke (Flutlinie) und der Niedrigwassermarke (Ebbelinie) bezeichnet man als Gezeitenzone (Eulitoral). Mit den Gezeitenwasserständen (vergl. S. 148f.) wird der amphibische Gürtel zwar eindeutig genug festgelegt, doch läßt er sich auch biologisch anhand der Vorkommensgrenzen bestimmter Meeresorganismen (vergl. S. 293 f.) kennzeichnen.
Das Eulitoral, auch Wechselflutzone genannt, geht an der Niedrigwasserlinie in die Dauerflutzone (Sublitoral) über. Hier machen sich Gezeiteneffekte nicht oder nur sehr wenig bemerkbar. Deutlicher zeichnet sich der Einfluß des Meeres oberhalb des Gezeitengürtels ab: Zwischen der Flutlinie und der tatsächlichen Reichweite der Brandungsspritzer erstreckt sich das Band der Spritzwasserzone (Supralitoral).

Warum ist das Meer so salzig?

Für den Binnenländer ist Meerwasser schon allein deswegen etwas Ungewöhnliches, weil es mit seiner enormen Salzfracht so ganz anders schmeckt als übliches Leitungswasser. Salziges Meerwasser erscheint uns aus der festländischen Perspektive fast immer als Ausnahme oder Besonderheit. Das Gegenteil ist aber eher der Fall. Wie selten Süßwasser auf der Erde tatsächlich ist, wird deutlich, wenn wir uns einmal die Mengenverhältnisse klarmachen. Zum genaueren Vergleich nehmen wir einen Wassereimer mit zehn Litern Inhalt – diese Menge soll einmal für den gesamten Wasservorrat der Erde stehen. Der allergrößte Teil davon ist das Salzwasser der Weltmeere. Eine vergleichsweise winzige Portion – etwa so viel, wie in eine normale Kaffeetasse paßt – ist Süß- oder Frischwasser. Aber selbst davon ist das meiste in Form von Eis in den Polgebieten und in den Gletscherkappen festgelegt. Das Wasser aller Bäche, Flüsse, Tümpel und Seen der Erde füllt in unserem Wassereimer-Modell vielleicht gerade einen Teelöffel. Alle Süßwasserlebensräume der Kontinente sind letztlich nur Zwischenstationen, aus denen das Wasser irgendwann einmal wieder zum Meer zurückkehrt und von dort durch Wolkenbildung erneut am Kreislauf teilnimmt. Wolken und Niederschläge sind somit auch nichts anderes als fliegende Kleinstportionen der großen Ozeane.

Ganz schön versalzen

In einem Kilogramm (nicht in einem Liter!) Meerwasser sind rund 35 Gramm Salz in gelöster Form enthalten. Der Salzgehalt beträgt damit also 3,5 Prozent oder 35 Promille. Man bezeichnet den Gesamtsalzgehalt des Meerwassers auch als Salinität.

Wegen seines Salzgehaltes ist Meerwasser bei gleicher Temperatur deutlich dichter als reines Süßwasser. Meerwasser hat unter Normalbedingungen eine Dichte von 1,0249 Gramm je Kubikzentimeter – bei reinem Wasser beträgt sie nur 0,9983. Schwimmende oder schwebende Körper erfahren im Meerwasser somit mehr Auftrieb als im Süßwasser. Schiffe, die in einem Küstenhafen bis zur Kapazitätsgrenze beladen werden, sinken beim Anlaufen eines Süßwasserhafens eventuell schon zu tief ein. Meerwasser mit einer Salinität von 35‰ gefriert erst bei etwa -1,9 °C und erreicht seine größte Dichte im Unterschied zu Süßwasser erst unterhalb der Nullgradmarke. Meereis wäre eigentlich schwerer als Meerwasser und müßte darin sinken. Tatsächlich gestaltet sich das Gefrieren von Meerwasser aber äußerst kompliziert. Bei der Eisbildung trennen sich nämlich Wasser und gelöste Salze, so daß im Meer Süßwassereis gebildet wird, das immer an der Oberfläche schwimmt.

Regional schwankt der Salzgehalt des Meerwassers. Im Mittelmeer verdunstet mehr Wasser, als über die Niederschläge zurückkommt. Folglich muß hier die Salinität auch entsprechend höher ausfallen. Im östlichen Mittelmeergebiet nähert sie sich der 39‰ Grenze. Andererseits tragen große Flußmündungen ihre Süßwasserfahne recht weit in das Meer hinaus und verringern den Salzgehalt entsprechend. In der Deutschen Bucht, im Einflußbereich

Gemischte Gefühle: Zur Ebbezeit (links) überwiegen in der Flußmündung die Süßwassereinflüsse; bei Flut wird das Ästuar (rechts) ein Randzipfel des Meeres.

von Weser und Elbe, sinkt die Salinität im Frühjahr sogar deutlich unter die 30‰-Grenze. Noch niedriger ist sie natürlich in den Flußmündungen selbst. Man nennt solche Lebensräume Ästuare. Wasser mit einem Salzgehalt von weniger als 25‰ heißt Brackwasser. Ein Verbrackungsgebiet großer Ausdehnung ist beispielsweise die Ostsee mit Salzgehalten zwischen 16‰ und 1‰

Nicht nur Salze für die Suppe

Meerwasser ist keine simple Kochsalzlösung, auch wenn dieses Salz die mit Abstand größten Mengen (nämlich 78 Prozent der Gesamtsalinität) stellt. Neun verschiedene Sorten Salzteilchen (Ionen) machen rund 99,9 Prozent der Salinität aus. Eigenartigerweise schwanken ihre Mengenverhältnisse überhaupt nicht: Wasser aus dem Roten Meer hat ziemlich genau die gleiche prozentuale Zusammensetzung wie das Wasser im Ärmelkanal. Fünf Kationen (Na^+, Mg^+, Ca^{++}, K^+, Sr^{++}) und vier Anionen (Cl^-, SO_4^-, HCO_3^-, Br^-) führen weltweit die Hitliste der Meerwasserbestandteile an. Weit weniger als 0,1 Prozent des Gesamtionengehaltes von Meerwasser steuern dagegen sogenannte Spurenstoffe bei – nahezu alle natürlichen Elemente vom Silicium oder Zink bis hin zu Gold und Platin sind darunter vertreten. Diese sind jedoch mit vernünftigem Aufwand nicht wirtschaftlich gewinnbar.

Seite 56: Zu den charakteristischen Durchzüglern an der Küste zählen Steinwälzer (oben links) und Sumpfohreule (oben rechts). Brandenten (Mitte links und rechts) und Eiderente brüten verstreut, während der Baßtölpel (unten rechts) auf felsigen Küstenplateaus große Kolonien bildet.

Seehunde kann man während ihrer Ruhephasen auf seicht abfallenden Sandbänken beobachten (oben). „Mutterlose" Jungtiere (Heuler, Mitte) sollte man auf keinen Fall stören. Die viel größeren Kegelrobben (unten) jagen dagegen in den Gewässern felsiger Meeresküsten.

Lebensraum Alpen

Neben den Küstengegenden sind die Alpen wohl die großartigste Urlandschaft Mitteleuropas. Über 1200 km Länge erstrecken sich die Alpenketten von Nizza bis Wien, legen sich als mächtiger, bis 250 km breiter Sperriegel zwischen Nord und Süd und bilden den imposanten Abschluß in der großlandschaftlichen Dreigliederung vom küstennahen Niederungsland über das vielstufige Mittelgebirge bis zum Hochgebirge. Die Alpen sind somit ein Naturraum von wahrhaft europäischer Dimension, dazu auch ein Kulturraum, der sich trotz seiner Ausdehnung über sprachverschiedene Staatsgebiete eine spezifische Sonderprägung bewahren konnte.

Vom Gewühl zum Gefühl

In der Gebirgslandschaft der Alpen läßt sich Natur nicht einfach nur als flächenhaft ausgedehntes Gefüge erfahren, sondern als dreidimensional gestaffelter Lebensraum mit beeindruckenden Bergkulissen, tief eingeschnittenen Talzügen und endlos erscheinenden Gipfelserien. Der Aufstieg aus den Talregionen zu den erreichbaren Höhen zeigt gleichwohl die Begrenztheit unseres eigenen Lebensraumes. Neben einzigartigen landschaftlichen Szenerien führt uns die Alpenwelt gänzlich andersartige Lebensstätten vor Augen, darin eine faszinierende Flora und Fauna, die weit in Bereiche vordringen kann, die uns selbst auf Dauer versagt bleiben. Kein noch so hinreißend gestaltetes Bilderbuch kann einen vollwertigen Ersatz für das unmittelbare Erleben und Entdekken anbieten. In den Alpen erleben wir gleichsam als Kontrastprogramm zur üblichen Erfahrungswelt die leise Eindringlichkeit von Naturschönheit.

Vom Traum zum Trauma

Die Wirklichkeit sieht indessen oft ganz anders aus. Wenn Europas Urlauber nicht an die Meeresküsten fliehen, konzentrieren sie sich im Alpenraum. Diese Landschaft findet offenbar mehr Zuspruch, als sie tatsächlich verkraften kann. Was immer man im Alltag zurücklassen möchte – in den Ferienzentren der Alpen holt es uns wieder ein. Der Massentourismus mit seinen Folgeerscheinungen hat viele Teilgebiete der Alpen schon jetzt ruiniert. Von der Totalzersiedelung (z.B. Kleines Walsertal) bis zur Totalversiegelung (z. B. Zugspitzgipfel) ließen sich zahlreiche traurige Beispiele für den Ausverkauf der Alpennatur auflisten. Keine Rede mehr von Reinluft, erholsamer Stille oder Bergeinsamkeit und nur noch Asphalt bis zur Alm oder rollendes Blech bis zum Talschluß?

Es gibt diese und viele andere Übel – Konzessionen an den Geschmack der Massen, die Freizeitrummel und Sportgebiete erwarten. Aber es gibt zum Glück – und hoffentlich noch lange – eben auch die blumigen Bergwiesen, die fast unerreichbaren Hochfluren und Gipfelsteige, wo stiller, umweltverträglicher Naturgenuß angesagt und möglich ist.

Die facettenreichen Lebensgemeinschaften der Berge in allen ihren Erscheinungsformen bieten vieles für Auge und Ohr, für Hirn und Herz, und dies auch noch zu allen Jahreszeiten. Sie erschließen sich oft nicht von selbst, denn man erkennt nur, was man weiß.

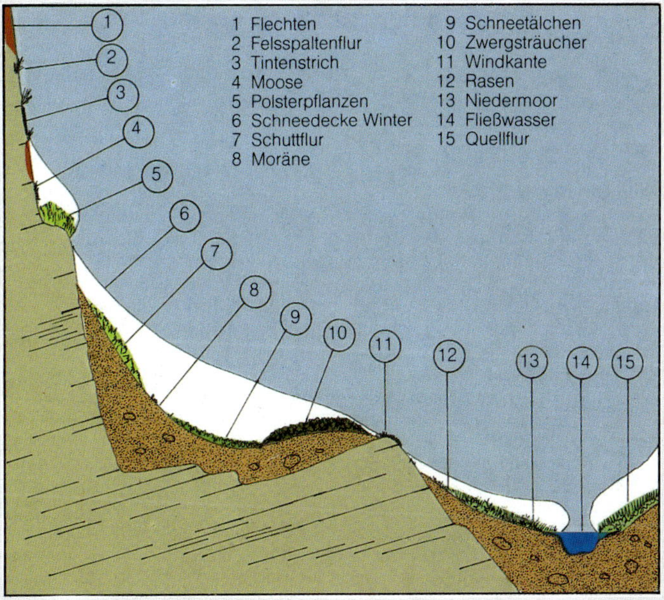

Lebensräume serienweise: Selbst kleinräumige Ausschnitte der alpinen Landschaft versprechen höchst unterschiedliche Lebensräume. In jedem Teilbereich siedeln hochgradig angepaßte Spezialisten.

Aus diesem Grund wurden im vorliegenden Buch, beginnend mit dem Frühjahr, zahlreiche Alpenspaziergänge zusammengestellt, die jeweils ein besonderes Schwerpunktthema aus der Ökologie der Hochgebirge in den Vordergrund rücken. Erlebnisraum sind dabei alle Höhenstufen vom Bergwald bis zu den hochalpinen Rasen, soweit sie gefahrlos zugänglich sind und der Alpennatur keine Schäden zufügen.

Eine Mähwiese im Mittelgebirge kann durchaus mit vielfältigem Blütenflor erfreuen. Gegen die überwältigende Blumenpracht alpiner Magerrasen oder hochgelegener Matten kommt sie jedoch nicht an. Gerade die extremen Lebensräume der Hochgebirge, die lebensfeindlichen Blockhalden, Steinfluren, Schuttfächer und Felsbänder, schmücken sich mit einem besonders auffälligen Artenreichtum. Dennoch können die verschiedenen hier angeregten Alpenwanderungen kaum Hilfe zur Bestimmung einzelner Pflanzen oder Tiere bieten, denn sie verfolgen ein völlig anderes Ziel: Leitthema sind vielmehr die besonderen Anpassungen einzelner Lebewesen, mit denen sie die ökologischen Anforderungen in ihren oft schwierigen Lebensräumen erfolgreich bewältigen. Somit holen die einzelnen Bergtouren jeweils eine Menge Hintergründiges in den Vordergrund.

Entstehung eines Hochgebirges

Bunter als die geologische Karte der Alpen kann auch ein sehr phantasievoller Flickenteppich eigentlich nicht sein. Schon die großmaßstäbliche Übersicht zeigt ein bewegtes Gefüge unterschiedlichster Gesteinstypen. Erst recht kommt die Vielfalt ins Spiel, wenn man sich im lokalen Bereich die Schichtfolgen und Baueinheiten anschaut. So wundert es nicht, daß die Geologen eigentlich immer noch damit befaßt sind, das verwirrende Neben- und Übereinander von Gesteinstypen und -strukturen in ein klares zeitliches Nacheinander zu ordnen. In wesentlichen Zügen steht dieses Bild jedoch schon fest.

Der Grundriß des heutigen Hochgebirges ist recht überschaubar. Eine Zweiteilung zeigt das Kartenbild: Der schmalere, im Halbkreis verlaufende Bogen der Westalpen setzt sich in die geradlinig streichenden und deutlich breiteren Ostalpen fort - getrennt durch eine Baufuge, die vom Bodensee bis zum Comer See zieht. Zwei großräumige Baueinheiten setzen die Westalpen zusammen, die den Außenbogen bildende helvetische Zone und die penninische Zone des Innenbogens, beide voneinander getrennt durch die selbständigen Zentralmassive vom Gotthard bis zum Mercantour. In den Ostalpen fällt dagegen eine räumliche Dreigliederung ins Auge: Die Nördlichen Kalkalpen grenzen an die aus Gneisen und Schiefern bestehenden Zentralalpen, und diese flankieren wiederum die Südlichen Kalkalpen. Auffällige Längstalsysteme markieren die jeweiligen Nahtstellen; im Norden sind es Inn-, Salzach- und Ennstal, im Süden Veltlin, Eisack-, Puster- und Gailtal. Die Südalpen steuern noch eine Reihe eigener Baueinheiten bei.

Es begann am Meeresboden

Vor rund 225 Millionen Jahren begannen die nördlichsten Teile des Tethysmeeres (dessen letzter Rest das heutige Mittelmeer ist) abzusinken und eine Großmulde mit mehreren Ablagerungsräumen zu bilden. Die marine Vergangenheit der darin entstandenen Ablagerungsgesteine ist an deren Fossilinhalt abzulesen. Die heute so imposanten Felsburgen der Nördlichen Kalkalpen und der dolomitischen Kalkketten bestehen großenteils aus Riffen von Korallen und Algen. Die zentralen Silikatgesteine der Alpen sind dagegen überwiegend Reste aus der magmatisch geformten Erdkruste.

Bewegte Vergangenheit

Keine Trogfüllung des Tethysmeeres blieb an ihrem Entstehungsort. Vor allem im mittleren Tertiär setzten gewaltige Schubkräfte von Süden an, stauchten die Schichtserien der Sedimenttröge zusammen und falteten sie zum Gebirge auf. Allein im Gebiet der Schweiz müßte die Nord-Süd-Ausdehnung der mesozoischen Gesteine eigentlich 560 km betragen. Durch Einengung mißt sie aber nur 150 km.

Nicht minder dramatisch stellt sich der alpine Deckenschub dar. Die ursprünglich nebeneinander abgelagerten Gesteinsserien wurden vom Untergrund abgeschert und als großflächige Dekken verschoben. Die helvetischen Decken gelangten über das alte Zentralmassiv hinweg nach Norden und wurden ihrerseits von

Unvorstellbare Kräfte haben während der Tertiärzeit ganze Gebirgsteile hochgewölbt, weiträumig verschleppt und aufgefaltet.

den penninischen Decken überfahren. In den Ostalpen war die Überschiebung noch großräumiger. Um mehr als 100 km glitten die Massive der Nördlichen Kalkalpen (z. B. Wetterstein und Karwendel) nach Norden. In den berühmten Fenstern (Engadiner und Tauern-Fenster) geben die oberostalpinen Decken den Blick frei auf das unterlagernde penninische Material. An vielen Stellen ist zu sehen, wie der Deckenschub älteres Baumaterial (z.B. den Allgäuer Hauptkamm) auf jüngere Schichten verschleppt hat.

Ausgelöst hat die Falten- und Deckenschübe in den Alpen die Kollision der Afrikanischen mit der Eurasischen Kontinentalplatte. Die Alpen sind Bestandteil einer heute hochgebirgigen „Knautschzone" vom Hohen Atlas bis zum Himalaya.

Die beeindruckende Dynamik der Gebirgsbildung zeigt sich natürlich nicht nur in Gipfelserien, die in einzelnen Massiven sogar die 4000 m-Marke überragen. Die Verformung des Gesteins kann man vielfach auch ganz unmittelbar sehen. Wo größere Schichtfolgen freiliegen, ist zu erkennen, wie die Gesteine schräg gestellt, bis zur Senkrechten gehoben oder wie eine zusammengeschobene Tischdecke in Falten gelegt wurden, die enge Kurven beschreiben – scheinbar erstarrte Bewegung, die in die Gegenwart fortwirkt.

Pflanzenwelt etagenweise

Hochsommerliche Schneeflekken in der Gipfelflur zeigen es ebenso wie die frische Gesichtsfarbe nach einer Bergwanderung: Im Hochgebirge ändern sich beinahe gesetzmäßig mit der Höhenlage Temperatur, Strahlung, Niederschläge sowie alle übrigen Klimafaktoren. Sichtbarer Ausdruck dafür sind die markanten Höhenstufen der Hochgebirgs-Pflanzenwelt. Schön nach Höhe gestaffelt besetzen ganz bestimmte Pflanzengemeinschaften die ihnen zustehenden Rangstufen – die Vegetation ist gleichsam etagenweise durchorganisiert. Diese Antwort der Pflanzenwelt auf die Eigenheiten des Bergklimas, den landschaftlichen Aspektwechsel von der kollinen (Hügelregion) bis zur nivalen Stufe (Dauerschnee) hat man bei Wanderungen ständig zur Anschauung vor Augen. Die absoluten Grenzen zwischen den einzelnen Höhenstufen sind in der Natur nicht so linienhaft wie in einem Schema. Vielfach verzahnen und überlappen sich die einzelnen Pflanzengürtel. Zu berücksichtigen ist auch, daß die Grenzmarken in den Südalpen bis zu 500 m weiter oben liegen als am nördlichen Alpenrand. Auch zu den Zentralalpen verschieben sie sich im Vergleich zu den Außenketten. Die Reihenfolge bleibt jedoch immer gleich.

Bäume müssen unten bleiben

Die auffälligsten Trennlinien sind sicher die Dauerschneegrenze und die Waldgrenze. In den Nordalpen bilden Fichtenwälder die Obergrenze des geschlossenen Bergwaldes. In den Zentralalpen folgt darüber noch eine Lärchen-Arven-Zone. Oft erreicht der Wald gar nicht seine klimatische Grenze, weil Felswände oder Schuttströme keine Bestokkung zulassen. Andererseits schließen auch Beweidung und Holznutzung den Bergwald aus seiner potentiellen Grenzmark aus. Die aktuelle Waldgrenze verläuft daher etwa 100 bis 200 m tiefer als theoretisch möglich. Strenggenommen wäre sogar zwischen einer Wald- und einer Baumgrenze zu unterscheiden, denn einzelne Wetterbäume halten in einer ökologischen Kampfzone weit oberhalb der geschlosssenen Waldbestockung die Stellungen.

Im Übergang von den montanen Waldstufen zur baumfreien alpinen Region wachsen die ausgedehnten Krummholzbestände der subalpinen Stufe, an Trockenhängen mit Legföhre oder Latsche, an feuchten Stellen mit Grün-Erle. Besonders unter den Grünerlengebüschen gedeihen prächtige Hochstauden wie Eisenhut, Alpenlattich, Meisterwurz und Gemswurz-Arten. Nach oben lösen sich die Krummholzbestände allmählich auf, werden lückig und kleiner, so daß sich zunehmend Zwergsträucher einmischen können. Hier stehen wir im Übergang zur alpinen Stufe. Sie umfaßt mit ihren natürlichen oder wirtschaftsbedingten Rasen und Matten den mit Abstand blumigsten Bereich mit einer geradezu unglaublichen Farbenpracht und Artenfülle. Es ist sozusagen der eigentliche Lebensraum der Alpenpflanzen, die wie selbstverständlich auch dort noch mithalten, wo nicht einmal mehr Zwerg- oder Spaliersträucher gedeihen können.

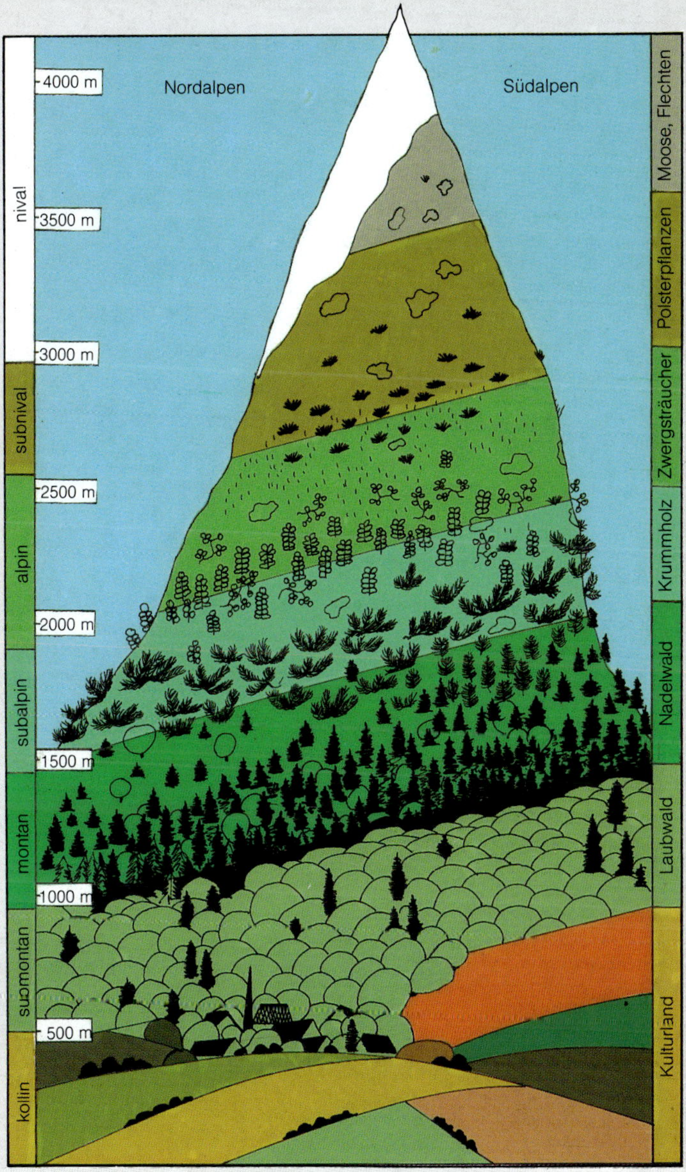

Pflanzengemeinschaften hochgestapelt: Gürtelförmig folgen im Hochgebirge klimaabhängig verschiedene Vegetationszonen übereinander.

Arktische Insel inmitten Europas

Die Mähwiese im Mittelgebirge mag ja durchaus üppig blühen – die blumig bunten Magerrasen und Matten der Alpen stellen sie dennoch bei weitem in den Schatten. Und noch erstaunlicher: Gerade die so extrem erscheinenden Teillebensräume der alpinen Hochlagen, die Steinfluren, Schutthalden und Felsgrate, ziert ein besonders prächtiger Blütenschmuck. Kein Zweifel – die Alpenflora gehört zu den artenreichsten Ensembles überhaupt. Solche Fülle kann kein Zufall sein und verlangt nach Erklärung.

Schon lange vor den Eiszeiten, im ausgehenden Tertiär, standen die frisch aufgefalteten Alpen über die angrenzenden Gebirgszüge in Verbindung mit Vorderasien. Vor allem aus dem asiatischen Raum konnten damals über die Höhenfluren Steppenpflanzen vordringen, deren ökologische Ansprüche denen von Hochgebirgspflanzen weitgehend gleichen – Unempfindlichkeit gegen starke Windbelastung, zeitweilige Austrocknung und schroffe Temperaturwechsel. Tatsächlich finden wir im Grundstock der Alpenflora erstaunlich viele Arten, deren eigentliche Heimat die vorder- oder zentralasiatischen Steppengebiete sind. Kurioserweise sind oft die Charakterpflanzen der Alpenflora wie Edelweiß oder Alpen-Aster solche Zuwanderer aus dem Zentrum des Kontinents.

Dann setzten im Quartär die Kaltzeiten mit ihren massiven Vereisungen ein – nicht katastrophal wie ein verfrühter Wintereinbruch, sondern epochal mit allmählichem Klimawandel. Die bisher in den Alpen siedelnden Pflanzenarten hatten die Alternativen Auswandern, Anpassen oder Aussterben. Viele Arten hielten dem Kältestreß der Eiszeiten nicht stand und blieben endgültig auf der Strecke. Wenige schafften die Abwanderung in geschützte Gebiete. Das Klima hielt strenge Auslese. Die Folgen sind noch heute spürbar: Die Floren Nordamerikas und Ostasiens sind erheblich artenreicher als die europäische Pflanzenwelt.

Andererseits schlugen die Kaltzeiten die klimatische Brücke zwischen den Alpen und Nordeuropa, brachten also das mitteleuropäisch-alpine mit dem nordeuropäisch-arktischen Gebiet unmittelbar in Kontakt. Nordisch verbreitete Pflanzen wie die hübsche Silberwurz konnten daraufhin in den Alpenraum einwandern, während umgekehrt alpine Formen wie der Alpen-Tragant den Weg nach Norden fanden. Die Alpenheide wanderte damals sogar aus Nordamerika zu. So bildete sich durch Florenaustausch ein gemeinsamer Bestand arktisch-alpiner Arten heraus, deren Verbreitungsräume heute durch mehr als sieben Breitenkreise getrennt sind. Etwa vierzig Prozent aller Alpenpflanzen kommen heute auch im subarktischen und arktischen Nordeuropa vor.

Die Arktis fängt am Waldrand an

Eine mehr als zweieinhalbtausend Kilometer überspannende Reise vom Alpennordrand über den Polarkreis hinaus führt durch unterschiedliche Klimagebiete und quert dabei die entsprechenden Vegetationszonen vom Laubwald bis zur Zwergstrauchtundra. Die gleiche Pflanzenfolge durchmißt der Bergwanderer beim Aufstieg aus der Talaue in die Gipfelregion. In grober Annäherung entsprechen 1000 Me-

Weithin erstreckt sich die arktische Zwergstrauchtundra im Norden Kanadas – ein produktiver, aber verletzlicher Lebensraum.

ter Höhenzunahme in den Alpen einem geographischen Breitenunterschied von rund 1000 Kilometern. In dicht gedrängter Folge präsentieren die Alpen von unten nach oben alle wichtigen Vegetationszonen der Nordhalbkugel. Eine Höhenwanderung oberhalb der Baumgrenze führt daher durch eine ganz ähnliche Pflanzenwelt wie im nordschwedischen Hügelland. So sind die Alpen und ihre benachbärten Faltengebirge (Karpaten, Pyrenäen) gleichsam Verbreitungsinseln, auf denen sich die gesamte kontinentweite Pflanzenparade kleinräumig wiederholt. Wo Höhen- oder Breitenklima den Baumwuchs verbieten, beginnt die Domäne der Arktis – Biogeographie auf einen Blick.

Die heutige Alpenflora besteht jedoch nicht nur aus eiserprobten Eremiten, die in Rückzugsräumen die Kaltzeiten abwarteten oder zwischen den Kältegebieten ausgetauscht wurden. In den Artenregistern finden sich auch viele Formen, die in der Nacheiszeit aus südlichen Regionen zuwanderten. Immerhin enden die Verbreitungsgebiete vieler Mittelmeerpflanzen erst am Fuß der Südalpenketten. Außerdem fand gerade in der klimatisch günstigen Nacheiszeit eine genetisch-ökologische Aufgliederung mancher Pflanzensippen statt – die einen blieben bei ihren Talstandorten, die anderen paßten sich durch Auslese an die Bedingun-

gen der Hochgebirgs-Wuchsplätze an. Solche Artengruppen, darunter etwa die Gemswurz-Arten, bilden somit die jüngste Schicht im Vielvölkerstaat der Alpenflora.

Wie sich die Bilder gleichen: In Aussehen und Artenbestand sind die alpinen Zwergstrauchgesellschaften der Tundra recht ähnlich.

Die Grenzen des Wachstums

Nicht alle Alpenpflanzen kommen im gesamten Alpenraum vor. Es gibt hier genauso ausgeprägte Spezialisten und Regionalisten wie in anderen Verbreitungsräumen. Die Lage zwischen dem nördlichen und südlichen Europa, die breite Verbindung des Südwestens mit dem Südosten, verschafft höchst unterschiedlichen geographischen Vertretern Zugang zu den alpinen Standorten. Somit überschneiden sich hier auch völlig verschiedene Florengebiete. Das Alpen-Schildkraut ist eine ausgeprägte Westalpenpflanze, die Gletscher-Nelke dagegen eine Ostalpen-Art, die die Linie Comersee-Hinterrhein nicht überschreitet. Bei manchen Arten sind die heutigen Verbreitungsgrenzen noch enger gezogen: Nur in den südlichen Walliser Alpen kommen das Gelbe Seifenkraut, die Ausgeschnittene Glokkenblume, der Keltische Baldrian oder das Einköpfige Kreuzkraut vor. Die Niedrige Rapunzel beschränkt sich sogar auf das Gebiet des Monte Rosa, der Astige Enzian auf die Region zwischen Aostatal und Brenner. Solche Grenzen sind immer florengeschichtlich bedingt.

Juwelen alpiner Insekten sind Vierfleckbock (*Pachyta quadrimaculata* – oben links), Alpenbock (*Rosalia alpina* – Mitte links), Dunkler Alpenbläuling (*Agradiades glandon* – unten links), Engadiner Bär (*Arctia flava* – oben rechts), Alpenmohrenfalter (*Erebia pronoe* – Mitte o. rechts), Alpenweißling (*Pontia callidice* – Mitte u. rechts) und Alpenapollo (*Parnassius phoebus*).

Frühling
Unterwegs im Wald

Frühkonzert im Laubmischwald

Wer von Waldesruhe schwärmt, hat wohl nicht richtig aufgepaßt, denn eigentlich bekommt man gerade im Wald zu allen Jahreszeiten einiges zu hören. Während in der noch winterlich verlassenen Feldflur tatsächlich nichts geboten wird außer ein paar entfernten Verkehrsgeräuschen, erscheint der Wald schon eher wie eine Musikhalle, in der zumindest schon ein wenig geprobt wird, solange das Orchester noch nicht vollzählig beisammen ist.

Jedem das Seine

Den ganzen Winter über kann man das Pianissimo der Goldhähnchen vernehmen, die hoch im Gezweig von Fichten herumturnen. Ab und zu ertönt auch schon der Schmettergesang des Zaunkönigs, bei dem Körpergröße und Lautstärke in einem bemerkenswerten Mißverhältnis stehen – wie bei mancher Koloratursopranistin. Außerdem mischt sich auch das Rotkehlchen mit seinen stimmungsvoll perlenden Tonreihen ein. Und sollte gar die Sonne schon eine gewisse Frühlingsatmosphäre schaffen, geraten auch die Meisen stimmlich in Laune: Kohl-, Blau- oder Haubenmeise sind an ihren Rufen und Gesängen deutlich zu unterscheiden. Nicht zu vergessen die Spechtarten mit ihren rasanten Trommelwirbeln, die ebenfalls die Arten unterscheiden helfen. Ein besonderes Erlebnis ist natürlich das Nachtkonzert der Eulen und Käuze, die sich gerade in den Spätwinter- und Frühlingswochen recht ruffreudig geben. So herrscht praktisch überall schon emsiger Betrieb. Aber nicht nur das: Vor dem Laubaustrieb ist der Mischwald ziemlich durchsichtig und bietet somit den enormen Vorteil, daß man die munteren Sänger gleichzeitig auch sehen und beobachten kann. Wenn sich im belaubten Frühjahrswald das Blätterdach zur Konzertmuschel geschlossen hat, bekommt man nicht einmal mehr einen lärmenden Eichelhäher zu Gesicht.

Wie man in den Wald hineinruft …

Die fröhlichen Darbietungen der Waldvögel, deren Gesang von uns als so angenehm melodisch empfunden wird, läßt den Verdacht aufkommen, er könne gar ein Ausdruck purer Lebensfreude sein. Auf der anderen Seite ist jedoch zu berücksichtigen, daß – von ein paar Ausnahmen abgesehen – die eigentliche Konzertsaison der Singvögel ziemlich genau in die Zeit der Revierbesetzung, der Verpaarung, des Nestbaus und des Brutgeschäfts fällt. Der gesamte stimmliche Aufwand ist also weitgehend zweckbestimmt. Er dient nicht unserer Erbauung, sondern der Reviersicherung und -abgrenzung, eine zweifellos sinnvolle Funktion, die gleichzeitig garantiert, daß nicht zu viele Individuen mit den gleichen ökologischen Ansprüchen auf zu engem Raum leben. Singen ist eine Art akustischer Gartenzaun. Rivalen werden auf Distanz gehalten, Paarungspartner zusammengeführt – alles wie in einer Wagner-Oper.

… so schallt es heraus

Die konzertanten Gesänge unserer Singvögel, die ja durchaus unterschiedlich begabt sind und auch ein arttypisch verschiedenes Repertoire zu Gehör bringen,

Zaunkönig (*Troglodytes troglodytes*) auf seiner Singwarte (links).

Mit Gesang in die Saison: Singdrossel (*Turdus philomelos*, rechts).

sind in der Hauptsache eine Veranstaltung des frühen Morgens, auch wenn tagsüber und sogar bis Einbruch der Dunkelheit immer mit beeindruckenden Einzeldarbietungen zu rechnen ist. Das Morgenkonzert beginnt jeden Tag ein wenig früher. Zeitgeber und Programmgestalter ist nämlich die zunehmende Tageslänge während der Frühlingswochen. Am 1. März geht die Sonne in Mitteleuropa etwa um 7.10 Uhr auf. Mit jeweils ungefähr zehnminütigem Abstand beginnen Grünfink, Buchfink, Kohlmeise, Zaunkönig und Amsel ihren Vortrag. Bis Ende März wird der Konzertbeginn auf etwa 6.10 Uhr vorverlegt, jeden Tag durchschnittlich um zwei Minuten. Die Reihenfolge der Solisten wird jedoch beibehalten, denn jede Vogelart reagiert auf einen arttypischen Helligkeitsschwellenwert – ein Hochgenuß für die Ohren, aber nur für entschlossene Frühaufsteher.

... schon gewußt?

Gärten, Parkanlagen oder alte städtische Friedhöfe mit üppigem Baumbestand weisen oft die gleichen Lebensraumstrukturen auf wie ein Mischwaldgebiet. Daher treten hier meist auch die gleichen Vogelarten auf, zum Teil sogar in größerer Brutdichte als im siedlungsfernen Freiland. Um die meist unsichtbaren Sänger kennenzulernen, verwendet man am besten ein Vogelbuch mit einer CD.

Den Durchbruch schaffen

Kaum kündigt sich das Frühjahr mit zunehmenden Tageslängen und kräftiger Sonnenstrahlung an, ist es auch schon aus mit der Winterruhe der Knospen. Sie treiben aus und setzen ihr monatelang behütetes Innenleben gleichsam an die frische Luft. Nur knapp zwei Wochen benötigen die winterkahlen Gehölze bis zur vollständigen Wiederergrünung – wenn die Temperaturen stimmen. Die wirksamste Entwicklungshilfe leistet nämlich immer noch die wärmende Sonne. Die größeren Tageslängen können die eventuell fehlenden Temperaturwerte nicht ausgleichen. Sollte der April also mit Kühlschranktemperaturen aufwarten, geht die Begrünung entsprechend langsamer voran. Ein warmer Frühlingstag mit etwa 15 Grad Celsius oder mehr vollbringt dagegen wahre Wunder. Die Knospenöffnung der Gehölze, die aus der Winterruhe erwachen, ist zweifellos der auffälligste Entwicklungsschub, der sich vor unseren Augen abspielt.

Licht und Wärme sind äußere Entwicklungsfaktoren, die die Blattentfaltung steuern. Daneben müssen aber auch die inneren Voraussetzungen stimmen. Entwicklung und Leben benötigen vor allem Wasser. Während der winterlichen Kälte wäre ein zu hoher Wassergehalt für die Gehölze gefährlich gewesen. Sie mußten daher aus Gründen von Frostschutz und Gewebesicherheit die Wasserzufuhr drosseln und dazu auch ihre wasserver-

brauchenden Blattorgane ablegen. Jetzt im Frühjahr wird der umgekehrte Weg beschritten. Bevor der Laubaustrieb einsetzen kann, müssen die inneren Wasserleitungen der Gehölze und alle Zapfstellen für das künftige Sommergrün rasch auf volle Kapazität gebracht werden.
Früher nahm man an, die Wurzeln der Bäume und Sträucher wären so eine Art Pumpstation, die das Bodenwasser bis hoch in die letzten Spitzen des Geästs heben. Aus vielerlei Gründen können sie den dazu notwendigen Druck aber gar nicht aufbringen. Folglich muß die Wasserversorgung im wesentlichen andere Wege nehmen. Heute weiß man, daß das Wasser überwiegend vor Ort in Stamm und Zweig entsteht: Wenn die Stoffreserven eines Waldbaumes im Frühjahr mobilisiert und umgesetzt werden, entsteht durch Veratmung ständig Stoffwechselwasser. Dieser Prozeß verstärkt sich sogar selbsttätig: Je rascher die Atmung im Gewebe in Gang kommt, um so mehr Wasser wird auch zur Verfügung stehen. Eine ganze Kaskade von Abläufen und Stoffwechselleistungen ist also schon in Betrieb, noch ehe man eine Spur von Laubaustrieb und frischem Grün erkennen kann.

Die Knospe schwillt

Mit dem Anlaufen der komplizierten Stoffwechselmaschinerie in Baum oder Strauch sind gleichsam die Weichen für alle anderen Lebenstätigkeiten gestellt. Sobald reichlicher Wasser zur Verfügung steht, pumpen sich die anfangs noch recht trocken in der Knospenhülle liegenden Blätter so richtig voll. Mit dieser Wasseraufnahme schwellen die Winterknospen sichtlich an: Bei den meisten Gehölzen verlängern sie sich in dieser Phase auf mehr als das Doppelte, während ihr Volumen sogar um den Faktor acht bis zehn zunimmt. Diese Wasseraufnahme ist nicht mehr umkehrbar, auch wenn zu diesem Zeitpunkt noch einmal eine Kälteperiode mit Nachtfrösten einsetzen sollte. Zum Glück sind jedoch die startenden Sommerblätter in den Knospen viel weniger kälteempfindlich, als gewöhnlich angenommen wird.
Schließlich ist es soweit: Das junge Grün „bricht" hervor, wie das

Die Hainbuche (*Carpinus betulus*) belaubt sich: Durch Wasseraufnahme vergrößert sich das junge Blatt. Erst nach der Befreiung von den Schuppen der Knospenhülle setzt die eigentliche Entfaltung ein. Alle arttypischen Merkmale sind bereits jetzt erkennbar.

Kalenderblatt für den Monat April vermerkt. Unzutreffender könnte man den Vorgang der Knospenöffnung wohl kaum beschreiben. Die abschottenden Knospenhüllen werden von den sichtlich wachsenden Blättern nämlich nicht einfach weggesprengt, weil von innen ein großer Druck aufgebaut wurde. Die Sache vollzieht sich erheblich behutsamer. Bevor sich ein Blatt aus seinem sicheren Winterversteck hervorzwängt, haben sich auch die einzelnen Knospenschuppen merklich gestreckt und verlängert. Der anfangs noch rundum verschlossene Verband der braunen, etwas hornigen und ziemlich steifen Schuppenblätter wird bei der Wasseraufnahme seinerseits gelockert und vergrößert. Die Schuppenblätter der Knospenhülle wachsen sogar noch ein Stück mit, wie man an ihrer bleichen und wachsweichen Basis erkennen kann. So wird der Weg für das eigentliche Blattwerk frei. Blattknospen verhalten sich exakt so wie eine noch geschlossene Blüte: Die schützende Verpackung schert beim Austrieb zur Seite weg und schafft somit freie Bahn für die neuen Blätter und den jungen Triebzuwachs.

Die Hüllen fallen

Während des Laubaustriebs und sogar noch eine Weile nach der Entfaltung der Blätter bleiben die sichtlich verlängerten Knospenschuppen am Gezweig. Dann aber wird – mitten im Frühjahr – schon ein wenig dem kommenden Herbst vorgegriffen. Die nicht weiter benötigten Schuppenblätter werden genau wie beim herbstlichen Laubfall abgestoßen. An der Basis der neuen Jahrestriebe, die nun ebenfalls aus den Knospen zum Vorschein kommen, hinterlassen sie deutliche Marken und Narben, die man auch dann noch erkennen kann, wenn die letzte Hülle schon lange gefallen ist.

Sobald sich das Packmaterial für das Sommergrün gelockert hat oder gar abgefallen ist, wird auch deutlicher sichtbar, wie die jungen Blätter eigentlich in der Knospe untergebracht waren. Für die Verpackung von vergleichsweise viel Blattmasse auf kleinstmöglichem Raum werden von der Natur verschiedene Wege beschritten. Die Bezeichnung Blatt„entfaltung“ bezeichnet bereits recht zutreffend eine der vielen Möglichkeiten, wie junge Blätter praktisch und raumsparend verpackt sein können. Bei vielen Gehölzen liegen sie einfach ganz eng aufgefaltet in der Knospe. Bei der Hainbuche oder der Hasel bleiben die Knick-und Bügelfalten der mehrfachen Querfaltung während des gesamten Sommers sichtbar. Bei Rotbuche oder Birke glätten sich die Faltblätter dagegen ziemlich bald. Fächerförmig gefaltet sind die schönen handförmigen Blätter der Ahorn-Arten. Auch hier bleiben nach der Entfaltung im Frühjahr keine allzu auffälligen Knickmuster zurück. Im Unterschied zur ziehharmonikaartigen Mehrfachfaltung gibt es bei unseren Gehölzen auch eine einfache Auffaltung, meist entlang des Hauptnervs. Die Blätter der Vogel-Kirsche ruhen nach diesem Muster in der Knospe.

Es gibt indessen auch völlig andere Lösungen des Verpackungsproblems. Viele Blätter sind beispielsweise in der Knospe aufgerollt. Während sie bei den Farnen immer in Längsrichtung aufgewickelt sind und beim weiteren Wachstum buchstäblich eine „Entwicklung“ durchlaufen, zeigen etliche Laubhölzer Querrollung (Weiden, Eichen).

Fix und fertig

Beim jungen Laub, das sich mit kräftigen Wachstumsschüben aus seiner zurückweichenden Verpackung vorschiebt, muß eigentlich sein beachtlicher Differenzierungsgrad auffallen. Schon kurz nach Öffnung der Knospe ist bereits die endgültige Blattform mit allen arttypischen Kennzeichen der Ausgestaltung sichtbar. Die mehr als vier Millionen Zellen, aus denen beispielsweise ein Rotbuchenblatt besteht, sind beim Laubaustrieb alle schon vorhanden. Das gesamte Schauspiel des Laubaustriebs besteht in diesem Fall tatsächlich nur noch aus der Größenzunahme ohne Zellteilungen.
Etwas schlaff mag uns die hellgrüne, frisch an die Luft gesetzte Belaubung vielleicht noch erscheinen. Auch dieses Problem wird relativ rasch bewältigt. Weitere Wasseraufnahme und Gewebefestigung beheben auch die anfänglichen Haltungsschwächen.

... schon gewußt?

Bei vielen heimischen und angepflanzten Gehölzen unterscheiden sich die Blütenknospen von solchen, die nur verpackte Laubblätter enthalten, in Gestalt und/oder Größe. Auffällig sind die Formunterschiede beispielsweise bei der Kornelkirsche, während bei der Roßkastanie meist nur die dicke Endknospe am Zweig einen vorbereiteten Blütenstand führt.

Rot-Buche (*Fagus sylvatica*): Als schlaffe Zipfel hängen die verlängerten Knospenschuppen herab (oben).

Lärche (*Larix decidua*): Laubaustrieb gleich dutzendfach (unten).

Kunterbunte Bodentruppe

Lange bevor sich das Kronendach der Bäume mit frischem Laub begrünt, herrscht am Waldboden bereits Hochbetrieb. Weitreichende Blütenteppiche breiten sich dort zu einem Zeitpunkt aus, wo in den angrenzenden Wiesen und Fluren praktisch noch tiefe Winterruhe herrscht. Der Laubwald erlebt seinen eigentlichen floristischen Höhepunkt lange vor dem Laubaustrieb. Leuchtend gelb heben sich da beispielsweise die sternförmigen Blüten des Scharbockskrautes vom frischgrünen Hintergrund seiner rundlichen Blätter ab. Vor allem die etwas feuchteren Stellen in Bodensenken oder an den sanft abfallenden Ufern der Waldbäche werden gerne von diesem ausgesprochenen Frühstarter besiedelt. Etwas trockener geht es gewöhnlich an den Standorten des weißblütigen Busch-Windröschens zu, das den Boden oft mit tausendfachem Blütenflor überzieht. Seine gelbblühende Verwandte, das Gelbe Windröschen, bildet zwar ebenfalls ansehnliche Bestände, kommt aber im ganzen wesentlich zerstreuter vor. Schließlich steuern die Hahnenfußgewächse, zu denen diese Arten gehören, mit dem aparten Leberblümchen auch noch Blaublütiges zum Aspekt des Waldbodens bei.

Ausgesprochen hübsche Erscheinungen unter den frühblühenden Arten der Laubwälder sind die Lerchensporn-Arten mit ihren reinweißen, lilafarbenen oder grün-purpurnen Blüten. Am häufigsten wird man wohl den Hohlen Lerchensporn treffen. Seine beiden Verwandten, der Gefingerte und der Mittlere Lerchensporn, sind durchweg seltener. Ihren Namen haben diese Pflanzen nach der spornförmig nach rückwärts verlängerten Blütenkrone. Wenn man diesen Blütensporn vorsichtig öffnet, findet man darin eine kleine, grüne Nektardrüse. Nur besonders langrüßlige Blütenbesucher, beispielsweise Hummeln, können von dem süßen Angebot naschen. Dabei erzeugen sie im vorderen Teil der Blüte soviel Unruhe, daß sie sich mit einiger Gewißheit eine Menge Pollen aufladen.

Häufig wird der Hohle Lerchensporn vom Gefleckten Lungenkraut begleitet, dessen Blüten durch ihren lebhaften Farbwechsel von Hellrot nach Blaulila auffallen. Diese dekorative Farbabstufung wird durch die Veränderung der Säurewerte in den Kronblättern gesteuert. Recht unscheinbar, aber verhältnismäßig häufig ist das Moschuskraut. Ihr kleiner Blütenstand sieht aus wie ein gestielter Würfel. Die vier Flankenblüten sind fünfzählig, die Gipfelblüte ist vierzählig konstruiert.

Gründe für den Frühstart

Die frühblühenden Pflanzen im Laubwald sind allesamt ökologische Spezialisten. Sie haben ihren Entwicklungs- und Blührhythmus exakt auf einen Zeitraum eingerichtet, wo es einerseits nicht mehr allzu kalt, auf der anderen Seite aber auch noch nicht zu dunkel ist. Wenn die Frühjahrssonne durch die noch kahlen Baumkronen scheint, erwärmt sich der dunkle Waldboden rascher als der Luftraum. Auch die locker geschichtete, braune Laubstreu schluckt die wärmenden Sonnenstrahlen sehr bereitwillig, so daß hier durchaus Tagestemperaturen bis über 20

Waldboden-Blütenteppich aus Hohlem Lerchensporn (*Corydalis bulbosa*).

Grad Celsius gemessen werden. Für die Waldbodenpflanzen bedeutet diese Sonderzuteilung an Wärme natürlich eine willkommene Starthilfe mit kräftigem Entwicklungsschub. In erstaunlich kurzer Zeit können sie daher ihre Blattorgane und Blüten entfalten. Ein weiteres Anpassungsmerkmal kommt ihnen dabei zu Hilfe. Alle Frühjahrsblüher des Waldbodens besitzen unterirdische Speicherorgane mit beträchtlichen Stoffreserven. Während andere Pflanzen in den Frühlingswochen zunächst einmal günstige Außentemperaturen abwarten müssen, um Stoffe für Wachstum und Entwicklung zu produzieren, kann die bunte Bodentruppe des Waldbodens gleichsam ans Eingemachte gehen.

Bei Märzenbecher, Goldstern und Bärlauch finden wir Zwiebeln als Nährstoffreserve. Leberblümchen, Anemonen, Lungenkraut oder Salomonssiegel besitzen kriechende Wurzelstöcke (=Rhizome). Die Lerchensporn-Arten verwenden Sproßknollen als Stoffspeicher, und beim Scharbockskraut sind es längliche Wurzelknollen. An diesen Speicherorganen befinden sich auch die Erneuerungsknospen.

... schon gewußt?

Waldboden-Frühlingsblüher sind eine echte Bereicherung für den Garten, besonders für die Schattenstellen unter Sträuchern und Bäumen. Pflanzgut gibt es im Gartenfachhandel.

Frühlingswald. 1 Zitronenfalter, **2** Waldmaus, **3** Hohler Lerchensporn, **4** Busch-Windröschen, **5** Wegschnecke, **6** Zwerg-Spitzmaus, **7** Scharbockskraut, **8** Waldhummel, **9** Lungenkraut, **10** Zaunkönig.

10
9
8
7

Haufenweise Ameisen

Im Frühjahrswald sieht man sie am besten: Solange Krautschicht und Unterwuchs noch einigermaßen licht sind, fallen die imposanten Ameisenhügel natürlich besonders in den Blick. Mit 1-2 Metern Höhe gehören sie zweifellos zu den eindrucksvollsten Bauten, die Insekten in unseren Breiten zustande bringen. Vor allem in Nadelholzbeständen oder in artenreichen Laubmischwäldern findet man die Ameisenburgen gerne an sonnigen Rändern, fallweise aber auch im tiefen Schatten. Das unendliche Gewimmel in einem Ameisenhaufen ist geradezu sprichwörtlich. Allein die auf seiner Oberfläche oder auf den abführenden Straßen aktiven Ameisen kann man zahlenmäßig kaum erfassen, von der eigentlichen Burgbesatzung einmal ganz abgesehen. Insofern müssen sich Zahlenangaben wohl eher auf Schätzungen stützen. Irgendwo zwischen einer halben und einer Million Individuen wird sich die tatsächliche Größe eines Ameisenvolkes schon bewegen.

Die im Wald sichtbaren Ameisenhügel sind gewöhnlich die Bauten der Kleinen Waldameise *(Formica polyctena)* oder der Roten Waldameise *(Formica rufa)*. Mit bloßem Auge sind die beiden sehr ähnlichen Arten nicht zu unterscheiden. Erst die Lupe zeigt die feine Behaarung auf Kopf und Brust der Roten Waldameise, die der Kleinen Waldameise fehlt.

Bergbau im Kleinformat

Der oberirdisch sichtbare Nesthügel ist oft nur der kleinere Teil der gesamten Anlage. Im Gegensatz zu den Bienen, Hummeln und Wespen bauen die Ameisen keine mathematisch exakten Waben oder Zellen, sondern nagen Hohlräume in Holz oder räumen Kammern und Gänge im Boden aus. Bei den Waldameisen befindet sich die Nestbasis tief im Boden. Ihr Nestbau vollzieht sich – bergmännisch gesprochen – im Untertagebetrieb. Der dabei anfallende Abraum wird über dem unterirdischen Kammern- und Gängesystem aufgetürmt und ebenfalls durchkammert. Außerdem tragen die Waldameisen aus der Umgebung ihres Nestes Nadelblätter, Zweigstücke und anderes Pflanzenmaterial zusammen, um es ebenfalls aufzuschichten. Oft lehnt sich der kegelförmige Hügel eng an einen Baumstamm an oder übertürmt einen Baumstubben. Die Abdekkung des Hügelbaus mit totem Pflanzenmaterial ist ein wichtiger Bestandteil der Wärmeregulation. Nachdem die Frühjahrssonne die gesamte Burg einmal kräftig durchwärmt hat, wird sie bis zum nächsten Wintereinbruch auf eine gleichbleibende Temperatur eingestellt.

Vielköpfige Organisation

Die meisten Bewohner eines Ameisennestes gehören zur Arbeiterkaste – es sind genetisch Weibchen, die nicht geschlechtsreif werden und ungeflügelt bleiben. Die geschlechtsreifen Weibchen werden bei den Ameisen wie bei den Bienen oder Hummeln Königin genannt. Sie sind zumindest in der Zeit des Hochzeitsfluges geflügelt, werfen die Flügel aber nach der Begattung ab. Auch die Männchen sind geflügelt. Ihr Leben endet gewöhnlich mit der Hochzeit. Im Unterschied zu den anderen sozialen Hautflüglern

Ameisenburgen lehnen sich häufig an Baumstämme an.

leben in einem Ameisennest mehrere Königinnen zusammen, bei der Kleinen Waldameise eventuell sogar mehrere tausend, wobei jede allerdings einen eigenen Nestbereich besitzt. Aufgabe der Königin ist die Eiablage – sie ausschließlich produziert die zahlreiche Nachkommenschaft, und dies mitunter über ein ganzes Jahrzehnt hinweg. Waldameisen erreichen nämlich ein für Insekten respektables Alter von vielen Jahren. Bienen, Hummeln oder Faltenwespen sind im Vergleich dazu enorm kurzlebig: Sie bringen es allenfalls auf einige Wochen bis Monate.
Unter günstigen Voraussetzungen vermehrt sich ein Ameisenvolk sehr rasch. Wenn die Besatzung einer Nestburg offenbar zu groß wird, werden im Abstand von vielleicht 20-50 Meter Tochternester gegründet. Die Tochtervölker bleiben untereinander und mit der Mutterkolonie gewöhnlich im Kontakt, tauschen sogar Brut, Arbeiterinnen und gegebenenfalls auch Königinnen untereinander aus. Daher kann man sämtliche Nester und Hügelbauten eines Waldstücks mit einiger Wahrscheinlichkeit als einheitliche Superkolonie auffassen. Nicht nur kilometerlange obertägige Ameisenstraßen verbinden die einzelnen Nestburgen miteinander. Auch ein weitreichendes unterirdisches Gangsystem schafft Direktverbindungen.
Die Vermehrungsfreudigkeit der Waldameisen wird seit geraumer Zeit auch praktisch genutzt: Zur gezielten Ameisenhege gehört es, mit verschiedenen erprobten Me-

thoden die Völker zu vermehren und die abgeteilten Kolonien der Waldameisen in unterbesetzten Waldrevieren anzusiedeln.

Klebende Beweise

Forstleute sehen es nämlich durchaus nicht ungern, wenn sich Waldameisen von selbst einfinden oder erfolgreich ansiedeln lassen. Immerhin machen die Ameisen eifrig Jagd auf andere Insekten und deren Larven, darunter sicherlich auch auf Arten, die bei Massenauftreten als Forstschädlinge sehr gefürchtet sind. Die Kleine Waldameise ist bei diesen Attacken noch weitaus angriffslustiger als die Rote Waldameise. Ein mittelstarkes Ameisenvolk verbraucht für seine Ernährung im Jahr etwa 80 000 Larven, 25 000 Puppen und rund 30 000 Falter etwa von Kiefernspanner, Kieferneule, Kiefernspinner und etlichen anderen Arten. Gerade in schädlingsbedrohten Waldgebieten versucht man daher, die nützlichen Waldameisen anzusiedeln, und widmet der Ameisenhege große Aufmerksamkeit.

Waldameisen ernähren sich jedoch nicht nur räuberisch, sondern sind typische Gemischtköstler. Eine besondere Vorliebe haben sie beispielsweise für den Honigtau entwickelt, den sie neben tierischer Beute in reichen Mengen eintragen. Honigtau nennt man die zuckersüßen Ausscheidungen pflanzensaugender Insekten, beispielsweise von Blatt- und Schildläusen. Wald-

Vertreter eines Vielvölkerstaates: Kleine Waldameise (*Formica polyctena*, oben).

Blattläuse sind für Ameisen lebende Honigtöpfe (unten).

ameisen unterhalten zu diesen Pflanzensaugern feste Beziehungen. Wo etwa Blattläuse auf den Laubblättern der Bäume und Sträucher gleichsam vor Ort sitzen, kann man auch immer wieder Ameisen beobachten, die die Läuse mit den Fühlern betrillern und so zur vermehrten Saftabgabe veranlassen. Sie schützen ihre Zuckerlieferanten sogar gegen Angreifer oder Parasiten. Verwandte Arten der Waldameisen tragen junge Blattläuse zu ihren jeweiligen Wirtspflanzen. Damit fördern sie natürlich den Blattlausbesatz auf den Waldbäumen und die Stoffverluste, die den Bäumen durch die Zuckersaftabzweigungen entstehen. Die schmierig-glänzenden Honigtaubeläge auf den Laubblättern sind der klebende Beweis dafür, daß die Zuckerromanze der Ameisen zu den Pflanzenläusen hervorragend funktioniert. Die Förderung der Honigtauproduktion kommt auf der anderen Seite aber auch den Bienen zugute: Waldhonig (Tannen- oder Fichtenhonig) ist ja nichts anderes als der mit immensem Fleiß von den Bienen eingetragene Honigtau.

... schon gewußt?

Alle Arten aus der Verwandtschaft der Roten Waldameise stehen wegen ihrer Bedeutung für die Waldgesundheit unter Naturschutz. In Gebieten, wo sie noch häufig sind, versuchen Fachleute, sie gezielt zu vermehren, um sie andernorts anzusiedeln. Wer mitarbeiten möchte, kann sich dazu bei den Naturschutzverbänden ausbilden lassen.

Ameisen bei der Futterübergabe.

Vom Blütentraum am Frühlingsbaum

Wenn die Obstbäume blühen, verändert die Kulturlandschaft ihr Gesicht. Auch so blühstarke Sträucher wie Schlehe, Weißdorn, Hartriegel, Holunder oder Liguster sind selbst aus der Entfernung nicht zu übersehen: Ganz in Weiß präsentieren sich Saumgehölze und Gebüsche aus diesen Arten. Die Blüte der Waldbäume fällt dagegen kaum in den Blick – keine plakative Aufmachung, kein üppiges Dekor und kein betörender Duftzauber. Das Blühen der waldbildenden Bäume ist eher eine Untertreibung. Sie bringen zwar Blüten, aber eben keine Blumen hervor. Dennoch sind ihre Blühorgane gar nicht einmal so uninteressant und mit Sicherheit einen genaueren Blick wert.
Dabei stellen sich aber bereits die ersten Probleme ein. Häufig befinden sich die Baumblüten so hoch in der Wipfelregion der Krone, daß der Blick sie nicht mehr erreicht. Die Blüten von Fichten und Wald-Kiefern bekommt man fast nie zu sehen, und in jungen Jahren bei noch überschaubaren Abmessungen blühen diese Bäume einfach nicht.
Etwas anders ist es bei der Lärche oder bei der forstlich häufiger verwendeten Bergkiefer. Sie blühen auch an den tiefer reichenden Ästen und Zweigen. Auch viele Laubbaumarten kommen mit ihren Blühgewohnheiten unseren Möglichkeiten förmlich entgegen.

Der kleine Unterschied

Recht einfach aufgebaute Blüten tragen die Nadelbäume. Sie sind immer eingeschlechtig. Weibliche und männliche Blüten finden sich bei den Kieferngewächsen (Fichte, Kiefer, Lärche, Tanne, Douglasie) immer auf der gleichen Pflanze, bei den Eibengewächsen (Eibe) und einheimischen Zypressengewächsen (Wacholder) jedoch auf verschiedenen Individuen. Bei den Kiefernverwandten sind die weiblichen Blüten in kleinen, als Blütenstand gedeuteten Gebilden vereinigt, die bereits die Gestalt der späteren Zapfen erkennen lassen. Die männlichen Blüten bestehen aus zahlreichen gelblichen Pollensäcken ohne jede weitere Verzierung. Bei den Nadelhölzern funktioniert die Pollenübertragung nach einem denkbar einfachen Prinzip. Die staubfeinen Pollenmassen werden dem Wind überlassen und mit den Luftströmungen über weite Strecken verfrachtet. Jeder Windstoß trägt ganze Wolken aus schwefelgelbem Pulver aus den Baumkronen. Statistisch fallen auf jeden Quadratmeter Landoberfläche in Mitteleuropa etwa zwei Millionen Nadelholzpollen. Die Pollenproduktion einer einzigen Fichte geht in die Milliarden. Ein Glück für Allergiker: Nadelholzpollen rufen keinen Heuschnupfen hervor.
Die Apfelblüten, die im Frühjahr bestäubt und befruchtet werden, kann man im Herbst als gereifte Äpfel vom Baum pflücken. Nicht so bei den Kiefern. Die weiblichen Blüten, die in diesem Frühjahr bestäubt werden, können erst im Juni des Folgejahres mit der Befruchtung rechnen. Zwischen beiden Ereignissen vergehen also fast 13 Monate. Trotzdem vergrößern sich die weiblichen Blütenstände noch in diesem Sommer zu einem verholzten Zapfen, der allerdings erst im übernächsten Herbst reife Samen freigibt.
Die unglaublichen Pollenmassen, die die Nadelhölzer in den Wind

Blütenstand des Spitz-Ahorns (*Acer platanoides*) – Blüte vor dem Laubaustrieb (links).

Kätzchenblütenstände der Hänge-Birke (*Betula pendula*, rechts).

geben, sind eine besondere Anpassung an den Bestäubungsweg. Der Wind arbeitet unzuverlässig und schon gar nicht zielgenau. Solche Nachteile müssen ausgeglichen werden. Damit dennoch eine gewisse Trefferquote erreicht wird und möglichst viele weibliche Blüten bestäubt werden, müssen eben besonders große Mengen auf den Weg gebracht werden. Zwei Gründe könnten für diese spezielle Taktik ausschlaggebend sein: Einerseits stammen die Nadelhölzer entwicklungsgeschichtlich aus einer geologischen Epoche, als für alternative Formen der Bestäubung noch gar keine Voraussetzungen bestanden, und auf der anderen Seite bilden viele Nadelholzarten in der Natur so ausgedehnte, individuenreiche Bestände, daß überhaupt nicht genug tierische Bestäuber zur Verfügung stehen.

Geplanter Männerüberschuß

Ganz ähnliche ökologische Gründe mögen dafür ausschlaggebend sein, daß auch etliche waldbildende Laubbäume das Verfahren der Windbestäubung beibehalten und mit Erfolg einsetzen. Bei Erle und Hasel, Hainbuche und Birke, Eiche und Rotbuche ist zudem klar zu erkennen, daß die Windbestäubung nur mit einem beträchtlichen Männerüberschuß funktionieren kann. Wenn diese Laubgehölze in Blüte stehen, sieht man auf den ersten

Blick immer nur die männlichen Blütenstände. Bei den Hasel- und Birkengewächsen sind es reichblütige, im Wind locker hin und her baumelnde Kätzchen. Auch unsere Eichen gehören zu den Kätzchenblühern, während die männlichen Blüten der Rot-Buche aus langgestielten, kugeligen Gebilden bestehen, aus denen die Pollenfracht bei jeder leisen Luftbewegung nur so hervorrieselt. Der massive Einsatz von Laubbaumpollen sticht manchen Leuten ganz erheblich in der Nase: Die Pollen von Hasel, Erle, Hainbuche und Birke sind allergologisch sehr wirksam.
Die weiblichen Blüten der windblütigen Laubgehölze sind gar nicht so leicht zu entdecken. Am ehesten gelingt es vielleicht noch bei der Hasel, die ja lange vor dem Laubaustrieb blüht: Die Blüten sehen aus wie gewöhnliche Winterknospen, aus denen allerdings die karminroten Narben weit hervorschauen, um vom vorbeistreichenden Pollenstrom auch tatsächlich erreicht zu werden. Auch bei der Hainbuche oder der Birke finden sich besonders lange Narben als Zielorgane des Massenversandes von Pollen.

Blüten als Saftläden

Tiere können Pollen selbstverständlich viel genauer und zielgerichteter transportieren als der Wind. Wenn Insekten geschäftig von Blüte zu Blüte eilen, stellen

Bei der Rot-Buche (*Fagus sylvatica*) werden die männlichen Blüten zu köpfchenförmigen Blütenständen zusammengefaßt (oben).

In Büscheln hängen die männlichen Kätzchen der Stiel-Eiche (*Quercus robur*) herab (unten).

sie die Pollen sozusagen im Direktverfahren zu. Sie verrichten die Pollenspedition allerdings nicht uneigennützig, sondern weil sie in den angeflogenen Blüten reichlich Nahrung finden. Blüten, die auf tierische Bestäuber warten, müssen daher über besondere Lockmittel und Zusatzeinrichtungen verfügen, die mit dem Bestäubungsvorgang selbst überhaupt nichts zu tun haben. Schon bei den einfachsten Blüten, die sich auf tierische Besucher eingestellt haben, finden sich beispielsweise Nektardrüsen. An den männlichen und weiblichen Blüten der Weiden-Arten kann man die Nektardrüsen gut erkennen. Besonders üppig geben die Blüten unserer Ahorn-Arten Nektar ab. Die flach scheibenförmig ausgebreiteten Blüten etwa von Spitz- oder von Berg-Ahorn sehen aus wie randvoll gefüllte Kompottschüsseln. Die Blüten sind zwar noch nicht allzu blumig aufgemacht, aber die reiche Nektartracht lockt: In einem blühenden Ahorn herrscht hörbar emsige Geschäftigkeit. Optisch auffällige Spektakel kommen bei den Waldbäumen nicht vor.

... schon gewußt?

Von den windblütigen Waldbäumen sind vor allem die Vertreter der Birkengewächse für Pollenallergiker ein Problem. Die Nadelgehölze sind in dieser Hinsicht dagegen unproblematisch.

Trotz Windblütigkeit fallen die weiblichen Blütenstände der Berg-Kiefer (*Pinus mugo*) durch lebhafte Färbung auf (oben).

In großer Anzahl entwickelt die Lärche (*Larix decidua*) ihre Blütenstände, die schon am Jahresende zu Zapfen heranreifen (unten).

Ein Stück aus längst vergangener Zeit

Zu einem Laub- oder Nadelwald und selbst zu einem Forst gehören nicht nur Bäume, Sträucher, Gräser oder andere Blütenpflanzen. Auch die Farnpflanzen bilden einen wichtigen Bestandteil der Waldflora. Es gibt Wälder und Gehölzsäume, die außer von den Strauch- und Baumgehölzen fast ganz von Farnpflanzen dominiert werden.

Beim Begriff Farnpflanzen denkt man natürlich sofort an die großen, schmucken Wedelblätter der Farnkräuter. Sie sehen mit ihrer reichen Fiederung und Aufteilung schon fast aus wie kleine Gehölze, bestehen aber immer nur aus einem besonders groß geratenen Blatt.

Der Adlerfarn, der in lichten Wäldern und an Wegsäumen häufig vorkommt, besitzt von allen einheimischen Pflanzen die größten Blätter – sie werden tatsächlich über zwei Meter lang.

Zu den Farnpflanzen im weitesten Sinne gehören aber nicht nur die Wedelfarne. Zum gleichen Verwandtschaftskreis rechnet man auch noch die Bärlappe (in manchen Gegenden wegen ihrer Größe und Wuchsform auch Schlangenmoos genannt) sowie die eigenartigen Schachtelhalme. Ihre Stengel und Äste sehen aus, als habe man sie aus genormten Baukastenteilen zusammengesteckt.

Die Farne, Bärlappe und Schachtelhalme sind die unmittelbaren Vorläufer der Nacktsamer und der Bedecktsamer. Sie lassen erkennen, wie man denn eigentlich die Blüten unserer Nadelbäume oder Laubgehölze deuten muß und wie man sie entwicklungsgeschichtlich ableiten kann.

Sehen wir uns im Frühjahrswald einmal einen Farnwedel an, der den Winter überstanden hat und auch im Frühjahr noch grün ist, also einen Tüpfelfarn oder einen Schildfarn. Auf der Wedelunterseite sind mit Sicherheit viele braune Punkte zu sehen – es sind Ansammlungen von Sporenbehältern, in denen der Farn Sporen zur Fortpflanzung gebildet hat. Die Sporen sind so pulverfein, daß man sie mit dem bloßen Auge nicht erkennen kann.

Die Farnwedel erfüllen also gleich zwei Aufgaben: Als grüne Blattorgane ernähren sie die gesamte Pflanze, und mit der Sporenproduktion sorgen sie für deren Vermehrung.

Beim hübschen Wald-Schachtelhalm ist die Fortentwicklung dieser Problemlösung zu beobachten: Hier werden die sporenerzeugenden Einrichtungen am Ende der Hauptachse in einer Art Ähre zusammengefaßt, die bereits große Ähnlichkeit mit einem Zapfen hat. Ernährung und Vermehrung fallen nunmehr verschiedenen Bereichen an der Pflanze zu. Hätte diese endständige Sporangienähre nun auch noch eine zusätzliche Hülle aus kleineren oder größeren Blättern, könnte man sie schon fast als Blüte auffassen. Die Ähnlichkeit zu einer echten Blüte wird auch dadurch betont, daß sich die Farn- bzw. Schachtelhalmsporen und die Blütenpollen der Nackt- oder Bedecktsamer in Größe, Entstehung und Aufgabe vollkommen entsprechen.

Frühe Landnahme

Ein gemeinsames Merkmal der Farn- und Blütenpflanzen sind die bündelweise angeordneten Leitbahnen, die die Stoffleitung durch die Stengel und Blätter be-

Straußfarn (*Matteuccia struthiopteris*) – so ähnlich könnten die früheren Farnwälder ausgesehen haben.

sorgen. Häufig werden diese Transportbahnen als Nerven bezeichnet, obwohl sie ihrer Aufgabe nach viel eher unserem Blutgefäßsystem vergleichbar sind und daher besser Adern genannt würden. Bei den Nadelhölzern, Laubbäumen und allen übrigen zweikeimblättrigen Pflanzen sind die Leitbündel immer auf einem Ring angeordnet. Bei den Farnen findet man eine abweichende Verteilung. Schneidet man beispielsweise einen Adlerfarn nahe der Wedelbasis mit einem scharfen Messer quer durch, erkennt man auf der Schnittfläche das Bild eines Doppeladlers – das räumliche Muster seiner Leitbündel hat ihm den Namen eingetragen.

Die stoffleitenden Adern in den Stengeln sind eine besondere Anpassung an das Landleben. Die Farne im weitesten Sinne waren nämlich die ersten Pflanzen, die mit der Besiedlung von landfestem Gebiet begonnen haben. Natürlich haben auch einige Algen und sehr viele Moose die Heimat allen Lebens, das Wasser, verlassen und die Besiedlung des Festlandes erprobt. Hinter ihren besser ausgestatteten Konkurrenten mußten sie jedoch notgedrungen zurückbleiben. Algen besitzen keine Leitbündel, und bei den Moosen sind nur sehr bescheidene Ansätze zur Stoffleitung vorhanden. Folglich stellen sich regelmäßig Probleme mit der Wasserversorgung der in den Luftraum ragenden Pflanzenteile ein. Die Farne haben diese Schwierigkeit durch gut funktionierende Wasserleitungen von

den Wurzeln bis in die letzten Verzweigungsspitzen behoben.
Vor rund 400 Millionen Jahren begannen sehr einfach gebaute Farnpflanzen mit der Landnahme und der allmählichen Eroberung landfester Gebiete, nachdem es zuvor nur wasserlebende Arten gegeben hatte. Fossilfunde dokumentieren alle wichtigen Stadien dieses Weges. Und schon vor rund 350 Millionen Jahren waren innerhalb der Farnpflanzen die drei Hauptgruppen entwickelt, die wir bis heute unterscheiden müssen – nämlich Wedelfarne, Schachtelhalme und Bärlappe. In der Steinkohlenzeit, vor etwa 300 Millionen Jahren, erlebten die Farnpflanzen ihren absoluten Entwicklungshöhepunkt: In den damaligen Wäldern wuchsen baumförmige Bärlappe und Schachtelhalme neben Riesenfarnen. Was von ihrer Produktionskraft und Biomasse übriggeblieben ist, wird heute als Steinkohle abgebaut und verwertet.
In der komplexen Lebensgemeinschaft Wald finden sich somit auch höchst unterschiedliche Partner zusammen – die Überbleibsel der Steinkohlenwälder und die entwicklungsgeschichtlich modernsten Pflanzen, die die Erde zu bieten hat. Ein Wald erweist sich bei näherem Hinsehen nicht nur in der räumlichen Gliederung als vielschichtiges Gebilde. Er ist auch zeitlich vielfältig, weil er aus allen wichtigen Etappen seiner Geschichte etwas behalten und weitergegeben hat.

Der Wurmfarn (*Dryopteris filix-mas*) „entwickelt“ seine Wedelblätter (oben).

Die winzigen Sporenbehälter (Sporangien) sind auf der Wedelunterseite zu Sporangienständen (Sori) zusammengefaßt. Hier entstehen Millionen pulverfeiner Farnsporen (unten).

Früher einmal waldbildend, heute nur noch im Bonsai-Format: Wald-Schachtelhalm (*Equisetum sylvaticum*, oben).

Seine Vorfahren wuchsen in der Steinkohlenzeit noch baumförmig: Keulen-Bärlapp (*Lycopodium clavatum*) mit bleichgrünen Sporangienähren (unten).

... schon gewußt?

Waldfarne lassen sich sehr leicht auf der (schattigen) Fensterbank kultivieren. Dazu sät man im Herbst die feinen Sporenbehälter von der Wedelunterseite in Blumentöpfe mit humusreicher Pflanzerde aus und hält sie in den nächsten Wochen feucht. Bald entwickeln sich in Mengen die kleinen Vorkeime, die an einen Moosrasen erinnern.

Frühling
Unterwegs an Tümpel, Bach und Weiher

Kein Leben ohne sauberes Wasser

Bevorzugter Lebensraum des landlebenden Feuersalamanders sind artenreiche Laubwälder, in denen er auch weitab vom Wasser seine unterirdischen Versteckplätze bezieht: Unter Baumstubben und Brettern, in alten Mäusebauten oder Erdspalten hält er sich tagsüber auf. Besonders im Bergland ist er noch weit verbreitet, benötigt aber unbedingt sauberes, kühles Bachwasser für seine Nachkommen. Von April bis Juni setzen die Weibchen nach ausgiebiger Begutachtung der Geburtsstätte zwischen 10 und 50 Larven in flachen Bachabschnitten ab. Die Neugeborenen sind bereits sehr weit entwickelt: Sie haben wohlausgebildete Vorder- und Hinterbeine, atmen allerdings noch durch äußere Kiemen, die hinter ihrem Kopf beiderseits in je drei Büscheln sitzen. Sie sind deshalb ausschließlich auf frisches, sauerstoffhaltiges Wasser angewiesen.

Während die Larven den Grund wenig durchflossener Bachkolke nach Würmern, Kleinkrebsen und Insektenlarven absuchen, ernähren sich die erwachsenen Feuersalamander vorwiegend von allerlei Kerbtieren, Würmern und Schnecken des Waldbodens, die sie auf ihren nächtlichen Ausflügen aufstöbern. Besonders in warmen, regnerischen Sommernächten können wir Feuersalamander in allen Größen auf Waldwegen und kleinen Waldstraßen antreffen, wo sie das reichhaltige Nahrungsangebot und die Wärme des Asphaltes ausnutzen. Leider kommen auf dieser „Wärmebank“ viele Tiere zu Tode, da sie die Autos nicht als Gefahrenquelle erkennen und plattgewalzt werden.

Der Feuersalamander kann uns aufgrund seiner hohen Ansprüche an seine Lebensräume Aussagen über deren Qualität geben. Das zunehmende Verschwinden dieser Lurchart in den letzten Jahren ist durchweg auf den sich ständig verschlechternden Zustand seiner Lebensräume zurückzuführen.

Naturnahe, saubere Mittelgebirgsbäche bevorzugt der Feuersalamander als Laichplätze (links).

Der Feuersalamander kommt bei uns in einer gefleckten und einer gebänderten Unterart vor; hier ein sehr stark gezeichnetes Exemplar des gefleckten Feuersalamanders (rechts oben).

Die Larven des Feuersalamanders sind an den hellen Beinansätzen zu erkennen (rechts unten).

Vom Laich zum Frosch

Zu den eindrucksvollsten Erlebnissen an einem Tümpel gehört die Laichzeit der Frösche und Kröten. Im zeitigen Frühjahr gegen Anfang bis Mitte März sammeln sich nach ihrer gefahrvollen Wanderung zu den Laichgewässern Hunderte von laichbereiten Grasfröschen und Erdkröten an ihrem heimatlichen Tümpel.
Die eifrigen, oft schon verpaart am Gewässer eintreffenden Frosch- und Krötenmännchen lassen sich von den meist wesentlich größeren Weibchen huckepack tragen. Haben sie erst einmal ihre Auserwählte umschlungen, verteidigen sie diese mit kräftigen Fußtritten gegen Konkurrenten. So kommen nur die Stärksten zur Fortpflanzung. Die

Bereits im zeitigen Frühjahr beginnt die Paarungszeit der Grasfrösche (links oben).

Jedes Grasfrosch-Weibchen legt pro Jahr einen Laichballen ab (links Mitte).

Erst kurz vor dem Verlassen des Wassers ähnelt die Kaulquappe dem jungen Frosch (links unten).

Erdkröten laichen in großen Gesellschaften ab (oben).

Der Laich der Kröten wird als langgestreckte Gallertschnur abgesetzt (rechts).

abgewiesenen, oft noch jungen Männchen warten auf ihr Glück und harren tagelang am Tümpel aus. Der Paarungsdrang ist so groß, daß nicht selten ein stark

Die Männchen des Teichmolches bilden während der Laichzeit einen hohen Hautkamm aus (S. 98 oben).

Das Teichmolchweibchen klebt seinen Laich einzeln an Wasserpflanzenblätter (S. 98 unten links).

Durch die Gallerthülle erkennt man den Molchembryo (S. 98 unten rechts).

Bis zum Ende behalten Molchlarven ihre buschigen Außenkiemen (oben).

umworbenes Weibchen auf der Strecke bleibt: Unter einer Traube von bis zu zehn übereifrigen Freiern kann es durchaus erdrückt oder ertränkt werden.
Der faustgroße Laichballen mit über tausend Einzeleiern wird vom Grasfrosch-Männchen beim Austritt aus der Kloake des Weibchens befruchtet und quillt bis auf Kokosnußgröße auf. Aus den zunächst formlosen Zellhaufen entwickeln sich Kaulquappen, die anfangs noch mit äußeren Kiemenbüscheln atmen und sich noch nicht fortbewegen können. Sie sinken zu Boden und entwickeln sich zu aktiven Kaulquappen, die durch innere Kiemen atmen. Während ihrer drei- bis viermonatigen Entwicklung weiden sie mit ihrem raspelartigen Maul Algen ab und wachsen allmählich zu einem froschähnlichen Wesen heran: Zunächst werden die Hinterbeine ausgebildet und erst kurz vor dem Verlassen des Wassers die Vorderbeine. Inzwischen haben sie sich auf Lungenatmung umgestellt. Ab Juni kommt es manchmal zu einem regelrechten „Froschregen", wenn Tausende der zentimeterkleinen Jungfröschchen den Tümpel verlassen.
Der Laich von Kröten wird immmer in meterlangen Schnüren um die Stengel von Wasserpflanzen und um Äste geschlungen. Die Entwicklung läuft ansonsten

gleich ab wie bei den Grasfröschen.
Die Fortpflanzung der Schwanzlurche, also der Salamander und Molche weicht in vielen Bereichen von der Froschentwicklung ab: Nach intensivem Werben um die Weibchen befruchten die Männchen die Eier im voraus, indem sie einen kegelförmigen Samenträger, die sogenannte Spermatophore, absetzen, den die Molchweibchen mit ihrer Kloake aufnehmen, so daß die Eier in ihrem Körper befruchtet werden. Danach haben die Männchen ihre Pflicht getan, und die Molchweibchen heften bis über 100 Eier einzeln an Wasserpflanzenblätter, die dann schützend um die kleinen, klebrigen Laichkörner gefaltet werden. Dank dieses Schutzes müssen Molche weitaus weniger Laich produzieren als Grasfrosch oder Erdkröte.
Die heranwachsenden Molchlarven ernähren sich im Gegensatz zu den vegetarisch lebenden Kaulquappen von Kleinkrebsen und Würmern, die sie geschickt erjagen. Bei jungen Molchlarven entwickeln sich zunächst die Vorderbeine, erst später durchbrechen die Hinterbeine die Hauttaschen. Etwa im Juli verlassen sie als Jungmolche das Gewässer.

Insekten wandeln auf dem Wasser

Während unserer Naturspaziergänge am Wasser begegnen wir im zeitigen Frühjahr oft einer merkwürdigen Sippschaft, die uns scheinbar schwerelos ein kleines Naturwunder vorführt: Nur 2 cm große Insekten flitzen auf der Wasseroberfläche von Tümpeln, Teichen und ruhigen Bachkolken umher, als ob es ein fester Untergrund wäre. Um uns noch mehr zu beeindrucken, springen sie vor unserer Nase aus dem Stand eine Handbreit über das Wasser und prallen zurück – ohne jedoch auch nur einen Millimeter einzutauchen. Die Lösung des Rätsels ist erstaunlich, aber nicht unverständlich: Die Wasserläufer berühren nur mit der Spitze ihrer sechs langen Beine die Wasseroberfläche. Statt auf krallenbewehrten Insektenfüßen wandeln sie auf einer Vielzahl feinster Härchen, die zudem noch kräftig eingefettet sind. Hunderte dieser Härchen verleihen den Wasserläufern die Fähigkeit, auf dem Wasser zu schreiten, zu rudern oder sogar zu springen. Dank der Oberflächenspannung des Wassers können die einzelnen Wasserteilchen die eingefetteten Härchen nicht benetzen, so daß das Tier nicht einsinkt.
Pausenlos sind Wasserläufer auf der Suche nach Beute und registrieren selbst kleinste Bewegungen mit ihren feinen Sinneshärchen an den Beinen. Dann spurten sie sofort in langen Sätzen los und prügeln sich mit Artgenossen um die Beute. Bei diesen wüsten Raufereien geht es Schlag auf Schlag, Tiere springen in die Luft und stürzen zu Boden – pardon, zu Wasser –, liegen auf dem Rücken und flitzen im nächsten Moment in Sicherheit. Es ist ein-

Der Teichläufer wird oft übersehen, da er durch seine zarte Gestalt und seine versteckte Lebensweise gut getarnt ist (oben).

Die Wasserläufer fallen durch ihr hektisches Wesen auf (unten).

fach unglaublich, wie leichtfüßig sie sich hier konkurrenzlos bewegen können.
Sobald jedoch eine Windböe, eine Welle oder Regentropfen die Wasseroberfläche kräuseln, rettet sich die ganze Bande ans sichere Ufer.
Neben den kräftigen, bis zu 2 cm großen Wasserläufern der Gattung *Gerris* führen noch zwei andere Vertreter der Wanzen eine ähnliche Lebensweise: Meist im Schutz von Wasserpflanzen oder in Ufernähe hält sich eine sehr merkwürdige Gestalt, der bis zu 12 mm lange Teichläufer *Hydrometra* auf, der einen fast nadelschlanken Körper besitzt. Er stelzt ungelenk umher und wird selbst von leichten Winden über das Wasser geweht. Wesentlich kräftiger, ebenfalls aber nur knapp 1 cm groß ist der Bachläufer *Velia*, der an seinen rotschwarz gefleckten Flügeldecken leicht zu erkennen ist. Er ist fast ausschließlich am Ufer langsam fließender Bachabschnitte zu finden. Eine Besonderheit ist seine erstaunliche Kälteunempfindlichkeit. Selbst bei –10 Grad Celsius flitzt er noch auf den eisfreien Wasserflächen der Quellen und Quellbäche umher und jagt die wenigen dort lebenden Insekten.
In der Nachbarschaft des Bachläufers können wir an ruhigen Bachabschnitten den Bach- und an pflanzenarmen Tümpeln den Gemeinen Taumelkäfer beobachten. Wie kleine silbrige Perlen sausen die Käfer oft in großen Gruppen in gleichmäßigen Kreisbahnen über das Wasser. Bis zu

Ruhige Bachabschnitte besiedelt der Bachläufer.

24 cm pro Sekunde können die ruhelosen, stromlinienförmigen Flitzer erreichen. Das mittlere und das hintere Beinpaar sind zu kräftigen, breiten behaarten Rudern umgewandelt, die bis zu 50 Mal pro Sekunde schlagen. Mit diesen „Außenbordmotoren“ kann ihnen kaum eine Beute entkommen, die sie anhand der ausgesandten Wellen mit ihren empfindlichen, stummelförmigen Fühlern orten und blitzschnell mit den Vorderbeinen ergreifen.

Ungewöhnlich ist auch ihre Sehweise: Sowohl unter als auch über der Wasseroberfläche können sie ausgezeichnet sehen, da jedes ihrer Augen so geteilt ist, daß sie gleichzeitig beide Umgebungen überwachen können. Bei Störungen tauchen sie ins Wasser und nehmen dabei eine Luftblase am Hinterleib zur Luftversorgung mit hinab. Besonders im Spätsommer finden wir sie in großen Scharen versammelt, bevor sie sich im Herbst zur Überwinterung in den Schlamm eingraben.

Sowohl Taumelkäfer als auch Wasserläufer zeigen uns mit ihrer Anpassung an den Lebensraum der Wasseroberfläche, wie stark Tierarten sich auf eine eng begrenzte Umgebung spezialisieren können. Hier, in der Kontaktzone von Luft und Wasser, sind Taumelkäfer ebenso wie die Wasserläufer allen anderen Verwandten bei weitem überlegen. Eine solche „Planstelle“ in einem Lebensraum, in die sich eine Tierart derart einfügt, nennen wir eine ökologische Nische.

Taumelkäfer sehen wir meist nur als silbrig glänzende Punkte auf der Wasseroberfläche umherflitzen.

Lebenswichtige Überschwemmungen

Die unzugänglichen Auwälder der Niederungsflüsse könnte man als die letzten Urwälder Europas bezeichnen. Ehemals haben sie sich über Hunderte von Quadratkilometern entlang der Flußläufe erstreckt und bildeten für eine Vielzahl mittlerweile seltener Tier- und Pflanzenarten einen sicheren Lebensraum. Heute jedoch gibt es kaum noch größere zusammenhängende Auwälder. Einer der letzten Auwälder in Deutschland, der Taubergießen, flankiert nordwestlich von Freiburg den Rhein entlang der deutsch-französischen Grenze.

Die jahreszeitlich bedingten Veränderungen sind in einem Auwald wie in kaum einem anderen Ökosystem spürbar. Der scheinbaren Stille des Winters folgen die Frühjahrsüberschwemmungen, die oft wochenlang den Auwaldboden mannshoch überfluten. Schneeschmelze und Frühjahrsregen sorgen ebenso wie die Herbstniederschläge für das überlebenswichtige Hochwasser. Die mitgeführten Schwebstoffe lagern sich zwischen dem Geflecht der Wurzeln und den allmählich verrottenden Gehölzen ab.

Mit dem Rückgang des Hochwassers verbleiben Tausende kleiner offener Wasserflächen, sogenannte Blänken, in denen sich besonders schnellebige Insekten vermehren können. Größere Tümpel sind begehrte Amphibienlaichgewässer, in denen

Das Pflanzendickicht eines Auwaldes zählt zu unseren wohl schönsten und urtümlichsten Lebensräumen (links).

Die Raupe des Kleinen Schillerfalters ist hervorragend getarnt (rechts).

Einer der erfolgreichsten Neubesiedler ist das überaus vermehrungsfreudige Indische Springkraut (unten).

Gras-, Spring- und Laubfrosch gern ablaichen. Wie Amphibien haben auch Auwälder sozusagen zwei Leben: Den regelmäßigen Überflutungen folgen Trockenphasen von einigen Monaten, in denen der mitgeführte nährstoffreiche Schlamm von der Pflanzenwelt umgesetzt wird. Doch nur wer nasse Füße erträgt, kann hier überleben. Erlen, Weiden und Pappeln überdauern die Hochwässer durch spezielle Anpassungen ihres Wurzelwerkes an den hohen Wasserstand.
Diese natürliche Auslese ist ein entscheidender Faktor für die Zusammensetzung der Pflanzenarten, die das typische Bild eines Auwaldes ausmachen. Das undurchdringliche, verfilzte Unterholz auf dem sumpfigen, tiefgründigen Boden erschwert uns das Eindringen in das grüne Dickicht – ein natürlicher Schutz, der den Auwäldern jahrhundertelang ein abgeschiedenes Dasein ermöglicht hat.
Wie es sich für einen richtigen Urwald gehört, finden wir in den Auwäldern auch viele Lianen: Fast bis in die Wipfel streben Waldrebe und Efeu; nur geringe Höhe erklimmen der Bittersüße Nachtschatten und die Europäische Seide. Sie beranken oft die ausgeprägte Strauchschicht aus Schneeball, Heckenkirsche, Pfaffenhütchen, Weißdorn und Hartriegel.

9
1
2
4
3

Auwald. **1** Laubfrosch, **2** Schwarz-Erle, **3** Bittersüßer Nachtschatten, **4** Sumpfdotterblume, **5** Großer Eisvogel, **6** Kleiner Schillerfalter und Raupe, **7** Korb-Weide, **8** Pirol, **9** Schwarz-Pappel.

Der Springfrosch besiedelt den Boden feuchter Laubwälder.

Im lichten Frühjahrsauwald stolpern wir immer wieder über die weißen Teppiche des Bitteren Schaumkrautes. Gerade solche Frühblüher werden von zahllosen Insekten gierig aufgesucht, die nach dem langen Winter auf ergiebige Nektarquellen angewiesen sind. Die glänzenden gelbblühenden Polster der Sumpfdotterblumen werden ebensogern von den Nektarhungrigen besucht wie die etwas später erscheinenden Wasserschwertlilien, deren Bestände in sonnendurchfluteten Schneisen schon von weitem leuchten.

Im Sommer kommt der Auwald nie zur Ruhe: Das Summen der Heere von Mücken zeigt uns den Nahrungsreichtum an, der von Insektenjägern wie den Laubfröschen ausgeschöpft wird. Die nächtlichen Konzerte der kleinen lackgrünen Baum- und Strauchbewohner schallen weit durch den Wald. Das durch seine riesige Schallblase verstärkte Keckern soll die Nachbarn lautstark aufmerksam machen und die Weibchen anlocken. Die abwechslungsreichen, lichten Auwälder bieten auch dem Springfrosch, dem sprunggewaltigsten unter den einheimischen Froschlurchen, idealen Lebensraum. Im Licht- und Schattenspiel des Bodens macht ihn seine perfekte Tarnung fast unsichtbar.

Unvergeßlich bleibt auch die helle, flötende Stimme des Pirols, der sich meist gut versteckt aus der Tiefe des feuchten Waldes bemerkbar macht. Der leuchtend gelbe Bursche baut seine Nester

Zeitig im Frühjahr blühen an feuchten Standorten die auffälligen Kerzen der Pestwurz.

weit oberhalb der hochwassergefährdeten Zone in das Geäst.
Ganz anders wohnt die Weidenmeise, die sich im weichen Holz der Auwaldgehölze ihre eigene Bruthöhle zimmert. Ihre schwarze Kappe und das helle, bräunliche Gefieder unterscheiden sie von unseren anderen, häufigeren Meisenarten.
In den Steilhängen weicher, lehmiger Flußufer brütet der Eisvogel. Hier findet er im Gegensatz zu den begradigten, „hochwassersicheren" Flußläufen noch ausreichend Brutstätten.
Sein Namensvetter, der Große Eisvogel, ist nicht etwa sein größerer Bruder, sondern mit 4 cm langen Vorderflügeln einer unserer größten Tagschmetterlinge, dessen Raupen ausschließlich die Blätter der Zitterpappel verzehren. Diese Vorliebe teilen sie mit den Raupen des Kleinen Schillerfalters, die außer an Pappelblättern auch am Weidengrün nagen. Aufgrund dieser Nahrungsspezialisierung sind beide Schmetterlingsarten durch die Zerstörung der Auwälder in ihrer Existenz stark gefährdet.
Einer der größten Bewohner des Feuchtwaldes ist mittlerweile aus der sumpfigen Wildnis fast verschwunden: Der Fischotter braucht riesige Reviere für seine ausgedehnten Wanderungen. Die Bejagung während des vergangenen Jahrhunderts hat ihn an den Rand der Ausrottung gebracht. Die Begradigung und Entwässerung der letzten großflächigen natürlichen Flußniederungen hat ihr übriges dazugetan.

Saubermänner mit dicken Wänden

Muscheln, die unermüdlichen Kleinklärwerke im Grund unserer stehenden und fließenden Gewässer, sind vielerorts selten geworden. Die Schilderungen riesiger Bestände aus Hunderttausenden großer Muscheln gehören schon lange der Vergangenheit an. Das Handwerk des Perlenfischers verschwand in Deutschland bereits im 18. Jahrhundert. Die kostbaren Perlen waren eine begehrte und heißumkämpfte Einnahmequelle. Kopfzerbrechen bereiten uns Muscheln beim Einordnen von „oben und unten", was bei ihnen nicht ganz einfach ist. Wir erhalten erst Klarheit, wenn der eigentümliche Fuß aus dem Gehäuse geschoben wird und die Muschel sich langsam in den Bodengrund gräbt.

Die Bedeutung der Großmuscheln als lebende Wasserfilter ist unbestritten, zumal mehrere Hundert Tiere auf wenigen Quadratmetern leben können. Eine einzige große Muschel kann innerhalb einer Stunde über 40 Liter Wasser filtern. Das sauerstoffreiche Atemwasser wird durch die „Mundöffnung" eingesogen, verwertbare Schwebstoffe werden herausgesiebt, und das sauerstoffarme Wasser durch die kleinere Austrittsöffnung wieder ausgeblasen. Dies kann man im Aquarium gut beobachten. Gleichzeitig werden aber auch die anderen – oft gefährlichen – Inhaltsstoffe aufgenommen und durchwandern den Verdauungstrakt der Muschel. Die natürliche Filtertätigkeit dient der Muschel zu ihrem Nahrungserwerb, bedeutet aber gleichzeitig mit zunehmender Wasserverschmutzung ihr vorzeitiges Ende, da sie nicht zwischen nahrhaften und schädlichen Inhaltsstoffen zu unterscheiden vermag. Muscheln können bis zu 100 Jahre alt werden. Der dicke Kalkpanzer nützt ihnen gegen Umweltgifte nichts, an den Kalkschalen alter Tiere können wir die Spuren der Zersetzung sehr gut erkennen.

Frei nach dem Sprichwort „Liebe geht durch den Magen" erfolgt die Fortpflanzung unserer Süßwassermuscheln. Ei- und Samenzellen werden in das Wasser abgegeben. Wegen der hohen Verluste produziert jedes Tier zwischen 200 000 und 1 Million dieser Zellen. Mit dem Atemwasser gelangen die Geschlechtszellen zu den Kiemen, und erst hier findet die Befruchtung statt. In speziellen Bruträumen entwickeln sich aus befruchteten Eiern die Larven, die erst nach einiger Zeit in das Wasser ausgestoßen werden. Die Flußmuschel-Larven benötigen zu ihrer Entwicklung Bachforellen oder andere Kleinfische, an deren Kiemen sie sich festheften. Die Larve wächst in das Kiemengewebe ein und wird hier mit Blut versorgt, das ihr als Nahrung dient. Die Schmarotzer dürfen ihren Wirt jedoch nur so weit in Anspruch nehmen, daß er keinen Schaden erleidet. Bei starkem Muschellarven-Befall (bis zu 20 000 Larven können auf einer einzigen Forelle schmarotzen) beschleunigt der betroffene Fisch seine Atemfrequenz, um den Verlust auszugleichen.

Die Malermuscheln zählen zu unseren häufigsten Muscheln (oben).

Die Filtriertätigkeit der Teichmuschel läßt sich im Aquarium gut beobachten: Rechts erkennbar ist die breite Einströmöffnung, links der kleinere Ausstoßkanal (unten).

Am seichten Gewässerboden erkennen wir die wandernde Flußperlmuschel in ihrem Graben (links).

Die Malermuschel wird vom Bitterlings-Weibchen (mit Legeröhre) als Kinderstube genutzt (rechts).

Nach ihrer „blutrünstigen“ Zwischenphase verlassen die mittlerweile auf das Zehnfache ihrer vorherigen Größe herangewachsenen Jungmuscheln ihren Wirt, können sich aber erst im Alter von 20 Jahren fortpflanzen.
Das zunehmend mit Schadstoffen belastete Wasser hat einigen Muschelarten erheblich zugesetzt, so daß ein Großteil der Bestände erhebliche Einbußen zu verzeichnen hat. Am stärksten betroffen ist die Flußperlmuschel, die nur noch in wenigen Bächen, vor allem in den Mittelgebirgen, vorkommt. Die Verunreinigungen der Gewässer haben ihr so weit zugesetzt, daß es im Fichtelgebirge beispielsweise nur noch einen einzigen Bach gibt, in dem sich die Muschelbestände weiterhin verjüngen und weniger als zehn Jahre alte Tiere anzutreffen sind. Von dem um die Jahrhundertwende auf etwa 700 000 Tiere geschätzten Flußperlmuschel-Bestand des Fichtelgebirges gab es 1977 nur noch knapp 20 000 Tiere in sieben Bächen.
Der Bitterling, ein unscheinbarer Kleinfisch stehender Gewässer, nutzt seinerseits die Muscheln als Kinderstube. Dieser nur maximal 9 cm große Karpfenfisch hat eine ungewöhnliche Brutfürsorge entwickelt, bei der Großmuscheln, wie Maler- oder Teichmuschel, eine wichtige Aufgabe übernehmen. Nur bei ihrer Anwesenheit kommt es zur Fortpflanzung des

Die winzigen Kugelmuscheln besiedeln mit ihren Füßchen den Gewässerboden (oben).

Merkwürdige Winzlinge sind die Muschellarven, die sich im Kiemenraum von Fischen entwickeln (unten).

Bitterlings. Außerhalb der Vermehrungszeit sind diese Kleinfische sehr unscheinbar graugrün gefärbt, im zeitigen Frühjahr jedoch legen die Männchen ein prächtiges Hochzeitskleid an. Nach intensivem Werben lockt das Bitterlings-Männchen seine Außerwählte zu einer Muschel. Das Weibchen setzt mit ihrer mehr als körperlangen Legeröhre um die 40 Eier durch die Ausatmungsöffnung in die Muschel ab. Sofort danach bringt das Männchen seine Samenzellen gezielt vor die Einatmungsöffnung der Muschel, mit deren Atemwasserstrom sie zu den Eizellen gelangen und diese befruchten. Im Kiemenraum können sich die heranwachsenden Fischlarven sicher fühlen; in ihrer Kinderstube werden sie sogar mit Sauerstoff versorgt. Mit drei bis fünf Wochen verlassen sie ihre Muschel-Wiege.
Nur selten finden wir im Tierreich eine so intensive gegenseitige Abhängigkeit unterschiedlicher Tiergruppen wie bei Fischen und Muscheln. Fällt eine von beiden Gruppen aus, kann es sogar zum lokalen Aussterben der anderen Art kommen.
Kaum jemand ahnt etwas von unseren häufigsten Muscheln, den kaum einen Zentimeter messenden Kugelmuscheln. Im Bodenschlamm stehender und fließender Gewässer leben diese Winzlinge, die im Gegensatz zu ihren großen Verwandten lebendgebärend sind und deshalb nur wenige Nachkommen pro Tier produzieren.

Eine Taucherglocke für jede Lebenslage

Spinnen gehören zu unserem Alltag wie kaum ein anderes Tier. Oft leben sie unbemerkt in direkter Nachbarschaft zum Menschen in unseren eigenen vier Wänden.

Fast unbekannt sind jedoch die faszinierenden Wasserspinnen, von denen die Art *Argyroneta aquatica* perfekt an das Leben im Wasser angepaßt ist. Nahezu ihr gesamtes Leben spielt sich unter der Wasseroberfläche von Moorweihern, Gräben und Teichen ab, obwohl ihre Vorfahren ursprünglich Landtiere waren. Auch die Wasserspinne braucht zum Überleben Sauerstoff. Der im Wasser enthaltene Sauerstoff ist allerdings für ihr Atmungssystem – die Tracheen – unerreichbar. Sie hat deshalb die folgende Atemtechnik entwickelt: Ihr Hinterleib ist von feinsten Härchen umgeben, die zusammen einen Lufttank bilden und es ihr ermöglichen, ihren eigenen Sauerstoffvorrat als silbrig schimmerndes Luftpolster mit in die Tiefe zu nehmen. Um nicht jedesmal zum Nachtanken an die Wasseroberfläche aufsteigen zu müssen, wendet die Wasserspinne eine raffinierte Überlebensstrategie an: Sie legt an geschützten Stellen zwischen Wasserpflanzen mit Hilfe eines selbstgesponnenen Netzes eine „Taucherglocke“ an, die sie aus ihrem transportablen Tank mit Luft füllt. Den Aufstieg zur

Eine Wasserspinne schlüpft aus ihrer Taucherglocke. Ihr Hinterleib ist von einem Luftpolster umgeben (oben).

In speziellen Nahrungsglocken verzehrt die Wasserspinne ihre Beute.

Wasseroberfläche sichert sie mit einem Faden, an dem sie nach dem Luftholen auf direktem Weg ohne lange Sucherei wieder in ihre Glocke zurückflitzen kann. Diese wichtige und nützliche Verhaltensweise verhindert auch, daß die Spinne wie ein Luftballon zur Oberfläche schnellt.
Nach einigen Luftfüllungen ist die zwei Zentimeter durchmessende, von unten zugängliche Glocke fertiggestellt und bietet dem Tier für mehrere Monate ausreichend Sauerstoff. Eine physikalische Gesetzmäßigkeit hilft der Wasserspinne bei ihrer Sauerstoffversorgung: Gase haben das Bestreben, sich überall gleichmäßig auszubreiten. Wenn die Sauerstoffkonzentration im Wasser größer wird als unter der Taucherglocke, strömt deshalb Sauerstoff von selbst in die Glocke nach. Gleichzeitig wird das von der Wasserspinne ausgeatmete Kohlendioxid an das Wasser abgegeben.
Ähnliche Glocken legt die Wasserspinne für unterschiedliche Zwecke an: Ernährungs-, Häutungs-, Überwinterungs- und Fortpflanzungsglocken sorgen in jeder Lebenslage für den notwendigen Sauerstoffvorrat. Überlebenswichtig sind besonders die Ernährungsglocken, die nach erfolgreicher Jagd aufgesucht werden, da die Spinne unter Wasser ihre Verdauungssäfte nicht in die Beute einspritzen und anschließend aussaugen kann. Selbst frischgeschlüpfte Wasserspinnen müssen deshalb sofort in der Lage sein, sich ihre eigene Ernährungsglocke anzulegen.
Weitaus weniger angepaßt an das Leben im Wasser ist die Jagdspinne *Dolomedes*. Sie bewohnt ähnliche Lebensräume wie die Wasserspinne, besiedelt aber auch Feuchtwiesen. Die bis zu 22 mm langen Weibchen gehören zu den

Die Gerandete Jagdspinne lauert vor allem im Uferbereich ihrer Beute auf, kann aber auch problemlos auf der Wasseroberfläche jagen.

imposantesten einheimischen Spinnen und jagen erstaunlich große Beutetiere. Meist ergreifen sie Kaulquappen, Insekten und sogar kleine Fische durch die Wasseroberfläche hindurch und töten sie mit ihrem Gift innerhalb weniger Sekunden. Größere Beute ziehen sie an Land und saugen sie dort aus.
Die Weibchen der weiß- bis gelbgestreiften Jagdspinne „stricken“ nach der Paarung einen 1 cm großen Kokon, in dem sie unter dem Bauch mehrere hundert Eier bis zum Schlupf der Jungspinnen umhertragen und ihre Nachkommen so wirksam vor den zahlreichen Feinden schützen.

Frühling Unterwegs auf der Wiese

Lebenskünstler Löwenzahn

Spätestens im April genügen ein paar warme Tage, und das Grünland überzieht sich mit dem satten Gelb des Löwenzahns. Knalliger kann eine Blühwoge wohl kaum ausfallen, zumal auf solcher Fläche. Überall kommt die Pflanze in Mengen vor, auf Mähwiesen ebenso wie auf Standweiden. Manche Leute schätzen das feinbittere Aroma der grobgesägten Löwenzahnblätter und schnippeln sie deshalb mit in einen Frühlingssalat. Die Vorliebe kommt nicht von ungefähr – schließlich ist der Löwenzahn mit Kopfsalat oder Endivie engstens verwandt.

Von Natur aus käme der Löwenzahn in solchen Mengen, wie wir ihn draußen vorfinden, sicherlich nicht vor. Als vergleichsweise lichtbedürftige Pflanze, die praktisch nur aus einer Rosette bodennaher Blätter besteht, hätte sie gegen eine dauerhaft höherwüchsige Konkurrenz aus Hochstauden oder Kleingehölz keine besondere Chance. Der Löwenzahn liebt es einfach nicht, in den Schatten gestellt zu werden. Auf einer Wiese oder Weide, wo die Konkurrenten bei der Mahd weggeschnitten werden, kann er sich dagegen prächtig entfalten.

Hart im Nehmen

Einige biologische Besonderheiten haben gerade den Löwenzahn im Kulturland Weide besonders gefördert. Da ist beispielsweise seine bemerkenswerte Trittfestigkeit zu nennen. Auf einer Weide halten sich die Weidetiere nicht überall gleichmäßig auf. Wasserstellen oder aufgestellte Tränkwagen werden häufiger aufgesucht als andere Teilflächen. Besonderes Gedränge herrscht natürlich auch immer am Koppeltor oder in der Nähe schattenwerfender Gehölze, die bei sommerlicher Hitze hochwillkommen sind. Kurz, die Trittbelastung des Weidebodens ist ungleichförmig. Zu den Pflanzen, die an trittbelasteten Stellen immer zu finden sind, gehört mit Sicherheit auch der Löwenzahn. Wenn ihm einmal eine Kuh auf die Blattrosette steigt, ist das überhaupt keine Katastrophe. Aus dem Wurzelhals kann sich notfalls auch in kurzer Zeit eine neue Rosette regenerieren. Die Trittbelastung hat allerdings auch ihre Grenzen: Auf längere Zeit durchweichtem Weidegrund stampfen die schweren Weidetiere den gesamten Pflanzenwuchs in Grund und Boden.

Nur relativ wenige Wiesenpflanzen ertragen eine stärkere Aufdüngung ihrer Standorte. Wo die Landwirte schon im zeitigen Frühjahr Gülle auftragen und auch der Dung der Standweidetiere auf der Fläche verbleibt, erhält der Boden große Mengen an Stickstoffverbindungen. Die zunächst noch organischen Stoffe werden durch Bakterien in anorganische Pflanzennährstoffe umgewandelt. Gewöhnlich ist aber eine viel größere Stickstoffreserve vorhanden, als von den Pflanzen verbraucht werden kann. Mit dieser Stickstoffanreicherung kommt der Löwenzahn bestens zurecht. Er gilt sogar als Zeigerpflanze für hohe Bodenstickstoffwerte und wird durch Überdüngung in seiner Vitalität sogar noch gefördert. Wo sich im

Löwenzahn (*Taraxacum officinale*) gilt als Nährstoffzeiger. Durch Aufdüngung wird er stark gefördert.

Auch ein Lebenskünstler: Der Bienenwolf (*Trichius apiarius*) auf dem Löwenzahn-Blütenstand lebt als Larve in Bienenstöcken.

Drillinge beim Löwenzahn: Blütenstandsverbänderung infolge einer Entwicklungsstörung.

Frühjahr das Grünland über und über mit Sattgelb bezieht, ist des Guten im allgemeinen zuviel getan worden.

Des Messers Schneide schafft ihn nicht

Gegenüber anderen Wiesen- und Weidepflanzen zeigt der Löwenzahn ein Merkmal, das sich wohl eher zufällig als Vorteil erwies: Die Messer der Mähmaschinen sausen über die Blattrosette, aus der sich der Löwenzahn immer wieder regeneriert, einfach hinweg, ohne davon allzuviel zu entfernen. Vor dem ersten Schnitt gegen Ende Mai oder Anfang Juni ist die Pflanze außerdem längst verblüht und hat sich in die recht hübsche Pusteblume umgewandelt. Wenn Balken- oder Kreiselmäher heranrücken, sind die Samen längst verweht. Im nachfolgenden Tiefstand der Grünlandfläche kann der Löwenzahn – nun wieder voll ins Licht gerückt – sogar noch eine zweite Blütengeneration zuwege bringen und mit dem Fruchten abschließen. Gegenüber dem Scharfen Hahnenfuß, der bereits bei der ersten Mahd die meisten seiner oberirdischen Pflanzenteile einbüßt und sie bis zum zweiten Hochstand der Wiese oder Weide fast vollständig regenerieren muß, ist die Rosettenpflanze Löwenzahn klar im Vorteil.

Vom Winde verweht

Nach dem Abblühen bleibt der Blütenstand geschlossen. Die grünen, eng zusammengezogenen Hüllblätter lassen an der Spitze lediglich ein paar bräunlich verfärbte Blütenzipfel vorschauen. Innen läuft jetzt die Fruchtreife ab. Dabei verlängert sich der Stielabschnitt zwischen dem Fruchtknoten und dem weißen Haarkranz um rund das Dreißigfache. Nach einigen Tagen öffnen sich die Hüllblätter ein letztes Mal, so daß sich die Dreiviertelkugel der Pusteblume ausbreiten kann. Etwa 200 bis 400 Fruchtfallschirmchen sitzen startbereit auf dem weißen Blütenstandsboden, jedes mit weniger als einem halben Milligramm Startgewicht. Zur Fruchtreife Ende April oder Anfang Mai sind die übrigen Wiesenpflanzen noch nicht sehr hoch. Das erhöht die Verbreitungschance der Fallschirmsegler, die ja aus größerer Bodennähe starten müssen. Ein paar kräftige Windstöße tragen sie davon. Bei absoluter Windstille würden sie etwa 30 Zentimeter in der Sekunde sinken – etwa zwanzigmal langsamer als ein Sport- oder Militärfallschirm. Luftturbulenzen halten die Löwenzahn-Schirme längere Zeit in der Schwebe, und ein frischer Wind reicht aus, um sie mehrere Kilometer weit davonzupusten. Wenn sie zu Boden gegangen sind, wird sofort eine weitere praktische Einrichtung wirksam, nämlich die rückwärts gerichteten, in Längsreihen angeordneten Zähne der Frucht. Sie verkrallen sich wie ein Klippanker an feinen Bodenunebenheiten und sorgen dafür, daß der Samen nach seiner Landung nicht unnötig umhergewirbelt wird. Sollte an der Landestelle keine Keimmöglichkeit bestehen, macht das auch nichts: Löwenzahnfrüchte behalten ihre Keimfähigkeit für mehrere Jahrzehnte.

Flugfertige Früchte: Ein kräftiger Wind trägt sie kilometerweit davon.

... schon gewußt?

Junge Löwenzahnblätter, bis Ende Mai geerntet, sind eine sehr geschätzte Zutat zu Mischsalaten aus Wildpflanzen. In manchen Gegenden wird er sogar eigens deswegen angebaut. Durch Wässern läßt sich ihr betonter Bittergeschmack etwas mildern. Die verbleibenden Bitterstoffe sind eine Wohltat bei Magenbeschwerden und fördern den Gallefluß. Mit den Blüten färbte man früher die Butter. Von daher rührt der volkstümliche Name Butterblume.

Der Zauber der Vielfalt

Eine richtige Wiese besteht nicht nur aus einer großen Ansammlung schlanker Grashalme und schlichtgrüner Wiesenkräuter, die mit wenigen Arten, aber ungemein individuenstark um den verfügbaren Raum konkurrieren. So einigermaßen dauerhaft grün und ohne bunte Farbtupfer geht es eigentlich nur auf einer Standweide zu, bei der das Weidevieh vom Frühjahr bis zum Herbst auf der gleichen Fläche steht und bei den Pflanzenarten für eine strenge Auslese sorgt. Auch die Umtriebweide, bei der die Weidefläche so unterteilt wird, daß die Weidetiere immer nur für wenige Tage auf einer Teilfläche grasen, kennt in den meisten Fällen keinen bunten Blütenflor mehr. Der Wechsel von Beweidung und Mahd nutzt die Biomasse der Pflanzen optimal. Nur wenige Pflanzen sind diesem Nutzungsdruck tatsächlich noch gewachsen. Ökologisch entspricht auch der penibel gepflegte Vielfach-Scherrasen auf dem Golfplatz oder im Stadtpark einer intensiv genutzten Weidefläche. Die Unterschiede zu einer blumigen Wiese mit ihrer beeindruckenden Artenvielfalt könnten überhaupt nicht größer ausfallen.

Ein völlig anderer Rahmen

Gegenüber dem Ackerland herrschen auf einer Wiese geradezu bemerkenswert stabile Verhältnisse. Äcker sind Produktionsstätten, auf denen der wirtschaftende Mensch die Pflanzenauswahl trifft und kritisch darüber wacht, daß sich dort auch keine unerwünschten Konkurrenten der Nutzpflanzen einfinden. Nach Wachsen, Blühen, Fruchten und Reifen oder mitunter auch schon früher werden die Bestände wieder vollständig ausgeräumt. Länger als ein halbes oder dreiviertel Jahr besteht die Lebens- (oder besser: Existenz-) gemeinschaft Acker gewiß nicht. Verständlich, daß sich auf dem Ackerland und seinen Randstreifen fast nur einjährige Wildkräuter einfinden, darunter zum Glück auch solche Arten, die wie Klatsch-Mohn, Acker-Senf, Kornblume oder Kamille Farbe in die Einheitstracht der Getreidefelder bringen.

Der Lebensrhythmus einer Wiese gestaltet sich anders. Nährstoffangebot, Bodenverhältnisse und vor allem die Nutzungsform und -häufigkeit bestimmen langfristig den Bestandsaufbau und die Artenzusammensetzung. Schon allein wegen ihrer zeitlichen Beständigkeit ermöglicht die Wiese die Entfaltung vielgliedriger Lebensgemeinschaften vom Wurzelraum der Pflanzen bis zu deren Blühhorizont. Sichtbarer Ausdruck dafür ist der Reichtum an blühenden Pflanzenarten, die zahllose Insekten anlocken. Auf einer blühenden Wiese kann man Vertreter aus fast allen Verwandtschaftsgruppen der Insekten antreffen. Dem Heer der Insekten folgen verständlicherweise die insektenfressenden Vogelarten und etliche Kleinsäuger. So entsteht durch Nahrungsangebot und -nachfrage ein sehr engmaschig geknüpftes Netz von Beziehungen und Abhängigkeiten der Arten untereinander.

Jedesmal eine neue Wiese

Da Mähwiesen im Jahresablauf beerntet werden, bleibt zum Herbst kaum totes, trockenes,

Die grüne Raupe des Aurorafalters (*Anthocharis cardamines*) ist im Stengelgewirr nur schwer zu entdecken.

Nur das Männchen des Aurorafalters, das hier an Wiesen-Schaumkraut (*Cardamine pratensis*) saugt, zeigt kräftig orangerote Flügelecken.

vergilbtes Pflanzenmaterial als Deckschicht über dem Boden zurück. Wiesen sind daher auch im Winter unter der Schneedecke einigermaßen grün und sehen nach der Schneeschmelze erstaunlich saftig aus. Ziemlich zeitig startet auf der Wiese das Pflanzenwachstum. Den pflanzenfressenden Wald- und Flurbewohnern kommt der grüne Frühstart sehr gelegen. Rehe und Hirsche, aber auch Hasen und Kaninchen wechseln aus nahegelegenen Wäldern oder Feldholzinseln zur Äsung gerne auf die einladenden Grünflächen über. Auf grasreichem Brachland, das nicht durch Mahd genutzt wird, dauert der Start des Pflanzenwachstums sichtlich länger. Licht und Wärme können hier wegen der Deckschicht aus toter Pflanzenmasse nicht so wirksam zum Boden- und Erneuerungshorizont vordringen.
Gegenüber den Gräsern haben die Blütenpflanzen schon bald einen deutlichen Entwicklungsvorsprung. Noch bevor die Gräser sich so richtig in Szene setzen können, bestimmen die verschiedenen Wiesenblumen den jeweiligen Aspekt der Wiese. Mit Wiesen-Primel, Scharbockskraut oder Gänseblümchen beginnt die bunte Szenenfolge bereits Anfang März. Dem folgt das knallige Gelb des Löwenzahns, abgelöst vom Wiesen-Schaumkraut mit

Wiesenvielfalt. Feucht: **1** Kuk-kucks-Lichtnelke, **2** Wiesen-Schaumkraut, **3** Aurorafalter, **4** Sumpfdotterblume, **5** Grasfrosch. Frisch: **6** Wiesen-Kerbel, **7** Rote

Lichtnelke, **8** Weißklee, **9** Waffenfliege, **10** Maulwurf. Trocken: **11** Aufgeblasenes Leimkraut, **12** Wiesen-Rispengras, **13** Wiesen-Lein.

seinen blaßvioletten, aus der Entfernung meist weißlich erscheinenden Blütenständen. Hierauf folgt eine zweite intensive Gelbwelle mit – je nach Standort – Knolligem und Scharfem Hahnenfuß und wenig später Wiesen-Bocksbart beziehungsweise Wiesen-Pippau.
Verhältnismäßig artenarme Wiesen haben ab Ende Mai eine fast reinweiße Blühphase mit Wiesen-Labkraut, Wiesen-Kerbel, Wiesen-Margerite und zuletzt Schafgarbe. In artenreicheren Beständen ist ab Mitte Mai eigentlich keine allzu dominante Blütenfarbe mehr auszumachen. Statt dessen gleicht die Wiese jetzt eher einer Malerpalette. Das helle Blau der Wiesen-Glockenblumen, die deutlich kräftigeren Blautöne von Wiesen-Salbei und Wiesen-Storchschnabel stehen fast gleichberechtigt neben dem Rot von Wiesen-Klee, Futter-Esparsette und Roter Lichtnelke oder den Gelbnuancen von Wiesen-Hornklee, Wiesen-Platterbse, Klappertopf-Arten oder Wiesen-Frauenmantel. Etwa zwei Monate nach dem ersten zaghaften Blühbeginn ist sozusagen der Gipfelpunkt des bunten Geschehens in der Wiese erreicht – und nimmt bald ein jähes Ende.

Zwischen Hoch und Tief

Noch bevor die meisten Wiesenblumen ihre Blühphase hinter sich bringen und fruchten können, rücken ihnen unbarmherzig Sense oder Mähmaschine zuleibe. Für den Artenbestand ist diese Bewirtschaftungsmaßnahme ein herber Einschnitt. Würde der erste Blumenwiesenschnitt weiter in den Sommer verlegt, stünde es um den Artenreichtum des Ökosystems Wiese zweifellos besser. Bergwiesen, die aus klimatischen Gründen erst verhältnismäßig spät gemäht werden, sind schon allein wegen ihrer längeren Vegetationszeit besonders blumig und artenreich. Der relativ frühe Schnitt der Futterwiesen begünstigt vor allem Arten mit hohem Regenerationsvermögen oder sehr tief liegenden Erneuerungsteilen wie Blattrosetten oder Ausläufer.
Wenn die Mähwiese aus dem spätwinterlichen Tiefstand bis zum ausgehenden Frühjahr einen ersten Hochstand erreicht, wird durch den Kreiselmäher von einem Augenblick auf den nächsten wieder ein Tiefstand erreicht. Ökologisch ist die Mahd einer artenreichen Wiese eine Katastrophe. Völlig unvermittelt gehen gerade für die Insekten, aber auch für andere Wiesenbesucher, ergiebige und unentbehrliche Nahrungsgründe verloren. Außerdem werden ihre Brut- und Entwicklungsstätten mit allen dazugehörenden Entwicklungsstadien vom Ei bis zur Puppe zerstört oder geschädigt. Das gesamte komplexe Beziehungsgefüge, das sich wochenlang entwickeln konnte, wird zerstört. Oft besteht nicht einmal die Möglichkeit, daß Tiere mit größerem Aktionsradius in benachbarte Wiesengrundstücke flüchten, weil heute in kurzer Zeit auf großen Flächen nach dem gleichen Schnittmuster verfahren und alles niedergemacht wird. Zudem wird das Schnittgut häufig ziemlich rasch eingefahren. Wenn es auf der Wiese zum Trocknen verbleibt, besteht zumindest eine gewisse Chance für Rückzugsmanöver.
Es ist jedoch sehr erstaunlich, daß sich ein zerstörtes Ökosystem wie eine Mähwiese tatsächlich wieder erholt. Auch die Tierwelt hält mit dem Wiederaufwachsen der regenerationsfähigen Wiesenpflanzen erneut Einzug. Wenn in der ersten Augusthälfte der zweite, zumeist

schon deutlich bescheidenere Hochstand der Wiese erreicht ist, kann man auch wieder ein artenreiches Insektenleben beobachten. Die Pflanzenwelt der Wiese präsentiert sich nun mit anderen Arten: Wiesen-Bärenklau, Große Bibernelle, Wilde Möhre, Flokkenblume stehen jetzt in Blüte. Andere Arten, wie der Scharfe Hahnenfuß, blühen gar schon zum zweiten Mal oder fruchten bereits wieder. Gewöhnlich ist jetzt der zweite Schnitt fällig. Aus dem Sommer-Tiefstand erholt sich die Wiese allerdings nicht mehr so recht. Im dritten Hochstand der Saison kommen eigentlich nur noch relativ niedrigwüchsige Arten vor.

Wiesen zeigen Charakter

Futterwiesen zeigen nach kurzer Zeit ein entsprechend einheitliches Aussehen. Bei mehr extensiver Nutzung, die aus einem Wiesengelände nicht unbedingt den maximal möglichen Ertrag erwirtschaftet, zeigen sich im bunten Blütenflor des späten Frühjahrs kurz vor oder während des Hochstandes viel stärker auch die standörtlichen Unterschiede. Eine Feuchtwiese mit sehr hoch anstehendem Grundwasser oder Quellhorizonten wird selbstverständlich von anderen Arten besiedelt als ein Wiesengelände über frischem oder gar trockenem Boden. Für jeden Standort gibt es unter den über tausend verschiedenen Grünlandbesiedlern der heimischen Flora ausgesuchte Spezialisten, denn Pflanzen verfügen nun einmal über unterschiedliche Möglichkeiten und Anpassungsmechanismen, um mit dem jeweiligen Bedingungsrahmen ihres Lebensraumes zurechtzukommen. Daraus ergeben sich – strukturiert durch ein bestimmtes Faktorengefüge – die

Der Wiesenpieper (*Anthus pratensis*) hält sich gerne am Boden auf und sucht sich hier auch eine Singwarte.

verschiedenen Vergesellschaftungen der Arten. Umgekehrt kann man bei Kenntnis ihrer Ansprüche auch von den Pflanzen auf die ökologische Eigenart ihres Standortes schließen. Viele Pflanzen gelten als sehr zuverlässige Indikatoren oder Zeigerpflanzen, die dem kundigen Beobachter schon aus der Entfernung signalisieren, was an ihrem Wuchsort vorgeht. Einen Wiesenausschnitt, wie ihn das Bild auf Seite 30/31 zeigt, wird es in der Realität kaum geben, denn er vereinigt in sich eine Reihe von Kenn- oder Charakterarten höchst unterschiedlicher Wiesentypen und -gesellschaften. Auf der linken Bildhälfte sind einige häufige Feuchtezeiger dargestellt, zur Mitte und zur

rechten Hälfte hin dagegen die Arten frischerer Böden oder zunehmend trockenerer Wiesen. Entsprechend werden auch die begleitenden Tierarten nicht unbedingt alle im gleichen Wiesengelände zu erwarten sein.
Eine genauere Bestimmung der verschiedenen Wiesengesellschaften ist eigentlich nur anhand pflanzensoziologischer Aufnahmen und Einzelanalysen möglich. Für eine erste Orientierung über das Spektrum der Möglichkeiten genügt die etwas vereinfachte Übersicht sicherlich.

... schon gewußt?

Die üppige Buntheit der Wiesenblumen kann man in einem Herbarium bewahren. Ausgesuchte Exemplare legt man zwischen Zeitungspapier und trocknet sie unter mäßigem Druck. Mindestens einmal täglich wird das Zeitungspapier gewechselt. Die getrockneten Pflanzen befestigt man einzeln oder gruppenweise auf weißen Papierbögen und schreibt den Pflanzennamen, den Fundort sowie das Funddatum hinzu.

Blickfang Blüte

Ohne Pflanzen gäbe es keine Tiere. Aber ohne Tiere wären auch viele Pflanzenarten rasch am Ende. Der Blick auf eine blühende Wiese verrät den Grund: Insekten aller Verwandtschaftsgruppen eilen geschäftig von Blüte zu Blüte und garantieren somit die Pollenübertragung. Wo nicht Wind oder Wasser die Pollen zur Bestäubung herantragen, werden allerhand flugfähige Tiere direkt in den Bestäubungsablauf einbezogen.
Doch wie bringt man als Blüte eine Hummel oder Schwebfliege dazu, den Blütenstaub genau von A nach B zu transportieren? Warum lassen sich auch Käfer, Fliegen und Schmetterlinge für solche Pollenkurierdienste gewinnen?

Erfolg auf Umwegen

Genaugenommen ist die Pollenbeförderung von Blüte zu Blüte ein – allerdings ganz wichtiger – Nebeneffekt. Die flugfähigen Blütenbesucher haben keine Ahnung davon, daß sie eigentlich ganz raffiniert getäuscht und zur unfreiwilligen Pollenspedition verleitet werden. Die Blütenpflanzen, die von Insekten angeflogen werden, setzen im Grunde genommen den alten Zuckerbrottrick aus der Zirkusdressur ein.
Bienen, Hummeln, Schwebfliegen und ihre gesamte vierflügelige Verwandtschaft besuchen eine Blüte nur, weil es dort etwas zu holen gibt. Die Blüten servieren ihnen kohlenhydrathaltige oder sehr proteinreiche Menüs, und dabei kommt die Befrachtung mit Pollen mit nachfolgender Bestäubung einer anderen Blüte ins Spiel.

Saftläden und Pollenbuden

Blüten sind gut sortierte Naschkisten, die den Geschmack ihrer Gäste offenbar gut treffen. In vielen Blüten, beispielsweise bei den Hahnenfuß-Arten, wird der süße Blütennektar ohne große Umstände angeboten. Die Nektardrüsen befinden sich am Grunde der großen gelben Blütenblätter. Der Nektar kann dort einfach ein-

Ungewöhnlicher Besuch: Hummelschwärmer (*Hemaris fuciformis*) auf einem Gänseblümchen (*Bellis perennis*).

gesammelt werden. In anderen Blütentypen müssen die herbeigeeilten Tiere die Nektartöpfe erst ein wenig suchen. Bei röhrig aufgebauten Kronen wie im Fall der Roten Lichtnelke oder bei allen Blüten vom Bautyp des Salbeis, der Klappertopf-Arten und der Taubnesseln liegt die gesuchte Süßspeise verdeckt. Zufällig ist diese Plazierung sicherlich nicht: Wenn sich eine Schwebfliege oder ein Schmetterling den Saugrüssel tief im Blüteninneren ordentlich mit Nektar beschmiert hat, bleiben beim Zurückholen noch mehr Pollenkörner daran kleben.

Blüten bieten aber nicht nur Nektar. Wer keinen hochkonzentrierten Zuckersaft mag, findet in der Blüte auch reichlich Knabberzeug. Und seltsam genug: Gerade die Pollen, die doch eigentlich zum Versand in andere Blüten der gleichen Art gehen sollen, werden den Blütenbesuchern buchstäblich zum Fraß vorgeworfen. Wo auf der Speisekarte nicht ausschließlich Nektar, sondern auch proteinreiche Pollen erscheinen, müssen die voraussichtlichen Knabberverluste durch besonders reiche Produktion ausgeglichen werden. So erklärt es sich, warum etwa von Klatsch-Mohn, Hahnenfuß, Frauenmantel oder Löwenzahn weitaus mehr Staubgefäße entwickelt werden. In diesen Blüten steht der Pollen in großen Mengen zur Verfügung. Auch wenn davon kräftig konsumiert wird, bleibt für die Bestäubung immer noch genügend übrig.

Signalstationen

Keine Imbißbude und erst recht kein Gasthaus kommen ohne Sichtreklame aus. Aus dem gleichen Grund sind die unauffälligen, einfachen Blüten der windblütigen Arten durch Umgestaltung zu attraktiven Blumen geworden, die mit üppigen Formen und knalligen Farben Aufmerksamkeit erregen. Nektarschüsseln oder Pollentüten fallen ja zunächst einmal nicht besonders auf. Folglich muß mit einer werbewirksamen Verpackung kräftig nachgeholfen werden. Um sich von der Umgebung genügend abzuheben, sind optische Mittel natürlich gerade recht. Potentielle Blütenbesucher erkennen den Zusammenhang zwischen Erscheinungsbild einer Blüte und ihrem Nahrungsangebot. So führt ein grellfarbiger Farbklecks auf neutralem Hintergrund ziemlich zuverlässig die Blütenkundschaft in Scharen heran. Insofern ist die Blüte, werbetechnisch gesprochen, ein ungemein wirksamer visueller Aufreißer – ein Blickfang, an dem kein Weg vorbeiführt.
An sich würde ein knalliger Klecks für diese Signalfunktion ja vollends ausreichen. Doch warum zeigen Blüten außer Farbe auch noch Muster?

Landehilfen und Bedienungsanleitung

Wer durstig oder hungrig ein Gasthaus ansteuert, möchte gewiß nicht umständlich den Eingang suchen müssen. Ein paar Zusatzinformationen über die Topographie des Etablissements werden vom Gast gerne entgegengenommen.
Genau diese Hilfe wird dem nahenden Insekt von der Blüte angeboten. Dabei ist zusätzlich zu bedenken, daß die einladende Blüte für den anfliegenden Besucher gleichzeitig auch ein Landeplatz ist. Folglich muß auch dafür Sorge getragen werden.
Nur als Lenk- und Landehilfen werden zahlreiche Blütenmuster verständlich. Eine bunte Blume ist somit nicht nur ein plakativer Farbfleck auf grünem Hintergrund, sondern ein Gebilde mit hochgeordneten Strukturen.
So muß bei genauerer Betrachtung von Wiesenblumen (etwa von Vergißmeinnicht, Ehrenpreis, Lichtnelke, Storchschnabel, Schaumkraut und vielen anderen Arten) auffallen, daß das Blütenzentrum von der Blütenperipherie farblich immer kräftig abgehoben wird. Mit diesem Kontrastprogramm wird das ankommende Insekt zielgenau in das Blütenzentrum geleitet. Während die Gesamtblüte oder auch ein Blütenstand wie bei Gänseblümchen oder Margerite mit ihrer enormen Farbigkeit Leuchtreklame mit Fernwirkung betreibt, dienen die differenzierten Muster der Blütenkronblätter eher der Nah- und Feinnavigation. Farbkontraste zwischen innen und außen oder Mitte und Rand sind dazu ein sehr geeignetes Mittel. Dunkel gefärbte Blüten hellen ihr Zentrum auf, hellfarbene Kronen rücken ihren Mittenbereich durch mehr Farbsättigung oder gänzlich abweichende Farbwahl in den Blick.

Optische Leitplanken

Dem gleichen Zweck dienen auch die mal zarter, mal kräftiger ausgeführten Strich- und Linienmuster auf den Kronblättern. Sie verlaufen bezeichnenderweise nicht völlig nach Belieben oder gar in konzentrischen Kreisen, sondern strenggerichtet zur Blütenmitte wie die Radspeichen zur Nabe. Damit werden sie zu enorm wirk-

Von links oben nach rechts unten: Die schmucke Ehrenpreis-Blüte (*Veronica persica*) lenkt ihre Besucher mit zarten Strichmustern zur Blütenmitte.

Beim Stiefmütterchen (*Viola tricolor*) unterstützen starke Farbkontraste die Nahorientierung der Blütengäste.

Kontrast mit Staubblättern: Blüte der Himmelsleiter (*Polemonium coeruleum*).

Von der Seite sieht die Einzelblüte der Gefleckten Taubnessel (*Lamium maculatum*) aus wie ein weit sperrender Rachen. Formmerkmale lenken in diesem Fall die Blütenbesucher. Die große Unterlippe ist ein idealer Landeplatz für Bienen und Hummeln.

Die äußeren Blütenblätter der Deutschen Schwertlilie (*Iris germanica*) locken mit einer auffälligen Staubblattattrappe. Andere *Iris*-Arten führen hier ein Fleckenmuster von ähnlicher optischer Wirkung.

Die Karthäuser-Nelke (*Dianthus carthusianorum*) erreicht optische Auffälligkeit mit vergleichsweise bescheidenen Gestaltungsmitteln.

Blüte des Wiesen-Storchschnabels (*Geranium pratense*) – eine komplizierte Welt im kleinen.

samen Wegweisern, die das Blütenzentrum mit seinen Nektar- und Pollenvorräten anzusteuern helfen.
Für diese besondere Signalfunktion werden mitunter auch die übrigen Blütenorgane in die Richtungs- und Gebrauchsanweisung einbezogen. Beispiele sind etwa gelbe Staubgefäße vor dem Hintergrund einer tiefblauen Blütenkrone; Küchenschelle, Akelei und Eisenhut arbeiten mit dieser Regieanweisung.

Duftende Teppiche

Das optische Signal reicht zum raschen Auffinden der Blütenmitte offenbar nicht immer aus. In solchen Fällen bietet die Blüte zusätzliche Richtungsweiser in Gestalt von Haar- und Borstenleisten an. Einrichtungen dieser Art gibt es beispielsweise bei den Blüten von Veilchen, Taubnesseln, Schwertlilien und anderen auf den ersten Blick vielleicht etwas unübersichtlichen Konstruktionen. Hier werden die gelandeten Insekten gleichsam auf einen Teppich gestellt, der sie in die zutreffende Richtung führt. Duftmarken unterstützen diesen optischen und mechanischen Besucherservice. Die Feinheiten der Duftproduktion bleiben unseren Sinnen jedoch weitgehend verborgen. Mit den Augen können wir zwar in etwa nachempfinden, wie ein Insekt eine Blüte erlebt. Räumliche Duftunterschiede können wir an der Blüte nicht ausmachen. Mitunter haben wir schon Schwierigkeiten mit der

Urmotten (*Micropteryx calthae*) sind die einzigen pollenfressenden Schmetterlinge. In den Blüten der Sumpf-Dotterblume (*Caltha palustris*) werden sie üppig bewirtet.

Ein Blutroter Schnellkäfer (*Ampedus sanguineus*) hat sich zur Pollenmahlzeit auf Scharbockskraut (*Ranunculus ficaria*) eingefunden.

Feststellung, ob eine Blume überhaupt duftet oder nicht.
Jede Blüte duftet in einem typhaften, artspezifischen Bukett, an dem sich verschiedene Blütenregionen beteiligen. Für das blütenbesuchende Insekt ist eine ergiebige Parfümblume ein echt dufter Typ mit hohem Wiedererkennungwert. Zur Wahrnehmung der fein abgestimmten und manchmal kompliziert zusammengesetzten Duftkomposition besitzen die Insekten äußerst empfindliche Empfangsorgane. Sie riechen nämlich mit ihren langen Fühlern, die man geradezu als Stielnasen bezeichnen könnte.

... schon gewußt?

Viele Blüten haben auch ein spezielles Erscheinungsbild im für uns unsichtbaren ultravioletten Licht. Bienen und Hummeln können diese Strahlungsqualität ohne weiteres wahrnehmen. Die rechts abgebildete, für unsere Augen fast einheitlich gelbe Blüte des Scharbockskrautes zeigt sich für Bienenaugen mit einer tiefdunkel abgesetzten Mitte, denn hier sitzen besondere Pigmente, die alle auftreffenden UV-Strahlen verschlucken. Die ohnehin stark glänzenden Spitzen der Blütenblätter reflektieren dagegen das UV-Licht und sehen für Insektenaugen enorm grell aus.

Fliegende Pelztiere

Wären die Pollenkörner der Pflanzen glatt wie Pingpongbälle, gäbe es mit dem Transport von Blüte zu Blüte bestimmt Probleme. Die Natur hält jedoch auch für diesen wichtigen Funktionsbereich einige Patentlösungen bereit. Unter anderem sind die Pollenoberflächen mit besonderen Netz- und Leistenmustern ausgestattet, tragen dazu auch noch Stifte, Höcker oder sogar Dörnchen und sind – zumindest bei den tierblütigen Pflanzenarten – auch noch mit ölig-klebrigem Pollenkitt überzogen.
Auf der anderen Seite zeigen aber auch die blutenbesuchenden, nektarnaschenden und pollensammelnden Insekten allerhand Anpassungen. Völlig glattgewandete Blütengäste wären wohl weitgehend ungeeignet, um Pollen zu verschleppen. An ihnen würden vielleicht einige Pollenkörner kleben bleiben, beim Flug zur nächsten Blüte mutmaßlich aber wieder verlorengehen.
Das rasche Auf und Ab der Insektenflügel erzeugt im Chitinpanzer der Tiere ja Mikrovibrationen, die locker anhaftendes Material sofort abschütteln würden. Für eine wirksame Pollenübertragung müssen die Insekten dagegen richtige (Blüten-)Staubfänger sein. Tatsächlich erinnern Hummeln, Bienen, Schwebfliegen und die übrigen Insekten an Blüten durchaus an fliegende Bürsten: Rundum sind sie mit einem dichten, zum Teil sogar wollig erscheinenden Haarpelz besetzt, in dem sie die Pollen natürlich prächtig verstauen können.

Die Hummel zieht die Hose an

Hummeln sind verhältnismäßig schwerfällige Flieger, aber ganz emsige Blütenbesucher. Brummig gehen sie auf Suchflug. Nicht alle vorhandenen Blütentypen scheinen ihnen sympathisch zu sein. Sie bevorzugen ganz bestimmte Konstruktionen, beispielsweise Wiesen-Glockenblumen, Wiesen-Klee, Taubnesseln oder Wiesen-Salbei, jedenfalls Blüten, in die man hineinklettern oder zumindest den Kopf tief versenken kann.
Hummeln leben ausschließlich von Nektar und Pollen und sind neben den Honigbienen ungemein wichtige, in ihrer Bedeutung aber vielfach verkannte Bestäuber.
Wenn eine Hummel eine Blüte verläßt, hängt der Pollen in Mengen in den Hummelhaaren oder ist daran sogar richtig aufgespießt, denn die so glatt erscheinenden Körperhaare tragen winzige Widerhäkchen und Krallen. Beim Flug zur nächsten Blüte oder häufiger noch vor Ort beginnt eine akribische Putzaktion. Das erste der fünf Fußglieder am Hinterbein der Hummel ist auffällig vergrößert und ziemlich breit. Auf seiner Innenseite ist es dicht mit langen Haaren besetzt, die zum Ende hin dicht wie in einem Pinsel zusammenstehen. Mit dieser großflächigen Bürste fährt die Hummel sich durch den Pelz und kämmt dabei alle anhaftenden Pollenkörner aus – bis auf ein paar Reste am Kopf oder auf dem Rücken, die für die Bestäubung der nächsten Blüte(n) gebraucht werden. Im Flug arbeiten die beiden Hinterbeine wie beim Händewaschen gegeneinander und formen aus dem angereicherten Pollen eine teigige, meist goldgelb leuchtende Masse. Mit Hilfe eines langen Sporns wird das kleine Paket auf die Außenflanke des

Ackerhummeln (*Megabombus pascuorum*) am Nest. Bei dieser noch häufigen Hummelart finden sich mitunter interessante Farbvarianten.

Unterschenkels bugsiert und dort den Borstenhaaren aufgedrückt. Die Hinterbeine sind also gleichsam der Stauraum, an dem das Sammelgut untergebracht wird. Die Pollenpäckchen werden bei den pollensammelnden Hautflüglern auch als Höschen bezeichnet. Etwa zehn Milligramm ist die Pollenzuladung schwer, und sie enthält je nach Trachtpflanze bis zu einer Million Pollenkörner.

Zwergvölker in Mauselöchern

Besonders häufig begegnet man im Frühjahr der Erdhummel, gut kenntlich am schwarzen Pelz mit je einer gelben Querbinde auf Brust und Hinterleib sowie einem weißen Hinterleibsende. Die ersten Hummeln der Saison sind fast immer Königinnen, die schon im Spätsommer des Vorjahres begattet wurden, an einer geschützten Stelle (oft tief in der Erde) überwintert haben und nun auf der Suche nach einem geeigneten Nestraum sind. Oft wählen sie Baumhöhlen oder auch Mauselöcher und richten dort ihre Wohnung ein – mit weicher Polsterung aus Haaren, Federteilen, Pflanzenfasern oder Moos. Im freibleibenden Innenraum baut die Königin in Alleinarbeit kleine Gruppen von Wachsurnen, die nicht so exakt sechseckig ausfallen wie die Wabenzellen der Bienen oder Faltenwespen. In den Gefäßen werden Nektarvorräte (Honig) und Pollen gespeichert. Außerdem legt die Königin in

manche Urnen gleich mehrere Eier – ein Sonderfall unter den sozialen Hautflüglern. Anfangs muß die Königin alle anfallenden Bau- und Pflegearbeiten selbst erledigen. Sie fliegt im Unterschied zur Bienenkönigin sogar noch auf Nahrungssuche. Nach einigen Wochen erhält sie jedoch Hilfe durch die schlüpfenden kleinen Arbeiterinnen. Später im Sommer entwickeln sich größere Arbeiterinnen und zuletzt große Jungköniginnen und Männchen (Drohnen). Das gesamte Hummelvolk besteht nur aus 100 bis 500 Tieren. Wenn im Herbst die Trachtquellen versiegen, geht das gesamte Volk zugrunde. Nur die Jungköniginnen überleben und gründen in der folgenden Saison einen neuen bescheidenen Hofstaat.
Ähnlich leben auch die übrigen Hummelarten.

Pollensammelnde Ackerhummel au dem Blütenstand einer Flockenblume (*Centaurea jacea*, oben).

Wiesenhummeln (*Pyrobombus prato rum*) brechen gerne in Blüten ein. Das Lungenkraut (*Pulmonaria officinalis*) besuchen sie jedoch ganz regulär (rechts oben).

Die Feldkuckuckshummel (*Psithyrus campestris*) schmarotzt als Brutparasit fast ausschließlich bei der Ackerhummel (rechts unten).

... schon gewußt?

Die überaus nützlichen Hummeln kann man leicht im Garten ansiedeln, indem man ihnen zusagenden Wohnraum anbietet: Einfach einen leeren Blumentopf mit dem Abzugloch nach oben bis fast zur Oberkante in den Boden eingraben.

Leben auf allen Ebenen

Ein typischer Vorgartenrasen wird in kurzen Abständen immer wieder dem Erdboden gleichgemacht, enthält nur ganz wenige Pflanzenarten und bietet entsprechend auch nur einer sehr bescheidenen Fauna Lebensmöglichkeiten. Am ehesten wird man hier noch ein paar Rasenameisen auf ihren Pirschgängen beobachten können.
Welch ein Unterschied zu einer Wiese, auf der den Pflanzen die Entwicklungsmöglichkeiten nicht so rigoros beschnitten werden. Und wie jeder bunte Mischbestand aus mindestens ein paar Dutzend Pflanzenarten zeigt sie auch einen klaren, vielschichtigen Etagenaufbau. Zwar sind die einzelnen Stockwerke hier viel lichter und auch weniger geräumig als im Laubwald mit seiner reich gestaffelten Abfolge von den Baumkronen bis zur Moosschicht an den Gehölzwurzeln, doch zeigt auch die stauden- und blumenreiche Wiese bei aller Übersichtlichkeit mancherlei Anklänge an den Etagenaufbau des Hochhauses Wald. Eine blühende Wiese im ersten Hochstand ist, genau betrachtet, ein richtiger Mini-Dschungel, der die verschiedensten ökologischen Ansprüche zufriedenstellen kann.

Alle gegen alle

In einer dichtwüchsigen Wiese bleibt praktisch kein Raum ungenutzt. Schon der Bodenhorizont wird völlig raumnutzend und ohne jede Vergeudung besiedelt. Bestandslücken treten fast nicht auf, und wenn größere Tiere bei ihren Aktivitäten einmal Löcher in den Bodenbewuchs gerissen haben sollten, drängen in die entstandenen Freiräume sofort neue Besiedler ein. Durch Ausläuferbildung oder Samenverbreitung werden ständig neue Ansiedlungsversuche unternommen. Wo kräftige Individuen einen Raum bereits besetzt halten, können andere sich nicht mehr ansiedeln. Die Konkurrenz der Arten beginnt bereits auf der Ebene der Wurzeln im Boden. Manche Arten behaupten sich hier sogar mit chemischen Mitteln. Sie scheiden über die Wurzeln bestimmte Substanzen aus und verwehren anderen damit das Terrain. Die Konkurrenz setzt sich nach oben fort. Großblättrige Pflanzen der Mittelschicht einer Wiese wie der Wiesen-Storchschnabel, der Wiesen-Salbei oder der Frauenmantel stellen die kleinwüchsigen Konkurrenten aus der Unterschicht zumindest zeitweise sehr in den Schatten. Sie werden aber ihrerseits von den hochwüchsigen Arten der Oberschicht überstellt, beispielsweise von den oft meterhohen Doldenblütengewächsen und natürlich von vielen Wiesengräsern. Dazwischen finden sich auch immer wieder Emporkömmlinge, die das Halm- und Stengelgewirr der Konkurrenten ausnutzen, um sich wie Kleinstlianen ins rechte Licht hinaufzuhangeln. Vogel-Wicke, Wiesen-Platterbse und eigentlich auch der Wiesen-Hornklee rekken sich auf diese Weise ganz erfolgreich in die Höhe.

Allerhand Annäherungsversuche

Im Gegensatz zu den Rank- und Kletterpflanzen suchen andere Pflanzenarten ausschließlich im Wurzelhorizont Kontakt: Die Zahntrost-, Augentrost- und Klappertopf-Arten zapfen mit ihren Wurzeln einfach andere

Sonnige, trockenwarme Hänge mit Doldenblütengewächsen sind der Lebensraum der Streifenwanze (*Graphosoma lineatum*, links).

Zu den zahlreichen in Wiesen lebenden Käfern gehört auch die etwas bizarr aussehende Art *Anostirus purpureus* (rechts).

Pflanzen (vor allem Gräser, aber auch ziemlich wahllos weitere Arten) an. An der Kontaktstelle bilden sich kleine, knöllchenartige Saugorgane, über die kleine Portionen von den Saftströmen des umworbenen Nachbarn für den eigenen Bedarf abgezweigt werden. Obwohl diese Pflanzen normalgrüne Blätter entwickeln und sich eigentlich völlig selbständig ernähren könnten, agieren sie im Untergrund als Parasiten – allerdings als ziemlich harmlose Zuschußempfänger. Eigenartigerweise ist diese Neigung zu vorsichtigem Wurzelparasitismus besonders ausgeprägt bei den Rachenblütengewächsen und den Leinblattgewächsen entwickelt. Sehr viel massiver leben die Sommerwurz-Arten auf Kosten ihrer Wirte. Diese Pflanzen sind völlig bleich, leisten keine eigene Primärproduktion und sind somit ausschließlich auf die Stofflieferungen ihrer sehr spezifisch ausgesuchten Wirte angewiesen. Aber selbst eine so umfangreiche Versorgung des völlig abhängigen Parasiten ertragen die Wirtspflanzen ohne sichtliche Vitalitätsverluste.

Stockwerkweise Untermieter

Eine Wiese ist mehr als eine gemischte Ansammlung grüner und

1
2
3
4
5
6
7

Stockwerkbau Wiese. Feucht: **1** Mädesüß, **2** Wiesen-Knöterich, **3** Großer Wiesenknopf, **4** Kohlweißling. Frisch: **5** Pastinak, **6** Kriechender Günsel, **7** Roter Wiesenklee, **8** Wiesen-Kerbel, **9** Wiesen-Flockenblume. Trocken: **10** Echtes Labkraut, **11** Kleines Habichtskraut, **12** Wiesen-Salbei, **13** Karthäuser-Nelke, **14** Wilde Möhre.

zuletzt blühender Pflanzen. Sie ist eine quicklebendige Lebensgemeinschaft aus Produzenten (Wiesenflora) und Konsumenten (Wiesenfauna). Entsprechend dem Stockwerk- oder Schichtaufbau der Wiese finden sich auch auf sämtlichen Ebenen charakteristische Arten ein.
Von den eigentlichen Untergrundbewohnern im Wiesenboden ist nur in Ausnahmefällen etwas zu sehen: Maulwürfe werfen beim Stollenvortrieb ihren Aushub auf. Bei genauerer Nachsuche entdeckt man auch die Eingänge zu den weitverzweigten Gangsystemen der Feldmäuse. Im Boden geht auch die Maulwurfsgrille auf Nahrungssuche. Sie macht beispielsweise Jagd auf kleine Bodenlebewesen, eventuell auch auf die Larven der Schnaken, die an Graswurzeln leben.
Über Tage ist diese große Grille eigentlich nur selten einmal zu sehen. Auch die Feldgrille lebt in selbstgegrabenen Wohnröhren im Boden, die sogar bis 40 Zentimeter in die Tiefe führen können. Das übrige Heer der Bodenbewohner ist ziemlich winzig bis sehr klein, aber erstaunlich arten- und individuenreich. Je weniger man von den Organismen mit bloßem Auge erkennen kann, um so häufiger sind sie. Die Bakterien im Wiesenboden zählen beispielsweise schon nach Milliarden – zu sehen sind sie nur mit Hilfe eines guten Mikroskops.
Die Bodenoberfläche und deren dünne Streuschicht ist die Domäne der räuberischen Laufkäfer, der eigenartigen Bodenwanzen und verschiedener Kleinschnekken. Ein paar Asseln, etliche Milben und Springschwänze sowie verschiedene Ameisen sind hier ebenfalls vertreten. Dieser Lebensraum wird natürlich auch von Arten aufgesucht, die eigentlich andere Schichten bevorzugen.

Die höheren Regionen

Im grünen Geäst der Gräser und Kräuter geht die Vielfalt erst recht weiter. Blattläuse haben ihre Saugrüssel in die Leitungsgewebe der Pflanzenstengel vertieft, um die süßen Saftströme teilweise für sich umzuleiten. Mit ihrer überwiegend grünen Farbtracht sind sie natürlich hervorragend getarnt, da man sie fast für Bestandteile der Pflanzen halten könnte. Dennoch werden sie an ihren Sitzplätzen von Läusejägern entdeckt, etwa von Marienkäfern und ihren Larven, die in Blattlauskolonien ganz unbarmherzig aufräumen.
Ähnlich wie die Blattläuse saugen auch viele Wanzen an Pflanzenstengeln oder Blättern. Wanzen schützen sich vor etwaigen Angreifern mit ziemlich übelriechenden Sekreten.

Auf der Sonnenterrasse

In der gesamten Mittelschicht der Wiese wird die Szene von Insekten mit relativ geringem Aktionsradius beherrscht, also überwiegend von Arten, die sich durch Saugen von Pflanzensäften oder Knabbern von Grünzeug ernähren. Neben der Armada der Blattläuse sind es Zikaden, Wanzen, Blattkäfer, Geradflügler und Schmetterlingsraupen. Hinzu kommen ihre Fraßfeinde, die die Pflanzenfresser beschleichen oder überfallen, beispielsweise Raubwanzen oder Schlupfwespen. Überwiegend leben in der Mittelschicht Dauermieter, wenn man die Aufenthaltszeit in der Krautschicht einmal an der relativ kurzen Zeitspanne eines Insektenlebens mißt.
Ganz anders im Blütenhorizont der Wiese. Die Blütenstände sind richtige Ausflugslokale mit ständigem Kommen und Wegfliegen.

Bei Erregung nimmt die Raupe des Schwalbenschwanzes (*Papilio machaon*) eine charakteristische Drohhaltung ein.

Im Gegensatz zur auffällig gefärbten Raupe ist die grüne Gürtelpuppe des Schwalbenschwanzes hervorragend getarnt.

Hier finden sich in erster Linie nur solche Insekten ein, die in den Blüten Nektar und Pollen holen. Außer den Hautflüglern wie Bienen und Hummeln, die schon fast die Hälfte der Blütengäste stellen, kommen Schwebfliegen, Schmetterlinge, Fliegen und Käfer – etwa in dieser Folge der Häufigkeit und jeweils nur mit kurzer Verweildauer. Als Ruhe- oder Schlafplätze sind die Blüten ungeeignet, denn man wird hier für die Feinde zur leichten Beute. Die Nachtquartiere oder Unterstände bei trübem Wetter liegen deshalb unterhalb der Blütenschirme oder noch tiefer in der grünen Mittelschicht.

... schon gewußt?

Der Klee kriegt in der Wiese buchstäblich ein Knöllchen: Fast alle Vertreter dieser Pflanzenfamilie gehen mit speziellen Bodenbakterien eine enge Lebensgemeinschaft ein. Die Pflanzenwurzel stellt den Wohnraum und bildet bis erbsengroße Wucherungen, während die darin wohnenden Bakterien den gasförmigen Stickstoff aus der Luft chemisch binden und ihn in wertvollen Pflanzendünger umwandeln. Deshalb sät man bestimmte Arten wie Lupine oder Luzerne gern zur Bodenverbesserung an.

Frühling
Unterwegs am Meer

Die Tidenuhr geht nach dem Mond

Bei einem Teich, Weiher oder See könnte man die Wasserstandslinie am Ufer fast zentimetergenau markieren. Innerhalb eines Tages oder einer Woche sind hier auch gewiß keine nennenswerten Veränderungen zu beobachten. Am Meer scheitern solche Versuche. Hier gibt es praktisch keinen Ruhewasserspiegel. Selbst bei idealem Urlaubswetter reichen die Wellenzüge mal höher und mal tiefer auf den Strand – von der wildschäumenden Brandung bei handfesten Sturmwetterlagen einmal ganz zu schweigen. Alle diese Wellenbewegungen sind letztlich Folgewirkungen von Vorgängen in der Erdatmosphäre: Die Luft umströmt die wetterwirksamen Hoch- und Tiefdruckgebiete, je nach Windgeschwindigkeit mit sanftem Säuseln oder tosendem Orkan. Auch wenn der Wind über See geht, nimmt er seinen Weg doch nicht so ganz hemmungslos; er streift die Wasseroberfläche, kräuselt Wellenfronten auf und schiebt das Wasser auf breiter Linie vor sich her. Bei heftigem Luftzug fliegt dann sogar der Schaum davon – wie von den Biergläsern in irischen Dorfkneipen.

Der Pulsschlag des Meeres

Wind und Wetter formen die Wellen und halten das Wasser ständig in Bewegung – der Wasser„stand" ist somit ein momentanes Ereignis. Dicke Luft wirkt sich übrigens meßbar auf die Oberflächengestalt des Wassers aus: Eine Luftdruckerhöhung um 1 Hektopascal (= 1 Millibar) verursacht im Druckgebiet eine 1 Zentimeter tiefe Delle, in die Wasser aus Gebieten niederen Luftdrucks abfließt.

Neben den beinahe chaotisch verlaufenden Wellenbewegungen erlebt man an den Küsten (und bei sehr genauer Messung auch auf hoher See) noch eine ganz andere Form von Wasserstandsveränderungen, deren Ursachen nicht in der Atmosphäre liegen: Die Gezeiten mit ihrem eindrucksvollen Spektakel von Ebbe und Flut sind das Ergebnis eines wahrhaft himmlischen Kräftespiels. Die Kraftfelder, die zur Ebbezeit unvorstellbare Wassermengen von der Küste abziehen und mit dem Flutstrom wieder auf sie loslassen, haben tatsächlich astronomische Dimensionen.

Wie der bedeutende Physiker Isaac Newton bereits im 17. Jahrhundert richtig erkannte, wirken bei den Gezeiten die Schwerefelder von Erde, Mond und Sonne zusammen. Die Gezeiten, mit einem niederdeutschen Wort auch als Tiden bezeichnet, sind nicht nur ein besonderes Naturschauspiel mit stetigem Auf und Ab, sondern auch ein recht verzwicktes geophysikalisches Phänomen. So eigenartig es sich anhören mag – die Gezeiten der Meere sind ein geradezu klassisches Problem der angewandten Astronomie.

Der Mond als Motor

Räumen wir zunächst einmal ein weit verbreitetes Mißverständnis aus: Man kann zwar immer wieder nachlesen, der Mond umkreise als Trabant die Erde, doch stimmt diese Sicht der Dinge nicht. Vielmehr bewegen sich Erde und Mond um eine gemeinsame Schwerpunktachse, die wegen der sehr ungleichen Massenverhältnisse (Erde : Mond = 81:1) noch innerhalb der Erde liegt, ge-

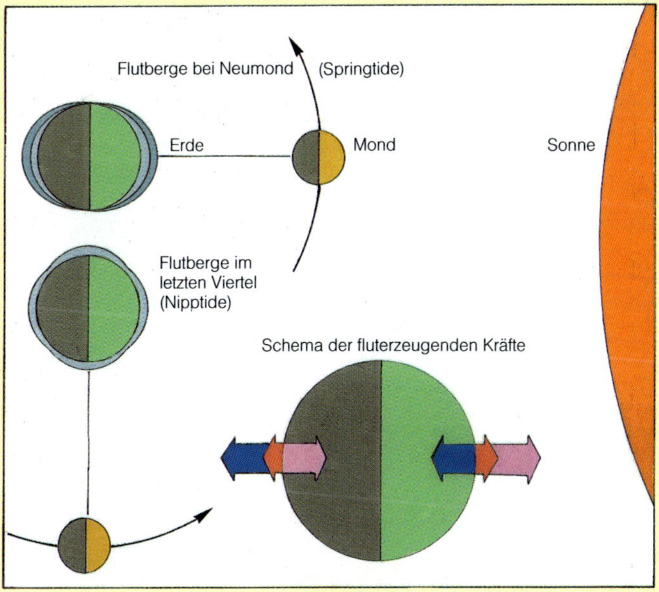

Himmlische Kräfte erzeugen die Tiden. Sonne und Mond schieben die ozeanischen Wassermassen zu Flutbergen zusammen.

nauer rund 4740 Kilometer außerhalb des Erdmittelpunkts. Diese Drehbewegung erinnert an den Walzertanz eines schwergewichtigen Möbelpackers mit einem gertenschlanken Mannequin – auch hierbei befindet sich die gemeinsame Schwerpunktachse nicht exakt zwischen den Tanzpartnern.

Beim gemeinsamen Tanz von Erde und Mond werden auf der Erde Fliehkräfte wirksam, die vom Mond weggerichtet sind. Ihnen wirkt die Massenanziehung (Gravitation) des Mondes entgegen. Auf der mondzugewandten Seite der Erde bleibt als Differenz aus Anziehungskraft und entgegengesetzter Fliehkraft eine gezeitenerzeugende Restkraft übrig. Sie bewirkt im Zenit (Scheitelpunkt) des Mondes eine zusätzliche Beschleunigung von $0{,}115 \cdot 10^{-1}$ cm $\cdot$ sec^{-2}. Am Erdäquator wird ein Mensch dadurch um das Gewicht einer Träne leichter als in unseren Breiten.

Auf der mondabgewandten Seite der Erde ist die Massenanziehung des Mondes wegen der größeren Entfernung zu seinem Massezentrum geringer. Dafür kann sich hier die Fliehkraft aus der gemeinsamen Drehbewegung von Mond und Erde stärker auswirken und ebenfalls eine gezeitenerzeugende Kraft aufbauen. Diese Kräfte türmen auf der mondzu- und abgewandten Seite der Erde jeweils einen Flutberg auf, unter dem sich die Erde infolge ihrer Eigenrotation hinwegdreht. Die

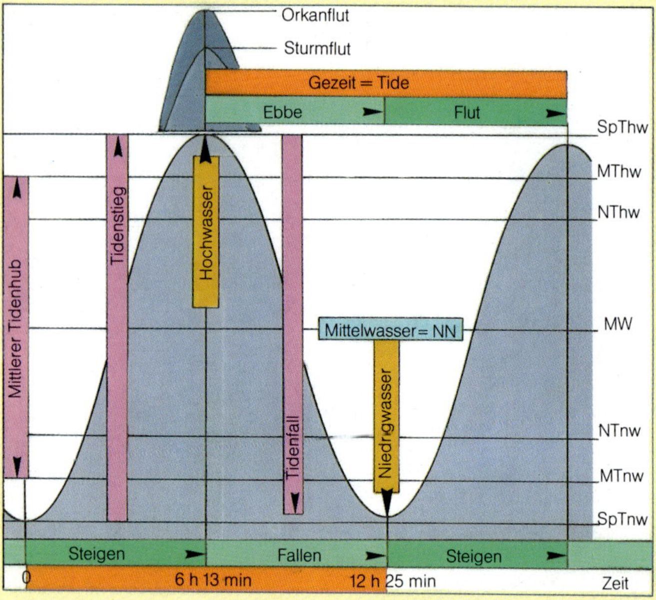

Ablauf einer Normaltide mit ihren unterschiedlichen Gezeitenwasserständen. *SpThw* Springtidenhochwasser, *MThw* Mittleres Tidenhochwasser, *NThw* Nipptidenhochwasser, *MW* Mittelwasser (= *NN*), *NTnw* Nipptidenniedrigwasser, *MTnw* Mittleres Tidenniedrigwasser, *SpTnw* Springtidenniedrigwasser.

kontinentalen Küsten geraten mit der Erddrehung zweimal täglich in einen Flutberg, werden anschließend aber auch zweimal in ein Ebbetal hineingeschoben. Zunehmende und wieder abnehmende Gezeitenwasserstände treten daher an den Küsten in rhythmischem Wechsel auf, obwohl die Kontinente mit ihrer gewaltigen Nord-Süd-Ausdehnung die ungehinderte Bewegung durch die Flutberge von Atlantik und Pazifik erheblich stören.

Jeden Tag ein neuer Fahrplan

Wenn eine Küste in den Flutberg hineingedreht wird, läuft das Wasser auf – es ist Flut. Das Steigen des Wassers (Tidenstieg) endet mit dem Hochwasser. Während der anschließenden Ebbe fällt das Wasser bis zum Niedrigwasserstand. Zwischen Hochwasser und nächstem Niedrigwasser vergehen durchschnittlich 6 Stunden und 13 Minuten. Eine Gezeit (Tide) umfaßt den Zeitraum von einem Hochwasser zum nächsten bzw. von Niedrigwasser zu Niedrigwasser und dauert an offenen Küstenorten 12 Stunden und 25 Minuten. Von Tag zu Tag verspätet sich der Eintritt von Hoch- oder Niedrigwasser somit um rund 50 Minuten. Der Mond braucht für eine Walzerstunde mit der Erde 28 Tage. Jeder Bezugspunkt der rotierenden Erde muß den Mond von Tag zu Tag ein kleines Stückchen einholen und braucht dafür eben $^{24}/_{28}$ Stunden oder etwa 50 Minuten. Weil die Mondbahn gegen die Erdbahn geneigt ist und der Mond mal höher, mal tiefer am Himmel steht, fallen die Vormittags- und Nachmittagstiden deutlich unterschiedlich aus.

Auch die Sonne ist im Spiel

Die Sonne hat eine ungleich größere Masse als der Mond, ist aber dafür wesentlich weiter von der Erde entfernt. Ihre gezeitenerzeugenden Kräfte fallen dafür etwas schwächer aus, mischen aber auf jeden Fall spürbar mit. Bei Voll- und Neumond befinden sich Mond, Erde und Sonne sozusagen auf einer geraden Linie. Die fluterzeugenden Kräfte summieren sich – es kommt zu Springtiden mit besonders hohen Hoch- und tiefen Niedrigwasserständen. Während des ersten und letzten Viertels bilden Mond, Erde und Sonne dagegen ein rechtwinkliges Dreieck. Jetzt wird die Mondflutkraft um die Gezeitenwirkung der Sonne verringert: Die Nipptiden bleiben erwartungsgemäß hinter den durchschnittlichen Tidenwasserständen zurück. Mit einer Periode von 14,77 Tagen schwanken die Wasserstände also zwischen den Nipp- und Springtidenniveaus und fallen folglich jeden halben Tag meßbar anders aus.

Der Sturm setzt noch eins drauf

Aus den gut bekannten und mit der Präzision einer Maschine ablaufenden Bewegungen von Mond und Erde um die Sonne kann man die Gezeiten für längere Zeit im voraus berechnen. Der tatsächlich eintretende Gezeitenwasserstand stimmt mit dem vorausberechneten oft nicht überein. Daran sind nicht Rechenfehler oder andere Ungenauigkeiten schuld, sondern Einflüsse, die man nicht langfristig vorbestimmen kann – nämlich Wind und Wetter. Vor allem Wind und erst recht ein stärkerer Sturm können die Gezeitenwasserstände enorm stören. Die Abweichung vom berechneten Wasserstand nennt man Stau. Wind oder Sturm schieben das oberflächennahe Wasser gleichsam vor sich her und erzeugen im Wasserkörper eine Strömung gleicher Richtung. Sobald diese auf die Küste oder gar in eine Bucht gerichtet ist, wird dort der Wasserstand steigen. Unter Wind- oder Sturmeinfluß baut sich also ein Wasserstandsgefälle von der Küste zur offenen See auf – und damit gleichzeitig ein Druckgefälle, welches das Wasser in Bodennähe wieder zurückfließen läßt. Abhängig von der Kraft des Windes steigt das Wasser an den Küsten bis zum Gleichgewicht zwischen Zustrom und Abfluß. In tiefem Wasser ist der druckbedingte Rückfluß stärker. Daher ist der Stau bei Ebbe relativ größer als bei Flut.
Orkanartige Stürme bauen einen Stau von mehr als drei Metern auf. Die bisher höchsten Sturmflutwasserstände wurden im Januar 1976 beobachtet – mit einem Stau bis zu fünf Metern.

... schon gewußt?

Die tägliche Flutwelle durchläuft die Nordsee gegen den Uhrzeigersinn. Auf dem flachen Watt erreicht die auflaufende Flutwelle eine Geschwindigkeit von etwa 0,5 m in der Sekunde. In den Prielen kommt sie mit dem Tempo eines rasch schreitenden Fußgängers.

Stundenlang die Klappe halten

Wer über die weiten Wattengebiete streift, wird irgendwann auch auf Miesmuschel-Bänke treffen, die sich wie flache Hügel über dem Boden ausbreiten.
Im Gegensatz zu allen anderen Muscheln des Wattenmeeres leben die Miesmuscheln nicht eingegraben im Sediment, sondern ausschließlich an der Oberfläche des Bodens. Sie buddeln sich auch nicht mit ihrem Fuß in den Untergrund ein, sondern spinnen sich statt dessen mit vielen zugfesten Eiweiß-(Byssus-)Fäden an einem festen Untergrund fest, und sei es nur eine leere Muschelschale. Das Byssus-Sekret wird in einer Drüse am Grund des Fußes gebildet, zu langen Fäden geformt und mit der Fußspitze an einer Anheftungsstelle festgesetzt. Daß die Miesmuscheln in großen Bänken vorkommen, kann kaum verwundern. Dort, wo bereits eine Muschel siedelt, bietet sie zugleich mit ihrer eigenen Schale Siedlungsgrund für den nächsten Artgenossen.
Hat sich eine Muschel einmal einen günstigen Platz erobert, so wird sie, sobald sie überspült wird, ihre Schalenhälften vorsichtig einen Spalt auseinanderklappen. Im Mantelrand kommen dann eine am Rand stark gelappte Einström- und eine ganzrandige Ausströmöffnung zum Vorschein. Mit ihrem wie ein sehr feines Sieb konstruierten Kiemenapparat strudelt die Muschel durch die Bewegung heftig arbeitender Wimpernbänder Wasser ein und filtriert die mikroskopisch kleinen Nahrungspartikel (z. B. Plankton) heraus. Ungenießbare Anteile werden eingeschleimt und als kleine Klümpchen ausgestoßen. Wenn das Wasser zurückweicht und die Muschelbänke trockenfallen, schließen die Tiere ihre Schalenklappen, damit sie nicht austrocknen. Für viele Stunden wird dann der Atemwasserstrom unterbunden. Während dieser Zeit muß die Stoffwechselaktivität deutlich zurückgefahren werden. Häufig gehen die Tiere sogar eine schwere Sauerstoffschuld ein und erzeugen die notwendige Energie zum Überleben durch Anaerobiose. In den höchsten Bereichen der Gezeitenzone aber wird der Umstand, ständig die „Klappe halten“ zu müssen, auf Dauer doch zu groß. Deshalb werden solche Gebiete auch von den Miesmuscheln nicht mehr besiedelt.

Nur relativ wenige Tiere des Watts ernähren sich von den Miesmuscheln, Eiderenten beispielsweise nehmen sie als Hauptnahrung. Sie verschlucken die kompletten Schalen und zerdrücken sie erst in ihrem muskulösen Magen.

… schon gewußt?

Der kommerzielle Miesmuschelfang richtet in den Muschelbänken große ökologische Schäden an. Unproblematischer ist die Muschelernte aus Zuchtfarmen. Die Muschelsaison endet im April und beginnt wieder Anfang September. In den Sommermonaten (also den Monaten ohne „r“) können die Muscheln Gifte aus Planktonalgen enthalten, die Lähmungen und Verdauungsstörungen hervorrufen.

Auf Miesmuschelbänken leben die Bewohner dicht gepackt und in mehreren Etagen. Auf ihren Schalen siedelt sich ein „Garten“ braungrünen Blasentangs (*Fucus vesiculosus*) an.

Etagenwohnung an der Küste

Viele Naturschönheiten bleiben dem Küstenwanderer verborgen, die Kolonien der Seevögel jedoch kann man wahrlich kaum übersehen, geschweige denn überhören. Die großen Brutkolonien der europäischen Atlantikküste werden von Alkenvögeln (z.B. Trottellummen, Papageitaucher und Tordalke), Dreizehenmöwen, Eissturmvögeln und/oder Baßtölpeln bevölkert. Alle diese Vogelarten sind außerhalb der Brutsaison nur auf offener See anzutreffen. Das Land betreten sie nur zur Fortpflanzung. Das Schauspiel nimmt seinen Anfang bereits Mitte bis Ende März. Dann versammeln sich die Vögel zunächst in unmittelbarer Nähe der Brutfelsen vor der Küste und beginnen mit der Balz.

Vogelleben in der Nische

Beim Anblick des lebhaften Treibens stellt sich die Frage, welchen Vorteil es mit sich bringt, daß so viele Seevögel gemeinsam und dann auch noch auf allerengstem Raum ihren Nachwuchs großziehen.
Tatsächlich gibt es gute „Gründe" für die Vögel, sich zur Brut in großen Schwärmen zu treffen. Damit diese aber erfolgreich abgeschlossen werden kann, bedarf es zweier grundsätzlicher Voraussetzungen: Erstens müssen unzugängliche Nischen, Simse und Höhlen als Nistplatz zur Verfügung stehen, und zweitens müssen die umliegenden Gewässer fischreiche Nahrung bieten.
Daß die eng beieinander brütenden Vogelarten nicht zu Konkurrenten werden, läßt sich durch die unterschiedlichen Ansprüche an den Nistplatz und die Möglichkeiten des Beutefangs erklären. Trottellummen brüten dichtgedrängt auf breiten Felsterrassen. Jedes Paar versorgt nur ein spitzkonisches Ei. Die Abschirmung ist so perfekt, daß der Betrachter nur selten ein Ei (oder Küken) zu Gesicht bekommt. Die Tordalken bevorzugen schmale Simse an den Rändern der Kolonie. Die Papageitaucher schließlich benötigen für die Aufzucht ihrer Küken kleine Höhlen. Alle Alken ernähren sich von kleineren Fischen, die sie tauchend erjagen. Den Vortrieb leisten dabei die halb geöffneten Flügel. Die so er-

Die Trottellummen (*Uria aalge*) auf dem Helgoländer Vogelfelsen brüten dichtgedrängt auf den seewärtig ausgerichteten Terrassen.

Dreizehenmöwen (*Rissa tridactyla*) gehören zu den wahren Akrobaten der Lüfte.

beuteten Fische bleiben für die Dreizehenmöwe unerreichbar, sie sammeln ihre Nahrung von der Meeresoberfläche oder an benachbarten Stränden. Auch sie bevorzugen kleine Felsvorsprünge, auf die sie jeweils ein Nest aus Algen bauen. Daß diese kleine Heimstatt später ausreichend Platz für zwei Küken und das Elternpaar bietet, funktioniert in der Praxis deshalb, weil sich die Eltern bei der Nahrungssuche abwechseln.

Einigkeit macht stark

Die räubernden Großmöwen können kaum auf den schmalen Vorsprüngen landen. Bei einem Versuch werden sie sofort von einer ganzen Rotte der wendigen Dreizehenmöwen in der Luft angegriffen. Auch in diesem Falle erweist sich das dichtgedrängte Brutgeschäft als Vorteil. Gemeinschaftlich lassen sich mögliche Feinde wirksamer abwehren. Abseits der Dreizehenmöwen brüten in lockeren Verbänden die Eissturmvögel. Ihr Brutplatz sind offene Höhlen und Felsensimse. Die Eissturmvögel sind die Meister des Segelfluges. Wenn selbst die Dreizehenmöwen sich nur noch mit Mühe in der Luft halten, ziehen sie noch mühelos mit stocksteifen Schwingen ruhig vor dem Felsen dahin. Für den ungeübten Betrachter lassen sich die Eissturmvögel von den kleineren Möwen an ihrem Röhrenschnabel und den großen dunklen Augen unterscheiden.

1
2
3
gb

Am Seevogelfelsen. 1 Papageltaucher, **2** Baßtölpel, **3** Tordalk, **4** Eissturmvogel, **5** Trottellumme, **6** Dreizehenmöwe, **7** Kormoran.

Der Sprung in die Tiefe

Besonders interessant wird es an den Vogelfelsen, wenn die Küken der Trottellummen und Tordalken „sprungbereit“ sind. Gegen Ende Juni sind die Küken zwar noch nicht flügge, aber doch schon kräftig genug für ein Leben auf See. Einer der beiden Elternteile bleibt bei dem Küken am Felsen, während der andere Partner im Wasser am Fuße des Felsens mit lauten „Orrrr“-Rufen das Junge in die Tiefe lockt. Mit einem leichten Schubs (vielleicht) flattert schließlich das Junge hinab und landet in den Fluten. Aber auch wenn am Boden noch Felsen vorstehen, kommt das Küken nicht zu Schaden. Sein Skelett ist noch nicht verknöchert und kann den harten Aufprall mühelos abfedern. Im Schutz der Dunkelheit erkennen sich Eltern und Küken an der Stimme. Gemeinsam ziehen sie aufs offene Meer, um so den großen Raubmöwen zu entgehen. Erst Wochen später werden die Jungvögel flügge.

Der Nachwuchs der Dreizehenmöwen wird im Gegensatz zu den Alken im Nest flügge und begibt sich nach ausgiebigen Übungen mit einem einzigen Versuch in die Lüfte. An ihrem kontrastreichen Jugendgefieder und den noch unbeholfenen Flugmanövern lassen sich die Jungvögel leicht von den Eltern unterscheiden.

Noch später als die Möwen ziehen die Jungen der Eissturmvögel davon, denn sie verlassen die Brutstätte erst gegen Mitte bis Ende September. Bereits drei

Baßtölpel (*Sula bassana*) brüten auf Felsplateaus dicht nebeneinander.

Wochen zuvor sind sie von ihren Eltern verlassen worden. Ungeschützt bleiben sie während dieser Zeit jedoch nicht, wie man zunächst meinen möchte. Im Notfall speien sie ein übelriechendes Sekret aus.
Baßtölpel kann man nicht nur in Nord- oder Westeuropa erleben. Seit einigen Jahren (1991) brüten sie erfolgreich auch auf Helgoland. Allein die Größe der einzelnen Vögel mit einer Spannweite von 1,8 m ist imposant. Interessant ist auch das variationsreiche Ritualverhalten der Baßtölpel, das sich z.B. bei der Balz, der Begrüßung und bei der Aufzucht der Junge beobachten läßt. Auf hoher See stürzen sie aus bis zu 30 m Höhe mit angelegten Flügeln in die Fluten, um als Stoßtaucher nach Fischen zu jagen.

... schon gewußt?

Alken, Baßtölpel, Eissturmvögel und Dreizehenmöwen sind Zugvögel. Sie ziehen zum Brüten nach Süden und suchen dann geschützte Küstenfelsen auf. Ab Ende Juni ziehen die meisten Arten wieder auf das offene Meer nach Norden und verbringen hier die nächsten neun Monate in fischreichen Gebieten. Nur bei den Baßtölpeln dauert das Brutgeschäft bis Ende September, ehe auch sie wieder auf das offene Meer ziehen.

Der Helgoländer Vogelfelsen wird zur Brutzeit von etwa 6000 Vogelpaaren besiedelt (oben).

Dreizehenmöwen bauen ihr Nest auf engen Simsen mitten in der senkrechten Felswand (unten).

Schwimmen, schweben, Schwärme bilden

Der Sprung ins Meer ist für uns alle eine Wohltat. Wer aber ist sich schon bewußt, daß er gleichzeitig in eine „treibende Welt“ eintaucht, deren Formenvielfalt wie von einem anderen Stern anmutet? Sie hat nur ein entscheidendes Handikap: Ihre Formen sind so winzig, daß unser Auge sie nicht mehr wahrnehmen kann. Ein Blick in das Mikroskop zeigt dem Betrachter das bizarre Treiben einer Unzahl von Organismen. Die neue Welt, die Johannes Müller als erster entdeckte, bezeichnet man als „Plankton“ (aus dem Griechischen: das Treibende). Die einzelligen Pflanzen des Planktons messen nur Bruchteile eines Millimeters und erzeugen den größten Anteil des in der Atmosphäre vorhandenen Sauerstoffs! Sie bilden zugleich die organische Grundlage allen Lebens im Meer. Neben dem Phytoplankton gibt es in der Wassersäule auch Tiere, die von diesem reichen Nahrungsvorkommen leben. Die häufigsten Vertreter sind kleine Ruderfußkrebse *(Copepoda).* Mit ihren feingefiederten Mundwerkzeugen filtern sie die Algen aus dem Wasser heraus. Diese kleinen Pflanzenfresser wiederum werden von anderen Tieren verspeist. Dazu gehören z. B. größere Verwandte, Krebslarven, Pfeilwürmer, pelagisch lebende Würmer wie der

Planktische Ruderfußkrebse sind für viele kleinere Fische und Fischlarven eine bedeutsame Nahrungsquelle.

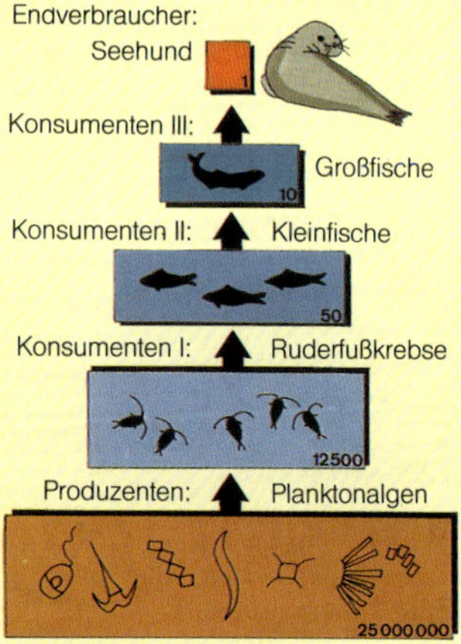

Nahrungspyramide im Meer. Bevor ein Seehund als Endkonsument satt ist, müssen unzählige Planktonalgen die Nahrungsbasis produziert haben.

Eine Rote Tide ist an die Küste gespült worden und verdichtet sich am Ufer.

Das „Meeresleuchten", ein Einzeller (*Noctiluca scintillans*), erzeugt durch Massenvermehrung rote Tiden.

berühmte *Tomopteris helgolandica* und Fischlarven. Sie alle bleiben trotz ihrer relativen Größe für unser Auge unsichtbar.

Gläserne Gestalten

Um sich vor Feinden zu schützen, haben die Tiere ihr gesamtes Pigmentbesteck abgelegt. Man schaut quasi durch sie hindurch. Trotzdem wird ein großer Teil von ihnen von Schwarmfischen, wie z. B. Hering oder Sprotte, verspeist.
Zuweilen wird man der mikroskopischen Algenwelt aber auch bereits mit dem bloßen Auge gewahr. Das geschieht immer dann, wenn es zu einer Massenvermehrung kommt. Solche Phänomene, bei denen sich das Meerwasser durch die Zellpigmente der Mikroorganismen intensiv rot bis gelb färbt, bezeichnet man als Algenblüte oder „Rote Tide". Planktonwolken von dem berühmten „Meeresleuchten" *Noctiluca scintillans* werden häufig an den Strand getrieben und bilden unansehnliche – aber für den Badegast harmlose – Schaumteppiche.

... schon gewußt?

Meeresleuchten beobachtet man in mondlosen Sommernächten. Ein Steinwurf ins Wasser genügt, um Lichtwolken zu erzeugen.

Wogende Wälder unter Wasser

Wald und Wiese sind zugegebenermaßen die wichtigsten Mosaiksteine unserer Landschaften. Gehölz- oder krautdominierte Pflanzengesellschaften prägen weithin das landschaftliche Erscheinungsbild. Und dennoch täuscht der erste Eindruck: Was uns sozusagen kontinentweit an vielgestaltigem Grün umgibt, ist eigentlich nur die halbe Wahrheit. Fast ebenso wichtig wie die Gruppe der landlebenden Pflanzen ist eine überaus bunte Organismengruppe, die gewöhnlich weniger ins Auge fällt, aber erstaunlich weit verbreitet ist: die Algen sind geradezu die Typorganismen der Wasservegetation und gerade im Lebensraum Meer die mit Abstand bedeutendsten Pflanzen. Von ganz wenigen Ausnahmen abgesehen halten sich die Blütenpflanzen aus marinen Lebensräumen völlig heraus. Mag es im Süßwassersee auch verschiedene Schwimm- und Tauchblattpflanzen geben – im Meer haben sie aus den verschiedensten Gründen keine Chance. Die hier von Pflanzen überhaupt besiedelbaren Teillebensräume sind ganz klar eine Domäne der Algen.

Gemischte Gesellschaft

Bei den Landpflanzen reicht das Formenspektrum von lappigen Moospflänzchen über fächerige Farne bis hin zu Gräsern, Kräutern und Gehölzen. Moose bewegen sich üblicherweise im Zentimeterbereich, Baumarten lassen eventuell sogar die Hundertmetermarke hinter sich. Die Größenspanne der Landpflanzen reicht somit von der Stecknadeldimension bis zu den Abmessungen eines Fußballfeldes. Algen haben in dieser Hinsicht manches mehr zu bieten. Das große Heer der Planktonalgen besteht überwiegend aus Einzellern – mikroskopisch kleinen Pflanzen, von denen man etliche Dutzend bequem auf einen Stecknadelkopf plazieren könnte.

Am anderen Ende der Formen- und Größenskala stehen dagegen die Großalgen oder Tange, deren Größe man nur noch mit einem Maßband ermitteln kann. Die größte an europäischen Küsten vorkommende Meeresalge ist der Zuckertang, ein gold- bis schokoladenbraunes Band von etwa 20 bis 40 cm Breite und erstaunlichen 3 bis 5 m Länge. Mit seinem markanten Oberflächenprofil, das wohl als Sonderanpassung an Wellenschlag und Brandung zu verstehen ist, sieht er aus wie ein im Wasser ruhender Alligator oder Kaiman.

Der Zuckertang ist ein Vertreter der großen Braunalgengattung *Laminaria*. Mit ihm zusammen kommen an atlantischen Küsten noch zwei weitere *Laminaria*-Arten vor, der Fingertang und der Palmentang, beide wiederum Angehörige der 2- bis 4-m-Klasse. Finger- und Palmentang sind nicht so einfach bandförmig zugeschnitten wie der Zuckertang, sondern erinnern eher an eine besonders groß geratene Fliegenklatsche: Auf einem oft mehr als meterlangen, sehr kräftigen Stiel sitzt ein in Längsrichtung mehrfach geschlitztes Blattgebilde von lederiger Zähigkeit.

Tangwälder aus Einblattbäumen

Laminaria-Arten kommen von der Niedrigwasserlinie abwärts bis zur Tiefengrenze des Lichts in der Dauerflutzone (Sublitoral) vor. Meist findet man nur von der

Nur bei tief ablaufendem Niedrigwasser wird die „Kronenregion“ der untermeerischen Tangwälder sichtbar: Fingertang (*Laminaria digitata*).

Brandung losgerissene und auf den Strand geworfene Exemplare. Bei guten Niedrigwassern sind diese Tangbestände aber auch unmittelbar zu erreichen. Waldartig dicht schließen sich die großen Brauntange unterhalb der Niedrigwassermarke zusammen – zu einem vielstengeligen Gewirr baumähnlicher Gestalten, deren jede nur ein einziges großes Blatt von fast Halbquadratmetergröße trägt.

Dieser Laminarienwald wurzelt nicht im Meeresboden wie die Bäume in der Walderde, sondern krallt sich mit einem reich verzweigten Haftorgan direkt am anstehenden Gestein fest. Auch ein kräftiger Tritt mit dem Stiefel kann die innige Verbindung zwischen Tang und Gestein kaum lösen. Sogar die Tangexemplare im Angespül halten oft noch an einer mitgeschleppten Steinplatte fest. Auffällig ist die enorme Biegsamkeit der Stiel- und Blattabschnitte der *Laminaria*-Arten – offenbar ein notwendiges Zugeständnis an die Turbulenzen ihres Standortes. Ausgerechnet im wild bewegten Wasser einer Felsküste halsstarrig zu sein oder gar Rückgrat zu zeigen wäre mit Sicherheit eine fatale Entscheidung.

Ein großer Brauntang ist selten ein Einzelwesen, sondern fast immer eine Lebensgemeinschaft. Wie im immerfeuchten Tropenwald siedeln sich auch an sämtlichen erreichbaren Stellen die verschiedensten Organismen an. Auf den flächigen Blattorganen

breiten sich oft die Krusten von Moostierchenkolonien aus. Im Gewirr der Haftkralle siedeln Schwämme oder Manteltiere. Außerdem bieten die vielen kleinen Nischen geradezu ideale Verstecke für Gelege und Entwicklungsstadien vieler wirbelloser Tiergruppen. Während die sehr glattrindigen Stiele des Fingertangs wenig Halt und Anreiz bieten, tragen die sehr rauhen Stiele des Palmentangs immer einen recht artenreichen Aufwuchs, darunter auch zahlreiche feinere Rotalgen, die man sonst im Angespül nur seltener findet.
Wie die Laubwälder des Festlandes haben auch die Tangwälder der kühleren Meere einen dichten Unterwuchs aus allerhand kleinem Strauchwerk – handhohe Blattbuschalgen, die ihrerseits versteckreiche Kleinlebensräume für wirbellose Winzlinge bereitstellen oder einfach Wohnraum bieten.

... schon gewußt?

Im Tangwald finden viele Tiere geeignete Verstecke. Wenn man bei Niedrigwasser die Tangbüschel vorsichtig zur Seite wendet, kann man die Untermieter buchstäblich entdecken – Strandkrabben, Seesterne, Kreiselschnekken, Seerosen, Polypenstöcke und Schwämme, aber auch Fische wie Aalmutter, Steinpicker oder gar einen Seehasen.

Die Ebbe setzt eine ungemein bunte und artenreiche Lebensgemeinschaft periodisch an die Luft (oben).

Schaufenster zum Meeresboden: In Flutmulden wachsen Tangarten aus der Dauerflutzone wie die purpurne *Dilsea edulis* (unten).

Spuren suchen in Schlick und Sand

In der Weite des Wattenmeeres streift der Blick des Wanderers am Horizont entlang. Kaum gewahr aber wird er der Spuren, die direkt vor ihm am Boden von einer mannigfaltigen Lebensgemeinschaft im Boden zeugen. Anders gesagt: Was im Wattboden lebt, kann der Wanderer an seiner Oberfläche bereits ausmachen, und was gerade dort noch gekrochen oder gelaufen ist, läßt sich anhand der zurückgebliebenen Spuren ebenfalls mit ein wenig Übung ansprechen.

Spuren aus der Unterwelt

Besonders auffällige Spuren an der Oberfläche hinterlassen Meeresborstenwürmer. Zu ihnen gehört der Watt- oder Pierwurm, der in einer gebogenen Röhre lebt und am Ende der aufsteigenden Schenkel jeweils einen flachen Trichter und einen Kotsandhaufen bildet (siehe auch S. 50 ff.). Kotpillenwürmer leben in einer blind endenden Wohnröhre. Ihre Kotsandhaufen („Pillen“) sind erheblich kleiner und vornehmlich dort plaziert, wo das Watt schlikkig und weich wird. Der Wande-

Die Kotsandhaufen verraten das Vorkommen des Wattwurmes (*Arenicola marina,* links).

Vorsicht vor den kleinen Spuren des Kotpillenwurmes (*Heteromastus filiformis*): Hier kann der Boden sehr weich werden (rechts).

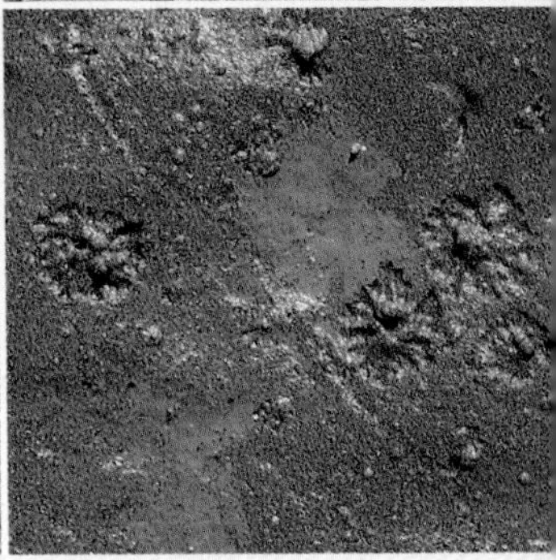

Wie jedes Tier, so hinterläßt auch diese Strandschnecke (*Littorina littorea*) auf der Oberfläche der Watten eine charakteristische Spur (links).

Diese Trampelkuhlen stammen von Brandenten, die darin Bodenbewohner aufgespült haben (oben rechts).

Rund um den Eingang ihrer Wohnröhre haben Schlickkrebse (*Corophium volutator*) den Boden sternförmig nach Mikroalgen abgekratzt.

rer im Watt sei vor ihnen gewarnt: Dort, wo sie auftauchen, droht Gefahr, knietief im Boden zu versinken. Strand- und Wattschnekken wandern mit ihrem Fuß über das Sediment hinweg und scheiden dabei Schleim aus, auf dem sie entlanggleiten. Auf diese Weise tragen die Schnecken maßgeblich zu den Ablagerungsprozessen im Wattenmeer bei.
Zu den typischen Spuren am Boden des Wattenmeeres gehören auch die sternförmigen Kratzspuren der Schlickkrebse. Mit dem Kopf schauen sie aus ihren U-förmigen Röhren heraus und kratzen mit den Antennen aus der Umgebung Mikroalgen und organische Teilchen herbei.

Zeigt her eure Füße

Spuren am Boden hinterlassen auch die nach Nahrung suchenden Vögel. Ein geübtes Auge kann leicht die einzelnen Arten anhand der Fußabdrücke erkennen. Prinzipiell unterscheidet man Fußabdrücke von Vögeln mit und ohne Schwimmhäute. Zu den Vögeln mit Schwimmhäuten gehören die Möwen, Seeschwalben, Enten- und Gänse-

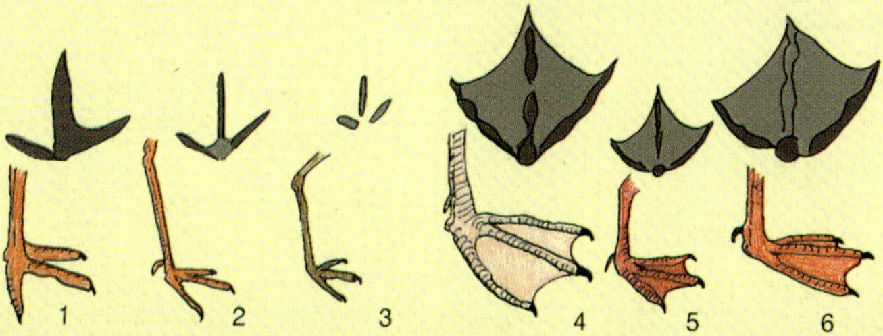

Etliche Vogelarten, die im Watt ihre Nahrung holen, besitzen keine Schwimmhäute. Schwimmfußvögel stehen dagegen auf deutlich breiterer Basis. **1** Austernfischer, **2** Rotschenkel, **3** Seeregenpfeifer, **4** Silbermöwe, **5** Lachmöwe, **6** Brandente.

Laufspur eines Lautstarken: Der Austernfischer (*Haematopus ostralegus*), ein aufmerksamer Strandwächter, lebt auf verhältnismäßig großem Fuß (unten).

vögel. Watvögel wie Austernfischer, Strandläufer und Regenpfeifer besitzen solche Ruderhilfen (mit Ausnahme des Säbelschnäblers) dagegen nicht. Spuren der Watvögel werden oft von kleinen Bodenlöchern begleitet, weil die Vögel mit ihren spitzen Schnäbeln im Sand stochern. Dabei lokalisieren sie die Wattbodentiere mit ihrer sensiblen Schnabelspitze ganz genau.

Watt-Treten

Möwen und Brandenten hinterlassen auch Spuren ganz anderer Art. Durch das Austreten sogenannter Trampelkuhlen spülen sie kleine Wattorganismen aus dem Boden heraus. Der richtige „Tritt" an der richtigen Stelle verspricht einen reich gedeckten Tisch mit Kleintieren.

... schon gewußt?

Fotos im Watt gelingen am besten im Gegenlicht (oder) bei niedrig stehender Sonne, wenn das Streiflicht die Konturen besonders betont.

Wenn die Schnecken Hochzeit halten

Zu den auffälligsten Bewohnern der Meeresküste gehören Meeresschnecken. Ob auf den Klippen, am Strand oder im Watt, sie zeigen sich uns immer als träge und gegenüber ihrer Umwelt fast teilnahmslose Tiere. Doch der Schein trügt. Nur wenige Tiergruppen des küstennahen Flachwassers können mit solch einer Artenvielfalt und interessanten Ökologie aufwarten.
An den Schleimspuren auf dem Stein- und Wattboden kann man bereits erahnen, daß es sich bei diesen Schnecken – zumindest zeitweise – um sehr agile Tiere handeln muß. Mit ihrem breiten muskulösen Fuß finden sie auf steilen Felsen, Molenwänden und auf weichem Wattboden Halt.

Versteckte Paarung

Die erstaunliche Beweglichkeit ist für die Schnecken nicht nur bei der Nahrungssuche, sondern auch für ihre Fortpflanzung von großer Bedeutung. Im Gegensatz zu den fast ausschließlich zwittrigen Landschnecken sind die gehäusetragenden Meeresschnekken nämlich ganz überwiegend getrenntgeschlechtlich. Für sie ist das Auffinden eines Partners für die Vermehrung unbedingt notwendig. Zwitter dagegen können sich im „Notfall“ auch selbst befruchten.
Die meisten Schnecken pflanzen sich mit Beginn des Frühlings fort. Dann kriechen Männchen und Weibchen aufeinander zu,

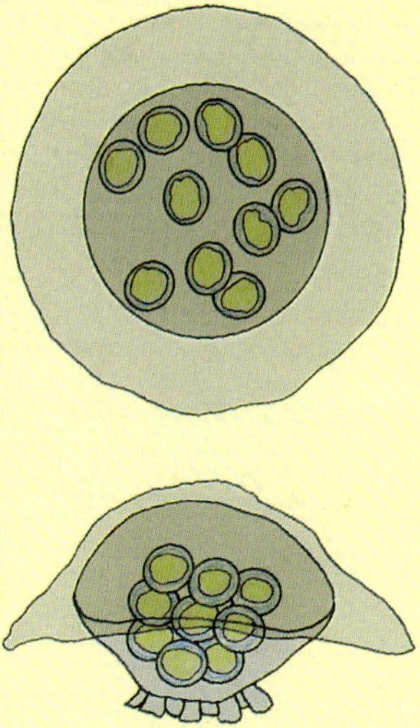

Strandschnecken haben sich zur Begattung zusammen gefunden (S. 166 links).

Die Gebänderte Grübchenschnecke (*Lacuna divaricata*) legt auf den Tangen ringförmige Eigelege ab (S. 166 oben rechts).

Aus diesem Gelege der Flachen Grübchenschnecke (*Lacuna pallidula*) werden fertige Mini-Schnecken ausschlüpfen. Deutlich erkennt man bereits die hornfarbenen kleinen Gehäuse (S. 166 unten rechts).

Das Schwimmgelege der Strandschnecke (*Littorina littorea*) unternimmt mit den Gezeitenströmen eine Schwebefahrt ins Ungewisse (links).

Die Nordische Purpurschnecke (*Nucella lapillus*) setzt ihre flaschenförmigen Eikokons an Felsen ab (rechts).

und das Männchen überträgt über einen Penis, den es in die Mantelhöhle und Geschlechtsöffnung des Weibchens einführt, seinen Samen.

Vielfältige Kinderstuben

Unsere häufigste Form, die Gemeine Strandschnecke, bedarf in diesem Zusammenhang keiner besonderen Erwähnung. Ihre Weibchen geben ihre Eier als kleine Portionen ab, die sie in untertassenförmigen Gallerthüllen verpackt haben. Diese verdriften, entwickeln sich zu einer freischwimmenden, beschalten Wimperlarve („Veliger") und machen erst im Übergang zum Bodenleben eine Gestaltsumwandlung zur Jungschnecke durch.
Die Weibchen anderer Schneckenarten heften an Felsen, Mu-

schelschalen, Tangen und anderen festen Gegenständen auffällige Gelege an. Besonders typisch sind die kreisrund aufgedrehten Laichschnüre der Gebänderten Grübchenschnecke. Die äußere Gallerte ist glasklar, so daß man mit der Lupe die Eier im Inneren erkennen kann. In den Eiern entwickeln sich kleine beschalte Schwimmlarven („Veliger"), die alle aus dem Gelege entweichen und davontreiben. Erst nach ein paar Wochen gehen sie zum Bodenleben über. Bei der Flachen Grübchenschnecke legt das Weibchen ein durchsichtiges und von einer Gallertmasse umgebenes Eipaket ab. Die Jungschnekken entwickeln sich bei ihr direkt im Ei zu einer winzigen fertigen Schnecke, die mit einer Größe von etwa ein bis zwei Millimetern das Gelege verläßt und davonkriecht. Bei der Nordischen Purpurschnecke bildet jedes Weibchen in ihrem Geschlechtstrakt eine Reihe von keulenförmigen Kokons, die auf einem Stiel an geschützten Meeresfelsen abgesetzt werden. Von den etwa 600 enthaltenen Eiern werden jedoch nur etwa 30 befruchtet, der gesamte Rest dient als Nährreserve und wird von den Jungschnecken im Kokon verspeist. Mit einer Größe von nur zwei Millimetern verläßt der Nachwuchs die schützende Kinderstube. Sehr ähnlich verhält es sich mit den Laichballen der Wellhornschnecke, die nach stürmischen Tagen im Angespül der Strände zu entdecken sind. In jeder der vielen zusammengeklebten Kapseln befinden sich bis zu 3000 Eier, aber nur etwa 30 von ihnen werden sich schließlich zu einer Schnecke entwickeln. Die Weibchen der Spitzen Strandschnecke legen ihre Eier direkt in ihrer Mantelhöhle ab, so daß sie sich ganz im Schutz der eigenen Mutter entwickeln können.

Wundersame Wandlung

Ein für Meeresschnecken außergewöhnliches (Geschlechts-)Leben führt die Pantoffelschnecke. Sie entwickelt sich zunächst zu einem Männchen. Dieses sucht nach einem bereits standorttreuen Weibchen, begibt sich direkt auf die Schale der Auserwählten und begattet die Partnerin. Von nun an geht Männchen wie Weibchen zu einer Lebensweise als festsitzender Planktonstrudler und -filtrierer über. Ab einer bestimmten Größe wechselt das Männchen sein Geschlecht und wird nach einer sterilen Phase zum Weibchen. Auf seinem Schalenrücken wird sich ein neues Männchen niederlassen und somit den Entwicklungsgang fortführen.

Geschlungene Schleier

Die größten Künstler unter den Laichband-Bildnern sind zweifellos die Meeresnacktschnecken. Die Laichbänder, die sie ablegen, erinnern an sorgsam geschwungene Schleier oder zart gewundene Schmuckschnüre. Bei näherer Betrachtung erkennt man auch bei ihnen eine Unzahl winziger, dicht beieinander liegender Eier.

... schon gewußt?

Strandschnecken und Napfschnecken ernähren sich als Weidegänger – mit ihrer rauhen Raspelzunge grasen sie den Feinalgenaufwuchs von Steinen ab. Die Nordische Purpurschnecke lebt dagegen räuberisch; sie bohrt Muscheln sowie Seepocken an und frißt sie vollständig aus. Kopfschildschnecken vertilgen komplette Wattschnecken. Die große Wellhornschnecke gehört zu den Aasfressern.

Die Laichballen der Wellhornschnecke (*Buccinum undatum*) werden öfter vom Untergrund abgerissen und an den Strand gespült (links oben).

Paarungskette der standorttreu lebenden Pantoffelschnecke (*Crepidula fornicata*, links unten).

Unter einem umgewälzten Stein entdeckt man Gefleckte Warzenschnekken (*Onchidoris bilamellata*) und ein frisch abgelegtes Laichband (oben).

Unter Wasser entfalten sich die spiralig aufgewundenen Laichbänder der Meerzitrone (*Archidoris pseudargus*, Nacktschnecke) zu bizarrer Schönheit (Mitte).

Diese Faden-Nacktschnecke (*Coryphella browni*) hat gerade ein Laichband am Stamm eines Röhrenpolypen abgelegt (unten).

Frühling
Unterwegs in den Alpen

Die Eiszeit gab den letzten Schliff

Mehrfach während der letzten beiden Jahrmillionen verlagerten sich auf der Nordhalbkugel die Klimagürtel. Aus Gründen, die wir noch nicht exakt kennen, sanken die Durchschnittstemperaturen um 6–8° Celsius – absolut nicht allzu viel, aber folgenreich und eine ökologische Katastrophe ersten Ranges. In den viel zu kühlen Sommern konnte der reichlich vorhandene Schnee nicht mehr abschmelzen. Er staute sich immer höher an, wandelte sich unter Verdichtung auf ein Achtel in körnigen Firn und wurde schließlich zu massivem Gletschereis. Über die Jahrhunderte und Jahrtausende wuchs die Eismasse zu einer kilometerdicken Decke heran. Im Alpengebiet sah es aus wie heute in Grönland. Unter dem Eis erhielt die alpine Landschaft ein völlig neues Gesicht. Das Eis leistete aber nicht nur ein wenig Oberflächenkosmetik, sondern ging die Sache mit Tiefenwirkung an. Die Alpen sind erlebte Eiszeit. Ihre Spuren sind allgegenwärtig. Im Umfeld heutiger Gletscher findet sogar formbildende Nachbehandlung statt.

Fortschritt durch Rückschnitt

Abgesehen vom winzigen Blaueisferner oberhalb der Ramsau (Nationalpark Königssee), Deutschlands einzigem Gletscher, sind die Eiskappen der hochragenden Bergstöcke durchweg sehr großflächige und imposante Eismassen. Verglichen mit dem eiszeitlichen Bild sind sie jedoch nur noch spärliche Reste wie aperer (abtauender) Schnee an der Frühlingssonne. Die heutigen Gletscher leisten auch keine nennenswerte Arbeit mehr am Relief.
Während der Kaltzeiten griffen die mächtigen Eispanzer ihre Unterlagen jedoch hart an. Im Nährgebiet des Gletschers, wo Firn zu Eis wird, weitete Frostsprengung die früheren Hangnischen und Mulden zu breiten Hohlkehlen oder Karen aus. Zur Talseite riegelt oft eine Schwelle das Kar ab, so daß sich eventuell auch Karseen, die typischen Stillgewässer der Gipfelflur, entwickeln konnten.
Gewöhnlich fräste und sprengte das Eis die Kare auch fortschreitend in die Hangflanken aus. Dabei konnten sich mehrere Kare treffen und zwischen sich scharfe Grate stehen lassen. Steile, vielzackige Bergkämme sind nichts anderes als rückverlagerte Karserien. Auch alpine Modellberge wie Mädelegabel oder Matterhorn sind geradezu klassische Karlinge – von zusammentreffenden Karen im Rückschnitt geformte Einzelgipfel.

Gletscher ohne Glatteis

Wenn man nur lange genug wartet, fließt das zum Kugelgebirge aufgetürmte Vanilleeis in der Dessertschale auseinander. Auch im Hochgebirge bleibt das Eis nicht stationär. Schon allein wegen der enormen Hangneigung fließt es ohne nennenswerte Schmelzvorgänge davon. Alle großen Firneismassen reichen mit langen Eiszungen bis auf Talniveau. Der Aletschgletscher auf der Südflanke der Berner Alpen mißt über 25 km Länge. Oft bezeichnet der Begriff Gletscher nur den talwärts gleitenden Teil des Eisstroms. Während der Eiszeiten überragte der Eispanzer selbst die Alpengipfel um Hunderte von Metern. Die heutigen, allseitig stark zusammengeschmolzenen

Wo die Gletscher Hangfluren zu Karen ausgehobelt haben, bleiben in abflußlosen Mulden reizvolle Karseen zurück.

Alpengletscher zeichnen in ihren Oberflächenformen dagegen immer das Relief der Gebirgsstöcke nach. Firnmulden und Firnflächen verschwinden oberhalb der Schneefallgrenze unter einer zusammenhängenden, aber häufig stärker modellierten Eisschicht. Nur wenige Felsgrate, nach einem Eskimowort Nunatakker genannt, ragen eisfrei hoch. Lagebedingt bauen sich aus verfüllten Kar- oder Firnbecken auch steile Wandvereisungen auf.
Über Steilhänge strömt die Gletschermasse zu Tal – etwa um eine Handlänge jeden Tag. Im Nährgebiet ungefähr horizontal gelegene Eisschichten richten sich beim Abfließen auf, scheren auseinander und bilden die berüchtigten Gletscherspalten. Ogiven, spitzbogenähnliche Muster, zeichnen auf der Oberfläche des Eisstroms die Konturen der ursprünglichen Firnschichtung nach. Nirgendwo ist die Gletscheroberfläche wirklich glatt. Überall türmen sich wildgezackte Konturen auf – in ihrem unterkühlten Bewegungsablauf sehr statisch aussehend, aber dennoch nur Gefüge auf Zeit.

Der Gletscher setzt den Hobel an

Die schrundige Haut der Alpengipfel demonstriert es überdeutlich: Frostwechsel und Frostsprengung zerlegen das Gestein in kantige Portionen von Murmel- bis Mauerquadergröße und mischen die Bruchstücke dem

Eisstrom bei. Die völlig unsortierten Geröll- und Schuttmassen begleiten das Fließeis als Seiten- und Grundmoräne.
So war es auch während der Kaltzeiten. Die randlich oder unter dem ungleich mächtigeren Gletscher bewegte Moräne lieferte gleichzeitig das Schurf- und Schleifmaterial.
Eindrucksvollster Eingriff der kaltzeitlichen Eisströme in das Landschaftsbild ist neben der Zurechtformung der Gipfelfluren die Überarbeitung der großen Talzüge. Als das Eis kam, fand es mehr oder weniger weite Kerbtäler vor. Hobel- und Raspelwirkung des Fließgletschers formten daraus ein Trogtal mit U-förmigem Querschnitt. Ein solches Tal besteht im unteren Teil aus dem eigentlichen Taltrog und weiter oben aus den ebenfalls vom Eis bearbeiteten Trogschultern. Die ursprüngliche Gletscheroberfläche markiert die über den Trogschultern liegende Schliffkehle. So ist das Talbild gleichsam ein ablaufgetreuer Werkstattbericht.

... schon gewußt?

Außer in den Alpen haben die massiven Vereisungen der zurückliegenden Kaltzeiten beispielsweise auch in weiten Gebieten des norddeutschen Tieflandes ihre Spuren hinterlassen. Mecklenburgische, Brandenburgische, Lauenburgische und Holsteinische Seenplatte sind Reste von Schmelzwasserseen.

Beim Abfließen legt der Eisstrom des Gletschers die Stirn in Falten (Morteratsch-Gletscher/Engadin, oben).

Nichts bleibt vom Gletschervorschub ungeschoren: Eisschliffspuren am anstehenden Kalkgestein (unten).

Am Ende steht ein neuer Anfang

Obwohl die Eiszeiten die alpine Landschaft so schön zurechtgeformt haben, waren sie doch ein klimatischer Einbruch, der den größten Teil des voreiszeitlichen Artenbestandes rigoros ausgelöscht hat. Ob die Eiszeiten mit dem Abtauen der Vorlandvergletscherung vor mehr als einem Jahrzehntausend ihr Finale fanden oder ob wir uns gerade in der Pause zum nächsten Akt befinden, ist nach Lage der Dinge nicht zu entscheiden.

Fest steht allerdings, daß sich jedes Jahr erneut eine kleine Eiszeit einfindet: In den Spätherbstwochen rutschen auf der Nordhalbkugel die Klimagürtel um mehrere tausend Kilometer nach Süden und in den Alpen um Hunderte von Metern talwärts. Die winterliche Alpinlandschaft sieht aus wie der Hochsommer in Zentralgrönland. Aber anders als in den eigentlichen Eiszeiten wird das Leben nicht unwiderruflich verbannt, sondern sinkt nur vorübergehend in den Kälteschlaf. Mit besonderen Anpassungsmechanismen können Pflanzen (und Tiere) den Kältestreß überstehen und im nachfolgenden Frühjahr sichtlich aufleben.

Der Zwergbuchs *(Polygala chamaebuxus)*, ein fingerlanger Kleinstrauch, ist schon im Spätwinter blühbereit.

Echtes Alpenglöckchen *(Soldanella alpina)* – unverzagter Blüher noch während der Schneeschmelze (rechts).

Alpen und Arktis

So ähnlich sich hochalpine und hocharktische Gebiete auf den ersten Blick auch sein mögen, so unterschiedlich sind doch die ökologischen Bedingungen, unter denen ihre Bewohner leben müssen. Beispiel Temperatur: In den Alpen erwärmt die strahlende Frühlingssonne den Pflanzenstandort um die Mittagszeit auf recht annehmbare Werte weit oberhalb vom Entwicklungsnullpunkt der betreffenden Arten. Da sie nachts natürlich wieder zurückgehen, kommen Mittelwerte bei etwa 3 bis 5 °C zustande. Am arktischen Standort bleibt die Sonne nur flach über dem Horizont. Zu Beginn der Vegetationsperiode bewegen sich die Temperaturen nur wenig außerhalb der Durchschnittswerte, so daß auch der Entwicklungsnullpunkt der Pflanzen immer nur knapp überschritten wird. Folge: In der Arktis dauert das Keimen, Wachsen, Blühen und Reifen immer noch viel länger als in den Alpen. Dem Gletscher-Hahnenfuß, der am Finsteraarhorn in 4000 m den Höhenrekord der Blütenpflanzen hält, geht es vermutlich sehr viel besser als seinen Kollegen auf Spitzbergen. Dennoch braucht auch er für die Blütenentwicklung zwei oder sogar drei volle Vegetationsperioden. Pflanzenstandorte hochalpiner Lagen schneiden im Vergleich immer deutlich besser ab als die der Arktis. Ablesbar sind solche Vorzüge verständlicherweise auch an ihrem ungleich größeren Artenbestand.

Wie man sich bettet …

Entscheidend ist wohl immer, wie eine Pflanze die ungünstige Jahreszeit durchsteht. Für die meisten alpinen Arten kommen wohl nur Überdauerungseinrichtungen dicht am Boden oder sogar in der Erde in Frage. So ist das Konstruktionsmodell Rosettenpflanze außerordentlich beliebt: Eine grundständige, bodenanliegende Blattrosette nutzt die Wärmekapazität des dunklen Bodens erheblich besser als in den Luftraum ragendes Gezweig. Unter den besonders frühblühenden Bergblumen zeigen uns Frühlings-Enzian, Bayerischer Enzian oder Schnee-Enzian diese gestaltliche Anpassung. Auch die zur Blütezeit noch wenig vergrößerten Laubblätter etwa von Alpen-Hahnenfuß oder Alpen-Küchenschelle sind als Anpassung zu verstehen. Zusätzlicher Kälteschutz ist dennoch sinnvoll: Gerade die alpinen Frühblüher enthalten im Zellsaft ihrer empfindlichen Organe größere Mengen gelöster Stoffe als vergleichbare Talpflanzen – der gleiche Trick wie beim Gefrierschutz von Motorenkühlwasser.

Frühreife Pflänzchen

Mindestens zwei Monate Schneefreiheit benötigen die meisten Alpenpflanzen zum Wachsen, Blühen und Fruchten. Im größten Teil der Alpen hätten sie also eigentlich genügend Zeit zur Verfügung. Manche Arten starten aber dennoch überhastet in die Saison. Kaum hat die Schneeschmelze die alpinen Matten und Rasen freigegeben, tritt der Frühlings-Krokus gleich in Hundertschaften auf. Nährstoffreserven in der tiefsitzenden Erdzwiebel erlauben ihm eine rasche Blütenentwicklung zu einem Zeitpunkt, wo die Konkurrenz noch buchstäblich am Boden liegt. Obwohl schon geringe Erwärmung die Blüten aus der Erde zaubert, reagieren die Blütenblätter sehr sensibel auf Temperaturschwankungen um weniger als 0,5 °C – schon

Sobald der Schnee den Steinrasen freigibt, erscheinen die Blütenstände der Alpen-Aurikel *(Primula auricula)*.

Das Gras liegt noch braun am Boden, wenn der Frühlings-Enzian *(Gentiana verna)* blaublütig die Fluren verziert.

eine vorüberziehende Wolke löst ihre Schließbewegungen aus. Wenn anhaltende Kälte- oder Niederschlagsperioden die Blüten ständig unter Verschluß halten und keine Bestäuberinsekten unterwegs sind, erledigt der Krokus das Problem durch Selbstbestäubung, wobei sich seine Staubgefäße um jeweils 90° drehen müssen.
Noch unverfrorener zeigen sich die Alpenglöckchen oder Soldanellen. Sie können das Ende der Schneeperiode überhaupt nicht erwarten und schmelzen sich ihren Weg durch die letzten Reste der Schneedecke förmlich frei. Dunkelpurpurn sind ihre Blütenknospen und -stiele gefärbt. Dunkle Farbe nimmt aber die Wärmetönung der Umgebung leichter an als helle, reflektierende Flächen.

... schon gewußt?

Für das Einschalten ihrer Blühbereitschaft sind bei den meisten Alpenpflanzen nicht nur die steigenden Temperaturen ab Frühjahr verantwortlich, sondern als wichtiger Faktor auch die zunehmende Tageslänge. Ob noch spätwinterlicher Kurztag oder bereits frühsommerlicher Langtag herrscht, registrieren die Pflanzen schon unter dünner Schneebedeckung.

Die Unterwelt des Pflanzenreichs

Blütenpflanzen, und unter ihnen vor allem die Gehölze, prägen die weitaus meisten Lebensräume unserer Landschaften. Wälder und Gebüsche sind als dekorative Zutaten zum Landschaftsbild viel raumwirksamer als Grasfluren oder Krautbestände. Selbst im Gebirge kämpfen sich Holzpflanzen bis zur Grenze des ökologisch Machbaren hoch. Bei solcher Dominanz übersieht man leicht die Pflanzenzwerge, die sich überall dort einmischen, wo Pflanzen überhaupt noch wachsen können, und die auch so mancher höheren Pflanze in der Standortwahl noch einiges vormachen: Moose sind ja nicht nur samtweiche Lückenbüßer zwischen Baumwurzeln oder der Hochflorteppich der Waldböden – sie siedeln auch auf Stämmen oder Ästen und enorm erfolgreich auf Gestein. Ohne Moos nichts los – wo Moose fehlen, hat der betreffende Lebensraum sozusagen keine Qualität mehr.

Zwergwüchsige Mini-Dschungel

Nur bei sehr oberflächlicher Betrachtung sehen Moose aus wie grüne Watteflocken oder Stofffetzen. Ganz und gar unscheinbar sind die kleinen Moosvorkommen zwischen Grus und Geröll, in Klüften, Fugen, Nischen und Spalten. Zugegeben: In der Masse oder im lufttrockenen Zustand fällt die konstruktive Schönheit des einzelnen Moospflänzchens

Jedes Moospolster ist als wimmelnder Kleinlebensraum mindestens so wichtig wie als Wasserspeicher und Erosionsschutz (links).

Völliges Austrocknen (rechts) übersteht das Gabelzahnmoos *(Dicranum* sp.*)* schadlos. Wiederbefeuchtung (links) erweckt es sofort zum Leben.

Lebendes Fossil: Der Gezähnte Moosfarn *(Selaginella selaginoides)* ist ein Überbleibsel aus dem Erdaltertum (unten).

nicht so überzeugend ins Auge. Jede bessere Handlupe rückt die Sicht dieser Dinge jedoch sofort zurecht. Auch der kleine, nicht einmal streichholzlange Moosrasen erweist sich als dichtwüchsiger, gestaltenreicher Dschungel im Miniaturmaßstab. Noch erstaunlicher ist, daß wir auch in diesem Reich der kleinen Dimensionen viele Muster und Strukturen wiederfinden, die auch den großmaßstäblichen und uns viel vertrauteren Pflanzenformationen zugrunde liegen. Da gibt es Stämmchen und Ästchen, Haupt- und Nebenzweige, Laubwerk jeglichen Zuschnitts – kurz, ein Gewirr haardünner Stiele und dicht geschlossener Laubdächer wie in einem Urwald, nur um etliche Größenordnungen kleiner. Erst der Umgang mit Fraktalen am Computerbildschirm hat uns wieder darauf aufmerksam gemacht: Die Natur verwendet auf den verschiedensten Strukturebenen immer wieder die gleichen Formgefüge.

Auch Moose zeigen Lebensstil

Zwischen Bergwald und Gletscherkappe gibt es im Hochgebirge zahlreiche Biotoptypen, in denen jeweils Moosarten von

gänzlich verschiedener Wuchsform siedeln. Ihre Gestalt kommt nicht von ungefähr, denn sie spiegelt in hohem Maße die Standortbedingungen wider und ist insofern sicher eine Antwort auf die Umwelt. Die Wasserversorgung prägt den Lebensstil der Moose. Moospflänzchen können ihren Wasserhaushalt nicht regulieren und sind daher relativ unempfindlich gegen Verluste. Umgekehrt ermöglicht ihnen diese besondere Fähigkeit ja gerade die ökologische Brückenkopfbildung auf schwierigem Terrain, beispielsweise auf nacktem Gestein oder besonnten Baumrinden. Bezeichnenderweise treten die Moospflanzen dabei aber fast nie als Einzelkämpfer, sondern überwiegend im geschlossenen Verband auf. Der Grund dafür ist ein einfaches, aber ungemein wirksames Rückkopplungsprinzip: Lebewesen verändern ihren Lebensraum immer so, daß sich ihre Existenzbedingungen verbessern.

... schon gewußt?

Nur mit einer stärkeren Lupe sieht man auch etwas von den vielen Tieren im Moosdschungel. Unbeholfen kletternde Moosmilben, Kleinstspinnen, hüpfende Springschwänze, zahlreiche Fadenwürmer, Insektenlarven und natürlich auch winzige Schnecken gehören zur Stammbesatzung.

Die Bestände des hübschen Sternmooses (*Rhizomnium punctatum*) sind Miniaturwälder im Centformat.

Das Gezweig des Braunfilz-Haarmützenmooses (*Polytrichum juniperinum*) ist für Moosmilben, Kleinkäfer und andere Bodentiere ein richtiger Kletterdschungel (unten).

Über, am und unter Wasser

Rund ums Jahr ist gerade in den Alpen eine Menge Wasser unterwegs. Auf die Hochlagen gehen jährlich um 2000 mm Niederschläge als Regen oder Schnee herunter – das sind 2000 Liter Wasser auf jeden Quadratmeter. Im Zugspitzgebiet ist die relative Luftfeuchtigkeit ganzjährig deutlich höher als an irgendeinem Punkt der Nordfriesischen Inseln. Bis weit in den Hochsommer hinein hält die Schneeschmelze in der subnivalen Stufe an, so daß die Alpenbäche fast nie austrocknen.
Die alpinen Gebirgsbäche sind Lebensräume, die mit ihrem starken Gefälle und der enorm hohen Fließgeschwindigkeit besondere ökologische Rahmenbedingungen setzen. Zumindest auf der oberen Fließstrecke ist das Wasser auch im Sommer schockierend kalt. Nicht nur die geringe Temperatur, sondern auch die rasche und turbulente Strömung garantieren eine hohe Sauerstoffsättigung. Fast überall besteht das Bachbett aus Hartmaterial, aus anstehendem Fels, grobem Gestein und allem möglichen Geröll. Nur an randlichen Stellen, wo sich das Fließwasser tiefere oder seichte Stillbereiche geschaffen hat, können sich auch Feinteilchen ablagern.

Alles fließt

Im Bachbett strömt durchaus nicht nur das Wasser. Bei Fließgeschwindigkeiten von mehr als 1,7 Meter in der Sekunde hält es nicht einmal Gerölle oder Kiesel an Ort und Stelle. Sie werden als Geschiebe langsam fortgeführt. Würde das Wasser nicht so laut rauschen, könnte man ihre polternden Reibereien mit anhören. Erst bei weniger als 1,2 m/sec bleiben die Gerölle liegen, und erst jetzt können sich auf den Steinen strömungsangepaßte Kleinstorganismen ansiedeln. Unter den Pionieren finden sich fast immer Algen und Wassermoose. Dazwischen drücken sich die Larven verschiedener Insekten herum, die ihrerseits die Nahrungsgrundlage für weitere Tiere bilden. So sind selbst die rasch fließenden Gebirgsbäche die bevorzugten Wohngewässer bestimmter Fische. Leitart ist hier die Bachforelle, die sogar bis 2500 m Höhe vorkommt. In man-

Unübersehbar üppig hält der Frühling am alpinen Kleingewässer Einzug.

Bergbach. 1 Kreuzhaft (Imago), **2** Alpensalamander, **3** Gelbbauchunke, **4** Kreuzhaft-Larve, **5** Binsenjungfer-Larve, **6** Binsenjungfer (Imago), **7** Moderlieschen, **8** Alpenmolch (vorne ♀, hinten ♂).

6
7
8
gb

chen Bergbächen ist sie durch den nordamerikanischen Bachsaibling oder andere Salmoniden ersetzt worden. Die Uferregion des Bergbachs ist auch das Jagdrevier der selten gewordenen Wasserspitzmaus. Ihren enormen Nahrungsbedarf deckt sie unter anderem auch mit kleinen Fischen. Sie schwimmt und taucht nämlich ganz exzellent.
Auf wasserumtosten Steinen sitzt gerne laut zwitschernd die Wasseramsel, die – von ihrem weißen Brustfleck abgesehen – die Gestalt eines zu groß geratenen Zaunkönigs hat. Wundern Sie sich nicht, wenn sich dieser eigenartige Bachbewohner plötzlich in die Fluten stürzt und sich am Grunde des Bachbetts zu schaffen macht. Seine Flügel stellt er dabei auf Landeanflug und erreicht somit, daß die Wasserströmung ihn gegen den Bachgrund drückt.

Szenen eines Doppellebens

Letztlich gehen alle stehenden Alpengewässer vom kleinen Almtümpel bis zum größeren Karsee auf die Geländearbeit der letzten Eiszeit zurück. Viele alpine Kleingewässer sind von Natur aus nährstoffarm. Daher kann hier keine allzu üppige Primärproduktion stattfinden. Organismenleer sind sie aber dennoch nicht. Zu den wichtigsten Besiedlern gehören die Larven von Eintagsfliegen, Köcherfliegen oder Libellen, die als Jugendstadien ja reine Wassertiere und erst als flugfähige erwachsene Individuen luftatmende Landtiere sind. Einige Käfer, beispielsweise der auf hochalpine Kleingewässer spezialisierte Alpen-Schnellschwimmkäfer oder der Eis-Kolbenwasserkäfer sind dagegen ebenso wie manche Milbe oder Spinne erst sekundär wieder zum Wasserlebewesen geworden. Einige dieser Arten schleppen im Haarpelz winzige Luftblasen mit in die Tiefe und decken daraus ihren Sauerstoffbedarf.
Sprichwörtlich amphibisch leben auch andere Gewässertiere, zum Beispiel die dämmerungsaktive Gelbbauchunke. Sie kommt in den Alpen bis 1800 m Höhe vor. Hier fällt ihre Paarungszeit oft erst in den Sommer, und auch dann ist die Liebe der Lurche meist noch eisgekühlt.

Ein Landlurch durch und durch

Man bekommt ihn nur selten zu sehen, obwohl er recht häufig ist, und er hält sich auch schon einmal in Gewässernähe auf, obwohl er Tümpel und Teich überhaupt nicht benötigt: Der pechschwarze Alpensalamander ist der einzige einheimische Lurch, bei dem es kein freies Kaulquappenstadium mehr gibt. Nach zwei- bis vierjähriger Tragzeit werden jeweils zwei, ungefähr vier Zentimeter lange Junge geboren. Bis 3000 m Höhe reicht das Verbreitungsgebiet dieses heimlichen, überwiegend nachtaktiven Bewohners von Alpenweiden, Matten und Zwergstrauchbeständen.

... schon gewußt?

Auch alpine Seen frieren selten bis zum Grund durch. Wasser hat bei + 4 Grad Celsius seine größte Dichte und sammelt sich daher im Bodenbereich an. Nur an der Kontaktzone mit der Luft erstarrt es zu Eis. Der isolierende Eisschild erschwert den weiteren Temperaturaustausch. Die am Grund oder im Bodenschlamm überwinternden Tiere führen praktisch bei Kühlschranktemperatur ein energiegünstiges Leben auf Sparflamme.

So manches geht den Bach hinunter

In der außeralpinen Niederungslandschaft gibt es genügend Beispiele für respektable Quellen, die aus einem großen Quelltopf gespeist werden. Das Wasser tritt am Grunde eines natürlichen Beckens aus, dessen Überlauf den Quellbach bildet. Wie aber entspringt ein Gebirgsbach? Zwei Möglichkeiten sind zu unterscheiden: Entweder zapfen die Quelläste eines Baches die Schmelzwasserbildung eines Gletschers an, oder Sumpf- und Sickerwasser tritt irgendwo über wasserundurchlässigem Gestein in einem Quellhorizont aus und nimmt als Rinnsal seinen weiteren Lauf. Häufig hat das Wasser schon einen weiten Weg hinter sich, bevor es sich zu einem richtigen Gebirgsbach zusammenfindet.

Fließendes Wasser ist ein überaus wirksames Transportmittel. Kilogrammschwere Gesteine und Gerölle im Bachbett sind eindrucksvolle Beweise für die Materialströme, die mit Hilfe von Wasserkraft langsam talwärts gehen, von querliegenden Ästen oder Stämmen einmal völlig abgesehen. Wenn aber selbst so schweres Stückgut den Bach hinuntergeht,

Allerhand Buntblumiges hat der Gebirgsbach aus der Höhe entführt und im Schotterbett zusammengetragen.

Fleischers Weidenröschen *(Epilobium fleischeri)* ist ein Spezialist für Bachschuttfluren (rechts).

um wieviel einfacher muß dann der Wasserweg für Leichtgewichtiges sein, zum Beispiel für Früchte, Samen oder andere pflanzliche Verbreitungseinheiten.

Aus höheren Regionen

Auch schon ganz weit oben nahe der Quellregion zeigt sich, wie selbst kleine Wasserläufe zur wichtigen Verbreitungsstraße von Pflanzen werden. Überall, wo Rinnsale aus den alpinen Matten abfließen, werden sie von Grünerlengebüsch gesäumt, denn auch diese Erlen-Art liebt sickerfeuchte Standorte und stabilisiert die Abflußrinne. Ihre verholzten, schwimmfähigen Fruchtstände folgen dem Wasserweg und breiten die Pflanze überall dort aus, wo sie nicht der höherwüchsigen Konkurrenz, etwa der Grau-Erle, unterlegen ist. Bachauen und überhaupt die Auen der Fließgewässer zeigen eine erstaunlich einheitliche Artenzusammensetzung – das Wasser landet eben immer die passenden Arten an. Daneben spielt natürlich auch noch die Windverbreitung eine große Rolle.

Hochalpines blüht im Talgrund

Wenn im Frühjahr die Schneeschmelze einsetzt, werden ganze Gebirgsstöcke zur Quellregion. Flächendeckend überspülen die Schmelzwasser die verschiedenen Höhenstufen und nehmen vieles mit, was am Weg liegt. So tragen sie auch mancherlei Pflanzensamen davon, die im letzten Herbst ausgestreut wurden, aber noch nicht keimen konnten. Vielen Samen und Früchten macht ein tagelanger Aufenthalt im kalten Schmelz- oder Fließwasser nichts aus. Aufgewirbelt und fortgespült zu werden schädigt sie daher nicht. Mit dem Wasser wandern die Verbreitungseinheiten zu Tal, obwohl sie überwiegend für die Luftverfrachtung ausgerüstet sind. An sandigen Gleithängen oder auf Schotterbänken setzt das Fließwasser sie ab. Hier keimen, wachsen, blühen und fruchten diese Pflanzen. In günstigen Fällen können sie sich am neuen Standort sogar noch ausbreiten und die Stellung halten.
Alpenschwemmlinge nennt man diese verbreitungsbiologisch so eigenartige Pflanzengruppe, die Wuchsorte besiedelt, an denen sie eigentlich gar nicht vorkommen dürfte. Meist sind es sehr blühintensive Pflanzenarten der alpinen Schutt- und Geröllfelder oder der subalpinen Hochstaudenfluren, die entlang der Fließgewässer und in deren Schwemmauen offenbar ganz ähnliche Lebensbedingungen vorfinden wie am Originalstandort. Das hübsche Alpen-Leinkraut findet sich hier ebenso wie die Alpen-Aurikel, das Kriechende Gipskraut ebenso wie verschiedene Steinbrech-Arten, die Alpen-Gemskresse, der Schild-Ampfer, das Kugelschötchen und viele andere. Sogar Alpenrosen oder Einseles Akelei können weit unterhalb ihres Niveaus auftreten.
Erwartungsgemäß nimmt die Anzahl der erfolgreichen Alpenschwemmlinge mit der Entfernung vom Alpenraum ab. Erstaunlich ist aber dennoch, wie weit es einzelne Arten bringen. Das Kriechende Gipskraut wanderte mit der Iller schon bis nach Ulm, mit der Isar bis Landshut und mit dem Rhein sogar bis nach Speyer. Eine Dauerbesiedlung schaffen sie außerhalb ihres eigentlichen Verbreitungsraumes jedoch nur in Ausnahmefällen, denn am neuen Standort sind sie konkurrenzschwach oder störanfällig. Andererseits kommt aber

Lebhaft und blütenreich: Alpen-Leinkraut *(Linaria alpina)* in der Geröllflur eines Alpengewässers (links).

Ganz nach unten verschlagen hat es auch das Kriechende Gipskraut (*Gypsophila repens,* rechts).

aus den Gebieten oberhalb der Waldgrenze mit jedem Frühjahrshochwasser weiterer Nachschub.

Die Welle rollt talaufwärts

In den Talzügen und erst recht im Vorland wachsen die Gebirgsschwemmlinge unter anderen klimatischen Bedingungen als in der subalpinen oder alpinen Höhenstufe. Folglich blühen sie in den Niederungen auch wesentlich früher als in den Hochlagen. Den Bergsommer kann man somit zumindest in kleinen Ausschnitten entlang den Fließgewässern bereits im Frühjahr erleben. Von hier wandert die Blühwelle ins Gebirge und hangaufwärts. Für jeweils hundert Höhenmeter benötigt sie ungefähr drei bis fünf Tage. In größeren Höhen läßt der Frühling entsprechend lange auf sich warten. Andererseits kann man bei einer Alpenwanderung alle Jahreszeiten an einem Tag erleben.

... schon gewußt?

Fließgewässer sind wichtige Transportrouten auch für Neubürger der heimischen Flora. In Flußauen findet man daher zahlreiche fremdländische Arten.

Himmlische Botschaften

Unser Klima ist die Summe dessen, was das tägliche Wetter über längere Zeiträume hinweg so zu bieten hat. Klima wirkt immer langfristig. Das klar gestufte Gebirgsklima bestimmt die Höhenverteilung der Lebensgemeinschaften, während Wetter nur kurzfristig eingreift und beispielsweise entscheidet, ob die Bergblumen im gleißenden Sonnenlicht aufblühen oder wegen Regen geschlossen bleiben. Das aktuelle Wettergeschehen beeinflußt auch unsere eigenen Aktivitäten und Planungen, ob etwa ein Talausflug oder eine Höhentour angesagt ist.

Wetter ist ein sehr komplexes, beinahe sogar chaotisches Geschehen. Zahlreiche physikalische Faktoren der unteren Atmosphäre spielen hier zusammen und beeinflussen sich vielfältig. Da man immer nur die wichtigsten Stell- und Regelgrößen kennen kann, ist die Wetterprognose nur von begrenztem Wert.

Zum Glück läßt die Atmosphäre anhand bestimmter Anzeichen erkennen, was sich in absehbarer Zeit an Wetterabläufen ereignen wird. Solche beobachtbaren Wetterboten sind auch weitaus verläßlicher als die meisten Bauernregeln, die das Wetter auf bestimmte Kalendertage festlegen wollen.

Ein Spiel von Wind und Wolken

Sonnenschein und Regenschauer sind allgemeine Wettererscheinungen, die in jeder Landschaft vorkommen. Eine Besonderheit des Alpenraumes sind dagegen die im Frühjahr oder auch im Herbst auftretenden Föhnwetterlagen. Föhn ist ein recht trockener, unverhältnismäßig warmer Wind, der an der Leeseite eines Gebirges absteigt. Im bayerischen oder benachbarten Voralpenland kann er nur als gebirgsübersteigender Südwind auftreten. Ein charakteristisches Zusammenspiel von Wind und Wolken ist an seiner Entstehung beteiligt.

Feuchtigkeitsbeladene Luftmassen stauen sich in Norditalien an der Südflanke der Alpen. Das Gebirge zwingt sie zum Aufstieg in größere Höhe. Beim Aufströmen kühlt sich die Luft ab und unterschreitet dabei den Sättigungspunkt. Die Folgen sind Kondensation von Wassertröpfchen, massive Wolkenbildung und ergiebige Niederschläge noch im Aufstiegsgebiet.

Bei der Tröpfchenbildung wird etwas Wärme frei – ein Teil des Energiebetrages, der zuvor in die Wasserverdampfung zur Feuchteabladung der Luft investiert wurde. In der am Gebirgsrand hochkletternden Wolke sinkt die Temperatur nicht wie üblich um etwa 1 °C je 100 m Höhe, sondern nur um 0,5 °C. Luvseitige Luft, die am Boden vielleicht +10 °C warm war, bringt es in 3000 m Höhe an der Obergrenze der Wolkenbildung nur noch auf –5 ° C.

Fakten vom Föhn

Diese Kaltluft trifft nun auf die Alpenkämme und überfließt sie. Manchmal haben sich ihre Wolken an der Aufstiegsflanke noch nicht völlig ausgeregnet und reichen dann bis in den Bereich der nördlichen Gebirgsketten. Hier bilden sie eine charakteristische Wolkenbarriere, die Föhnmauer. Schmale, linsenförmige Wolken mit scharf begrenzten Rändern

Föhnwolken über den Nordalpen sehen von der Seite wie Fischschwärme aus.

über dem Alpenvorland sind Abkömmlinge aus der Restfeuchte der Föhnmauer. Mitunter treten die Linsenwolken einer Föhnfront auch gleich in alpenparallelen Serien auf. Sie zeigen offenkundig Wellenbewegungen in diesem Teil der Atmosphäre an. Die kalte, aber weitgehend trokkene Luft aus der Föhnfront, die auf dem Alpenkamm angelangt ist, weht nun als Fallwind herunter und erwärmt sich dabei um rund 1 °C je 100 m Abstieg. Sie kommt daher im Alpenvorland mit Temperaturen um 15 °C und somit erheblich wärmer an, als sie beim Aufstieg auf der Luvseite war.

Tritt Föhn im Frühjahr auf, bringt er also beachtliche Wärmeeinbrüche mit sich. In tieferen Lagen zehrt er die Schneedecken(reste) auf und erhöht oberhalb der Waldgrenze die Lawinengefahr. Herbstföhn verlängert dagegen den Goldenen Oktober. Wegen der trockenen, sauberen Luft bieten Föhnlagen gewöhnlich eine phantastische Fernsicht über das Gipfelmeer der Alpenketten. Föhnfühlige Menschen schätzen diese Wettersituation weniger, denn die plötzlich einfallende trockenwarme Luft löst körperliches und seelisches Unbehagen aus.

… schon gewußt?

Normalerweise sind die bodennahen Luftschichten deutlich wärmer als die Höhenschichten.

Unter bestimmten Voraussetzungen stellt sich jedoch eine Schichtumkehr oder Inversion ein: Im Talgrund sammelt sich Kaltluft, während die Gipfel in die Warmluftschichten ragen. Jetzt ist der Austausch erschwert – unter der Grenzschicht reichern sich Rauchschwaden an.

Talnebel sind ein Anzeichen ausgeprägter Temperaturschichtung. Sinkende Nebel versprechen einen schönen Sonnentag.

Schönwetterboten

- Morgengrau
- Abendrot
- Frühtau
- Fallender Nebel
- abnehmende Windstärke
- Wind aus NO bis O
- einzelne Haufenwolken mit Auflösung gegen Abend
- Wolkendecke bricht in unregelmäßige Teile auf
- durchscheinende Schichtbewölkung

Schlechtwetterboten

- Morgenrot
- Abendgrau
- Steigender Nebel
- Sehr gute Fernsicht
- Zunehmende Windstärke
- Wind aus W bis S
- Halo-Erscheinungen (Sonnen- und Mondring)
- Cirruswolken aus westlicher Richtung
- Strukturlose Schichtwolken

Niedermoor im Hochgebirge

Moore lassen wohl immer an die Schauerballaden der Droste-Hülshoff, an Kriminaltragödien und andere haarsträubende Geschichten denken. Es sind offenbar ganz und gar verrufene Gegenden, die man wohl besser entwässert, abtorft, in bunte Folien verschweißt und sackweise im Garten begräbt. Jedoch: Moore sind einzigartige Reste der europäischen Urlandschaft, unersetzliche Lebensräume zahlreicher Pflanzen- und Tierarten, die nur hier vorkommen, weil sie sich ökologisch stark spezialisiert haben. Moore sind nicht einfach vernachlässigtes Unland. Es sind schwindende Stücke natürlicher Paradiese, deren ursprüngliche Artenfülle fast nur noch in Roten Listen stattfindet.

Fließendes oder gefrorenes Wasser hat das Terrain bereitet, Pflanzen überkleiden es mit grünen Teppichen. Das Ergebnis dieses Zusammenwirkens ist das Landschaftsbild. Auch Moore sind ein Teil dieses Geschehens. Wasser spielt bei ihnen sogar eine ganz besondere Rolle.

Nur kühle Typen

Moore können nur dort entstehen, wo auf der Luftroute oder durch Nachsickern im Boden mehr Wasser zusammenkommt, als durch Verdunstung verlorengeht. Die nassen Füße, die man sich im Moor holt, sind aber gar nicht einmal das wichtigste Kriterium. Nur in kühlen Klimaten und bei stehender Staunässe unterbleibt der Abbau abgestorbener Pflanzenmasse, so daß sich die Pflanzenleichen jahrgangsweise und wohl geschichtet als Torf ansammeln. Geologisch ist ein Moor daher nichts anderes als eine Torflagerstätte. Biologisch gehören zum Moor aber auf jeden Fall auch die lebenden, torfliefernden Pflanzen. Oder ökologisch überspitzt: Das Moor ist eine Lebensgemeinschaft, die gleichsam auf sich selbst wächst. Mit der Torfbildung ist ein Moor jedoch immer noch nicht exakt genug charakterisiert. Der Weg der Wasserversorgung, die Zusammensetzung der Pflanzengesellschaften und überhaupt das gesamte Erscheinungsbild lassen verschiedene Moortypen unterscheiden. Nieder- und Hochmoor sind die beiden Hauptformen.

Am Anfang war das Niedermoor

Nehmen wir beispielsweise die Niedermoore, auch Ried, Fehn, Bruch oder Flachmoor genannt. Die Vernässung ihrer Standorte besorgt immer das Grundwasser. Bevor das Wasser den Torfkörper eines Niedermoores erreicht, hatte es Kontakt zu Mineralboden oder anstehendem Gestein, kann von dort also mineralische Nährstoffe für das Pflanzenwachstum eintragen. Die Ökologen nennen solche Moore auch geogen oder minerotroph. Sie entstehen beispielsweise an Stellen, wo ständiges Sicker- oder Zulaufwasser den Mineralboden nach Kräften durchtränkt (soligene Moore mit geneigter Oberfläche: Quell-, Hang- und Überrieselungsmoor). Außerdem entwickeln sich Niedermoore auch in wassergefüllten Becken oder Kesseln (topogene Moore mit ebener Oberfläche: Verlandungs- und Versumpfungsmoor). Die Verlandung eines Gewässers mit Moorbildung läßt sich sehr schön an Moränenseen beobachten, die Versump-

fung in wasserstauenden Toteislöchern. So verschiedenartig die Niedermoore hinsichtlich ihrer Lage und Entwicklung sind, so unterschiedlich fallen auch die daran beteiligten Pflanzengesellschaften aus: Großseggenbestände, Röhrichte, Kleinseggenriede und Schwingrasen lassen sich sämtlich unter der gemeinsamen Klammer der Niedermoorbildung zusammenfassen.

Auf keinen Fall sind Niedermoore irgendeiner Prägung nur auf die Niederungslandschaft beschränkt. Vielmehr stellen sie gerade im Hochgebirge einen besonders weit verbreiteten Moortyp dar. Hier neigen sie sogar zu großem Variantenreichtum, weil das natürliche Relief und zudem auch der mineralische Untergrund mancherlei Abwechslung bieten. Neben sauren Urgesteinshangmooren finden sich in den Alpen auch tellerebene Kalkflachmoore mit gänzlich abweichendem Artenbestand.

Die schneebedeckte Gipfelflur spiegelt sich im klaren Wasser eines alpinen Moortümpels.

Oben wachsen, unten sterben

Schon an der Schwingrasenbildung verlandender Gewässer beteiligen sich die höchst eigenartigen Torf- oder Bleichmoose – blaßgrüne oder (vor allem nach der kalten Jahreszeit) auch kräftig rötliche Pflänzchen, die das Zweihundertfache ihres Eigengewichtes an Wasser speichern können. Torfmoore wachsen nur an der Spitze, während sie eine Bleistiftlänge tiefer absterben und allmählich zu jungem Weißtorf zusammengepreßt werden. Um etwa einen Millimeter wächst das Torfpaket aus Torfmoosen jährlich. Nach Abschluß einer Gewässerverlandung können die Torfmoose die weitere Moorentwicklung vollends übernehmen – das Niedermoor ist über Zwischenstadien endgültig zum Hochmoor geworden. Hochmoore sind reine Regenmoore, vom Regen (oder Schnee) vernäßt (ombrogen) und von seinen Stäuben ernährt (ombrotroph). Hochmoore gibt es natürlich nicht nur im Hochgebirge, sondern auch im Flachland.

... schon gewußt?

Moore sind oft sehr mineralstoffarme Standorte. Die hier siedelnden Pflanzen haben daher allerhand Tricks entwickelt, wie sie sich dennoch genügend versorgen können – beispielsweise durch den Fang von Insekten oder Spinnen. Die Sonnentau-Arten tragen dazu auf ihren Blättern lange Fortsätze, die an den Enden ein glitzerndes und sehr zähklebriges Sekret absondern. Sobald ihnen ein Tier auf diesen Leim geht, rollt sich das betreffende Blatt zusammen und zersetzt die Beute mit Verdauungssäften aus feinen Drüsen auf der Blattfläche. Nach diesem Leimrutenverfahren arbeiten auch die alpinen Fettkräuter.

Im fruchtenden Aspekt beherrschen die ausgedehnten Bestände von Scheuchzers Wollgras (*Eriophorum scheuchzeri*) den Verlandungsbereich alpiner Moore (oben).

Eine schützenswerte Rarität der alpinen Quellmoore ist der Moorenzian oder Tarant (*Swertia perennis*).

Sommer
Unterwegs im Wald

Randgruppendasein

Ob Laubholz- oder Nadelholzbestand, ein Wald ist immer eine ziemlich geschlossene Gesellschaft. Nach dem ekstatischen Blühen des Frühjahrs geht es auf dem Waldboden während des Sommers sichtlich einfarbiger und ruhiger zu. Nur ausgesprochene Schattenspezialisten harren aus. Neben einigen Moosen gehören dazu verschiedene Gräser wie das Wald-Flattergras, das Nickende Perlgras, der Wald-Schwingel oder die Wald-Zwenke. Außerdem kommen hier verschiedene Hainsimsen-Arten vor, die ebenfalls eine grasartige Tracht aufweisen. An den glatten, am Rande sehr lang bewimperten Blättern kann man sie leicht von den echten Gräsern unterscheiden. Ein gemeinsames Merkmal sticht bei all diesen Pflanzen stark hervor: Sie tragen merkwürdig dunkelgrüne, mitunter sogar schwarzgrüne Blätter. Darin enthalten sie jede Menge Blattgrün, um nur ja die geringe Reststrahlung in der Sommerfinsternis des Waldes optimal zu nutzen. Auch die Stechpalme oder Hülse, die gern im Unterwuchs der Wälder vorkommt, ist eine entschieden Dunkelgrüne. Beim Efeu, der am Waldboden oder selbst als Emporkömmling an den Baumstämmen bis zum nächsten Herbst ein Schattendasein führen muß, finden wir ebenfalls kräftig dunkelgrüne Blätter. Ansonsten hält sich der erkennbare Artenreichtum aber sehr in Grenzen.
Kein Vergleich also zu den Waldwegrändern, Schlägen oder Lichtungen, wo der Wald nicht nur aus Bäumen, sondern auch aus Kraut- und Staudenfluren besteht. Und erst recht unterschieden vom Waldrand, wo sich der geschlossene Gehölzbestand mit den Lebensgemeinschaften der offenen Feldfluren verzahnen kann.

Übersichtliche Stufenregelung

Am naturbelassenen Waldrand fällt der hochwüchsige Baumbestand über mehrere Etagen bis auf die Höhe des relativ niedrigen Bewuchses der freien Feldflur herunter. Vor den höchsten Baumkronen von Rot-Buchen, Eichen oder anderen bestandsbildenden Arten baut sich eine Galerie von Bäumen mit geringerer Wuchshöhe auf, die meist auch größere Ansprüche an die Lichtverhältnisse stellen. Feld-Ulmen wird man dort ebenso antreffen wie Hainbuchen, Spitz- oder Feld-Ahorn. Weiter randwärts folgen Großsträucher wie Hasel, Hartriegel, Weißdorn oder Holunder. Mit Faulbaum, Pfaffenhütchen oder Liguster übernehmen kleinere Straucharten die tiefere Ummantelung des Waldsaums. Und mit Brombeeren oder Wildrosen wird der Zugang zum Wald gleichsam versiegelt. Für blühende Farbigkeit sorgen zahlreiche Kräuter und Stauden, vom Ampfer oder Beinwell bis zu Weidenröschen oder Zotten-Wicke.
Ohne lenkende Eingriffe, wie sie von der laufenden Arbeit auf den angrenzenden Acker- und Grünländereien ausgehen, würde sich das so schön in Höhe und Tiefe gestaffelte Waldrandsystem im Maßstab von Jahrzehnten immer weiter voranschieben und auf die gehölzfreien Flächen übergreifen. Feldbestellung oder Beweidung verhindern allerdings die schrittweise Rückeroberung der ehemaligen Waldstandorte, die sonst sofort einsetzt.

Artenreicher Waldsaum im Übergang zum blumenreichen Halbtrockenrasen.

Der Nutzen der Vielfalt

Im engen räumlichen Neben- und Übereinander eines Waldrandes entwickeln sich natürlich zahlreiche Kleinstrukturen, die exakt auf die Lebensraumansprüche der unterschiedlichsten Tiere passen. Wo der Wald endet, erwartet man vielleicht nur eine verarmte Waldfauna, die von der Tierwelt des offenen Kulturlandes allmählich abgelöst wird. Diese Übergänge bestehen, aber sie gestalten sich völlig anders: Am Waldrand trifft nämlich der größte Teil der Wald-, Saum-, Hecken-, Acker-, Wiesen- und Brachlandfauna zusammen. Entsprechend lebhaft und vielfältig geht es hier zu, denn nicht Trennung, sondern Überlagerung kennzeichnet die Randgruppen-Lebensgemeinschaften im gemeinsamen Grenzstreifen. Hase, Fuchs und Igel lassen sich regelmäßig sehen. Mauswiesel, Spitzmäuse, Feld- und Waldmäuse sind hier zu Hause ebenso wie Eidechsen, Kröten oder Schnecken. Hier nisten Hummeln, bauen Spinnen an ihren Netzwerken, naschen Schmetterlinge von Blüten oder laben sich Larven vom Laub.

... schon gewußt?

Flur- und Gartenhecken kann man als einen Wald auffassen, der nur noch aus seinen zusammengerückten Rändern besteht. Solche Gehölze leisten wertvolle ökologische Dienste, da viele Tierarten hier Unterschlupf, Nahrung und Schutz finden.

Waldrand. **1** Brombeere, **2** Heckenbraunelle, **3** Schnirkelschnecke, **4** Laufkäfer, **5** Zauneidechse, Weibchen, **6** Kriechender Günsel, **7** Große Sternmiere, **8** Dukatenfalter, **9** Heckenrose.

9
8
7
6
4
5

Gallenprobleme bei Pflanzen

Gallen bei Pflanzen? Man bezeichnet als Pflanzengalle ungewöhnliche Wucherungen an allen möglichen Teilen. Hervorgerufen werden sie immer von anderen Lebewesen. Gallen sind zeitlich und örtlich begrenzte Wachstumsreaktionen einer Pflanze, die nur unter Vermittlung eines Gallenerzeugers zustande kommen. Es entstehen dabei an Stengeln, Blättern, Blüten oder auch Wurzeln geschwulstähnliche Gewebewucherungen, die mit den eigentlichen Aufgaben der betreffenden Pflanzenteile überhaupt nichts zu tun haben und auch sonst keine Ähnlichkeit mit einem Pflanzenorgan haben. Eine Pflanzengalle eindeutig zu definieren, ist gar nicht so einfach. Sie als auffallende Abweichung vom normalen Bauplan bzw. als Mißbildung zu erkennen, ist zum Glück ziemlich unproblematisch. Gallträger können praktisch alle Verwandtschaftsgruppen des Pflanzenreiches sein. Auch niedere Organismen wie die Algen oder Lebewesen außerhalb des Pflanzenreichs, etwa die Pilze und Flechten, können Gallen tragen. Besonders häufig treten Gallen bei den zweikeimblättrigen Blütenpflanzen auf. In manchen Pflanzenfamilien besteht sogar eine ganz ungewöhnliche Neigung zur Gallbildung. Die weitaus meisten Gallen sind in Mitteleuropa auf den Vertretern der Buchengewächse, Weidengewächse, Rosengewächse und Korbblütengewächse zu finden. Rekordhalter sind zweifellos unsere Eichen: Bis zu 30 verschiedene Gallformen könnte man auf einem einzigen Baum entdecken.

Ebenso typenreich wie die Gallträger sind auch die Gallerreger. Die Auflistung beginnt bei den Bakterien, schließt etliche primitive Pilze ein und endet bei den Tieren, beispielsweise bei den Fadenwürmern, den Milben und den Insekten. Jeder Erreger erzeugt wirtsspezifisch eine besondere Gallform. Anhand der Gallen und der betroffenen Wirtspflanzen kann man daher ganz eindeutig auch auf den Erreger schließen.

Geradezu meisterhaft verstehen es die Insekten, pflanzliche Entwicklungsbereitschaft auszunutzen und nach ihrem eigenen Aktionsplan umzusteuern. So sind beispielsweise verschiedene Pflanzensauger wichtige Gallerzeuger. Bekannt sind unter anderem die Rote und die Grüne Fichtengallenlaus. Sie gestalten die Seitensprosse der Fichten völlig um: Sproßachse und Nadeln verwachsen miteinander und schwellen zur dickfleischigen, bleichgrünen Ananasgalle an. Auch im vertrockneten Zustand kann man diese charakteristischen Lausgallen noch lange an den Zweigen sehen.

Neben den pflanzensaugenden Läusen sind auch bestimmte Zweiflügler als Erreger von Gallbildungen bekannt. An Holz- und Kulturbirnen machen sich unter anderem die Birnengallmücken zu schaffen und sorgen dafür, daß die Birnen schon sehr frühzeitig zu ungewöhnlichen Formen anschwellen.

Die bizarrsten, ungewöhnlichsten und trickreichsten Gallen erzeugen jedoch die Gallwespen – sie gehören zu den Hautflüglern und sind daher mit Bienen, Hummeln oder Ameisen verwandt.

Am Beispiel der Eichenschwammgallwespe (*Biorhiza pallida*) wollen wir den Ablauf einer Gallbildung und ihre Zweck-

Eichengalläpfel der Gallwespe *Cynips quercusfolii* (links oben).

Eichengallwespe schlüpft aus ihrem Gallapfel, in dem sie sich verpuppt hatte (links unten).

Ziergalle der Gallwespe *Cynips longiventris* und Seidenknopfgallen der Gallwespe *Neuroterus numismalis* auf einem Eichenblatt (rechts).

bestimmung einmal verfolgen. Mitten im Winter, etwa zwischen Dezember und Februar, sticht das Weibchen mit seinem Legebohrer eine große Endknospe einer Eiche an und legt mehrere Eier hinein. Etwa ab Mitte März setzt die Entwicklung einer Knospengalle ein. Unter dem steuernden Einfluß hormonartiger Substanzen, die zum Teil noch vom Legeeinstich stammen, beginnt das Pflanzengewebe zu wuchern. Aus dem Ei schlüpft die Larve und sorgt durch weitere Stoffabgabe für zusätzlichen Wuchsanreiz. Ringsum wächst das Gewebe der Pflanzengalle, hält aber in seinem Zentrum ein Larvenkämmerchen frei. Die Larve hält sich somit inmitten reicher und ständig mitwachsender Nahrungsvorräte auf. Da die Larvenkammern ziemlich dicht beieinander liegen, wachsen die einzelnen Gallen zu sehr kompakten, kartoffelartigen, bis vier Zentimeter großen Gebilden heran.

Die Galle als Puppenstube

Etwa Mitte Juni endet das Wachstum der Galle mit ihren Larvenkammern. Im Juli stellen auch die Larven ihr Wachstum ein und verpuppen sich – die Galle enthält jetzt sozusagen mehrere Puppenstuben. Nach etwa vierzehntägiger Puppenruhe schlüpfen die nur zwei bis drei Millimeter langen Gallwespen – geflügelte Männchen und ungeflügelte Weibchen. Nachdem alle Gallwespen ihre Puppenstube verlassen haben, vertrocknet und verhärtet die Schwammgalle. An ihren Flanken kann man die Schlupföffnungen sehen.

Die befruchteten Weibchen der Sommergeneration, die sich in der Schwammgalle (Knospengalle) entwickelt haben, verkriechen sich bald in den Boden, um dort ihre Eier an Eichenwurzeln abzulegen. Wieder wird die Eiablage zum Initialereignis für eine Gallbildung, dieses Mal aber einer einzelnen Wurzelgalle. Galle und Larve benötigen unter Tage am Wurzelwerk der Eiche fast anderthalb Jahre für die komplette Entwicklung. Erst im Winter des Folgejahres schlüpfen aus den Wurzelgallen ausschließlich ungeflügelte Weibchen, die allerdings etwas anders aussehen als die Tiere der Sommergeneration und außerdem drei bis sechs Millimeter lang sind. Sie entwickeln unbefruchtete Eier und legen diese wiederum in die Blattknospen ab. Der vollständige Entwicklungszyklus einer Eichenschwammgallwespe dauert also volle zwei Jahre.

Gerade bei den Eichen kann man erfahren, daß dem Anreiz durch die Gallwespenlarven und der Reaktion des Pflanzengewebes heftige stoffliche Auseinandersetzungen zugrunde liegen, sozusagen eine permanente Kampfführung mit chemischen Mitteln. Die Larven der Gallwespen geben über ihre Speicheldrüsen Enzyme ab, mit denen sie die Reservekohlenhydrate der Eichenblätter in verwertbare Zucker umwandeln. Die Galläpfel, in denen sich die Larven mästen, produzieren jedoch Unmengen von Gerbstoffen, die die Insektenenzyme ausfällen und damit unwirksam machen können. Die Larven antworten auf diese chemische Attacke mit einem weiteren Enzymsystem, das Gerbstoffe zerstört und damit umgekehrt wieder die Nahrungsaufnahme sichert. Den enormen Gerbstoffgehalt von Eichengalläpfeln (erzeugt von der Gallwespe *Cynips quercusfolii*) hat man früher zur Herstellung von lichtechter Eisengallustinte genutzt. Wenn die schlüpfenden Gallwespen ihre diversen Gallen verlassen haben, stehen plötzlich Wohnungen für etwaige Nachmieter frei. Gewöhnlich halten allerhand Kleininsekten Einzug in die verlassenen Räume.

... schon gewußt?

Auch Bakterien können Pflanzengallen hervorrufen. Sie manipulieren dabei die Erbanlagen ihrer Wirtspflanzen. Die gleichen Verfahren zur Genmanipulation wendet man heute erfolgreich in der modernen Gentechnik an.

Große Linsengalle der Gallwespe *Neuroterus quercusbaccarum* (oben links).

Zwei Eichenrosen der Gallwespe *Andricus fecundator* (oben rechts).

Gallen der Buchengallmücke (*Mikiola fagi*, Mitte links).

Buchenblattgalle mit Larve der Buchengallmücke (Mitte rechts).

Ananasgalle der Roten Fichtengallenlaus (*Adelges laricis*) an Fichtenzweig (unten links).

Schnitt durch eine Ananasgalle mit Larvenkammern und Larven der Roten Fichtengallenlaus (unten rechts).

Wenn die Wälder Trauer tragen

Der jährliche Bericht löst immer wieder Betroffenheit aus: Bundesweit ist mehr als die Hälfte der Wälder (und Forsten) von den sogenannten Neuartigen Waldschäden bedroht. Auf etwa ein Prozent seiner Bestandsfläche ist das Ökosystem Wald bereits abgestorben oder zumindest sehr stark in Mitleidenschaft gezogen. Rund 15 Prozent aller Bäume lassen mittelstarke Schädigungen erkennen. Der Rest gilt als schwach, aber immerhin deutlich geschädigt. Die Kategorie 0 (= Waldfläche ohne erkennbare Schädigung) gibt es in der Bundesrepublik Deutschland nicht mehr, und im benachbarten Ausland ergibt die kritische Bewertung ein ganz ähnliches Bild. Jährlich nimmt die geschädigte Waldfläche um etwa anderthalb Prozent zu. Diese Entwicklung muß zu denken geben.

Langes Leben, rascher Tod?

Ein Lebensraumgefüge, das sich von der nacheiszeitlichen Tundra bis zur geschlossenen Waldbestockung der geschichtlichen Zeit über rund 10000 Jahre hinweg prächtig entwickelt hatte, ist innerhalb weniger Jahre sichtlich in eine tiefe Krise geraten. Begonnen hat dieser Trend mit einem rätselhaften Absterben einzelner Tannen anfangs der 70er Jahre – eine Erscheinung, die die Forstfachleute zunächst für ein lokales oder regionales Problem innerhalb des natürlichen Verbreitungsgebietes dieses Baumes hielten. Aber schon bald zeigten sich auch an Fichten und Kiefern sowie an fast allen Edellaubholzarten vergleichbare Schadensbilder. Vor einem halben Jahrzehnt wurde die bisherige Diagnose „Baumschäden" durch den Begriff „Waldsterben" ersetzt – eine Wortwahl, die in den Schlagzeilen der Nachrichtenmedien sicher besser zur Wirkung kommt, aber durchaus keine Propaganda, sondern erlebbare Wirklichkeit ist.

Baum- und Waldschäden sind an sich nicht neu. Schon in früherer Zeit hat es im Umkreis von Kohlenmeilern, Glas- oder Metallhütten und anderen Industriebetrieben immer wieder Ausfälle gegeben. Der räumliche und zeitliche Zusammenhang mit Rauchgasemissionen war offensichtlich. Die ersten genaueren Beobachtungen und Untersuchungen wurden im Oberharz und in sächsischen Hüttenrevieren schon vor weit über 100 Jahren durchgeführt.

Die neuartigen Waldschäden sind von ganz anderer Qualität. Sie haben flächendeckend nicht nur die Wälder der Bundesrepublik Deutschland erfaßt, sondern geradezu europaweit die Laub- und Nadelmischwälder zwischen den Vogesen und dem Ural. Unverständlich erschien dabei zunächst, daß die Schäden gerade dort in besonderem Maße sichtbar wurden, wo man sie eigentlich am wenigsten erwartet hatte, nämlich in den sogenannten Reinluftgebieten fernab aller Industriereviere und städtischen Ballungsräume. Es muß auf den ersten Blick geradezu paradox erscheinen, daß die Bäume im Fichtelgebirge oder im Bayerischen Wald in Bedrängnis gerieten, während es ihnen am Rande der Großstädte prächtig geht.

Wie gesund ist unser Wald?

Es ist nicht ganz einfach, die verschiedenen von den Forstfach-

Patient Baum: Kronenverlichtung bei der Rot-Buche (*Fagus sylvatica*, links).

Saumbäume haben es besonders schwer: Abgestorbene Stiel-Eichen (*Quercus robur*, rechts).

leuten festgelegten Schadstufen zu erkennen. Im fortgeschrittenen Stadium sind die Schädigungen der Bäume aber mit Sicherheit nicht zu übersehen. Wir betrachten typische Schadensbilder am besten einmal getrennt für die Fichte und die Rotbuche. Die meisten Symptome gelten auch für die übrigen betroffenen Nadel- bzw. Laubholzarten.
Charakteristisch für das Fichtensterben ist eine sichtlich verringerte Anzahl älterer Nadeljahrgänge, da deren Nadeln vorzeitig abgeworfen werden. Fichtenzweige sind dann nur noch in ihren vorderen Abschnitten, dem Bereich des vorjährigen Zuwachses, benadelt, und selbst hier kann die Benadelung abschnittweise sehr lückig und unregelmäßig ausfallen. Im Vergleich zu gesunden Fichten sind die Nadelblätter erkrankter Bäume auffallend kurz.
Wenn die Triebe weniger Nadeln führen, verlichten sich die Kronen. Bei fortgeschrittener Schädigung sind die Kronen der Bäume schon so schütter, daß man überall die Stämme durch das Geäst sehen kann. Gleichzeitig erhöht sich auch der Totast-Anteil im gesamten Kronenbereich.
Bei stark geschädigten Bäumen ist das gesamte Wachstum gestört. Jahrestriebe fallen komplett aus, während ursprüngliche Seitentriebe das weitere Längenwachstum übernehmen. Diese Wuchsanomalien führen dazu,

daß die Hauptäste oder Kronen einen zerzausten, unregelmäßigen Astaufbau zeigen. Um die entstandenen Verluste auszugleichen, legen die Bäume vor allem auf den Oberseiten der Äste an den Grenzen der jeweiligen Jahrestriebe sogenannte Angsttriebe an. Der vollbenadelte Zweig einer gesunden Fichte erscheint immer kräftig dunkelgrün. Bei kranken Bäumen beobachtet man dagegen im Laufe der Zeit gelbliche oder fahlgrüne Verfärbungen.
Bei Buchen sind die krankhaften Veränderungen am besten zur Zeit der sommerlichen Belaubung erkennbar. Auch hier sind Vergilbungen oder andere Blattveränderungen festzustellen. Bei kranken Buchen bleiben die Blätter im allgemeinen deutlich kleiner als bei gesunden Exemplaren. Schon mitten im Sommer verlieren die geschädigten Laubbäume ihre Blätter. Der vorzeitige Laubfall steigert sich über den Sommer hinweg und findet seinen Abschluß im September, ohne daß die typische Herbstfärbung eingetreten wäre. An jungen Trieben erkrankter Buchen (besonders im Wipfelbereich) rollen sich die Blätter vom Rande her zusammen – ein Krankheitssymptom, das man oft nur mit dem Fernglas beobachten kann. Mitunter werden in den Buchenkronen nur noch Kurztriebe angelegt.

Es liegt was in der Luft

Worauf gehen die genannten Schädigungen zurück? Schon seit

Wenn die Kronenverlichtung bei der Fichte so weit fortgeschritten ist, gibt es für den Baum keine Rettung mehr.

Lamettasyndrom bei der Fichte (*Picea abies*) – fortgeschrittene Schädigung des Organismus Baum (unten).

Abgestorbener Fichtenwald im Erzgebirge: Schicksal auch unserer Wälder?

langem sind bestimmte Säureanhydride, darunter Schwefeldioxid und Stickstoffoxide, als primäre Schadgase bekannt. Aus Häusern (Heizung), Kraftfahrzeugen und anderen Verbrennungsanlagen gelangen diese Stoffe in die Atmosphäre, werden dort aber meist nicht allzu weit transportiert. Solange sie nicht in großer Konzentration auftreten, können sie von den Pflanzen erstaunlich gut verkraftet werden. In wenigen Reaktionsschritten bauen die grünen Pflanzengewebe die anorganischen Schadgase in organische Moleküle ein und entsorgen dadurch die Luft.
Durch den Flugverkehr oder sehr hohe Schornsteine werden Schadgase jedoch in beträchtlicher Menge sehr hoch in die Atmosphäre verfrachtet. Sie unterliegen dort mit langer Einwirkungszeit der energiereichen Höhenstrahlung und werden somit zu aggressiven Verbindungen, die nicht mehr auf einfachem Wege zu entgiften sind.

... schon gewußt?

Die Problematik von Waldschäden wird die Forstfachleute wohl noch etliche Jahre beschäftigen. Viele regionale Forstdienststellen führen dazu regelmäßig Informationsveranstaltungen oder Demonstrationen durch. Weitere Informationen kann man den alle zwei Jahre neu erscheinenden Waldschadensberichten entnehmen, die auch in den Forstämtern jedem zugänglich sind.

Leben in der Laubstreu

Zwischen einer Schaufel Sand und einem fruchtbaren Boden besteht ein gewaltiger Unterschied: Produktiver Boden enthält eben nicht nur das Verwitterungsmaterial des anstehenden Gesteins, sondern auch eine Menge toter, organischer Stoffe. Der Boden nimmt alles auf, was angeliefert wird – die Reste toter Lebewesen oder ihrer Teile, dazu auch deren Stoffwechsel- und Ausscheidungsprodukte. Der Vorrat des Bodens an organischer Substanz ist der Humus. Je mehr Humusstoffe ein Boden enthält, um so dunkler ist er. Manche Waldböden sind nahezu schwarz.

Am Laubwaldboden sammelt sich in jedem Herbst aufs neue eine mächtige Schicht aus Fallaub an. Eigentlich müßten sich – zumal in sehr alten Wäldern – auf dem Boden gewaltige Materialmengen auftürmen. Tatsache ist aber, daß sich dort immer nur eine überschaubare Laubmenge befindet. Die tote organische Substanz bleibt offenbar nicht unverändert auf dem Waldboden liegen. Vielmehr macht sich schon bald nach dem herbstlichen Laubfall ein Heer von Bodenarbeitern darüber her und baut die tote Biomasse langsam ab. Ständig ist am Boden und unter der Laubstreu eine riesige Anzahl von Untergrundagenten am Werk. Regenwürmer, Schnecken, Saftkugler, Asseln, Springschwänze und viele andere Kleintiere leben am oder im Boden und von den immer wieder anfallenden Abfallstoffen. Hinzu kommt eine beträchtliche Anzahl von Tieren, die sich räuberisch ernähren und folglich Jagd auf die Bodenarbeiter machen. So finden sich eben auch Spinnen, Weberknechte, Laufkäfer oder Hundertfüßer ein, die indirekt von der Abfallbeseitigung leben.

Die mit bloßem Auge noch gut oder vielleicht nur gerade noch erkennbaren Laubstreu- und Bodenorganismen sind nur ein Teil der Waldbodenbiologie. Hinzu kommt nämlich das geradezu unglaubliche Gedränge an Mikroorganismen, die im Boden ebenfalls vom Abbau organischer Totstoffe leben. Unter jeder Handbreit Waldboden leben beispielsweise mehr Bakterien, als es jemals Menschen auf der Erde geben wird – etwa eine Billion (oder ca. 1000 Milliarden). Außerdem wären da noch ein paar Milliarden Strahlenpilze, etwa 1 Milliarde Pilze und 1 Million Bodenalgen neben 500 Milliarden Flagellaten, 100 Milliarden Amöben und etlichen Millionen Wimpertieren zu berücksichtigen. Jede Handvoll Waldboden unter einer mehr oder weniger dichten Laubstreudecke ist ein berstender Miniaturzoo. Unter einem Hektar Waldboden leben bis zu vier Tonnen Bodenorganismen. Sie setzen einmal im Jahr bis zum Dreifachen ihres Eigengewichtes an Bodensubstanz um.

Alles der Reihe nach

Bei ihrer Arbeit gehen die Bodenorganismen zunächst einmal an die mechanische Zerkleinerung der pflanzlichen oder tierischen Reste. Andere Zersetzer sorgen für eine weitere Zerlegung des Bestandsabfalls mit chemischen Mitteln. Bodenbakterien und Pilze sind wahre Künstler dieser Branche. Wertvolle mineralische Bestandteile, die zunächst noch im organischen Abfall gebunden sind, werden durch den Abbau wieder freigesetzt und sind damit

Bodenorganismen haben das Blatt schon teilweise skelettiert (links).

Bodenmilben aus einer fingerhutgroßen Waldbodenprobe (rechts).

für neuen Pflanzenwuchs verfügbar. Durch die ständige Tätigkeit der größeren, kleineren und winzigen Bodenorganismen findet im und am Waldboden ein perfektes Recycling statt: Durch Zersetzung und Verwertung von Totstoffen bleiben die Stoffkreisläufe in Gang. Andererseits entstehen bei Abbau auch bestimmte Substanzen, die nun ihrerseits Mineralsalze oder Spurenelemente aus dem Gestein herauslösen. Der Waldboden ist daher wie jeder andere Boden eine recht komplizierte Fabrik, in der mechanische und chemische Abbauwege sich gegenseitig zuarbeiten. Durch Vernetzungen und Wechselbeziehungen sind die mineralischen Ausgangsstoffe, die toten organischen Bestandteile und die davon lebenden Bodenorganismen immer miteinander verbunden.
So ergänzt der Waldboden unter der ständigen Mitwirkung von Humus und Bodenorganismen seine Nährstoffvorräte immer wieder. Gleichzeitig sorgt das vielgestaltige Bodenleben auch für eine günstige Bodenstruktur.

... schon gewußt?

Eine Mulchdecke aus Pflanzenabfällen oder Häckselgut im Garten ist der Natur abgeschaut – sie ahmt die Verhältnisse in der Laubstreu nach. Mulchen schützt den Boden, führt ihm Humusstoffe zu und verhindert sogar den Wuchs unerwünschter Pflanzen in den Beeten.

1
2
3
4
5
10
11

Leben in der Laubstreu. 1 Steinläufer, **2** Schmetterlings-Porling, **3** Nacktschnecke, **4** Erdsamtmilbe, **5** Waldregenwurm, **6** Assel, **7** Wolfsspinne, **8** Becherflechte, **9** Bandfüßer, **10** Klebriger Hörnling, **11** Weberknecht.

Von Buchdruckern, Kupferstechern und Waldgärtnern

In fast jedem Wald finden sich abgestorbene und vielleicht noch stehende Bäume. Oft kann man ihre gelockerte Rinde wie einen Buchdeckel zur Seite klappen und erkennt dann auf dem Holz merkwürdige, eingegrabene Muster. Offenbar haben Schädlinge dem Baum arg zugesetzt und ihn schließlich völlig zugrunde gerichtet.
Borkenkäfer waren am Werk und haben ihre charakteristischen Fraßgänge in den äußeren Holzschichten hinterlassen. An der Fichte, gelegentlich auch an Lärche oder Kiefer, sieht man besonders häufig die Gangsysteme des Buchdruckers oder Großen Fichtenborkenkäfers (*Ips typographus*), einem der verbreitetsten und gefährlichsten Borkenkäfer. Die braunschwarzen Käfer werden um fünf Millimeter lang. Der Kopf ist fast ganz unter dem großen Brustschild verborgen. Am Hinterende sind die Flügeldecken deutlich eingedrückt. Sie werden praktischerweise als Schaufeln benutzt, um Nageabfall beziehungsweise Bohrmehl aus den Gängen wegzuräumen.

Das Werk von Generationen

Die Arbeit der Borkenkäfer beginnt mit dem Einnagen in die Baumrinde. In der Rinde nagt das Käfermännchen einen Paarungsraum, die Rammelkammer, frei. Von dort treiben seine zwei bis drei Weibchen jeweils einen großen Stollen, den Muttergang, vor und legen darin in Abständen bis etwa einhundert Eier ab. Durch besondere Luftlöcher werden diese Gänge ständig ventiliert. Von den Eiablagestellen aus übernehmen die schlüpfenden Käferlarven die Bohrarbeit. Ihre anfangs kleineren, aber zunehmend größer werdenden Larvengänge zweigen rechtwinklig vom Muttergang ab und enden blind in einer kammerartigen Erweiterung, der Puppenwiege. Hier verpuppt sich die Larve und durchläuft ihre abschließende Entwicklung zum Käfer. Die geschlüpften Käfer befreien sich aus der Puppenwiege, indem sie einen Fluchttunnel durch die Rinde nagen. Bei anhaltend günstiger Witterung benötigt der Buchdrucker für seine gesamte Entwicklung vom Ei zum Käfer nur wenig mehr als sechs Wochen. In einem Sommer können somit bis zu drei Generationen aufeinanderfolgen. Die Tiere der letzten Generation überwintern vor Ort oder in der Bodenstreu. Im Mai des nachfolgenden Jahres ist Hochzeit, und die Bohrsaison beginnt von neuem.

Viel zu früher Zapfenstreich

Als Rindenbrüter leben die Borkenkäfer ausgerechnet im empfindlichsten Teil des Baumes. Bei Einzelbefall kann sich eine Fichte oder Kiefer durchaus noch erfolgreich wehren: Mit verstärktem Harzfluß versiegelt sie die Eindringlinge einschließlich ihrer Nachkommenschaft.
Vorgeschädigte Bäume, die von einer ganzen Käferarmee heimgesucht werden, haben dagegen kaum eine Chance. Die Käfer zerstören mit ihrem Nagewerk nicht nur die dünne Wachstumsschicht des Baumstammes (Kambium), sondern unterbrechen auch die im Bastteil der Rinde verlaufenden Leitbahnen, die die Stoffströ-

me des Baumes lenken und regulieren. Für die unterhalb einer Bohrstelle gelegenen Teile ist daher ziemlich bald Zapfenstreich, denn durch eine unterbrochene Leitung läuft einfach nichts mehr. Außerdem attackieren die Käfer und ihre bohrenden Larven auch noch die äußeren Schichten des Holzkörpers und damit genau denjenigen Bereich, in dem die funktionstüchtigen Wasserleitungen des Baumes liegen. Auch hier versiegen also bei massivem Befall sehr bald die lebenserhaltenden Ströme. Der Baum stirbt ab, und die ohnehin schon gelockerte Rinde löst sich portionsweise ab. Der Buchdrucker ist nur eine von insgesamt über zweihundert Borkenkäferarten in Europa. An Nadel- und Laubhölzern ist daher mit seiner artenreichen Verwandtschaft zu rechnen. Fichten können beispielsweise vom Kupferstecher befallen werden, einem kleineren Rindenbrüter, dessen Muttergänge von der Rammelkammer sternförmig ausstrahlen. An Kiefern machen sich der Kleine und der Große Waldgärtner zu schaffen oder an der Tanne der Krummzähnige Tannenborkenkäfer. Nicht alle Arten treten in großen Mengen auf, weshalb ihre Gefährlichkeit auch unterschiedlich bewertet wird.

Wie Käfer in die Falle gehen

Ein wichtiges Verständigungsmittel, durch das die richtigen Paarungspartner zusammengeführt werden, sind artspezifische Lockstoffe oder Pheromone. Sie werden vom Weibchen produziert

Lockstoff-Falle auf einer Hiebfläche – Vorsorge gegen Borkenkäfer (oben).

Buchdrucker (*Ips typographus*) haben den Baumstamm arg zugerichtet.

Seite 214, linke Spalte, von oben nach unten:

Kupferstecher (*Pityogenes chalcographus*) sind Rindenbrüter an Fichten.

Der Große Waldgärtner (*Blastophagus piniperda*) befällt nur Kiefern.

Der Zwölfzähnige Kiefernborkenkäfer (*Ips sexdentatus*) kann an Kiefernbeständen beachtliche Schäden anrichten.

Larven des Buchdruckers (*Ips typographus*) vor Ort.

Typisches Fraßbild des Buchdruckers (*Ips typographus*) vor Ort (oben rechts).

Typisches Fraßbild des Kupferstechers (*Pityogenes chalcographus*) S. 215 links).

Klar erkennbar: Fraßbild des Großen Waldgärtners (*Blastophagus piniperda*, S. 215 rechts).

und ausgesandt, während die Männchen auf dieses einem Parfüm vergleichbare chemische Signal stark ansprechen und selbst aus größerer Entfernung zur Lockstoffquelle eilen. In einem so unübersichtlichen Lebensraum wie einem Laubmischwald hätten Kleintiere wie Käfer ohne den Sendebetrieb mit artspezifischen Parfüms praktisch keine Chance, einen Paarungspartner zu finden. Den gleichen chemischen Trick kann man sehr gut zur biologischen Schädlingsbekämpfung einsetzen. Wenn der molekulare Aufbau eines Lockstoffs bekannt ist, kann er eventuell auch synthetisch hergestellt werden. Für den Buchdrucker und den Gestreiften Nutzholzborkenkäfer, die beide als gefährliche Baum- beziehungsweise Holzschädlinge gelten, stehen künstliche Pheromone zur Verfügung. Sie werden in besonderen Flugfallen eingesetzt, die aus einer Prallfläche mit Fangschlitzen und einem Sammelbehälter bestehen. Solche Borkenkäferfallen werden seit einiger Zeit sehr erfolgreich an Altholzrändern, auf vorjährigen Abtriebsflächen oder in Bestandslücken aufgestellt. Die Fallen werden von den Forstleuten in der Hauptflugzeit wöchentlich kontrolliert, um ein Bild von der Befallsituation zu gewinnen.

... schon gewußt?

Borkenkäferinvasionen drohen auch immer dann, wenn in Wäldern und Forsten nach schweren Stürmen besonders viel Totholz anfällt. Um die Befallsraten drastisch zu senken, haben die Forstleute vor Jahren die sogenannte Naßlagerung geernteter Baumstämme entwickelt.

Sommer
Unterwegs an Tümpel, Bach und Weiher

Exoten am Gartenteich

Auf unseren naturkundlichen Wanderungen werden wir im späten Frühjahr oft merkwürdige ausgetrocknete Hüllen an den Halmen der Uferpflanzen von Tümpeln und Teichen entdecken. Auf den ersten Blick haben sie keine Ähnlichkeit mit irgendeinem bekannten Tier des Gewässers. Um dem Rätsel auf die Spur zu kommen, müssen wir uns schon früh am Morgen an einem schönen, windstillen Tag auf die Pirsch begeben. Wenn wir uns einen Platz am Ufer suchen und dort ruhig niederlassen, können wir schon nach wenigen Minuten Glück haben: Ein kleines, nur wenige Zentimeter großes Tier erklimmt langsam den senkrechten, aus dem Wasser ragenden Halm. Unschlüssig suchend krabbelt es an der Pflanze empor und verharrt etwa 20 cm über der Wasseroberfläche. Nach einigen Überlegungen erkennen wir nun die wie erstarrt sitzende Libellenlarve, deren Chitinhaut allmählich trocknet. Plötzlich reißt die Haut auf, und mühselig zwängt und zerrt sich etwas völlig anderes heraus. Zunächst kommt der Rücken hervor, dann der Kopf, die Beine, und zum Schluß steckt nur noch der Hinterleib in der fast verlassenen Haut. Nach einigen Minuten Ruhe schnellt das Tier den herabhängenden Körper herauf und krallt sich mit den weichen, gelblich durchscheinenden Beinen an den Halm. Mit kräftigen, pumpenden Bewegungen

Die Larve der Plattbauch-Libelle besitzt wie alle Großlibellen-Larven gewaltige Freßwerkzeuge (links).

Paarungsrad der Gemeinen Binsenjungfer (rechts).

Regelrechte Eiablagegesellschaften bilden die Großen Binsenjungfern, hier an einem Weidenast (unten).

wird auch der lange Hinterleib aus der Hülle gezerrt. Wenn die Flügel allmählich gestreckt sind, wissen wir endlich, was das Wasser nun für immer verlassen hat: Eine frischgeschlüpfte Libelle hat ihr oft mehrere Jahre dauerndes Unterwasserdasein als kaulquappenfressende Larve beendet und erobert nun für wenige Wochen die Lüfte.

Neben der Jagd auf kleine Insekten gibt es nur eines im Leben einer Libelle: sich fortzupflanzen und die Eier an einer sicheren Stelle abzulegen. Je nach Art haben Libellen die merkwürdigsten Eiablagetechniken entwickelt: Die Mosaikjungfer legt ihre Eier einzeln in den feuchten Bodengrund oder ins Moos, Heidelibellenpaare werfen sie als Tandem über der Wasseroberfläche ab, Weidenjungfern stechen sie in die Rinde von Weiden am Ufersaum eines Tümpels, und Prachtlibellen tauchen oft tief ins Wasser, um dort in Pflanzenstengel ihre Eier einzustechen.

All diese Verhaltensweisen können wir mit etwas Geduld und Glück an unseren Gewässern beobachten, wobei einige Libellenarten zu den häufigsten Bewohnern der Tümpel und Teiche zählen. Wer einen Gartenteich hat, wird sich wundern, wie schnell Insekten, zu denen auch die Libellen gehören, sich an einem noch frisch angelegten Tümpel einfinden. Besonders die Blaugrüne Mosaikjungfer, mit unsere größte einheimische Libellenart, besiedelt neuangelegte Gartenteiche enorm schnell. Der Grund dafür liegt in der Lebensweise dieser Art: Oft unternimmt sie kilometerweite Wanderungen auf der Suche nach geeigneten neuen Lebensräumen und stößt dabei häufig auch auf einen Gartenteich, der sofort näher untersucht wird. Sagt er ihr zu, kann es zur Eiablage am feuchten Uferstreifen kommen, ein Männchen „besetzt" den Tümpel regelrecht, verteidigt „sein" Revier gegen Eindringlinge und wartet auf ein Weibchen. Streift eine Libelle einer kleineren Art zu neugierig umher, kann es ihr passieren, daß sie ergriffen und verspeist wird – manchmal nimmt sich der gefräßige Teichbesetzer nicht einmal die Zeit, die Beute in Ruhe zu verzehren, sondern frißt den Verwandten sofort im Fluge.

Die wendigen Großlibellen mit ihren kräftigen, unterschiedlich geformten Vorder- und Hinterflügelpaaren sind zu erstaunlichen Flugleistungen fähig: Nicht genug, daß sie zu den schnellsten Insekten zählen, sie können auf der Stelle kehrtwenden und sogar rückwärts fliegen.

Die leuchtenden Farben unserer Libellen, die deswegen auch als „fliegende Edelsteine" bezeichnet werden, sind je nach Art völlig unterschiedlich: Die kleinen Azurjungfern sind leuchtend blau, die ebensogroße Adonislibelle kräftig rot. Binsenjungfern schimmern in metallischem Grün oder Kupfer, die großen Plattbauchlibellen-Männchen haben dagegen eine blaue, wachsartige Bereifung, die Weibchen sind gelb gefärbt.

Libellen sehen für Insekten außerordentlich gut und können noch Bewegungen wahrnehmen, die für unser Auge viel zu schnell ablaufen. Aus bis zu 28 000 Facetten besteht ein Auge; bei der Blaugrünen Mosaikjungfer nehmen sie fast den gesamten Kopf ein.

Leider hat der Volksmund ein Gerücht über unsere Libellen verbreitet, das völlig aus der Luft gegriffen ist: Oft werden die auch als Teufelsnadeln bezeichneten Libellen als gefährliche und giftige Insekten dargestellt. Sie können nicht stechen und sind keinesfalls giftig. Da sie den Menschen und größeren Tieren gegenüber sehr scheu sind, kommt es auch kaum zu „kritischen" Begegnungen. Wir sollten diese überaus interessanten Tiere deshalb in Ruhe lassen und statt dessen ihre Flugkünste bewundern.

Ein Männchen der Blaugrünen Mosaikjungfer schlüpft aus seiner Larvenhaut (Reihenfolge: von links nach rechts).

Die kleinsten Flöße der Welt

Mit dem Namen „Entengrütze“ oder auch „Entenflott“ werden die kleinsten unserer Blütenpflanzen bezeichnet, die im Falle der Kleinen Wasserlinse nur 2–3 mm groß werden. Diese Winzlinge können selbst hektargroße Gewässer mit einem dichten Teppich kleinster Blättchen bedecken, der bei aufkommendem Wind in einer Gewässerbucht zusammengefegt wird.

Die Bezeichnung „Entengrütze“ ist durchaus treffend, denn von Entenvögeln werden die Wasserlinsen geradezu „staubsaugermäßig“ verputzt.

Erstaunlich ist das massenhafte Auftreten bereits im Frühjahr, zumal wir im Winter nur selten ein Exemplar entdecken können. Das Geheimnis dieser Kleinstpflanzen liegt in ihrer Überwinterungsstrategie: Zum Herbst hin erhöhen sie ihr Gewicht durch Speicherung von Stärke in den Blättchen beträchtlich. Dadurch werden sie schwerer als Wasser, so daß sie auf den Gewässerboden sinken, wo sie meist frostsicher den Winter überstehen können. Während des Winters werden die Stärkevorräte verbraucht, so daß die Wasserlinsen wieder leichter werden, wie Unterseeboote allmählich auftauchen und im Frühjahr schließlich auf der Wasseroberfläche treiben. Wie aber kann dieses auf der Wasseroberfläche schwimmende Miniaturgrün seinem Namen als Blütenpflanze gerecht werden?

Die Kleine Wasserlinse überzieht selbst schattige Waldtümpel (links).

Die Kleine und die Vielwurzelige Wasserlinse bilden oft flächendeckende Wasserlinsengesellschaften (rechts).

Es erfordert schon viel Fantasie, den millimeterkleinen Blättchen Blüten zuzutrauen. Die winzigen, selbst mit der Lupe kaum zu entdeckenden Blüten werden von kleinen Insekten der Wasseroberfläche befruchtet; Wasserläufer, Käfer und besonders die Hornmilbe übernehmen die Samenverbreitung. Nach dem Zerfall der auf der Blattunterseite ausgebildeten Fruchtkörper sinken die Samen auf den Gewässerboden, können aber auch Trockenphasen unbeschadet überstehen. Auch an regelmäßig austrocknenden Tümpeln bleibt deshalb der Bestand gesichert.

Wesentlich wichtiger ist die Vermehrung durch Ausbildung von Tochterpflanzen – Wasserlinsen können auf diese Weise kleine zusammenhängende Kolonien bilden. Regelmäßig bildet an sich nur die ziemlich seltene Buckelige Wasserlinse Blüten aus.

Kaum eine Bedeutung haben die oft nur spärlich ausgebildeten Wurzeln. Sie dienen nicht der Aufnahme von Wasser und Nährstoffen wie bei anderen Pflanzen, sondern lediglich der Lagestabilisierung auf der Wasseroberfläche. Außerdem enthalten die bis zu 9 cm langen Wurzeln den grünen Blattfarbstoff Chlorophyll und können deshalb Energie erzeugen – eine Leistung, die normalerweise den Blättern vorbehalten ist.

Bis zum letzten Tropfen

Weit abseits unserer Wege liegen Sand-, Kiesgruben und Steinbrüche. Diese meist nur wenig beachteten und vielfach als illegale Müll- und Bauschuttdeponien mißbrauchten Abgrabungsflächen sind für unzählige Tier- und Pflanzenarten unersetzbar wichtige Lebensräume.
Diese nach dem Abbau sich selbst überlassenen Steinbrüche und Sandgruben bieten den Tieren Bedingungen, wie sie in unserer intensiv genutzten Landschaft sonst nicht anzutreffen sind: Die nahezu unbewachsenen, reichgegliederten Flächen sind regelrechte Wärmeinseln, wo der offene Boden von der Sonne aufgeheizt wird. Wärmeliebende Amphibien und Reptilien, deren Lebensräume andernorts verschwunden sind, finden hier noch intakte Rückzugsgebiete.
Flache Pfützen auf der nur wenig wasserstauenden Sohle eines Steinbruches sind so kurzlebig, daß bereits wenige Sonnentage die Flachgewässer wieder austrocknen lassen. Wer hier das Wasser benötigt, wie die Amphibien für ihren Nachwuchs, muß zum Überleben schon gute Strategien entwickelt haben.
Ein Spezialist dieser für unsere Breiten extremen Lebensräume ist die Kreuzkröte, die ohne die Trockenheit und Wärme solcher Standorte nicht überleben könnte. Die nur 8 cm große Krötenart verschläft den ganzen Tag in schützenden Spalten unter Geröll

oder in selbstgegrabenen Röhren im lockeren, sandigen Untergrund. Erst nach Sonnenuntergang verläßt sie die schützende Umgebung und sucht nach Insekten, Schnecken und Würmern. Die erdfarbene Kreuzkröte ist am gelben Strich in der Rückenmitte sofort erkennbar.

Sie hat eine erstaunliche Fortpflanzungsstrategie entwickelt: Ab April sammeln sich die Kreuzkröten-Männchen in den flachen, schon stark durch die Sonne aufgewärmten oft nur 10 cm flachen Pfützen und locken mit den knarrenden, durch ihre riesige Schallblase verstärkten Rufen die Weibchen an. Nach kräftigen Regenfällen legen die Pärchen ihre Laichschnüre auf dem Boden der Pfützen ab, und schon nach wenigen Tagen schwimmen die Kaulquappen umher. Bis auf 30 Grad Celsius und mehr kann die Wassertemperatur an Sonnentagen ansteigen, so daß sich die Kaulquappen schnell entwickeln. Bereits nach sechs Wochen verlassen die nur 8–10 mm kleinen Jungkröten das Wasser. Trotzdem verlieren sie oft den Wettlauf gegen die Zeit, wenn die Pfützen vorzeitig austrocknen. Die Weibchen setzen deshalb ihren Laich nicht auf einmal ab, sondern verteilen ihn auf zwei bis drei Schübe. Wird nun eine Larvengeneration vernichtet, können sie nach erneuten Regenfällen ihre „Sicherheitsreserve“ einsetzen. Die abgestor-

Sich selbst überlassene Steinbrüche mit Flachgewässern entwickeln sich oft zu einzigartigen Lebensräumen.

Die Kreuzkröte sucht zum Ablaichen flache Steinbruchpfützen auf (unten).

benen Kaulquappen dienen den geschlüpften Larven dann sogar als Kraftnahrung; ihr Wachstum wird dank der „Vorgänger“ stark beschleunigt.
Ähnlich spezialisiert wie die Kreuzkröte ist auch die bis zu 10 cm große Wechselkröte, die aufgrund einer Vielzahl grüner Flekken auch den Namen „Grüne Kröte“ hat. Dazu verleihen ihr rote Warzen ein sehr schönes kontrastreiches Muster. Im Frühjahr ab April können wir mit viel Glück das hohe durchdringende Trillern dieser seltenen Kröte hören, das die Männchen aus den flachen Pfützen ertönen lassen.
Das interessanteste Fortpflanzungsverhalten hat allerdings unsere kleinste Art, die Geburtshelferkröte. Die nur bis 4,5 cm messenden, sehr unscheinbar erzgrauen, gelblichen oder bräunlichen Tiere sind ausgezeichnet getarnt. Die dämmerungs- und nachtaktive Geburtshelferkröte hat sich als ausgesprochener Kulturfolger erwiesen. Neben den versteckreichen Steinhalden der Steinbrüche oder den Trockenhängen der Weinberge besiedelt sie sehr gern auch Trockenmauern an alten Gehöften. Im Frühjahr und Sommer können wir auch tagsüber ihre helle flötende Stimme hören, die ihr im Sauerland den Namen „Steinklinke“ eingebracht hat; anderenorts wird sie auch Glokkenfrosch genannt.
Um den Gefahren der Trockenheit zu entgehen, besitzt die Geburtshelferkröte eine erstaunliche Strategie. Nach der Befruchtung der Eier wickelt sich

In sandige Hänge gräbt die Wechselkröte ihre Wohnröhren.

das Männchen die aus etwa 20–50 Einzeleiern bestehende Gallertschnur, die zu einem elastischen Band eintrocknet, um seine Hinterbeine. Es trägt die heranreifenden Kaulquappen mit sich herum, bis diese durch zunehmende Bewegungen auf ihren Freiheitsdrang aufmerksam machen. Sollten die Gewässer mangels Niederschlägen zwischenzeitlich ausgetrocknet sein, kann das Absetzen der Kaulquappen herausgezögert werden. Sagen ihm die Wasserverhältnisse zu, setzt sich das Männchen in den flachen Randbereich, kurze Zeit später sprengen die Kaulquappen ihre enge Larvenhülle und schießen in die Freiheit.

Das Geburtshelferkröten-Männchen sucht zur Larvenablage instinktiv zum richtigen Zeitpunkt das Gewässer auf.

Kleinste wassergefüllte Wagenspuren oder pflanzenlose Pfützen von 10 cm Tiefe werden von der Gelbbauchunke als Fortpflanzungsstätten bevorzugt. Die einzige tagaktive Art unter den hier behandelten Froschlurchen hält sich fast ihr gesamtes Leben in den warmen, flachen Pfützen auf. Bei Gefahr präsentieren die oberseits lehmgelben Tiere ihren grellgelben Bauch in der sogenannten „Kahnstellung" und schrecken ihre Feinde so ab. Zusätzlich besitzen sie ein sehr starkes Gift, das aus den über den gesamten Körper verteilten Warzen freigesetzt werden kann. Sehr problematisch wirkt sich die zunehmende Nutzung von Sandgruben und Steinbrüchen als Mülldeponien aus. Vielerorts hat der „Müllnotstand" zur Zerstörung unersetzlich wertvoller Lebensräume geführt.

Scharfe Klauen - lange Dolche

Unter Wasser spielt sich in aller Verborgenheit ein dramatischer Überlebenskampf ab, dessen Gewalttätigkeit für Horrorgeschichten Pate gestanden haben könnte. Mord und Totschlag, Kannibalismus, verstümmelte Opfer – all dies gehört zum Alltag der Insektenlarven. Diese oft nur wenige Zentimeter kleinen Freßmaschinen kennen kein anderes Ziel als ihre Beute. Feine Injektionsnadeln, nadelspitz bedornte Fangarme oder hervorschnellbare messerscharfe Klappmechanismen sind nur eine Auswahl der Mordwerkzeuge der tümpelbewohnenden Insekten und ihrer Larven.

Freischwimmende Jäger sind die zu den Wasserwanzen zählenden Rückenschwimmer der Gattung *Notonecta.* Sie sind aufgrund ihrer oberflächennahen Lebensweise und der quirligen Schwimmweise oft die ersten Wasserinsekten, die wir bei einem Tümpelspaziergang entdecken. Während die Wasserläufer – die ebenfalls zu den Wasserwanzen gehören – ihre Beute meist von oben durch die Wasseroberfläche ergreifen, kehrt sich bei den Rückenschwimmern die Jagdweise um: Mit den Vorderbeinen werden auf das Wasser gefallene Insekten ergriffen, mit den spitzen Mundwerkzeugen angestochen und ausgesaugt. Die Rückenschwimmer schwimmen deshalb immer „verkehrt herum" im Wasser, mit dem Kopf nach unten, so daß sie

Ein räuberischer Wasserbewohner ist der Gelbrandkäfer; hier ein Weibchen, erkennbar an den gefurchten Flügeldecken (links).

Die unersättliche Larve des Gelbrandkäfers vergreift sich sogar an kleineren Artgenossen (rechts).

Im Untergrund des Gewässers lebt die Larve der Schlammfliege (unten).

blitzschnell Insekten ausmachen und erbeuten können. Minutenlang hängen sie kopfunter an der Wasseroberfläche, den Hinterleib etwas herausgestreckt, um Luft nachzutanken. Das kräftige dritte Beinpaar ist mit langen Haaren ausgestattet, so daß sie sehr schnell und wendig umherflitzen können. Eine weitere Wasserwanzenart bevorzugt eine völlig andere Jagdweise: Der blattartig abgeplattete Wasserskorpion ist ein schlechter Schwimmer und hangelt sich mehr zwischen Wasserpflanzen oder im Dickicht des Untergrundes entlang. Dank seiner bräunlichen Färbung und der zögernden langsamen Gehweise sehen ihn seine Beutetiere kaum. So schnellt er aus der Deckung seine kräftigen, zu Zangen umgewandelten Vorderbeine hervor und ergreift kleine Insekten oder auch Kaulquappen. Zur Atmung dient das oft fälschlich als Stachel angesehene 10 mm lange Atemrohr am Hinterleibsende, mit dem der etwa 22 mm kleine Wasserskorpion an der Wasseroberfläche Luft nachtankt. Seinen Namen verdankt er diesem Atemrohr und den in Lauerstellung angewinkelten Fangarmen. Dadurch sieht er dem Skorpion ähnlich, mit dem er aber nicht im entferntesten verwandt ist.

Räuberische Insekten und Insektenlarven. 1 Blaugrüne Mosaikjungfer und Larve, **2** Gemeine Heidelibelle und Larve, **3** Große Pechlibelle und Larve, **4** Rückenschwimmer, **5** Wasserskorpion, **6** Gelbrandkäfer und Larve, **7** Hufeisen-Azurjungfer, Paarungsrad, **8** Frühe Adonislibelle (Männchen), **9** Plattbauch-Libelle.

Wer von räuberischen Insekten berichtet, nennt vor allem den Gelbrandkäfer und seine gefräßige Larve. Besitzer von Fischteichen sehen den 3,5 cm großen Schwimmkäfer höchst ungern, da er in größerer Anzahl unter der Jungbrut der Fische „aufräumen“ kann. Der erwachsene Käfer fliegt Gewässer auf der Suche nach neuen Nahrungsquellen nachts an. Die dunklen, metallisch grün schillernden Tiere mit der gelben Körperumrandung sind schnittige, schnelle Schwimmer, die vom hinteren Ruderbeinpaar angetrieben werden. Mit den Vorderbeinen ergreift er kleinere Fische, meist aber Wasserinsekten oder Kaulquappen, die sofort aufgefressen werden. Die großen Saugnäpfe am vorderen Beinpaar trägt nur das Männchen. Sie dienen während der Paarung zur Verankerung auf dem Panzer des Weibchens. Noch unersättlicher ist die Larve des Gelbrandkäfers. In einem Aquarium wird so ziemlich alles aufgefressen, was von der Größe her noch zu bewältigen ist: Kaulquappen, Insekten, kleine Fische, selbst ausgewachsene Molche verspeist die Gelbrandlarve. Kannibalismus ist keine Seltenheit, so daß in Aquarien nur eine Larve einen längeren Aufenthalt überstehen wird. Die langen Dolchzangen am Kopf sind innen hohl und verbeißen sich zunächst in die Beute, für die es dann kein Entrinnen mehr gibt. Die Gelbrandlarve pumpt Verdauungssäfte hinein, die das Opfer innerlich auflösen, das so in aller Ruhe ausgesaugt werden kann. Schon kurz nachdem sie die leere Hülle des letzten Beutetiers fallen läßt, hält sie nach dem nächsten Opfer Ausschau.

Die Larven der Großlibellen sind ebenfalls gefräßige Wasserbewohner, deren eigenartige Ernährungsweise wir sehr gut beobachten können. Ohne viel Aufwand ist „vor Ort“, am Tümpel, ein kleines Aquarium mit einigen Wasserpflanzentrieben eingerichtet. Setzen wir zwei, drei Großlibellenlarven zusammen mit einigen Kaulquappen hinein, dauert es meist nur einige Minuten, bis sich die Libellenlarven an die fremde Umgebung gewöhnt haben und sich um ihre Mitbewohner „kümmern“. Alles, was kleiner ist als sie selbst, wird zunächst als Beute angesehen, und blitzartig hängt die erste Kaulquappe zwischen den kräftigen Kieferzangen. Die sich langsam anschleichende Larve kann aus mehreren Zentimetern Entfernung ihre Beute „harpunieren“, indem sie ihre Fangmaske hervorschnellt. In Ruhestellung ist das Greiforgan unter dem Kopf des Tieres zusammengeklappt. So schafft es die Libellenlarve, aus der Tarnung heraus ihr Opfer zu ergreifen.

In den dunklen Tiefen des schlammigen Gewässerbodens leben die Larven der Schlammfliege. Beiderseits ihres langgestreckten Hinterteils sitzen acht Kiemenäste, mit denen sie sich auch im relativ sauerstoffarmen Bodenschlamm ausreichend mit Sauerstoff versorgen kann. Meist im Bodenschlamm eingegraben, packt sie mit ihrer kräftigen Kieferzange Würmer oder Insektenlarven aus der Deckung heraus.

Zu den Wasserwanzen zählt der Wasserskorpion, der den gefährlich klingenden Namen seinem langen Atemrohr und den scherenartig angewinkelten Fangarmen verdankt (oben).

Zum Atmen müssen Rückenschwimmer regelmäßig an die Wasseroberfläche aufsteigen (unten).

Pflanzen auf Insektenjagd

Ob Insektenlarven auf der Jagd, Kaulquappen im Wettlauf gegen das drohende Austrocknen ihres Gewässers oder Bachbewohner unter dem ständigen Druck der Strömung – der Kampf ums Überleben ist allen Tieren gemeinsam. Aber auch unter den Pflanzen gibt es an und in Gewässern einige Arten, deren Lebenswandel alles andere als friedlich ist. Sie kehren den Spieß um und dienen nicht als Nahrung für gefräßige Tiere, sondern ernähren sich ihrerseits von kleinen Tieren. Was treibt aber die meist nur wenige Zentimeter großen Pflanzen zu dieser merkwürdigen Lebensweise? Nur anhand genauer Kenntnis ihrer Lebensräume ist die Ursache einleuchtend, denn eine Gemeinsamkeit bestimmt die Standorte von Sonnentau, Fettkraut und Wasserschlauch: Die Nährstoffverhältnisse erlauben nur Spezialisten, diese kargen und für viele Arten lebensfeindlichen Orte zu besiedeln.

So finden wir diese Arten bevorzugt in Mooren oder aufgelassenen Sandgruben, wo der Boden nur sehr wenige Nährstoffe enthält.

In den sauren Moorgewässern unterbleibt die Verrottung abgestorbener Pflanzen. Die Reste sinken auf den Bodengrund und werden unter Luftabschluß in Jahrtausenden zu Torf. Die vorhandenen Nährstoffe verbleiben im Bodenschlamm, der Mudde, und gelangen nicht wieder in den

Bestand des Rundblättrigen Sonnentaus im Randbereich eines Moores (links).

Aus der tentakelbesetzten Blattrosette schiebt der Rundblättrige Sonnentau seinen Blütenstand hervor (rechts).

An den klebrigen Fangblättern des Sonnentaus verfangen sich zahlreiche Insekten, selbst Kleinlibellen (unten).

Nahrungskreislauf zurück. Im Boden fehlt besonders der für das Pflanzenwachstum unbedingt notwendige Stickstoff.
„Not macht erfinderisch", scheint die Devise zu sein, mit der der nur 10 cm große Sonnentau Insekten erbeutet, die den nötigen Stickstoff enthalten. Seine wie Miniatur-Tennisschläger aussehenden klebrigen Fangblätter leimen sogar größere Insekten wie Libellen an, die sich durch heftiges Zappeln nur noch tiefer in das Gewirr der klebrigen Fanghaare verstrikken. Einem Nadelkissen ähnlich sitzen auf einer fingernagelgroßen Fläche über 200 rote Tentakeln, an deren Spitze sich jeweils ein klebriges Tröpfchen befindet. Insekten, die an diesem trügerischen „Tau" interessiert sind, werden angelockt. Die gleichen Drüsen, die in einer Blüte den Nektar produzieren, versorgen hier die hinterhältige Falle mit Leim. Klebt nun ein Insekt an den Tentakeln, schließen sie sich um die Beute. Wir müssen allerdings schon einige Geduld aufbringen, um das Insekt verschwinden zu sehen: Die äußeren Drüsenhaare sind weitaus länger als die inneren und neigen sich zur Blattmitte, bis sie nach etwa einer Stunde das Beutetier umschlossen haben. Der Klebstoff verstopft die Atemöffnungen, die Tracheen, und das Insekt stirbt. Danach setzt die zweite Funktion der Drüsenflüssigkeit ein: Das Beutetier wird mit

den pflanzeneigenen Enzymen aufgelöst und in Nährstoffe zerlegt, die von den Blättern aufgenommen werden können. Der Verdauungsvorgang kann durchaus mehrere Tage dauern. Erst danach öffnet sich das Blatt wieder, um die nicht verwertbaren Chitinreste freizugeben.
Weltweit sind etwa 450 räuberische Pflanzenarten bekannt, allein der Sonnentau zählt 90 Arten. Wenig bekannt ist das auch auf dauerfeuchten Sandstellen in Küstennähe anzutreffende Fettkraut. Auch dort bestimmt die Nährstoffarmut die Lebensbedingungen. Die glänzenden, hellgrünen Blätter sind, wie die des Sonnentaus, mit Hunderten von Drüsen ausgestattet, die einen klebrigen Schleim produzieren. Nur scheint dieses „Fliegenfängerprinzip" einfacher aufgebaut, da die langen Tentakelhärchen fehlen und statt dessen das gesamte Blatt langsam das Beutetier umschließt.
Sowohl der Sonnentau als auch das Fettkraut können wir mit einem Fleisch- oder Käsekrümel ködern. Die empfindlichen Blätter reagieren darauf ebenso wie auf ein kleines Insekt und umschließen das angebotene „Beutetier".
In Experimenten hat man herausgefunden, daß bei ausreichendem Nährstoffangebot im Boden die Pflanzen auch ohne Insektennahrung auskommen können.
Die hübschen, breitlippigen Blüten des Fettkrautes verraten uns die nahe Verwandtschaft zum Wasserschlauch. Im Gegensatz

Das Fettkraut mit seinen unscheinbaren flachen Blattrosetten fällt nur zur Blütezeit auf (oben).

Das Fettkraut ist auf eiweißreiche Insektennahrung angewiesen (unten).

Der Wasserschlauch bringt relativ große Blüten hervor, die weit über die Wasseroberfläche ragen (links).

Mit den winzigen Fangblasen erbeutet der Wasserschlauch Wasserflöhe und andere Kleinlebewesen (rechts).

zu den beiden vorangegangenen Pflanzen ist der Wasserschlauch eine reine Wasserpflanze, dessen feingliedrige Triebe ohne jedes Wurzelwerk im Wasser treiben. Er besiedelt stehende, seltener auch langsam fließende Gewässer, wie die Tümpel alter Kies- und Sandgruben oder Moorweiher. Das feine Blattwerk kann unter günstigen Bedingungen zusammenhängende Teppiche bilden. Im Juli locken die gelben Blüten von weit her Insekten an. In den Blattwinkeln der Triebe sitzt eine Geheimwaffe, mit der der Wasserschlauch seine einzigartige Fangtechnik ausübt: Kleine Bläschen sind mit feinsten Härchen ausgestattet, die auf die Berührung durch Wasserflöhe reagieren. Schon der kleinste Kontakt reicht aus, um ein leergepumptes Fangbläschen zu aktivieren. Wie eine Falltür schnellt durch den Unterdruck eine bis dahin festsitzende Klappe nach innen, und der Sog des eindringenden Wassers zieht kleine Wasserbewohner hinein. Anschließend klappt die Falltür wieder zu, und der Wasserfloh sitzt in der Falle. Durch die Freisetzung von Verdauungsflüssigkeiten wird er innerhalb weniger Stunden aufgelöst und die Nährbrühe vom Wasserschlauch aufgenommen. Danach wird der Rest entfernt und das überschüssige Wasser herausgedrückt, bis die Vorrichtung erneut funktionsbereit ist.

Blütenmeer mit nassen Füßen

Der sommerliche Blütenreichtum von Feuchtwiesen, Gräben und stehenden Gewässern ist der jahreszeitliche Höhepunkt in unseren Feuchtgebieten. Üppiger Pflanzenwuchs überzieht die Flachwasserbereiche in solcher Dichte, daß oft kaum noch freie Wasserflächen übrigbleiben. Die Blütenpracht bedeutet ein reichhaltiges Nahrungsangebot für nektarsuchende Insekten, aber auch für die Großlibellen, die über dem Röhricht in rasanten Flugmanövern Insekten erbeuten und diese in der Luft verspeisen. Vom Nektar der Blüten ernähren sich beispielsweise Bienen und Hummeln. Für sie gibt es überall etwas zu naschen, zumal auch hier mit allen Tricks um die Gunst der fliegenden Pollenverbreiter geworben wird. Der Erfindungsreichtum der Natur ist gerade hinsichtlich der Blütenbildung schier unerschöpflich: Ob auffällige Farben, Größe, Geruch oder raffinierte Befruchtungsmechanismen – kaum eine Möglichkeit bleibt im Pflanzenreich unversucht, die begehrten Blütenbesucher anzulocken.

Uns bleibt die Welt der Düfte nahezu verborgen, denn unsere unempfindliche Nase reagiert nur auf die intensivsten Gerüche. Aber selbst für unsere unempfindlichen Nasen duften die Minzen sehr aromatisch. Besonders die Wasserminze liebt nasse Füße über alles. Größere Bestände können wir an warmen, sonnigen Tagen weithin riechen. Schmetterlinge nehmen diese attraktiven Nektarquellen sogar über Hunderte von Metern wahr.

In dem Pflanzengewirr fällt uns besonders ein früh erscheinender Sonnenblüher auf: Die unter unseren einheimischen Arten geradezu exotisch anmutende Wasserschwertlilie lockt mit ihren riesigen gelben Einzelblüten Insekten an. Die überaus attraktive Art findet aber auch unter den Menschen viele Liebhaber, denn im Zuge der Gartenteichwelle hat mancher „Naturfreund" mit falsch verstandener Naturliebe die Bestände vieler Arten geplündert. Die Wasserschwertlilie wurde deshalb unter Naturschutz gestellt und darf, ebenso wie viele andere Arten, nicht der Natur entnommen werden.

Im Gegensatz zu den zahlreichen zurückgehenden Arten der Gewässer ist eine andere Pflanze auf dem Vormarsch: das Drüsige Springkraut, mit dem gelbblühenden Gemeinen Springkraut „Rühr-mich-nicht-an" verwandt, stammt aus dem asiatischen Raum und wurde wegen seiner schönen, bauchig aufgeblasenen rosa bis violett-roten Blüten als Zierpflanze eingeführt. Seit etwa 50 Jahren gibt es verwilderte Ausbrecher dieser Pflanzenart an Gewässerläufen, aber auch an Wald- und Wegrändern. Sie ist eine der wenigen eingebürgerten Pflanzen, die von der heimischen Tierwelt akzeptiert werden, besonders Hummeln besuchen den nektarreichen Ausländer.

Die Mehrzahl der Sommerblüher an unseren Gewässern bildet ein undurchdringliches brusthohes Röhricht, in dem die unterschiedlichen Farbtupfer das Interesse der Blütenbesucher erwecken. Auffällige Arten wie die Weidenröschen und der Blutweiderich mit ihren purpurroten Blütenähren, der gelbleuchtende Gilbweiderich oder das Mädesüß mit den weißen Rispen sind gegenüber den kleineren, oft im Untergrund versteckten Arten im Vor-

Im Sommer entfalten Kleingewässer ihre Blütenpracht, hier große Bestände von Gilbweiderich und Blutweiderich.

teil im Konkurrenzkampf um die Insektenwelt.
Manche unscheinbaren Vertreter bevorzugen deshalb auch die freien Flachwasserzonen neuer Gewässer, wo sie als Erstbesiedler bessere Chancen haben. Igelkolben und Froschlöffel zählen zu diesen Neubesiedlern, die sich außerhalb des dichten Röhrichts sehr schnell breitmachen.
Der Rohrkolben ist in seiner rasanten Ausbreitung kaum aufzuhalten, hat er sich einmal an einem freien Gewässerufer angesiedelt. Nährstoffreicher Untergrund bietet dem unterirdisch wachsenden Wurzelstock hervorragende Bedingungen, so daß im Laufe der Jahre dichte Rohrkolbenbestände die Verlandung von Gewässerufern erheblich voranschreiten lassen. Die braunen, kolbenförmigen Fruchtstände, sogenannte „Zylinderputzer", produzieren Unmengen von Samen, die im Herbst ihre Reise durch die Luft in neue Lebensräume antreten. Die vermodernden Stengel faulen jedoch, und zurück bleibt eine dichte schwarze Faulschlammschicht, denn der natürliche Abbauvorgang wird hier durch Sauerstoffmangel unterbunden. Im schlimmsten Fall kann es zum Absterben der gesamten Lebewelt des Gewässers kommen.
Bei der Anlage eines Gartenteiches sollte man deshalb auf Rohrkolben ebenso wie auf Pflanzungen von Schilf verzichten, gerade diese beiden wuchsfreudigen Arten können unsere gutgemeinte Arbeit schnell zunichte machen.

Sommerblumen am Wasser. 1 Igelkolben, **2** Wasserminze, **3** Sumpf-Vergißmeinnicht, **4** Blutweiderich, **5** Wasser-Schwertlilie, **6** Froschlöffel, **7** Pfeilkraut, **8** Schwanenblume, **9** Rohrkolben.

Verborgene Schreihälse im Schilf

Die Röhrichtbestände um Teiche und Seen sind im Frühjahr und Sommer erfüllt von einem Konzert zahlreicher Stimmen in verschiedenen Tonlagen.
Ein hektisches Zetern aus dem dichten Röhricht stammt vom Vogel des Jahres 1989, dem Teichrohrsänger. Der Deutsche Bund für Vogelschutz hat ihn 1989 aufgrund der stark zurückgehenden Bestände zum Vogel des Jahres erklärt.
Der kleine Kerl mit der großen Klappe ist ein perfekter Handwerker. Im schwankenden Röhricht zwischen den Schilfhalmen baut er in hochwassersicherer Höhe ein festverflochtenes Nest aus Halmen. Es ist unglaublich, daß er es nur mit seinem Schnabel schafft, an den glatten Pflanzenstengeln das Nest so zu verankern, daß es die Brutzeit und die Rangeleien der heranwachsenden Jungvögel sicher überdauert.
Merkwürdigerweise sucht der Kuckuck ausgerechnet die schwankende Konstruktion des Teichrohrsängers relativ häufig auf, um sein Ei in das Nest zu schmuggeln. Für den eigenen Nachwuchs bleibt kein Platz mehr, da der junge Kuckuck die Konkurrenz herausrollt und sich als Alleinherrscher durchfüttern läßt. Das hohe Gewicht des Kukkucks droht das Teichrohrsänger-Nest zum Platzen zu bringen, es hält aber stand. Sollte es dennoch abwärts rutschen, verläßt der Kuckuck seine Kinderstube und

Im Schutz des Uferröhrrichts brütet der Teichrohrsänger (S. 242 links).

Die Rohrammer ist eine unscheinbare Bewohnerin ausgedehnter Röhrichtbestände (S. 242 rechts).

Einige Kuckucksweibchen legen ihre Eier bevorzugt in die Nester des Teichrohrsängers. Der junge Kuckuc droht das Nest des geplagten Wirtes fast zu sprengen (oben).

läßt sich außerhalb seinen gefräßigen Schnabel von den streßgeplagten Adoptiv-Eltern vollstopfen.
Aufgrund des knapper werdenden Nahrungsangebotes zieht der Teichrohrsänger im Frühherbst bereits in die afrikanischen Winterquartiere.

Kaum zu unterscheiden vom Teichrohrsänger ist der nah verwandte Sumpfrohrsänger, der die Randbereiche von Gewässern bevorzugt und im Dickicht von Brennesseln, Weidenröschen und Mädesüß ebenso seine Jungen großzieht, aber auch in der schützenden Umgebung der Getreidefelder. Dank seiner wenig spezialisierten Ansprüche hat er weitaus bessere Überlebenschancen. Wegen des Rückgangs von Gewässern mit Röhrichtbeständen sind auch andere kleine Brutvögel in ihrer Existenz bedroht.
Nur selten brütet der große Bruder des Teichrohrsängers, der Drosselrohrsänger, außerhalb des Schilfrohrs. Der Rohrschwirl hatte 1980 lediglich 300 – 600 Brutpaare in der BRD. Leider ist sein sirrender Gesang vielerorts mittlerweile verschwunden.

Sommer
Unterwegs auf der Wiese

Blüten in Aktion

Mit plakativen Farben, üppigen Formen und betörenden Düften laden die Wiesenblumen Insekten zum Verweilen und somit als Bestäuber ein. Solche Werbestrategien sind allerdings nur ein Teilbereich der Kooperation zwischen Blumen und Tieren. Damit eine Bestäubung auch tatsächlich zustande kommt, wird ein ganzes Arsenal weiterer Tricks eingesetzt.

Gespannte Verhältnisse

An Wiesenrändern und Wegrainen lohnt sich ein genauerer Blick auf die recht großen und hübschen Schmetterlingsblüten des Besenginsters, denn dort herrschen sehr gespannte Verhältnisse.
Während der Blütenentwicklung werden die Staubblätter im innersten Bereich der Blüte, dem Schiffchen, nach Art einer Uhrfeder aufgerollt, so daß sie schließlich unter kräftiger mechanischer Spannung stehen. Nun fliegt als Blütengast eine schwerfällige und vielleicht auch etwas tolpatschige Hummel heran. Sobald sie auf der Blüte ungeduldig herumtrampelt, schnellen die spiralig gerollten Staubblätter plötzlich hervor und verpassen dem Eindringling einen kräftigen Kinnhaken. Warum das Ganze? Der wenig freundliche Empfang ist ein raffinierter Mechanismus, um in möglichst kurzer Zeit möglichst viel Blütenstaub an das Insekt zu bringen. Pollentransport und -übertragung funktionieren ja nur im Wege einer Doppelbestäubung: Zuerst muß der potentielle tierische Pollenspediteur kräftig eingepudert werden, und dann erst kann er seine Pollenfracht auf einer anderen Narbe abstreifen.

Wie man Staub aufwirbelt

Zwei günstige Umstände erleichtern den zielgenauen Pollenversand: Erstens sind die Pollen etwas klebrig und daher von guter Haftwirkung. Andererseits tragen Bienen, Hummeln, Wollschweber und andere Blütengäste ein dichtes Haarkleid. Hinzu kommt, daß die Blüten mit allen Mitteln versuchen, die Pollenaufladung und Bestäubung ihres Besuchers zu erleichtern.
In manchen Blüten bringt es ganz einfach die große Masse. Beim Klatsch-Mohn oder bei den Hahnenfuß-Arten rieselt der Pollen aus zahlreichen Pollensäcken. Da die Insekten bei der Suche nach Nahrung mit den Blüten nur wenig zimperlich umgehen, werden sie beim Randalieren zwischen den Staubgefäßen automatisch eingepudert.

Gesang unter der Staubdusche

Normalerweise sind die Staubbeutel der Staubblätter so eingerichtet, daß die Pollenkörner schon bei leiser Berührung herausrieseln. Sie öffnen sich bei der Reife ja auf der gesamten Längsseite oder, speziell bei hängenden Blüten, nur an der Spitze. Oft sind die Staubbeutel auch an kleinen Scharnieren aufgehängt, damit sie schon bei vorsichtiger Berührung kräftig pendeln und dabei ihren Inhalt ausschütten. Sollten alle diese Möglichkeiten versagen, haben die blütenbesuchenden Insekten noch einen besonderen Trick, der gerade von Hummeln und Bienen sehr gerne eingesetzt wird. Fallen dem an Pollen interessierten Tier keine genügend großen Portionen entgegen, hilft es mit Beschallung nach. Dazu führen die Tiere eine sehr rasche Bewegung ihrer Flugmuskulatur durch, ohne indessen mit den Flügeln zu schlagen. Der Effekt ist ein sehr lautes, hochfrequentes Summen, dessen Vibrationen auf die Staubbeutel der besuchten Blüte übertragen werden. Das Ergebnis ist beeindruckend: In Sekundenschnelle sieht eine Hummel aus, als habe sie eine Pollenlawine losgetreten.

Gezielte Dosierung

Sinn fürs Praktische zeigen die kleinen blauen Blüten der Ehrenpreis-Arten. Hier sind die beiden Staubblätter im Vergleich zu den übrigen Blütenteilen eigentlich viel zu groß. Der Vorzug dieser Konstruktion wird deutlich, wenn man ein anfliegendes Insekt verfolgt: Die blaue Blütenkrone ist als Landeplatz reichlich knapp bemessen. Daher verwendet der Blütengast die beiden Staubblätter als Haltegriffe. Diese federn unter dem harten Zugriff notgedrungen nach und stäuben den Besucher beidseitig ein. Passenderweise öffnen sich die Pollensäcke auch zur Innenseite.

Die Mechanismen der Pollenaufladung sind ausgesprochen variantenreich. Beim Wiesen-Salbei gibt es beispielsweise eine Pollendusche mit Fußhebel. Wenn die hungrige Hummel in der Salbeiblüte nach Nektar fahndet, muß sie zwangsläufig an den Hebel stoßen, und sofort saust von oben eine Anzahl gut gefüllter Staubbeutel wie eine Klatsche auf die

Die uhrfederartig gespannten Blütenorgane des Besenginsters (*Sarothamnus scoparius*) schnellen bei der Blütenöffnung durch Hummeln hervor.

Hummel herunter. Mit einem spitzen Grashalm, der vorsichtig in den röhrigen Teil der Salbeiblüte eingeführt wird, kann man das gesamte raffinierte Manöver nachstellen.
Beim Wiesen-Hornklee kann man eine ganz andere, aber sicher nicht weniger ausgeklügelte Technik der Pollenbefrachtung von Blütenbesuchern erleben. Die gesamte Einzelblüte des Hornklees funktioniert nach Art einer Tortenspritze. Die Spitze des Schiffchens funktioniert dabei als Tülle; darin geben die Staubbeutel ihren Pollen ab. Das landende Insekt drückt durch sein Eigengewicht das Schiffchen herab, so daß die langen Staubblätter in seinem Inneren wie ein Kolben arbeiten und den angesammelten Pollenvorrat zur Spitze hinausschieben. Zielbereich ist in diesem Fall die Bauchseite des Blütengastes. Bei der nahe verwandten Wiesen-Platterbse kann man sich davon überzeugen, daß Blüten auch das Funktionsprinzip einer Flaschenbürste kennen: Der lange Griffel ist sehr dicht mit Bürstenhaaren besetzt, die die Pollen aus dem oben offenen Schiffchen hinausfegen, sobald ein schweres Insekt gelandet ist. Alle diese raffinierten Konstruktionen beziehen immer das lebende, in der Blüte agierende Insekt sinnvoll in den gesamten Funktionsablauf mit ein. Ohne Besucher gibt es in den Blüten auch so gut wie keine gezielten Aktionen.

Wie der Rüssel gewachsen ist

Blüten sind offenbar außerordentlich praktisch konstruierte Gebilde mit vielerlei Anpassungen an einen bestimmten Bestäuberkreis. Trickreich läuft mit dem passenden Besucher das vielfach erprobte und optimierte Programm von Pollenfreisetzung,

Geöffnete Blüte vom Wiesen-Salbei (*Salvia pratensis*): An der Basis der langen Staubblattstielchen befindet sich ein leicht beweglicher Gelenkhebel (links oben).

Die Honigbiene (*Apis mellifica*) hat diesen Hebel betätigt und wird auf dem Rücken mit Pollen eingepudert (links unten).

Im Schwirrflug steht das Taubenschwänzchen (*Macroglossum stellatarum*) vor den Röhrenblüten der Kohl-Gänsedistel (*Cirsium oleraceum*) und saugt Nektar (rechts oben).

Ein Männchen der Grabwespe (*Gorytes campestris*) versucht, mit der Blüte der Fliegen-Ragwurz (*Ophrys insectifera*) zu kopulieren. Von einer anderen Blüte hat es bereits Pollenpakete (Pollinien) mitgebracht (rechts unten).

Pollenaufladung und Pollentransport bis zum Empfangsort Narbe ab. Manchmal werden aber auch die Blüten von den besuchenden Insekten überlistet.
Die röhrenförmigen Blütenkronen des Beinwells sind eigentlich nur für langrüßlige Hautflügler konstruiert. Arten mit kurzem Rüssel erreichen die wohlgefüllten Nektartöpfe am Blütengrund nicht – jedenfalls nicht auf dem vorgesehenen Wege durch den Blüteneingang. Einige Hautflügler mit relativ kurzem Rüssel, darunter einige Hummel-Arten, brechen daher seitlich in die Blüten ein: Sie beißen etwa in Höhe der Nektardrüsen ein Loch in die Kronröhre und gehen hier schlicht auf Nektarklau. Mit Pollentransport und Bestäubung ist es in solchen Fällen von Einbruchsdiebstahl nichts. Die Blüte hat das Nachsehen.

Mit ihrer Farbtarnung konnte die Krabbenspinne (*Misumena vatia*) – sie trägt eine Jungspinne auf dem Rücken – einen Distelfalter (*Vanessa cardui*) erbeuten (links).

Die gelbgrüne Variante der Krabbenspinne (*Misumena vatia*) wirkt im Gilbweiderich (*Lysimachia vulgaris*) wie ein Blütenbestandteil (rechts).

Wie man anderen eine klebt

Sollten Sie das Glück haben, einmal eine blühende Orchideenwiese zu erleben, müssen Sie unbedingt an der einen oder anderen Pflanze verharren, um vielleicht den Bestäubungsablauf verfolgen zu können. Bei unseren einheimischen Orchideen werden die Pollen nicht wie in anderen Blumen einzeln, sondern in geschlossenem Paket abgegeben. Der ge-

samte Inhalt eines Staubblattes bildet eine große Pollenladung, und die wird dem Blütenbesucher aufs Haupt geklebt. Sollten sich Hummeln oder Bienen an den Orchideenblüten zu schaffen machen und keulenförmige, hellgelbliche Gebilde wie Hörner auf dem Kopfe mit sich führen, hat ihnen beim letzten Blütenbesuch die betreffende Orchidee eine (Pollenmasse) geklebt. Bei einem der nachfolgenden Blütenbesuche wird sie auf der weiblichen Narbe verschmiert, und wieder ist die Bestäubung erfolgreich durchgeführt worden.
Gerade bei den Orchideen wird das Thema Bestäubung sehr nuancenreich gehandhabt. Manche Orchideen, beispielsweise die Ragwurz-Arten, täuschen potentiellen Blütenbesuchern ein paarungswilliges Weibchen ihrer Art vor und verströmen sogar dessen artspezifisches Lockparfüm. Entsprechend werden solche Blüten nur von Männchen besucht.

... schon gewußt?

Wenn die Insekten ihren Bestäubungsjob erledigt haben, ist die Blüte noch nicht am Ende, auch wenn sie jetzt ihren Schmuck abwirft. Nun entwickeln sich die Samenanlagen in der Blüte zu Samen – der Fruchtknoten wird zur Frucht, zur Kapsel beim Klatsch-Mohn, zur Hülse bei den Schmetterlingsblütern oder zur Schote beim Schaumkraut.

Eine Schwebfliege (*Sericomyia lapponica*) in auffälliger Wespentracht besucht eine Skabiosenblüte (*Scabiosa columbaria*).

Gerade für Schwebfliegen sind die Blüten der Wilden Möhre (*Daucus carota*) besonders attraktiv (unten).

Flatterhafte Wiesenfalter

Sonnentag am Trockenhang: Der Duft von Dost und Thymian und vielen anderen Pflanzen streicht durch die Luft. Es ist fast wie am Mittelmeer. Wo kleinflächig Böschungen, Randstücke, Abhänge, Gebüschraine oder Brachsäume der Intensivbewirtschaftung entgangen sind, breitet sich ab der zweiten Maihälfte bis weit in den Sommer hinein ein kunterbunter Blumenflor aus. Auch die noch nicht allzu stark aufgedüngten Futterwiesen des Berglandes gleichen jetzt einer planlos zusammengetupften Farbpalette. Zu den bunten Wiesenblumen kommen wie zur farblichen Abrundung des Gesamteindrucks die Wiesenschmetterlinge, je nach Wiesen- und Biotoptyp etliche Dutzend Arten.

Ungeregelter Flugverkehr

Schon von weitem kann man sie recht gut erkennen, denn viele tagaktive Falter sind relativ groß und zudem auch kontrastreich gefärbt. Auf der anderen Seite sind viele Arten auch keine allzu rasanten Flieger. Die Vertreter der Weißlinge, außer dem Zitronenfalter beispielsweise auch der Resedaweißling, die beiden Kohlweißling-Arten, der Rapsweißling oder auch Postillon und Goldene Acht bewegen sich zwar in einer bestimmten Richtung, aber durchaus nicht exakt geradlinig, sondern auf unregelmäßigem Zickzackkurs.
Ein wenig schneller sind da schon die Edelfalter, vertreten durch den Kleinen Fuchs, das Tagpfauenauge, den Distelfalter oder den Admiral. Sie bevorzugen eine etwas andere Flugbahn als die Weißlinge, mit ziemlich flachen Bögen und eingeschalteten Segelabschnitten in gerader Linie. Sehr unruhig und geradezu flatterhaft fliegen beispielsweise Heufalter, Samtfalter und einige weitere Familienmitglieder der Augenfalter. Ihre Flugroute führt zwar geradlinig weiter, aber in vielen kleinen Schleifen und Bögen. Mit einiger Übung läßt sich somit die Artzugehörigkeit eines Tagfalters schon aus seinem Flugverhalten erkennen.

Jedem das Seine

Gewöhnlich sind die Schmetterlinge unterwegs, um Nahrung zu suchen. Selbst wenn sie als Raupe alle möglichen Blätter und Stengel, ja sogar Holz und Wurzeln benagt haben, benötigen sie als Falter eine völlig andere Spezialdiät: Mit ihren umgestalteten Mundwerkzeugen können sie nur noch Flüssignahrung zu sich nehmen. Die Nektarvorräte der Wiesenblumen kommen ihnen da sehr gelegen. Die verschiedenen Schmetterlingsarten treffen bei ihren Blütenbesuchen eine gewisse Wahl, suchen also nur die Blüten bestimmter Pflanzenarten auf, während sie an anderen völlig achtlos vorbeigaukeln. Diese Vorlieben können kein Zufall sein.
Machen Sie sich einmal die Mühe, eine Strichliste zu führen, welcher Falter auf welchen Blüten haltmacht. Sie werden feststellen, daß es offenbar sehr auf die Blütenarchitektur ankommt. Für Schmetterlinge sind eben nur bestimmte Blütentypen zugänglich. Unter Glocken- oder an Lippenblumen wird man Tagfalter so gut wie nie finden. Dagegen tummeln sie sich scharenweise an Blüten mit ausgebreiteter Krone (als Landeplatz) und enger, aber nicht

Ein besonders bedrohter Wiesenschmetterling ist der hübsche Ampfer-Dukatenfalter (*Palaeochrysophanus hippothoe*, links).

Blumenreiche, trockenwarme Wiesen sind der Lebensraum vieler Kleinschmetterlinge, darunter auch der Klee-Widderchen (*Huebneria trifolii*).

allzu langer Kronröhre. Blaue, gelbe und rötliche Blütenfarben werden klar bevorzugt, und außerdem sollten die Blüten weitgehend aufrecht stehen. Daher kommen auch viele Korbblüten in Frage. Typische Schmetterlingsblumen der Wiesenflora sind etwa Vergißmeinnicht, Wiesen-Schaumkraut, Wiesen-Bocksbart, Rote Lichtnelke, Kuckuckslichtnelke, Klappertopf, Witwenblume, Skabiosen, Flockenblumen oder sämtliche Distel-Arten.

Die Männchen sind so herrlich blau

Blumenbunte Wiesen, zumal solche der trockeneren Varianten, werden noch farbiger durch kleinere, leuchtend blaue Schmetterlinge, die Vertreter der artenreichen Familie Bläulinge. Ihre hübschen Blautöne gehen nicht auf richtige Pigmente zurück, sondern sind Strukturfarben infolge besonderer Lichtbrechung.

... schon gewußt?

Die Raupen der meisten bunten Tagfalter sind Nahrungsspezialisten. Faltervielfalt kann es daher nur geben, wenn auch die Wiesen möglichst verschiedene Arten als Futterpflanzen bereithalten. So manche unentbehrliche Nahrungsquelle ist dagegen als Unkraut verschrieen…

1
2
3
4
5
6
7
8

Lebensraum von Wiesenfaltern. Feucht: **1** Blut-Weiderich, **2** Sumpf-Kratzdistel, **3** Sumpf-Schafgarbe, **4** Ochsenauge, **5** Scheckenfalter, **6** Distelfalter. Frisch: **7** Wiesen-Bärenklau, **8** Wiesen-Glockenblume, **9** Wiesen-Bocksbart, **10** Landkärtchen (Sommerform), **11** Kleiner Feuerfalter. Trocken: **12** Wiesen-Margerite, **13** Jakobs-Kreuzkraut, **14** Tauben-Skabiose, **15** Heufalter, **16** Goldene Acht, **17** Blutströpfchen.

Wiesengräser kennenlernen

Gräser sind in allen Wiesentypen die mit Abstand häufigsten bestandsbildenden Pflanzen. Sie sind darüber hinaus die Kennpflanzen des Kulturlandes schlechthin. In der heutigen Agrarlandschaft sind sie wirtschaftsbedingt eindeutig überrepräsentiert. Manche Gräser wie die Getreidearten werden in einjährigen Kulturen angebaut und beerntet – sie bilden schon seit Jahrtausenden den wichtigsten Eckpfeiler unserer Ernährung. Aber auch die Gräser des Wirtschaftsgrünlandes sind für die tägliche Ernährung ungemein wichtig: Wir konsumieren sie nur in veredelter Form als Milchprodukte oder Rindersteak. Gräser sichern also buchstäblich unser Überleben.

Auf breiter Basis

Gräser sind sicherlich wegen ihrer beachtlichen Nutzungsvielfalt in der Kulturlandschaft besonders erfolgreich, aber auch wegen ihrer im Vergleich zu anderen Pflanzen gänzlich andersartigen Wachstumsstrategien. Schon an der Stengelbasis verzweigen sich die Gräser ausgesprochen reichlich, weiter oberwärts dagegen überhaupt nicht mehr. Bleiben die von den Verzweigungsstellen aufsteigenden Grashalme ziemlich dicht beisammen, bildet sich ein Grashorst wie beim Knäuelgras und beim Pfeifengras. Sofern die Verzweigungen etwas weiter auseinanderrücken, kommt es zu rasenartigem Filz wie beim Weidelgras. Und schließlich können die Verzweigungen des Stengelgrundes auch ausläuferartig lang entwickelt werden und besonders raumgreifend in die Nachbarschaft streben wie beim Wiesen-Rispengras oder beim Straußgras. Ausläufer oder kürzere seitliche Grundachsen bewurzeln sich an den Knoten bei Bodenkontakt sehr rasch, so daß mit der Zeit ein ziemlich unübersichtliches System von Mutter-, Tochter- und Enkelkolonien entsteht. Wenn man einen Grashalm auszupft, hält man wohl in den seltensten Fällen eine einzelne, komplette Graspflanze in der Hand. Meist ist es nur ein von den weit verzweigten Grundachsen aufstrebender Teil eines Teils. Die Wachstums- und Erneuerungszonen liegen bei den Gräsern sehr geschützt tief am oder sogar im Boden. Trotz Schnitt oder Beweidungsverbiß wachsen Gräser immer wieder hoch – fast so, als sei nichts gewesen.

Es geht auch ohne Make-up

Unsere Gräser gehören zu den windblütigen Pflanzen. Sie schlagen ihren Pollen einfach in den Wind und lassen die lauen Sommerlüfte dafür sorgen, daß der Blütenstaub weit verbreitet wird, andere Blüten erreicht und deren Narben bestäubt. Mit Tieren wäre die Pollenversorgung anderer Blüten kaum zu schaffen: Dafür stehen im Grasland einfach zu viele Graspflanzen herum und auf der anderen Seite zu wenige Pollenspediteure zur Verfügung.
Wenn man ohnehin schon Massenwurfsendungen verschickt, ist eine unmittelbare Werbung für die einzelne Blüte gar nicht mehr nötig. Die Grasblüten sind daher unauffällig und nur auf das Wichtigste beschränkt. Anstelle bunter Blütenblätter benutzt die Grasblüte nur ein paar bescheidene Spelzen ohne besondere Aufmachung. Farbe wird äußerst spär-

Die voll erblühten Ährchen des Knäuelgrases (*Dactylis glomerata*) zeigen alle Bestandteile der Grasblüte.

Schönheit im Detail: Teilansicht der Ährenrispe des Wiesen-Fuchsschwanzes (*Alopecurus pratensis*).

lich eingesetzt, allenfalls als zartes Rouge über den gesamten Blütenstand verteilt oder als leichte Gelbtönung.
Während der gesamten Blüte- und Reifezeit verändert der Grasblütenstand sein Aussehen nur wenig. Nur ein paar Tage lang hängen die Staubbeutel weit aus den Ährchen heraus, um ihre Pollen in alle Winde zu zerstreuen.

Verschiedene Stilrichtungen

Auch wenn die Grasblüten selbst sehr dezent gestaltet sind, wirken die Gräser auch von der ästhetischen Seite her durchaus ansprechend, denn schließlich bauen sie ja sehr vielgestaltige und oft sogar sehr grazil aussehende Blütenstände auf. Deren unterschiedliche Architektur ist für das Erkennen der verschiedenen Arten sehr hilfreich.
Vom Aspekt her lassen sich wohl am einfachsten Ährengräser und Rispengräser trennen. Manche Grasähre ist aber in Wirklichkeit dennoch eine Rispe, weil ihre Ährchen auf sehr kurzen, ährig zusammengezogenen, aber verzweigten Seitenästen sitzen. Wenn man eine solche Scheinähre oder Ährenrispe U-förmig umbiegt, treten die Unterschiede zu einer richtigen Getreideähre klar hervor. In wenigen Fällen wie beim Hafer oder beim Perlgras sind die Blütenstände ausnahmsweise auch traubig organisiert.

Gräser nasser oder feuchter Wiesen
Rohr-Glanzgras
Wiesen-
Lieschgras
Sumpf-
Straußgras
Kammgras
Pfeifengras

Gräser frischer Wiesen

Gräser der trockeneren Wiesen

Gräser der Trockenrasen
Weiche Trespe
Zittergras
Aufrechte Trespe
Geschlängelte Schmiele
Schaf-Schwingel

Es liegt was in der Luft

Wenn die Wiesenblumen blühen, verbreiten sie die Nachricht darüber in alle Winde. Entweder verströmen sie Fahnen blumiger Düfte, oder sie setzen Unmengen von Pollenkörnern in Bewegung, die die Nase ebenso zuverlässig erreichen. Normalerweise bleibt ihr Eintreffen jedoch unbemerkt. Pollenallergikern stechen sie dagegen gewaltig in der Nase und lösen auch sonst im Bereich der Atemwege und Bindehäute unangenehme Symptome aus. Heufieber lautet dann die landläufige Diagnose, ein Begriff, der ebenso irreführend wie unzutreffend ist.

Die Ähre der Gemeinen Quecke (*Agropyron repens*) hat ihre gelben Staubbeutel in den Wind gehängt.

Denn mit Heu hat die Pollenallergie fast gar nichts und mit Fieber relativ wenig zu tun.

Perfekte Miniaturisierung

Pollenkörner sind eine besonders raffinierte Erfindung der höheren Pflanzen. Ihr biologischer Auftrag besteht darin, die männlichen Geschlechtszellen zu produzieren und sie zur weiblichen Eizelle in den Samenanlagen zu bringen. Bei den Moosen und Farnen werden dazu Sporen entwickelt, die ihrerseits ein selbständiges Pflänzchen, Gametophyt genannt, hervorbringen. Bei den Blütenpflanzen ist dieser Abschnitt aus dem normalen Entwicklungsgang sehr stark vereinfacht. In den Pollenkörnern erinnern an den ursprünglich selbständigen Gametophyten nur noch ein paar spärliche Zellen. Die Miniaturisierung ist also perfekt. Ohne Funktionseinbuße arbeitet aber auch ein auf ganz wenige Zellen beschränktes Pollenkorn genauso präzise.
Pollenkörner sind das einzige Mittel, mit dem höhere Pflanzen auch über größere Entfernungen hinweg genetische Informationen austauschen können. Folglich müssen die Pollenkörner klein, leicht und sehr handlich sein. Die Sammelbezeichnung Blütenstaub trägt diesem Umstand weitgehend Rechnung: Etwa 5000 bis 10 000 einzelne Pollenkörner finden auf einem Stecknadelkopf bequem Platz, und etwa dreihundert Millionen Stück wiegen gerade ein Gramm.

Flaschenpost durch die Luft

Die in unglaublichen Mengen umherdriftenden Pollenwolken

Eines der schönsten Wiesengräser ist das Wollige Honiggras (*Holcus lanatus*).

sind Bestandteil der Bestäubungsstrategie der windblütigen Pflanzen: Der Wind ist – anstelle von Insekten – das Verbreitungsmittel, mit dem die Entfernungen zwischen sendendem Staubbeutel und empfangender Narbe zurückgelegt werden.
Dieses Versandverfahren erinnert durchaus ein wenig an die Flaschenpost, denn eine zielgenaue Adresse ist dabei nicht möglich. Nur durch Erhöhung der Pollenzahl je Einzelblüte (bei den Gräsern bis zu 75 Millionen je Einzelpflanze) und Vergrößerung der Empfangsorgane, etwa durch fiederförmige Auffächerung, wird die Trefferwahrscheinlichkeit enorm erhöht.

Klein, aber fein

Die staubfeinen Abmessungen der Pollenkörner täuschen darüber hinweg, daß ihre Oberflächen einen enormen Differenzierungsreichtum aufweisen. Pollen sind längst nicht alle rund wie eine Billardkugel und in den meisten Fällen auch gar nicht so glatt. Fast hat man den Eindruck, die Natur habe hier einmal modellhaft ihren gesamten Variantenreichtum erprobt.

... schon gewußt?

Heftige Pollenallergien werden nur von wenigen Wiesengras- und Getreide-Arten ausgelöst. Zur Vorbeugung gegen solche Attacken möglichst „aus dem (Blüten)Staub machen“ und offenes Gelände zur Hauptblühzeit meiden!

Ein starkes Stück

Die langen Halme unserer Gräser sind sehr bemerkenswerte Konstruktionen. Eigentlich weiß man zunächst überhaupt nicht, worüber man mehr staunen soll, über die schlanke, ausgesprochen grazile und elegante Gestalt des Halmes oder über seine beachtliche Tragfähigkeit. Grashalme können bei einigen Arten durchaus über einen Meter hoch werden. Trotz dieser Wuchshöhe ist der Halm an der Basis nur ungefähr drei Millimeter dick. Sein Schlankheitsverhältnis liegt also im Bereich von etwa 1:400. In technische Dimensionen übersetzt bedeutet dies, daß Fernsehtürme, Fabrikschornsteine oder andere himmelstürmende Bauten bei hundert Metern Höhe an der Basis allenfalls 25 Zentimeter Durchmesser aufweisen dürften. Aus statischen und konstruktiven Gründen ist ein solches Gebilde fast nicht denkbar. Es könnte wohl kaum freitragend stehen, einmal abgesehen davon, daß es mechanischen Belastungen nicht standhalten könnte. Der simple Grashalm ist offenbar den besten Ingenieurleistungen ein gutes Stück voraus.

Rank und schlank

In günstigen Fällen weisen technische Bauten wie Lampenmasten, Antennentürme, Fabrikschlote oder Brückenpfeiler ein Schlankheitsverhältnis um 1:50 auf. Sie lehnen sich zwar im Aussehen an die konstruktiven Merkmale eines Grashalmes an, ohne indessen seine besonderen Qualitäten ganz zu erreichen. Zu bedenken ist ja auch, daß der Halm zur Reifezeit der Gras- oder Getreidepflanze eine ganz schön schwergewichtige Ähre oder ausladende Rispe zu tragen hat, unter dieser Belastung aber dennoch nicht zusammenbricht oder wegknickt.

Wie ist es möglich, daß ein Halm so schlankwüchsig und dennoch so unverhältnismäßig stabil beziehungsweise tragfähig ist? Seine eindeutigen statischen Vorzüge müssen wohl mit den verwendeten Baumaterialien zusammenhängen.

Bei einem langen, dünnen Ast eines Baumes ist die Sache auf den ersten Blick klar: Der Ast ist stand- und biegefest, weil er durch und durch aus Holzgewebe besteht. Holz besteht aus dem Naturstoff Lignin, einem räumlich vernetzten Makromolekül, das aufgrund seiner besonderen Bauweise Druck- und Zugkräften ganz besonders gut widerstehen kann. Auf mechanische Belastungen reagiert ein Ast ebenso wie eine Holzlatte mit elastischer Verformung. Es müssen schon verhältnismäßig große Kräfte einwirken, ehe das Material bricht.

Wie ein Rohr im Wind

Beim biegsamen Grashalm ist ein anderes Konstruktionsverfahren angewandt worden, von dem unsere Technik ebenfalls gelernt hat. Wenn man einen Halm in Längsrichtung aufreißt, ist festzustellen, daß seine dünne Wand von mehreren feinen Fasersträngen durchzogen wird. Diese fadenfeinen Gebilde sind die Stoffleitbahnen, durch die die höheren Regionen der Pflanze mit Wasser und Nährstoffen aus dem Boden versorgt werden. Sie werden von einer harten, ebenfalls aus Lignin bestehenden Ummantelung besonders geschützt. Das aussteifende, mechanisch feste Material

Für die Statik des Grashalmes kommt dem Knotenbereich eine besondere Bedeutung zu. Hier setzen auch die einzelnen Blätter an.

Halm im Längsschnitt: Der Stengelknoten ist aus sehr kompaktem Gewebe aufgebaut.

ist beim Grashalm also auf mehrere parallel verlaufende Bänder verteilt worden.
Und noch eine Besonderheit fällt dabei auf: Alle verholzten Verstärkungsbänder liegen im Halm ganz weit außen, beinahe unmittelbar unter seiner Oberfläche. Gerade diese Anordnung verspricht eine besondere Biegefestigkeit. Halme können daher im Wind enorm schwanken, ohne gleich umzuknicken, weil die zahlreichen Verstärkungsbänder die auftretenden Zugkräfte ganz hervorragend auffangen. Würde man alle Verstärkungsbänder des hohlen Halmes zu einer einzelnen, zentralen Säule zusammenfassen, käme nur etwa ein Zwanzigstel der tatsächlichen Biege- und Bruchfestigkeit zustande. Die spezielle technische Raffinesse besteht also darin, alle festigenden Bestandteile möglichst weit in die Randbereiche zu verlagern. Bauingenieure verfahren übrigens ganz ähnlich: Wenn schlanke Rundtürme oder ähnliche Bauwerke konstruiert werden, liegen die Festigungsteile aus Baustahl im Beton möglichst weit peripher.

Material gespart

Durch diese Anordnung wird die Mitte eines Grashalmes von allen statischen, tragenden Aufgaben befreit. Er kann deswegen auch

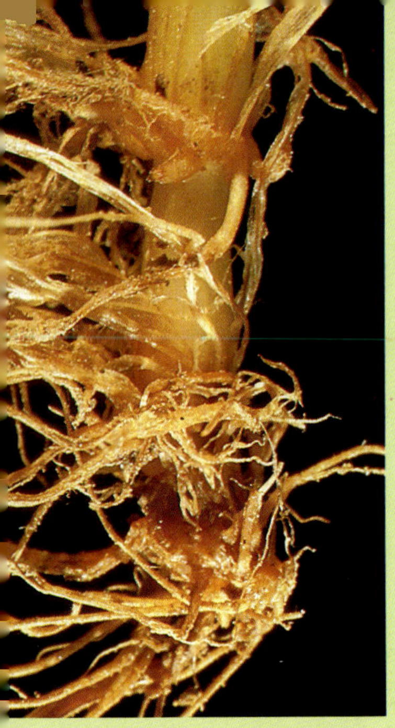

Eine himmelstrebende Halmkonstruktion benötigt auch eine sichere Verankerung: Etagenwurzeln des Glatthafers (*Arrhenaterum elatius*).

ohne Verlust an Funktionalität auf weiten Strecken einfach hohl sein, womit die Pflanze zusätzlich noch Material einspart. Nur ab und zu sind in die Halme kleine Zwischengeschosse eingelassen: Es sind die als Knoten bezeichneten Stellen, an denen jeweils auch die Grasblätter einzeln ansitzen. Oberhalb eines jeden Knotens befindet sich (übrigens im Unterschied zu den meisten anderen Pflanzen) ein wachstumsfähiges Gewebe, dessen einzelne Zellen weitgehend unspezialisiert geblieben sind. Man erkennt es von außen an seiner helleren Färbung. Gerät ein Halm durch Unwetter oder unliebsame Konkurrenten doch einmal in bedrohliche Schieflage, kann einseitiges, verstärktes Wachstum oberhalb der Knoten den lebenden Turm wieder aufrichten. Dabei werden hydraulische Kräfte wirksam, vor denen ein Ingenieur ebenfalls eine Menge Respekt haben müßte. In den Knotenregionen setzen die verholzten Verstärkungsfasern aus. Gerade die wachstumsfähigen Stellen sind darum diejenigen Bereiche am Halm, die am wenigsten zugfest sind. Durch ein einfaches Experiment kann man sich von diesen Konstruktionsverhältnissen überzeugen: Zieht man einmal sehr kräftig an einem Halm, so wird er immer nur kurz oberhalb eines Knotens reißen, aber kaum auf freier Strecke zwischen zwei Knoten.

Beim Längenwachstum eines Grashalms sind alle Wachstumszonen beteiligt. Ihre Teilungs- und Streckungsaktivitäten summieren sich somit zu den beachtlichen Wachstumsgeschwindigkeiten der Gräser: Bei feuchtwarmem Wetter verlängert sich ein Halm um einen Millimeter in der Stunde – fast viermal mehr als andere Pflanzen. Jede Woche wächst eine Wiese etwa um eine Handbreit in die Höhe.

... schon gewußt?

Gräser können auch baumförmig wachsen. Sie heißen dann Bambus. Von trinkhalmdünn bis ofenrohrdick können die verholzten Bambusstangen oder -stämme alle denkbaren Kaliber aufweisen. Das Holz ist enorm fest und tragfähig. So manche Säge hat sich daran schon die Zähne ausgebissen, denn die massiven Zellwände enthalten zusätzlich sehr viel glasharte Kieselsäure.

Liebenswerte Streuobstwiese

Die hochreichenden Baumkronen des Waldes sind der Lieblingsplatz zahlreicher Vögel. Die Wiese langt meist nur knapp über die Ein-Meter-Marke hinaus und ist eher der Tummelplatz der Insekten. Die Baum- oder Obstwiese ist jedoch eine Mischung aus beidem: Hier können die Vögel am Boden und die Insekten in Baumkronen leben. Kein Wunder also, daß es hier besonders hoch hergeht. Früher grenzte die Feldflur noch nicht unmittelbar an die Dörfer. Die dörfliche Siedlung umgab sich zunächst einmal mit einem breiteren Kranz von bunten Bauerngärten, von denen jeder für sich bereits ein Muster an Vielfalt auf kleinstem Raum war. An diesen Gürtel der Gemüse-, Gewürz-, Arznei- und Blumengärten in enger Nachbarschaft zu Haus und Hof schloß sich ein Band mit Obstgärten an. In manchen Gegenden zog sich ein nahezu geschlossener Kreis solcher Obstbaumbestände um das dörfliche Siedlungs- und Gartenland. Erst dann ging es über gehölzbesäumte Wirtschaftswege in die freie Feldflur mit ihren Futter- und Mähwiesen, dem Akker- und Weideland oder den eingestreuten Heckenzeilen und Feldholzinseln. Dieses Bild der abwechslungsreichen Kulturlandschaft ist leider weitgehend Vergangenheit.

Bedrohte Biotope

Weil Obstbäume nützlicher erscheinen als Feld- und Flurgehölze, blieben die Baumwiesen selbst in der modernen Agrarlandschaft noch relativ lange erhalten. Vor gar nicht allzu langer Zeit wurden die Obstbaum-Grüngürtel, die bis dahin zum typischen Erscheinungsbild vor allem der Mittelgebirgsdörfer gehörten, gewaltig gelichtet: Mehr als eine Million Obstbäume wurden allein in der Bundesrepublik Deutschland mit EG-Subventionen planmäßig gerodet! Andere dorfnahe Obstwiesen verschwanden durch Nutzungsaufgabe, Flurbereinigung, Umwandlung in Kleingartengelände oder Ausweisung als Neubaugebiet. Kurz: Die schönen, alten Obstwiesen sind ein Biotoptyp, der innerhalb kurzer Zeit auf die Rote Liste der bedrohten Lebensräume geriet.

Die modernen Niederstammdichtpflanzungen in geschlossenen, geradlinigen Zeilen und Blöcken haben mit der traditionellen Obstwiese überhaupt keine Ähnlichkeit mehr. Der sogenannte Streuobstbau verwendete nämlich keine schwachwüchsigen Unterlagen, die nicht einmal eine mittelmäßig entwickelte Krone tragen können, sondern hochstämmige, großkronige Obstbäume von mindestens 160 Zentimeter Stammhöhe. Diese Bäume wurden in Gruppen oder kleineren Reihen mit größerem Abstand untereinander gepflanzt oder auch ganz einfach ganz lokker über das Kulturland (meist eine Futter- oder Weidewiese) gestreut. Jeder Baum dieser Streuobstpflanzungen konnte sich als Individuum mit großer, rundlicher Krone entwickeln und war als solches auch in der Landschaft erkennbar. Gerade das dorfnahe Umland erhielt durch seine Obstbaumgruppen einen landschaftsästhetisch nicht zu unterschätzenden Charakter – abwechslungsreich in der Gestaltung, wohltuend in der durchgliedernden Wirkung und zu allen Jahreszeiten in einem anderen

1
2
3

Streuobstwiese. **1** Gartenschläfer, **2** Brauner Bär, **3** Blindschleiche, **4** Spitzwegerich, **5** Gartenspitzmaus, **6** Taubenschwänzchen, **7** Weiße Taubnessel, **8** Raupen des Kleinen Fuchs an Brennessel, **9** Hahnenfuß.

farblichen Gewande. Die wechselnden Akzente vom ersten Ergrünen über das spektakuläre Erblühen oder das sommerliche Schattengrün bis hin zum herbstlichen Fruchtschmuck lassen die Jahreszeiten viel ausdrucksstärker miterleben, unterstützt durch die häufigen Aspektwechsel in den Wiesen unter den Bäumen.

Jeder Baum ein Lebensraum

Die Stockwerkfolge einer Obstwiese vom Wurzelhorizont der Gräser und Kräuter bis in die Kronenspitzen der Kern- und Steinobstgehölze bietet natürlich vielerlei Wohnungen und kann somit die unterschiedlichsten Ansprüche zufriedenstellen. In einer Streuobstwiese kann man daher mit einer Fülle von Bewohnern und Besuchern rechnen. Eine Auflistung aller Arten, die hier

Attraktiv zu allen Jahreszeiten: Streuobstwiese im frühherbstlichen Fruchtschmuck.

erwartet werden können, würde ungefähr zwanzig Seiten dieses Buches füllen. Um ein Bild der Reichhaltigkeit zu bekommen, wollen wir nur einige Arten(gruppen) etwas genauer in den Blick nehmen.
Die Schmetterlinge sind beispielsweise mit Flechteneule, Flechtenrindenspanner, Winkelspanner, Schlehenspinner, Ringelspinner, Apfelbaumglasflügler, Pflaumenglucke, Blausieb, Apfelblattmotte, Abendpfauenauge, Schlehenzipfelfalter, Frostspanner und… und… vertreten. Die Raupe des Baumweißlings, eines fast schon ausgestorbenen

Hornissen (*Vespa crabro*), im Gegensatz zu ihrem Ruf ausgesprochen friedliche Vertreter der Faltenwespen, haben sich in einer Obstbaum-Asthöhle wohnlich eingerichtet.

Tagfalters, lebt besonders gerne an Kirsch- und Pflaumenbäumen – ganz im Gegensatz zu ihren Verwandten, die sich überwiegend auf Kreuzblütengewächse spezialisiert haben. Auch der Große Fuchs entwickelt seine Nachkommenschaft gerne an Obstgehölzen. Früher galt er sogar einmal als Schädling von Obstkulturen. Heute gehört er zu den am meisten gefährdeten Arten unserer Falterfauna. Dieses Schicksal teilt er mit dem hübschen Nierenfleck, der Pappelglucke und etlichen anderen Arten.
Bei den Käfern geht es ebenfalls bunt und artenreich zu. Sie zeigen sich etwa mit Pflaumenbock, Purpurbock, Junikäfer, Zierbock, Grünrüßler, Widderbock, Augenfleckbock, Holzbohrer, Wespenbock, Birnbaumprachtkäfer, Apfelblütenstecher, Birnenknospenstecher, Marienkäfer, Puppenräuber und einer ganzen Garnison leuchtend bunter oder metallisch schillernder Blattkäfer.

Alle leben vom Überfluß

Schon bei den verschiedenen Insektengruppen sind die unterschiedlichsten Ernährungstypen vertreten: Es gibt Pflanzenfresser, die Blattwerk, Rinde, Holz oder Früchte benagen, oder auch räuberische Arten, die wiederum die Pflanzenfresser in Schach halten. Oft ernähren sich die Larvenstadien und die erwachsenen Insekten völlig unterschiedlich. Die Raupen der Schmetterlinge be-

Der Baumweißling (*Aporia crataegi*) ist infolge Insektizideinsatzes aus der Fauna der Obstwiesen fast vollständig verschwunden.

vorzugen Grünzeug, während die Falter sich nur noch auf Blüten einfinden und Nektar naschen. Bienen und Hummeln leben während sämtlicher Entwicklungsstadien nur von Blütenprodukten. Wespen und Hornissen, ebenfalls Vertreter der Hautflügler, sind dagegen geschickte Jäger, die andere Insekten überfallen und verzehren. Auch ihre Larven erhalten bereits tierische Kost. Dies schließt jedoch nicht aus, daß sie als erwachsene und flugfähige Tiere zumindest zeitweise einmal richtig schlemmen gehen: Die Vorliebe gerade der Wespen für den frisch servierten Pflaumenkuchen kennt jeder, und auch draußen im freien Obstgarten machen sie sich gerne über gärendes Fallobst her.

Eine feine Gesellschaft

Neben den sogenannten Niederen Tieren, den scharenweise und artenreich auftretenden Würmern, Schnecken, Spinnen, Asseln, Milben oder Insekten, kommen in der Obstwiese selbstverständlich auch Wirbeltiere vor, darunter vor allem die Vögel. Von gelegentlichen Besuchern wie Rebhuhn, Fasan, Ringeltaube, Rabenkrähe, Elster oder Beutegreifern wie Sperber und Bussard einmal abgesehen, ist die Streuobstwiese Brutplatz vieler Arten: Etliche Meisen, dazu auch Kleiber, Gartenbaumläufer, Gartenrotschwanz oder Grauschnäpper richten sich in ausgefaulten Astlöchern oder anderen Höhlen wohnlich ein, soweit sie nicht freistehende Spechthöhlen als Nachmieter übernehmen. Frei im Geäst befinden sich die kunstvoll konstruierten Nester von Buchfinken, Grünlingen, Gelbspötter, Stieglitz oder Schwanzmeise. Sehr nahe am Boden, geschützt zwischen Hochstauden, Gestrüpp oder Grashorsten, brüten Rotkehlchen, Grauammer, Baumpieper, Zilpzalp, Gartengrasmücke oder sogar das Braunkehlchen. Alle diese Singvogelarten sind eifrige Insektenfresser und helfen durch ihre rührige Brutfürsorge, die komplexe Lebensgemeinschaft im Gleichgewicht zu halten.
Was wäre eine richtige Streuobstwiese ohne ihre Kleinsäuger. Nicht nur Eichhörnchen und Igel, Iltis, Hermelin und Steinmarder finden sich hier gerne ein. Auch eine Reihe anderer und zum Teil schon sehr selten gewordener Tiere betrachten die Obst- oder Baumwiese als ideales Jagdrevier

für ihre überwiegend nächtlichen Streifzüge. Garten- und Feldspitzmaus, Zwergfledermaus und Rauhhautfledermaus, Abendsegler und Bechstein-Fledermaus sind auf diesen Lebensraum mit seinem Insektenreichtum besonders angewiesen.

Ein Paradies aus zweiter Hand

Schon immer haben die Ökologen betont, daß Streuobstwiesen zu den wenigen vom Menschen geschaffenen Lebensräumen gehören, die dem bedrohlichen Artenrückgang in der intensiv bewirtschafteten Agrarsteppe nach Kräften entgegenwirken können. Eine Wiese mit extensiv genutztem altem Baumbestand ist sozusagen eine Ökoinsel, ein Trittstein im Gefüge der wenigen verbliebenen naturnahen Landschaftsbestandteile. Insofern kann man sich nur kopfschüttelnd abwenden, wenn die Kettensäge ansetzt und wieder einmal ein alter Obstbaum krachend umgelegt wird.

... schon gewußt?

Streuobstwiesen sind eine Zierde der Kulturlandschaft und in ihrem vielfältigen Nutzen durch nichts zu ersetzen. Neuerdings nimmt das Interesse am Streuobstanbau jedoch wieder zu. Fördern Sie die regionalen Wiederbelebungsprogramme durch den Kauf von Apfel- oder Birnensaft speziell von Streuobstwiesen aus Ihrer Gegend!

Im offenen Gelände der Streuobstwiese geht auch der Igel (*Erinaceus europaeus*) gerne auf die Pirsch.

Größere Asthöhlen von Obstgehölzen werden gerne vom Steinkauz (*Athene noctua*) bezogen.

Tankstellen tausendfach

Wiesen-Kerbel und Wiesen-Kümmel, Wilde Möhre und Große Bibernelle haben schon recht große weiße Dolden. Noch imposanter ist jedoch der Rekordhalter unter den heimischen Wiesenpflanzen, der Wiesen-Bärenklau. Wenn die bis 160 Zentimeter hohe Pflanze in Blüte steht, erhält die Wiese ein abschließendes, oberstes Stockwerk. Etwa 10 bis 15 Zentimeter breit werden die leicht gewölbten Blütenstände, die jeweils als doppelte oder zusammengesetzte Dolde aufgebaut sind. Jede Dolde besteht aus ungefähr 15 bis 20 Doldenstrahlen, von denen jede am freien Ende ein Döldchen mit fast zwei Dutzend Einzelblüten trägt. In einer besonders üppig geratenen Dolde können somit fast 500 Einzelblüten zusammengefaßt sein. Da eine kräftige Pflanze immer mehrere Dolden entwickelt, läßt sich leicht abschätzen, welche Blütenmengen hier gleichzeitig im Einsatz sind.

Ganz in Weiß

Die einzelne Blüte ist dabei eher unauffällig. Erst durch eine große Anzahl Blüten erreicht die Doldenpflanze optische Wirksamkeit. Die Doppeldolde verdankt ihre Auffälligkeit einem zusätzlichen optischen Trick. Die außen stehenden Kronblätter jeder Einzelblüte und jedes Döldchens sind immer größer als die zur Doldenmitte weisenden. Geradezu übertrieben wirken die ganz außen am Doldenrand sitzenden Kronblätter. Der Sinn dieser dekorativen Maßnahme ist klar: Die gesamte Dolde soll eben aussehen wie eine einzige Superblume.

Eine schöne Bescherung

Eine große Doppeldolde wirkt natürlich auch auf Insekten nahezu unwiderstehlich, zumindest für diejenigen, die gerne auf flache, weiße Blüten(stände) einfallen. Bei den Doldenblütengewächsen finden sie dabei eine einladende Ebene vor, auf der sie prächtig und ohne Mühe herumspazieren können. Auf ihrer Landebasis wartet eine besondere Überraschung auf sie: Während sie sonst tief in die Blüten eintauchen müssen, um irgendwo am Blütenboden oder gar in einem Hinterzimmer die saftspenden-

Rosenkäfer (*Cetonia aurata*) ernähren sich hauptsächlich von Pollen und Nektar.

Außer dem Wespenbock (*Plagionotus arcuatus*) und ein paar Fliegen haben sich auf der Dolde des Bärenklaus (*Heracleum sphondylium*) zahlreiche Schwebfliegen eingefunden.

den Nektardrüsen zu finden, gibt es bei den Doldenblütengewächsen mit dem Aufspüren der Nektarvorräte überhaupt keine Probleme. Die Nektarspender liegen nämlich als rundliches Polster auf dem Fruchtknoten und direkt unterhalb der beiden Griffel.

Vortäuschung falscher Tatsachen

Unter den häufigen Gästen der Doldenblütengewächse findet man fast immer etliche Fliegen. Mindestens ebenso häufig stellen sich aber auch bestimmte Käfer-Arten ein, darunter mehrere Dutzend Weichkäfer, deren schwach chitinisierte Flügeldecken grauschwarz, orangerot oder gelblich gefärbt sind. Viele andere blütenbesuchende Käfer gehören zur Familie der Böcke. Bei manchen Arten der Blütenböcke sind die Flügeldecken hübsch rötlich gefärbt. Bei der Gattung *Strangalia,* deren Larven in Rinde und Holz leben, trägt die Oberseite ein Muster mit gelb-schwarzen Querbinden. Auf den ersten Blick erinnern diese Tiere an die furchteinflößende Warntracht der Wespen.

… schon gewußt?

Viele Doldenblütler haben eine tolle Karriere in der Hausapotheke und im Gewürzsortiment der Kräuterküche gemacht: Anis, Dill, Fenchel, Kümmel, Koriander, Liebstöckel, Petersilie, Sellerie sind nur einige dieser Verheißungen.

Das Lied der Grille

Sängerwettstreit in der Wiese: An trockenwarmen Sommertagen wird das Grasland auch zu einem akustischen Erlebnis. Dutzende oder gar Hunderte von Solisten veranstalten ein vielstimmiges Konzert mit Zirpen, Schrillen, Schwirren und Knarren. Heuschrecken sind am Werk und übertönen mit ihrem lauten Gesang das viel leisere Summen und Brummen der fliegenden Blütenbesucher. Obwohl sie kein so ohrennervendes Spektakel machen wie die Zikaden mediterraner Macchien, liegt ihr Rufen unüberhörbar in der Luft. Heuschrecken sind immerhin diejenige Insektenordnung mit den am meisten differenzierten Lautäußerungen. Übrigens finden ihre Darbietungen nur an sonnigen, warmen und trockenen Tagen, also bei richtigem Ausflugswetter, statt. Bei feuchtkühler Witterung oder auch am taufrischen Sommermorgen fällt das Konzert aus.

Ach du grüner Schreck

Es ist gar nicht so einfach, die Heuschrecken zu beschleichen, um sie vor Ort beim Musizieren zu beobachten. Schon bei der geringsten Erschütterung des Bodens oder der Pflanzen, die sie mit ihren hochsensiblen Beinen wahrnehmen, verstummen sie, beobachten aufmerksam ihre

Die Ohröffnungen der Langfühlerschrecken befinden sich in den Vorderbeinen knapp unterhalb der Kniegelenke (oben).

Laubheuschrecken singen durch Gegeneinanderreiben ihrer Flügel. Die Vibration bei der Lauterzeugung ist auf dieser Aufnahme sogar zu sehen.

Ein Paar der Feldgrille (*Gryllus campestris*) vor seiner Wohnröhre.

Umgebung und bleiben zunächst reglos sitzen. Mit ihren grünen oder – je nach Lebensraum – erdfarbenen Tarntrachten sind sie tatsächlich nur sehr schwer zu entdecken. Erst bei dichterer Annäherung treten die kräftigen Hinterbeine in Aktion, und Heuhüpfer, Heuschreck oder Heupferd bringen sich mit einem gewaltigen Satz außer Reichweite. Allenfalls den gleichmütigen Sattelschrecken könnte man den Halm unter den Füßen wegpflügen.

Natürlich springen nicht alle Heuschrecken wie die Turnierpferde durch die Vegetation. Manche Arten wie die Feldgrille oder Grabschrecke bleiben lieber auf dem Boden. Die eindrucksvolle Maulwurfsgrille verbringt sogar den größten Teil ihres Lebens in ihren unterirdischen Gangsystemen. Andere Arten wie das Große Heupferd klettern gerne im Gezweig von Büschen oder sogar auf Bäumen umher, und wieder andere wie die Ödland- und die Beißschrecken bevorzugen die lichten, übersichtlichen Verhältnisse eines Trockenrasens. Die annähernd 80 mitteleuropäischen Arten repräsentieren eine denkbar große Bandbreite aller möglichen Lebensraumansprüche. Dennoch sind Wiesen, ob feucht oder trokkener, ein Heuschreckenbiotop schlechthin. Kulturflächen sind so gut wie heuschreckenleer.

Geige auf dem Rücken

Anhand der Fühlerlänge kann man die beiden wichtigsten Ver-

Der Warzenbeißer (*Decticus verrucivorus*) ist ein typischer Bodenbewohner. Die einst häufige Art ist in den letzten Jahren stark zurückgegangen.

wandtschaftsgruppen der Heuschrecken klar unterscheiden: Die Gruppe der Langfühlerschrecken (*Ensifera*) mit ihren ungefähr körperlangen Antennen umfaßt die Laubheuschrecken und die Grillen, die Gruppe der Kurzfühlerschrecken (*Caelifera*) mit den höchstens halbkörperlangen Fühlern die Feldheuschrekken, Knarrschrecken und Dornschrecken. Beide Gruppen sind auch durch die Technik der Lauterzeugung gut zu unterscheiden. Der Konzertbetrieb der Heuschrecken ist eigentlich kein Gesang, sondern ein Instrumentalvortrag, der am ehesten einem Streichersolo auf einer Geige vergleichbar ist. Heuschrecken tragen ihre „Geige" beim Spiel allerdings auf dem Rücken.
Überwiegend musizieren die Männchen, bei den Grashüpfern gelegentlich auch die Weibchen.

Die Langfühlerschrecken heben ihre Vorderflügel leicht an und reiben sie rasch gegeneinander. Bei den Grillen liegt der rechte, bei den Laubheuschrecken der linke Flügel oben. Eine mit Querleisten versehene spezielle Flügelader, die Schrilleiste auf der Flügelunterseite, ist der Streichbogen. Die zugehörige Saite ist die Schrillkante des unten liegenden Flügels. Als Resonanzboden und Schalltrichter dient eine große, membranöse Flügelfläche, der Spiegel. Die Kurzfühlerschrecken verwenden dagegen die Innenseite ihrer Hinterschenkel als Fidelbogen. Auch hier be-

Die häufigste einheimische Heuschrecke ist der Gemeine Grashüpfer (*Chorthippus parallelus*). Sein Gesang besteht nur aus kurzen Versen mit leicht gekratzten Tonreihen.

findet sich eine Zahnleiste, die über eine vorspringende Chitinleiste (Radius) des Vorderflügels fährt. Feldheuschrecken musizieren entweder nur mit einem Hinterbein oder auch stereo auf beiden Seiten.

Kunstgenuß mit dem Schienbein

Die Streichkonzerte der Heuschrecken sind Revier- oder Paarungsgesänge und deshalb in hohem Maße artspezifisch. Wie bei den Vögeln kann man daher mit einiger Übung auch bei den Grillen oder Heupferden anhand der musikalischen Darbietungen einzelne Arten unterscheiden. Grillen zirpen im Frequenzbereich zwischen 1,5 und 5 Kilohertz. Laub- und Feldheuschrecken arbeiten zwischen 5 und 12 Kilohertz. Die Ohren oder Gehörorgane befinden sich bei den Tieren allerdings an sehr ungewöhnlicher Stelle. Bei den Langfühlerschrecken liegen in den Vorderbeinen unmittelbar unterhalb des Kniegelenkes je zwei Trommelfelle; die Kurzfühlerschrecken tragen ihre Hörorgane seitlich am vordersten Hinterleibssegment.

... schon gewußt?

Was unseren Ohren als schräge Geigenmusik erscheint, sind in Wirklichkeit recht komplizierte Klangbilder. Mit Hilfe von Spektrographen kann man an dem arteigenen Klangbild auch seltene Arten nachweisen.

Sommer
Unterwegs am Meer

Vertrieben von den Sommerstränden

Weite, unberührte Sandstrände wünschen sich Urlauber, wenn sie an die Küste reisen, um den Alltag zu vergessen und mit der Frischluft Kraft zu tanken. Ein ganzer Industriezweig hat sich mittlerweile an den europäischen Küsten entwickelt, der jeden auch nur halbwegs geeigneten Sandstrand vermarktet. Aus der Strandidylle wächst schnell ein Freizeitpark mit Sandburgen und Strandkörben. Für die scheuen Bewohner der Sandstrände bleibt da kein Platz mehr. Sie weichen bei Störungen so drastisch aus ihrem Lebensraum, daß wir sie auch gar nicht mehr mit ihren angestammten Lebensräumen in Verbindung bringen. Besonders für einige Küstenvögel bieten die vegetationskargen Dünenlandschaften und die flachen vorgelagerten Sandstrände im Sommer Brut- und Lebensraum.

Lautstarker Strandwächter

Der auffälligste Strandvogel unserer Breiten ist der Austernfischer. Eindringlinge am Strand werden von ihm immer durch laute, durchdringende Rufe „begrüßt". Im Frühling und Sommer kann man kleine Trupps der Austernfischer beim ritualisierten Balzverhalten beobachten. Die rivalisierenden Männchen laufen parallel nebeneinander her und rufen dabei laut.
Seine Nahrung findet der Austernfischer in unmittelbarer

Der Strandtourismus hat den scheuen Bewohnern der Küste ihren Lebensraum streitig gemacht (links).

Ein Austernfischer (*Haematopus ostralegus*) führt sein Küken in den Dünen aus. Die Nahrung sucht sich der Nachwuchs selbst. Das Elterntier übernimmt nur die Bewachung (Mitte).

Nur bei extrem ruhiger Umgebung paaren sich die Küstenseeschwalben (*Sterna paradisea*, rechts).

Ufernähe. Dort sucht er nach Würmern, Flohkrebsen und Strandkrabben. Allerdings wagt er das nur dann, wenn er über eine Entfernung von etwa 50 bis 100 Metern ungestört bleibt.
Die Gelege setzt der Austernfischer nur an extrem beruhigten Plätzen ab.

Perfekte Tarnung

Ungleich unauffälligerer ist der Sandregenpfeifer. Am Sandstrand wird man diesen agilen Vogel mit dem hohen Ruf gar nicht unbedingt im ersten Augenblick wahrnehmen, denn sein kontrastreiches Gefieder entpuppt sich am Strand als perfekte Tarnkappe. Noch perfekter ist die Brutstätte getarnt. Die Eier, die sich in Farbe und Kontrast überhaupt nicht vom Untergrund unterscheiden, werden einfach in eine flache Sandkuhle gelegt und vom Strandwanderer als belanglose Steine übersehen. Häufig kommt es vor, daß die Gelege an Touristen-Stränden zerstört werden. Dabei zieht der Vogel in ei-

nem Jahr meist sogar zwei Gelege mit jeweils vier Eiern hoch. Die Küken verlassen sofort ihr Nest und gehen in der Vegetation der Dünen in Deckung. Von dort unternehmen sie mit ihren Eltern Strandwanderungen. Der Aufenthalt in der offenen Landschaft wird für die Küken nicht selten gefährlich, denn überall lauern Möwen. Das Jugendkleid besitzt deshalb ebenfalls die Farbe der Strandlandschaft. Die Eltern helfen ihren Sprößlingen in brenzligen Situationen und stellen sich gegenüber Störenfrieden flügellahm. Auf diese Weise versuchen sie, das Interesse auf sich zu lenken und den Feind zu verleiten.

Trotz des kontrastreichen Gefieders sind die Sandregenpfeifer (*Charadrius hiaticula*) am Strand hervorragend getarnt (links).

Die vorzügliche Tarnung des Geleges wird den Sandregenpfeifern oft zum Verhängnis. Die Eier werden von unvorsichtigen Strand- und Dünenwanderern achtlos zertreten (o. rechts).

Nur die vorzügliche Tarnfarbe schützt diesen jungen Sandregenpfeifer vor den räuberischen Silbermöwen (unten rechts).

Verdrängte Luftakrobaten

Viel empfindlicher als Austernfischer und Sandregenpfeifer reagieren Seeschwalben auf eine häufige Frequentierung der Strände. Relativ unproblematische Schutzgebiete konnten z. B. für die Brandseeschwalbe eingerichtet werden. Sie lebt zur Brutzeit in dichten Kolonien. Ein akti-

ver Schutz der Brutplätze von mehreren tausend Vögeln ist also durch die Absperrung von wenigen Hektar Land bereits möglich. Wenn die Seeschwalben miteinander turteln und sich Fischchen übergeben, benötigen sie zur Gründung der Kolonie unbedingte Ruhe. Schon bei geringen Störungen geben sie ihr Brutgeschäft auf.
Noch weitaus schwieriger ist die Erhaltung der sehr selten gewordenen Zwergseeschwalbe zu bewerten. Sie siedelt nur einzeln oder in weit verstreuten Verbänden, und auch dann nur an streng beruhigten, weitläufigen Strandabschnitten. In einer Zeit, in der Jahr für Jahr Millionen von Übernachtungen allein an unseren heimischen Küsten registriert werden, wären die Tage der Zwergseeschwalbe ohne massiven Arealschutz längst gezählt.

Seltener Anblick: eine Zwergseeschwalbe (*Sterna albifrons*) sitzt an einem Kieselstrand auf ihrem Nest.

… schon gewußt?

Auch wenn es zunächst nicht so aussieht: Sie sind am Sandstrand der Eindringling – nicht die scheuen Seeregenpfeifer oder laut rufenden Silbermöwen. Sollte sich ein Sandregenpfeifer flügellahm stellen und Sie sichtlich in eine bestimmte Richtung locken, so folgen Sie ihm. Die Gefahr der Nestzerstörung oder Beunruhigung der Küken wäre damit vorerst gebannt. Zur Vogelbeobachtung begibt man sich am besten in ein sicheres Versteck – beispielsweise hinter einen Sandfangzaun oder eine Dünenkuppe. Wolkige, kühle Tage sind dafür am ergiebigsten.

Leben unter Schritt und Tritt

Nordseeküste: Nichts hält den Blick zum schnurgeraden Horizont auf, wo die tiefziehenden Wolken und ein ebenso graues Watt fast miteinander verschmelzen. Naß glänzende Schlickflächen breiten sich aus, überall von größeren Pfützen und ein paar Prielen durchsetzt – ein typisches Sechsstundenland, über das einen Vierteltag später schon wieder die Wellen hinweggehen. Eine trostlose Landschaft aus Schlamm und Schlick?
Das Watt, wie man den Auftauchbereich zwischen Hochwasser- und Niedrigwasserlinie nennt, und das zugehörige Wattenmeer (die angrenzende Nordsee bis etwa zur 10 m-Tiefenlinie) sind eine der letzten großflächig zusammenhängenden Naturlandschaften Europas, in denen vom Wirken des Menschen noch relativ wenig zu spüren ist. Das Watt zwischen dem niederländischen Den Helder und dem dänischen Esbjerg ist zudem der größte Lebensraum dieses Typs. Kleinere Schlick-, Misch- oder Sandwatten finden sich als Buchtfüllungen oder vor Flußmündungen auch an anderen Stellen der Atlantikküsten. An das Watt entlang der Nordseeküste reichen sie auch in der Flächensumme nicht heran.

Von der Bildfläche verschwunden

Eine Hartbodenlebensgemeinschaft mit ihren vielen bunten Algen und festgewachsenen Tieren ist ein üppig bestückter Garten. Auf anstehendem Gestein bleibt den Felswattbesiedlern praktisch auch keine andere Wahl – sie müssen ihren Lebensraum flächig besiedeln und sich somit dem Blick ziemlich frei präsentieren. Nur wenige Spezialisten können bohrend in das Gestein eindringen.
Eine Weichbodenküste bietet da schon ganz andere Verhältnisse. Sie zeigt sich dem Beobachter auf den ersten Blick zwar völlig ausgeräumt und nahezu leblos, aber sie hat's buchstäblich in sich: Etwa 300 Gramm tierische Biomasse enthält der Wattboden unter einem Quadratmeter Oberfläche – das sind rund drei Tonnen pro Hektar und zehnmal so viel wie im küstenferneren Nordseeboden.
Größere, flächendeckende Algen- und Tanggebüsche wie in einem Felswatt fehlen dem Schlick- oder Sandwatt. Im Unterschied zu höheren Pflanzen besitzen Algen ja keine weitläufigen Wurzelorgane, mit denen sie sich im weichen Sediment verankern können. Ihre Klammerorgane, Krallen oder Haftscheiben, taugen daher allenfalls für die Besetzung von Grobgestein oder besonders festsitzenden Muscheln. Überall, wo ein paar Findlinge den tonigen Teig aus Sand und Schlick unterbrechen, bilden sich Inselvorkommen von Hartbodenlebensgemeinschaften mit typischen Aufwuchsarten. Ansonsten bleibt die Bildfläche weithin leer, weil sich die Wattbewohner in den Grund begeben haben und wirklich ganz schön im Schlamm stecken.

Tiere mit Tiefgang

Man muß dem Watt schon ein wenig auf den Grund gehen, um einen Eindruck vom Arten- und Individuenreichtum zu gewinnen. Ziemlich oberflächlich leben im Schlickwatt die nur wenige Millimeter großen Wattschnekken – bis über 100.000 erwachse-

Wohnen im weichen Watt: **1** Wattschnecke, **2** Schlickkrebs, **3** Plattmuschel, **4** Kotpillenwurm, **5** Rasenringelwurm, **6** Pfeffermuschel, **7** Miesmuschel, **8** Strandschnecke, **9** Herzmuschel, **10** Sandklaffmuschel, **11** Wattwurm, **12** Seeringelwurm, **13** Bäumchenröhrenwurm, **14** Sandklaffmuschel (eingegraben), **15** Pfahlwurm, **16** Sandgarnele, **17** Strandkrabbe.

ne Tiere und fast 1 Million Jungtiere kommen auf oder in einem Quadratmeter Wattboden vor. Ein fußballfeldgroßer Wattausschnitt beherbergt also mehr Wattschnecken als die Erde (bislang) Menschen. Herzmuschel und Plattmuschel, beide in den obersten Zentimetern Wattboden versteckt, bringen es immerhin noch auf mehr als 2000 Individuen je Quadratmeter. Bei vielen weiteren Wattbodentieren bewegen sich die Populationsdichten in der gleichen Größenordnung. Noch abenteuerlicher fallen die Bevölkerungszahlen aus, wenn man einmal die sehr kleinen Wattbewohner berücksichtigt. Zumindest im Misch- oder Sandwatt bieten die locker geschichteten Sandkörner genügend Zwischenräume und Kleinsthöhlensysteme für eine unglaublich artenreiche Mikrofauna – Tiere mit Körpergrößen von weit unter einem Millimeter. Rund 2,5 Millionen dieser Winzlinge kommen unter einem Quadratmeter Wattboden vor. Ein noch zahlenkräftigeres Millionenvolk sind die winzigen Wattkieselalgen, die bei Niedrigwasser aus ihren Sedimentlöchern vorkriechen und die Wattoberfläche mit goldbraunen Filmen überkleiden. Auf eine nur münzgroße Fläche passen rund 1 Million Algenzellen, auf einen kompletten Quadratmeter eine Menge, die schon beinahe das Zahlensystem sprengt. Alle diese sehr kleinen Wattbewohner sind die Nahrung größerer Bodenorganismen. Wattwürmer und Kotpillenwürmer durchwühlen im bergmännischen Schachtbauverfahren das Sediment und verzehren alle verwertbaren organischen Bestandteile. Die unverdaulichen Sedimentkörner setzen sie in charakteristischen Häufchen oder Schnüren wieder ab, so daß ihre dichtbesetzten Minenge-

biete dem aufmerksamen Beobachter nicht entgehen. Andere Würmer wie der Bäumchenröhrenwurm bauen komplizierte Reusenfanganlagen, die aus dem Tidenstrom Verwertbares herausfischen. Natürlich kommen auch die meist sehr ortsfesten Muscheln im Wattboden auf ihre Kosten: Die 20 bis 30 cm tief im Boden steckende Sandklaffmuschel besitzt ein langes, bis zur Bodenoberfläche reichendes Schlauchorgan mit getrennten Ein- und Ausfuhröffnungen, durch die sie nahrungsreiches Atemwasser pumpen kann. Die gesamte Bandbreite von Strudlern, Filtrierern, Sammlern, Bodenwühlern, Aasfressern und Beutegreifern ist im Wattboden vertreten. Somit teilen die Bodenspezialisten die Nahrungsressourcen einigermaßen gleichwertig untereinander auf und geraten damit nur wenig in Konkurrenz zueinander.

Der blaugrün schillernde Seeringelwurm (*Nereis virens*) wagt sich nur bei Dunkelheit an die Oberfläche (links).

Die nur wenige Millimeter langen Schlickkrebse (*Corophium volutator*) bevölkern zu Millionen die Areale des Schlickwatts (rechts).

Wohnungswahl im weichen Watt

Der unglaubliche Individuenreichtum der Wattbewohner ist kein unsortiertes Gewimmel. Nicht jeder kann im Watt einfach dort Wohnquartiere beschlagnahmen, wo noch gerade Platz ist. Vielmehr haben die einzelnen Arten offenbar ganz besondere

Ein freigespülter Wattwurm (*Arenicola marina*) kann sich mit seinem muskulösen Vorderteil binnen weniger Augenblicke wieder in den Boden eingraben (links).

Der räuberische Opalwurm (*Nephthys hombergi*) gräbt sich durch die sauerstoffreichen Schichten des Wattbodens (rechts).

Vorlieben. Strömungsverhältnisse, Gezeitenwasserstände und vor allem die Korngrößen im Boden bestimmen daher das jeweilige Besiedlungsbild.
Das extrem feinkörnige, tonige Schlickwatt ist die Domäne von Schlickkrebsen, Wattschnecken, Wattringelwurm und jungen Wattwürmern. Hier ist übrigens besondere Vorsicht geboten: Das zähe, schon wenige Millimeter unter der Oberfläche tiefschwarze Sediment gibt die tief einsinkenden Stiefel nur höchst widerstrebend frei.
Fazit: Auch wenn keine Vogelscharen eifrig stochernd vor dem Flutsaum herlaufen, ist das stille Watt überaus lebendig.

... schon gewußt?

Nach den Korngrößen der mineralischen Partikel teilt man die Wattböden in verschiedene Kategorien ein. Ein reines Sandwatt besteht nur aus losen Sandkörnern ohne nennenswerte organische Beimischung. Nimmt der Anteil feinerer Silt- oder Tonteilchen zu, wird der Wattboden immer teigiger – wir kommen zunehmend ins Mischwatt. Das Schlickwatt besteht aus extrem feinen Körnungen, die man zwischen den Fingern nicht mehr fühlt.

Ikebana unter Wasser

Driftende Tangbüschel erzeugen aller Erfahrung nach zwiespältige Gefühle. Tange gelten neuerdings nämlich als höchst zweifelhafter Auswurf des Meeres, werden irgendwo bei Killeralge oder Algenpest eingeordnet und halten Badetouristen so zuverlässig auf Distanz, als wimmele das Wasser von Feuerquallen. Zugegeben: Wer einen Naturstrand so hochsteril erleben möchte wie den Hotelpool, sollte die folgenden beiden Seiten besser überblättern.

Auch wenn die Saubermänner der Kurverwaltungen dafür sorgen, daß die umhertreibenden oder angespülten Algen und Tange immer rechtzeitig außer Sichtweite im Sand verbuddelt werden, sollte man sich die kleinen und großen Meeresalgen doch einmal genauer anschauen. Sie fühlen sich übrigens gar nicht so glitschig und glibberig an, wie meistens befürchtet wird. Ihr ungewöhnliches Formenspektrum und ihre ausgesuchte Farbigkeit lohnen mit Sicherheit auch einen zweiten und dritten Blick.

Die Vielfarben-Koalition

Landpflanzen präsentieren sich üblicherweise in den verschiedensten Grünschattierungen, von vornehmer Blässe bis hin zu gesättigtem Schwarzgrün. Daran ändern eigentlich auch die Farbtupfer der Blüten und Früchte nichts, die als ausgesprochene Saisonartikel den Aspekt ohnehin nur vorübergehend bestimmen. Wald ist eben normalerweise grün, und die grüne Wiese ist es sowieso bereits sprichwörtlich.

Völlig anders dagegen die Algen: Sie gewanden sich in erstaunlich vielstufig nuancierte Töne und bilden eine unerhört bunte Truppe von eindrucksvoller Farbpalette. Selbstverständlich gibt es da auch Grünalgen, die in ihren Farbstoffen und in vielen weiteren Merkmalen so sehr mit den Landpflanzen übereinstimmen, daß man letztere sogar als besonders arrivierte grüne Algen auffassen könnte. Bei den Algen blieb es indessen nicht beim Grün. Mehrere gleichwertige Alternativen haben diese Organismen im Laufe der Evolution erprobt, angepaßt und optimiert.

Entwicklungsgeschichtlich uralt sind beispielsweise Rot-Grün-Bündnisse – in diesem Fall wird das bei allen Algen vorhandene Grünpigment Chlorophyll a von roten Farbstoffen überlagert, die chemisch mit unseren Gallenfarbstoffen verwandt sind. Diese besondere Verknüpfung haben vor mehr als zwei Milliarden Jahren die Blaugrünalgen *(Cyanobakterien)* erfunden und vor mehr als einer Milliarde Jahren an die Rotalgen weitergegeben. Besonders bei den Rotalgen tieferer Standorte sind die roten Farbkomponenten unübersehbar entwickelt: Von kräftigem Karmin über feuriges Purpur bis hin zu sattem Rubinrot ist eine vielstufige Palette vorhanden.

Mit etlichen weiteren Farbprogrammen haben die Algen schon lange vor den Landpflanzen ökologisch Karriere gemacht. Außerordentlich erfolgreich war beispielsweise die Kombination von zartem Chlorophyllgrün mit dekkendem Gelbbraun, wobei Verbindungen aus der Stoffklasse der Carotinoide zum Einsatz kommen. Solche Farbstellungen zeigen beispielsweise die Braunalgen oder auch etliche Verwandtschaftsgruppen einzelliger Algen,

Jeder Ausschnitt einer Felsküste beherbergt eine Vielfarbenkoalition: Rot-, Grün- und Braunalgen im Felswatt zur Ebbezeit.

die die Organismenwolken des Planktons bevölkern.

Von filigran bis knüppeldick

Meeresalgen sind nicht einfach ein besonders bunter, untermeerischer Ersatz zu Kopfsalat oder Petersilie, sondern bestechen neben ihrer Farbigkeit auch mit ausgesucht hübschen Formen. Unter dem pflanzlichen Strandgut am Spülsaum werden sich bestimmt ein paar flächige, lappige Gebilde finden, die zunächst aussehen wie bunte Folienfetzen. Sie stellen zweifellos die einfacheren Formtypen dar, lassen sich aber zu interessanten Faltenwürfen drapieren wie die Damengarderobe auf Rubens-Gemälden.

Größer ist der Formenzauber bei den feinblättrigen oder buschig verzweigten Rotalgen. Hier finden wir gleichsam die Starmannequins unter den Meeresalgen – äußerst grazile und elegante Gestalten mit filigranem Dekor oder anderen ungewöhnlichen Formen, deren Details mitunter die Auflösungsgrenzen des bloßen Auges überschreiten. Diese Typenvielfalt bezaubert schon allein deswegen, weil sie so unvertraut ist und somit fremdartig wirken muß. Im Unterschied zu den Zweigsystemen unserer Gehölze sind die Verzweigungen vieler Algenbüschel wesentlich regelmäßiger angeordnet und wiederholen ihren Grundbauplan auch mit viel einfacheren Mitteln. In ihrer Gesamterscheinung erinnern die-

Die filigrane Schönheit mancher Meeresrotalge hat einen wohlklingenden Namen: Fadenzweigalge (*Polysiphonia urceolata*).

se Algen ebensowenig an die vertrauteren Landpflanzen wie die großen Makroalgen oder Tange, die bereits in die Zehnmeterklasse vorstoßen.

Schönheit ist nicht vergänglich

Viele Meeresalgen sind nicht nur bildschön, sondern auch schön im Bilde. Was uns der Spülsaum zu Füßen legt, kann man zeichnen, fotografieren oder auch zu schmucken Herbarblättern verarbeiten. Auf diese Weise bleibt die Schönheit der – zumeist ohnehin recht kurzlebigen – Feinalgen erhalten. Sie vertragen nur keine direkte Sonnenstrahlung, denn wie alle Naturfarben sind auch die Algenpigmente erstaunlich wenig lichtbeständig. Eingerahmt und an einer halbschattigen Wand aufgehängt, bleiben die farbigen Schönen jedoch jahrelang in Form.

... schon gewußt?

Vom quietschnassen und vielleicht noch ein wenig glitschigen Fundstück aus dem Spülsaum bis zum galeriereifen und vielfach bewunderten Ausstellungsobjekt sind es nur wenige und vor allem erstaunlich einfache Schritte. Gestalterisch kann man sich entscheiden zwischen monochromen Einzellösungen und bunt gemischten Ensembles:

* Aufgesammelte Algen vom Spülsaum nicht in wassergefüllten Behältern, sondern trocken transportieren

* Fadenbüschel zu Hause unter Leitungswasser (!) kurz abspülen und von überflüssigem Aufwuchs befreien

* Algen in Handwaschbecken oder flacher Schale unter Wasser (Leitungswasser) auf Papierbögen legen (DIN A 4 bis A 6), langsam aus dem Wasser herausziehen und Verzweigungen dabei mit feinem Malpinsel oder Pinzette ordnen

* Algen nur einlagig aufziehen. Zu dichte Verzweigungen ausdünnen und die bleibenden Teile flach ausbreiten

* Algenbelegte Papierbögen gut abtropfen lassen, auf Zeitungspapier legen und mit feinem Textilgewebe (Baumwolle, Gaze, Damenstrumpf o. ä.) bedecken und Lage Zeitungspapier darauf legen

* Unter mäßigem Druck (steinbeschwertes Brett o. ä.) pressen und nasse Zeitungszwischenlagen täglich ein- bis zweimal wechseln

Alles schön der Reihe nach

Gezeitenküsten sind echte amphibische Lebensräume, die im täglichen Rhythmus von Ebbe und Flut wechselweise dem Meer und dem Land zugewiesen werden. Obwohl die Küste der Grenzsaum ist, kann der genaue Grenzverlauf dennoch nicht exakt angegeben werden. Die Tiden stecken das Terrain zwischen Land und Wasser sozusagen minütlich neu ab. Was zur Ebbezeit ein Lebensraum mit vielen Eigenschaften eines Festlandbiotops war, verwandelt die auflaufende Flut wieder in einen typischen Unterwasserstandort. In einer so unzuverlässigen Umwelt ist das Leben gewiß nicht einfach. Tatsächlich kommen in der Gezeitenzone fast nur Spezialisten vor, die sich im Laufe ihrer Entwicklungsgeschichte hervorragend darauf eingerichtet haben, im täglichen Tidenrhythmus mindestens zweimal an die Luft gesetzt zu werden. Vom angrenzenden Festland wagen sich kaum irgendwelche Organismen in dieses schwierige Milieu vor, und auch aus der Dauerflutzone wird man so leicht keinen Repräsentanten finden. Die Lebensgemeinschaft der Gezeitenzone umfaßt Artenensembles, die nur hier ihren festen Platz haben.

Standort mit Sitzordnung

Wo der Wald zur Wiese wird und beide Pflanzenformationen mit gemeinsamem Saum aneinandergrenzen, wächst ein buntes Mosaik verschiedener Hochstauden, Strauchgehölze und Jungbäume. An einer felsigen Gezeitenküste finden wir dagegen immer ganz klare Verhältnisse. Hier treten die aspektbestimmenden Organismen nicht in zufälligen Mustern auf, sondern nehmen horizontal gestaffelte Gürtel oder Bänder ein. Es ist wie im Theater: Bestimmte Gesellschaftsschichten findet man nur im Parkett, andere hingegen ausnahmslos auf den höheren Rängen. Als Platzanweiser wirken offenbar bestimmte Umweltfaktoren. Da die Gezeitenorganismen von der Niedrigwasserlinie bis zur Flutmarke in einer festgelegten Reihenfolge vorkommen, liegt wohl der begründete Verdacht nahe, die Gezeitenwasserstände könnten die Hand im Spiel haben.

Ein Blick auf den Zeitablauf einer Gezeit orientiert uns rasch darüber, daß zwischen oben und unten im Eulitoral gewaltige Unterschiede bestehen. Ein Organismus nahe der Niedrigwasserlinie schaut nur für relativ kurze Zeit aus dem Wasser – kaum hat die Ebbe ihn freigegeben, geht die nächste Flut wieder darüber hinweg. Im Bereich der Hochwassermarke sitzen die dort siedelnden Lebewesen erheblich länger auf dem Trockenen. Wenn die Tide ihren Sitzplatz geräumt hat, können bis zur nächsten Flutdusche sogar mehr als zehn Stunden vergehen. Daraus wird deutlich, daß vor allem der drohende Wasserverlust während der Ebbe und die Fähigkeit zu seiner Bewältigung bei verschiedenen Organismenarten wohl unterschiedlich ausfällt und somit automatisch die Sitzordnung in der Gezeitenzone festlegt. Natürlich sind am fertigen Sitzplan auch noch ein paar weitere Faktoren beteiligt, zum Beispiel die Konkurrenz der Arten untereinander (Fraßdruck) oder ihr Beharrungsvermögen gegenüber wildtosender Brandung. Auch ein vielfältiges Gerangel schafft letztlich Ordnung.

1
2
3

Tangzonierung. 1 Rinnentang, **2** Spiraltang, **3** Blasentang, **4** Knotentang, **5** Sagetang, **6** Fingertang.

An Hafenmauern und Molen rücken die Wohngürtel der Felswattbewohner eng zusammen. Wellenexponierte (links) und geschützte (rechts) Flanken tragen unterschiedliche Besatzungen.

Europaweite Hitparade

Vom Nordkap bis fast nach Gibraltar trifft man innerhalb der Gezeitenzone immer wieder auf die gleiche Reihenfolge bestimmter Leitarten unter den Makroalgen oder Tangen. Schon von weitem sind die einzelnen Arten vorbehaltenen Etagenwohnungen anhand der unterschiedlichen Färbungen der Tangbänder gut zu erkennen. Ganz zuoberst siedelt sich der Rinnentang mit seinen schmalen, olivbraunen Bändern an. Er muß an seinem Wuchsplatz die längsten Trockenzeiten überstehen. Ihm folgen eine Etage tiefer der Spiraltang und der charakteristische Blasentang. Dazwischen kann sich an vielen Küsten ein sehr breiter Gürtel des Knotentangs einschieben – der größten in der Gezeitenzone vorkommenden Tangart.

… schon gewußt?

Typisch für den größten Teil der Nordseeküsten sind Weichböden aus Sand oder Schlick. Mit künstlichen Befestigungswerken wie Molen, Schutzmauern oder Deichfundamenten verändert der Mensch die Küstennatur. Diese Küstenschutzvorrichtungen werden z.B. in den Niederlanden zunehmend von typischen Felsküstenbesiedlern erobert.

Hier geht es ziemlich locker zu

Obwohl sich die Kontinente an vielen Stellen mit eindrucksvollen Felsbastionen gegen das Meer stemmen, bestimmen doch Weichböden weithin den Untergrund des Meeres. Nicht nur kilometerlange Küstenabschnitte bestehen aus Kies, Sand oder Schlick, sondern auch der gesamte Meeresboden. Vom Helgoländer Felssockel abgesehen, gibt es nirgendwo in der Nordsee aufragende Felsriffe.
An Gezeitenküsten legt die Tide bei Ebbe die ufernahen Sandbänke oder Platen frei. Sonnenwärme und Wind trocknen die Oberflächen an – die Sandkörner werden haltlos und fliegen mit auflandigen Winden davon. So entstehen ausgedehnte, über Hochwasserniveau aufragende Sandstrände, Wasser, Wind und Wärme sorgen ständig für Nachschub. Nahe der Flutlinie schichtet der Wellenschlag das Lockermaterial ständig um. Daher können hier keine größeren Lebewesen Fuß fassen. Erst deutlich oberhalb der Flutmarke lassen die Turbulenzen nach, und sofort sind auch die Pflanzen zur Stelle: Strand-Quekken sind die Erstbesiedler. In ihrem Windschatten schlägt sich der Flugsand leichter nieder, so daß sich allmählich die niedrigen Wälle der Vordünen entwickeln.

Der Strand wächst über sich hinaus

Bald finden sich auf den Vor- oder Primärdünen weitere Gräser wie der Strandhafer oder der Strandroggen ein. Mit ihrem weitläufigen Wurzelwerk sichern sie die Sandaufwehungen, die sonst von herbstlichen Stürmen wieder eingeebnet würden, wirken aber gleichzeitig auch als Sandfänger, die die Düne zu einem wachsenden Sandberg aufbauen. Strandhafer ist dabei sogar übersandungsfest. Sollte er einmal unter besonders heftiger Zufuhr verschüttet werden, bildet er eine neue Wurzeletage und schiebt sich mit frischen Trieben wieder ans Tageslicht. Strandroggen erträgt die Übersandung weniger gut, ist aber als Sandfestiger und -fänger gleichermaßen wirksam. Mit pflanzlicher Hilfe erhöhen sich die Vordünen beträchtlich und streben als steilkuppige Primärdünen sichtlich in die Höhe. Bis etwa zehn Meter Höhe kann die Primärdüne erreichen und wandelt sich dann allmählich zur Weiß- oder Sekundärdüne, durch deren noch lückige Pflanzendecke überall der weiße Sand hindurchleuchtet. Wo das pflanzliche Befestigungswerk nicht ausreicht, kann der Wind die Weißdüne im Luv auch wieder abtragen und ihr Baumaterial im Lee erneut absetzen. Auf diese Weise wandert eine noch nicht endgültig festgelegte Düne jährlich um Meterbeträge in Windrichtung.

Auch alte Dünen werden grau

Wo Pflanzenwuchs den Sand der Weißdüne bindet, sammelt sich mit der Zeit auch eine dünne Humushaut an, die sich mit Moos- und Flechtenaufwuchs gegen Verwehung schützt und andererseits auch etlichen weiteren Blütenpflanzen bessere Bedingungen bietet: Neben neuen Grasgestalten (Sand-Segge, Silbergras) kommen hier Sandglöckchen, Glockenblume, Echtes Labkraut und verschiedene Veilchen vor. Sanddorn und Kriech-Weide sind ebenfalls mit dabei. Die Bodenfarbe wechselt nunmehr zu Grau-

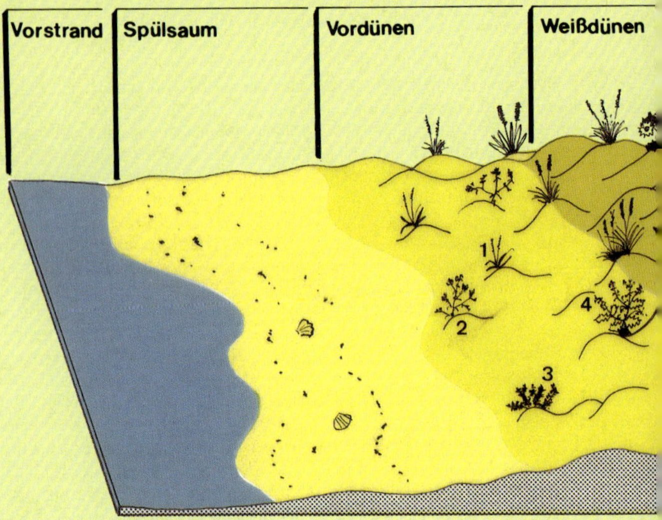

tönen, wirksam unterstützt vom hellen Graugrün der meisten Dünenpflanzen: Wir stehen jetzt in der Graudüne. Windanriß oder Zerstörung der Pflanzendecke durch Trampelpfade könnten hier immer noch Bewegung in die Szene bringen. Wir steigen deswegen auch nicht auf den Dünenkämmen herum und überlassen diese aus Sand gebaute Landschaft lieber den Bodenbrütern als ungestörten Lebensraum.

Szenenwechsel in den Dünen: **1** Strand-Quecke, **2** Kali-Salzkraut, **3** Strand-Salzmiere, **4** Meersenf, **5** Strandhafer, **6** Strandroggen, **7** Strand-Winde, **8** Stranddistel, **9** Sand-Segge, **10** Sandglöckchen, **11** Silbergras, **12** Kriech-Weide, **13** Sanddorn, **14** Dünen-Rose, **15** Besenheide, **16** Glockenblume, **17** Krähenbeere, **18** Glocken-Heide, **19** Sonnentau, **20** Moosbeere.

Sandstandorte serienweise

Unter dem dichteren Moos-, Rasen- und Gehölzbewuchs der Graudüne sammelt sich mit der Zeit weiterer Humus an, und abermals ändert sich das Pflanzenkleid – Zwergstrauchgesellschaften vollziehen nunmehr den Dichtschluß in der Pflanzendecke. Die verheidete Düne mit ihren ausgedehnten Besenheidebeständen und Krähenbeerenhorsten ist das vorläufige Endstadium einer Tertiärdüne und wird wegen der vorherrschenden Farbeindrücke auch Braundüne genannt. Wo es der Wind zuläßt, könnte sich die Braundüne schließlich auch mit Birken und Kiefern bewalden. Sehr windoffene Dünengebiete bleiben dagegen auf Dauer waldfrei.

Nur zum Reinschauen, nicht zum Reingehen: Die tiefen Senken zwischen den Kuppen der Grau- und Braundüne, die langgestreckten oder rundlichen Dünentäl-

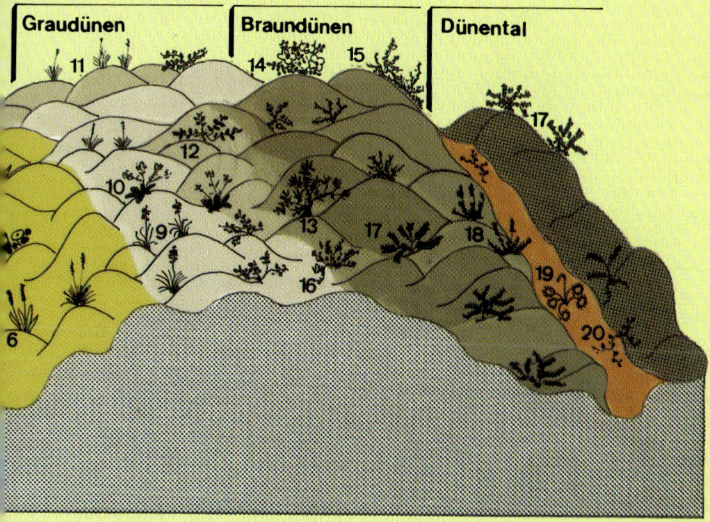

chen, entwickeln sich mitunter zu hochinteressanten Feuchtgebieten mit richtigen kleinen Niedermooren.
Hier kommen Pflanzenarten vor, die man am Trockenstandort Düne zunächst einmal gar nicht erwartet. Der seltene Sumpfbärlapp wächst hier ebenso wie der Rundblättrige Sonnentau. Dessen höchstens münzgroße, purpurrot überlaufene Blätter tragen zahlreiche haarartige Auswüchse, die man Fangtentakel nennt. Sie sondern einen äußerst zähen Schleim ab, der in der Sonne wie frischer Tau glitzert, von Kleininsekten aber für Nektar gehalten wird – ein tödlicher Irrtum, denn sie kommen von der ausgelegten Leimrute nicht mehr los.
Eigentlich sollte man es nicht einmal seinen besten Freunden erzählen: In den Dünentälchen kommen sogar einheimische Orchideen vor, darunter beispielsweise die duftende Strandvanille oder das Fleischfarbene Knabenkraut. Wie alle Moore sind auch die Feuchtlebensräume der Dünentälchen außerordentlich trittempfindlich und sollten deshalb unbedingt eine abgeschiedene Welt für sich bleiben. Ein handliches, aber leistungsstarkes Fernglas kann hier auch beim Botanisieren hervorragende Dienste erweisen – bis hin zur zerstörungsfreien Feststellung des letzten Sonnentau-Menüs.

... schon gewußt?

Lassen Sie keine empfindliche Feinmechanik (Ferngläser, Kameras, CD-Player o.ä.) ungeschützt auf Ihrem Liegeplatz am Sandstrand oder in den Dünen liegen. Die hier ständig verwirbelten Sandkörner finden erbarmungslos die feinsten Schlitze der wertvollen Geräte und lassen diese nur noch knirschend funktionieren.

Bunte Blumen mitten im Meer

Von den unzähligen Prachtformen des Meeres bleiben dem Strand- und Klippenkraxler die meisten verborgen. Die farbenfrohen Blumentiere *(Anthozoa)* aus der Gruppe der Hohltiere aber wagen sich bis über die Grenze der Niedrigwasserlinie vor und können deshalb auch bei niedrigen Wasserständen mühelos beobachtet werden. Ihrem Namen machen diese Tiere (!) alle Ehre. Wie eine große Blüte erhebt sich über ihrem zylindrischen Rumpf rund um eine Mundscheibe ein großer und vielfältig gestalteter Tentakelkranz, der im ausgebreiteten Zustand an eine große Blüte erinnert. Zur Stützung der Außenwand sind lediglich zahlreiche Teilwände in den großen Verdauungsraum einbezogen. Die Fußscheibe kann entweder als Grabfuß oder als eine flache Haftscheibe entwikkelt sein, mit der sich die Tiere sehr fest am Untergrund verankern. Bei ungünstigen Bedingungen besteht allerdings auch immer die Möglichkeit, auf dieser Sohle davonzuwandern oder sich einfach loszulösen, um davongetrieben zu werden.

Als festsitzende Formen bleibt den Blumentieren nichts anderes übrig, als auf mögliche Beute zu lauern, die zufällig vorbeikommt. Sobald ein kleiner Fisch, eine unachtsame Garnele oder ein vorbeihuschender Flohkrebs sich zu nahe an sie heranwagt, erfassen sie die Beute mit ihren Tentakeln und stopfen sie in die zentral in der Mundscheibe liegende Körperöffnung hinein. Zur Fixierung der Beute helfen ihnen winzige Nesselzellen. In diesen sogenannten Cnidocyten sind kleine Nesselkapseln enthalten, in denen ein Stilett und ein Fangfaden ruhen. Die meisten Blumentiere leben auf festen Untergründen. Wer ihnen also auf die Spur kommen will, begebe sich vorzugsweise an tiefer gelegene Bereiche von Hafenmolen, Spundwänden und Felsklippen. Es lohnt sich auch immer, einen Blick auf die an den Felsküsten lebenden großen Tange und deren Wurzelkrallen zu werfen.

Rote Kuppeln

Die in der Gezeitenzone siedelnden Formen wird man bereits bei niedrigen Wasserständen in den zurückbleibenden Gezeitentümpeln finden. Dies ist der Lebensraum der Pferdeaktinie. Fällt sie frei, zieht sie ihren Tentakelkranz ein und hängt als schlaffer Sack an den Felsen; sobald sie jedoch

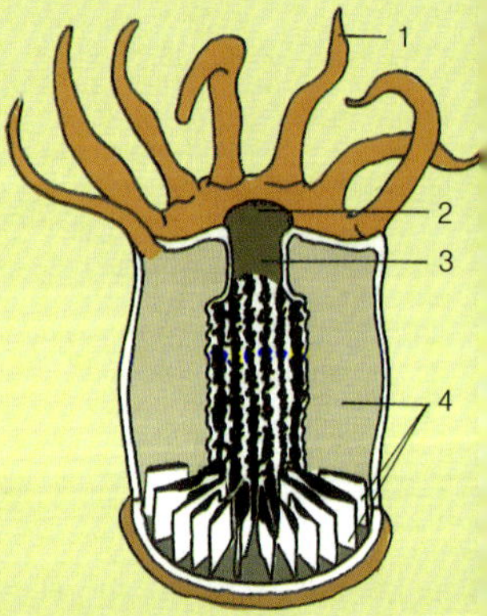

Bauplan einer Aktinie. Die feuerbereiten Nesselkapseln liegen in speziellen Zellen der Fangarm-Außenschicht. Leiseste Berührung bringt sie augenblicklich zum Abschuß. 1 Tentakel, 2 Mund und After, 3 Schlundrohr, 4 Trennwand.

Diese Pferdeaktinie (*Actinia equina*) ist im Begriff, sich zu teilen. Eine neue Tentakelkrone ist bereits entwickelt (links).

Untergetaucht macht die Pferdeaktinie ihrem Namen als Blumentier alle Ehre (rechts oben) …

… sobald sie jedoch freifällt, zieht sie ihre Tentakeln zurück und erscheint als schlaffer, unansehnlicher Sack.

überspült wird, breitet sie ihre Tentakelkrone aus. Häufig sitzen die Tiere in kleinen Pulks zusammen, doch nicht zu eng, weil sie sich sonst gegenseitig mit ihren blau irisierenden und rund um den Tentakelkranz sitzenden Randsäckchen nesseln würden. Zuweilen kann man beobachten, daß sich die Pferdeaktinien ungeschlechtlich vermehren, indem sie zunächst einen zweiten Tentakelkranz inklusive Mundscheibe entwickeln und sich anschließend der Länge nach teilen.

Die Gärtnerin im Algenflor

Eine spektakuläre Art der (Zusatz-)Ernährung hat zweifellos die Wachsrose entwickelt. Sie lebt in größeren Gezeitentümpeln und Felsprielen inmitten vieler Pflanzen. In ihrem Körpergewebe speichert sie einzellige Algen, die ihr die grünliche bis bräunliche Färbung verleihen. Diese mikroskopisch kleinen Pflanzen versorgen die Wachsrose mit Kohlenhydraten und Fetten, die sie aus den Stoffwechselprodukten (Kohlendioxid, Wasser) der Wirtsrose unter Energiezufuhr durch das Sonnenlicht gewinnen. Das miteinander

dicht. verwobene Zusammenleben dieser beiden Organismen zum gegenseitigen Nutzen, wie es die Wachsrose und ihre Zooxanthellen praktizieren, bezeichnet man als Symbiose (Endocytobiose).
Die Wachsrose kann sich auch als Beutegreifer ernähren. Die Berührung der mit Nesselkapseln bewehrten Tentakel kann bei hautempfindlichen Menschen leichte Verbrennungen hervorrufen.

... schon gewußt?

Seeanemonen und Pferdeaktinien kann man gefahrlos mit den Fingerkuppen berühren. Die „Klebewirkung“ der Tentakel geht auf die (relativ schwachen) Nesselzellen zurück, welche unsere Haut nicht durchdringen können. Versuchen Sie aber nicht, die Tiere von ihrem Wuchsplatz abzulösen – sie werden dabei meist verletzt.

Keine Seerose der heimischen Gewässer ist in ihren Farben so variabel wie die Dickhörnige Seerose (*Urticina felina*), oben).

Grün wie eine Pflanze: Die Farbe der Wachsrose (*Anemonia viridis*) rührt tatsächlich von eingelagerten Algen her (S. 303 oben).

Ausschnitt aus der Tentakelkrone der Wachsrose (S. 303 unten links).

Licht ist rar. Um ihre Algen zu einer möglichst hohen Produktivität anzuhalten, werden die Arme alle dicht gepackt direkt unter der Wasseroberfläche postiert (S. 303 unten rechts).

Neptuns Ritter

Krebse gehören zu den bleibenden Eindrücken eines Küstenaufenthaltes. Ob in der Speisekarte des nächstgelegenen Fischrestaurants, im Beifang der Fischer oder im Angespül des Strandes, überall begegnen uns die mit einem harten Chitin-Panzer nach außen hin bewehrten „Ritter des Neptun" oder zumindest Teile von ihnen. Eine kleine Krebs-Safari kann bereits im Anwurf am Strand beginnen.

Krabbelnde Krabben im Algenflor

Mit den Tangen werden auch häufig Kleinkrebse angetrieben, die normalerweise in unmittelbarer Nachbarschaft mit den Algen leben. Dazu gehört der Gespensterkrebs, der in seiner Gestalt überhaupt nicht an die eng verwandten Strandflöhe erinnert. Er lebt in Gesellschaft von Algen oder Polypenkolonien und verharrt dort stocksteif, als wäre er ein kleiner Ast. Kommt eine ahnungslose Beute vorbei, wird sie blitzschnell mit einem kräftigen Scherenpaar gegriffen und verspeist. Das Schwimmen haben diese Krebse fast völlig verlernt. Auf den Algen aber sind sie gewandte Kletterer und bewegen sich spannerraupenartig fort. Auch die Meeresasseln tragen an den Beinen kräftige Klauen, um nicht von der Strömung fortgerissen zu werden. Sie leben überwiegend vegetarisch. Um nicht zu

Ein Gespensterkrebschen (*Caprella linearis*) verharrt bewegungslos im Algenwald und wartet auf Beute (oben).

Meeresasseln (*Idotea*) treten in vielen Farben und Mustern auf (unten).

Der flach gebaute Furchenkrebs *(Galathea)* verschwindet bei Gefahr in fast jeder schützenden Höhle (oben).

Ein Pärchen des berühmten Muschelwächters (*Pinnotheres pisum,* Männchen ganz klein) ist in einer Pferdemuschel aufgespürt worden (Mitte).

Eine Strandkrabbe (*Carcinus maenas*) hat sich gerade gehäutet und hinterläßt den alten (kleineren) Panzer (unten).

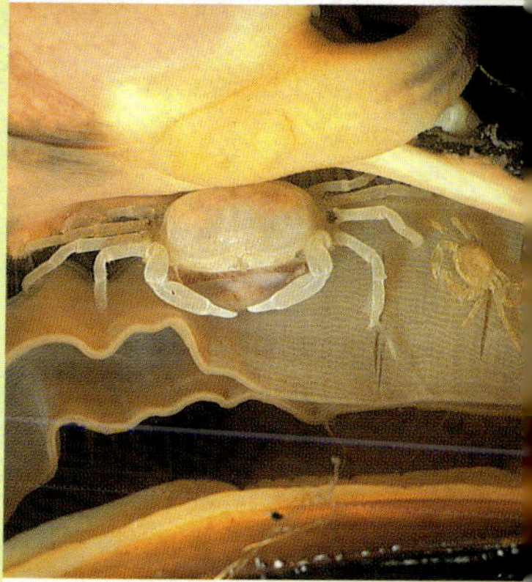

sehr aufzufallen, passen sie sich in den unterschiedlichsten Farbvarianten der Umgebung an.

Panzertier mit Schwachstellen

Während kleine Asseln nur bei einem gezielten Blick ins Auge fallen, läßt sich die Strandkrabbe oder Dwarslöper, wie sie auch von den Küstenbewohnern genannt wird, kaum übersehen. Ob im Wattenmeer, auf Muschelbänken und Felsklippen, überall kann man sie beobachten. Wird sie einmal aufgestöbert, so hält sie in drohender Gebärde dem Angreifer ihre Scheren entgegen und läuft seitwärts davon.
Zuweilen kann man im Angespül leere Panzer der Strandkrabbe finden. Das liegt daran, daß die äußere Haut der Tiere nicht mit dem Inneren mitwächst und deshalb regelmäßig abgeworfen werden muß. Unter ihr hat sich dann jedoch bereits ein neuer, wenn auch noch sehr weicher Panzer gebildet. Frisch gehäutete Tiere bezeichnet man deshalb auch als „Butterkrebse". Sie pumpen sich sofort mit Wasser voll, weiten dadurch den neuen Panzer und wachsen so binnen kürzester Zeit sprunghaft weiter.
Ein enger Verwandter der Strandkrabbe ist der Taschenkrebs. Die im Rückenpanzer bis zu 30 cm

breiten Tiere bewegen sich viel behäbiger als ihre kleineren Verwandten und bleiben in ihrer Verbreitung auf felsige Untergründe beschränkt. Dort jedoch werden sie in Reusen und Körben gefangen, denn die großen Scheren, mit denen sie andere Krebse und Muscheln zertrümmern, sind schmackhaft und als Delikatesse begehrt. Dieses Schicksal bleibt den pfeilschnellen Furchenkrebsen erspart. Selbst einem Taucher gelingt es kaum einmal, die wendigen Tiere zu erwischen. Mit blitzschnellen Ruderbewegungen ihres untergeschlagenen Hinterleibes entkommen sie mühelos in Ritzen und flache Nischen.

Eigenheim für Krebse

Eine solch eilige Flucht hat der Einsiedlerkrebs überhaupt nicht nötig! Er lebt in einem leeren Schneckenhaus, zieht sich bei Gefahr einfach in dieses zurück und verschließt mit seinen kräftigen Scheren die Öffnung. Das feste Schneckengehäuse hat der Krebs auch bitter nötig. Sein Hinterende nämlich bleibt das ganze Leben hindurch weichhäutig und empfindlich für Angriffe.
Eine noch komfortablere Wohnlösung hat die Erbsenkrabbe gefunden. Sie lebt in der Mantelhöhle von Muscheln und kann sich sogar von dem ernähren, was ihr Wirt eigentlich für sich selbst hereinstrudelt und an den Kiemen abfiltriert. Mit ihren zarten Scheren schabt sie vorsichtig die

Bei Niedrigwasser haben sich diese beiden Taschenkrebse (*Cancer pagurus*) in den Schichthöhlen des Helgoländer Felswatts zurückgezogen.

Seine Schneckenschale trägt der Einsiedlerkrebs (*Pagurus bernhardus*) wie die vormalige Bewohnerin immer bei sich.

Oberfläche der blattartig erweiterten Muschelkiemen ab und nimmt so als ungebetener Gast am Mahl des Wirtes teil. Die Weibchen erreichen im Vergleich zu den Männchen eine enorme Größe. Der Panzer wird kugelig rund, um keine verletzenden Kanten für die Muscheln zu bieten, die Extremitäten bleiben im Wachstum zurück. Da man die Männchen häufiger auch am Rande des Mantelrandes beobachtet, bezeichnet man sie auch als „Muschelwächter". Der größte heimische Krebs, der Hummer, ist über solche Schutzmaßnahmen völlig erhaben. Bei einer Körperlänge von bis zu 50 cm fürchtet dieser große Schwanzkrebs nur noch einen Feind: den Menschen, der ihn wegen seines schmackhaften Fleisches in Hummerkörben fängt. Ehe die Tiere allerdings zu so stolzer Größe heranwachsen, vergehen Jahrzehnte.

... schon gewußt?

Selbst eine ausgewachsene Strandkrabbe kann mit ihren Greifzangen empfindlich zulangen und zumindest blutige Finger „bescheren". Noch größere Vorsicht ist bei Taschenkrebsen angesagt. Relativ gefahrlos faßt man diese Tiere an der Rückseite zwischen dem hintersten Beinpaar an. Lebende Krebse eignen sich nicht als Souvenir und werden bald ziemlich anrüchig.

Von großen und kleinen Fischen

Zum Bild der Küste gehören ganz sicher auch idyllische Kutterhäfen mit dem typischen Fischgeruch, mit dem Tau- und Netzwerk, das sich scheinbar ungeordnet auf dem Deck der Schiffe ausbreitet, und den Möwen, die nach einem Happen des Fangs Ausschau halten. Die Fischerei ist eines der ältesten Gewerbe der Menschheit, und gerade die heimischen Küsten sind von jeher ein ausgesprochen ertragreiches Fanggebiet gewesen. Das von wirbellosen Tieren nur so strotzende Wattenmeer bietet beste Voraussetzungen für die Schleppnetzfischerei. Eine schwere Rollenkette wird über den flachen Boden hinweggezogen. Die aufgescheuchten Grundfische verirren sich anschließend in dem durch breite Scherbretter offengehaltenen Netz. Zartere Fanggeschirre dieser Art benutzen die Krabbenfischer, wenn sie „auf Sandgarnele (auch „Krabbe" oder „Granat" genannt) gehen".

Wer besonderes Interesse an der Fischerei und am angelandeten Fang hat, der sollte sich bereits frühmorgens zum Hafen aufmachen, wenn die Fischereifahrzeuge vom nächtlichen Fang einlaufen und ihre Ladung löschen. Heimische Küstenfänge bestehen hauptsächlich aus Dorsch, verschiedenen Plattfischen, wie z. B. Scholle und Seezunge, oder auch mal vereinzelten Knurrhähnen. Wer viele der großen, fischereilich genutzten Arten nebenein-

Der unersättlichste aller „Raubfische“ auf Beutezug: der Mensch (links).

Wenn sie sich nicht gestört fühlen, schwimmen Schollen (*Pleuronectes platessa*) auch durchs freie Wasser (oben).

Unser häufigster Speisefisch: der Dorsch (*Gadus morrhua,* Mitte).

Nach dem Fang werden die Fische noch vor Ort ausgenommen und für den Weiterverkauf verpackt (unten).

ander kennenlernen will, sollte sich auf einen der Fischmärkte begeben, auf denen im großen Stil mit Fisch gehandelt wird. Dicht an dicht stehen dort in großen Hallen die Kunststoffwannen mit den Fängen, die aus den Fischereigründen rund um die Küsten des Nordatlantiks stammen. Meeraal, Seeteufel, Seehecht, Thunfisch, Marlin und Schalentiere werden dort in riesigen Mengen umgeschlagen.

Fische im Tangwald

Erheblich formenreicher als auf dem eintönigen Boden des Wattenmeeres, den unterseeischen Sandböden und im freien Wasser geht es in den Algenwäldern der Felsküsten zu. Die Fische, die hier leben, sind zwar in der Regel relativ klein, sie zeichnen sich dafür jedoch durch unkonventionelle Formen und Farbgebungen aus.
Einer der auffälligsten Fische felsiger Bereiche begegnet uns besonders in den Frühlingsmonaten. Der Seehase lebt eigentlich in tieferen Bereichen des Meeres, zur Eiablage aber kommen Männchen und Weibchen gemeinsam an die Oberfläche. An den Wurzelkrallen der Tange

oder direkt am Fels wird das Gelege abgesetzt und fortan so lange vom Männchen beschützt, bis die kleinen Fischlarven aus den Eiern schlüpfen. Mit dem am Bauch sitzenden Saugnapf heften sich die Männchen während dieser Zeit fest an den Untergrund und verlassen das Gelege auch dann nicht, wenn sie durch extreme Niedrigwasserstände trockenfallen. Nicht selten sterben die Männchen vor Erschöpfung und werden dann am Strand angetrieben. Ein deutlich kleinerer, aber ständiger Bewohner des Algenwaldes ist der Butterfisch. Seine geringe Größe, die schlanke Gestalt und die schleimige, schuppenlose Haut erlauben es ihm, während der Zeit des Trokkenfallens für längere Perioden in kleinen Pfützen und Gezeitentümpeln auszuharren. Selbst wenn diese einmal völlig trockenfallen sollten, bedeutet das für ihn noch nicht den sofortigen Tod. Besonders grimmig schauen die weit verbreiteten Seeskorpione drein. Die Kiemendeckel und Flossenstrahlen dieser Fische sind mit zahlreichen Giftstacheln besetzt. Die flache und dem Bodenrelief perfekt angepaßte Oberflächenkontur begünstigt eine optimale Tarnung.

Sandaale (*Ammodytes,* hier im Angespül) werden zunehmend zu Fischmehl verarbeitet. Sie bilden auch eine wichtige Nahrungsgrundlage für Alkenvögel (oben).

Ein Seehasen-Weibchen (*Cyclopterus lumpus*) ist aus der Tiefe aufgestiegen und begibt sich zur Eiablage ins Flachwasser (Mitte).

Ein Seehasen–Männchen ist vor Erschöpfung gestorben und an den Strand gespült worden (unten).

Als wär's ein Stück von ihr

Direkt zwischen den Algen leben die Seenadeln. Ihre extrem schlanke Gestalt läßt den Betrachter an ein Blatt oder einen Stiel denken. Wie alle spezialisierten Besiedler des Algenwaldes befürchten die Seenadeln nichts so sehr, wie von der Strömung fortgetrieben zu werden. Deshalb schlingen sie ihr elastisches Hinterende häufig rund um die Algen und bleiben so in jeder Situation nicht nur geschützt, sondern auch in ihrem Lebensraum fest verankert.

... schon gewußt?

Als Larven leben Schollen im Plankton. Wenn sie etwa 1–1,5 cm lang geworden sind, setzt eine seltsame Verwandlung ein: Das linke Auge wandert über die Kopfkante auf die rechte Seite. Jetzt gehen die Tiere zum Bodenleben über. Außer der Scholle sind auch die Kliesche und Seezunge rechtsäugig. Steinbutt und Glattbutt sind dagegen linksäugige Plattfische, sie liegen also als Erwachsene auf der rechten Körperhälfte. Bei den Flundern gibt es rechts- und linksäugige Tiere.

Der Butterfisch (*Pholis gunnellus*) gehört zu den häufigsten Fischen in den Gezeitentümpeln (oben).

Der Seeskorpion (*Myoxocephalus scorpius*) wirkt durch seine Form wie ein Überrest aus Saurierzeiten.

Die Seenadel (*Syngnathus*) ist im Gewirr der Algen und Seegraswälder durch ihre schlanke Form optimal getarnt (unten).

Feuerkuppeln – naß und kalt

Quallen! Vielen von uns laufen da unvermittelt unangenehme Schauer über den Rücken. Ob diese Tiere nun in Schwärmen im Wasser umhertreiben oder an den Strand getrieben werden, für viele ist damit ein so starker und undefinierbarer Ekel verbunden, daß es schwerfällt, sie zu berühren.
In einigen wenigen Fällen ist diese Vorsicht tatsächlich auch berechtigt, meistens aber ist ein Kontakt mit ihnen völlig harmlos. Wer jemals eine Qualle aus der Sicht des Tauchers im fahlen Blau des Wassers hat treiben sehen, wenn sich der Rand des kuppelartigen Schirmes in rhythmischen Bewegungen zusammenzieht und wieder weitet, wird sich kaum etwas Anmutigeres oder ästhetisch Vergleichbares vorstellen können. Solche Schönheit ist den Kennern der Materie wohlbekannt: Nicht ohne Grund trägt das älteste deutsche Meeresforschungsinstitut, die Biologische Anstalt Helgoland, eine Kompaßqualle in ihrem Wappen.
Etwa 98 Prozent einer solchen Meduse, wie Quallen auch genannt werden, bestehen aus Wasser. Das dürfte im Tierreich einsame Spitze sein. Mit einer anderen Kuriosität können die Schirmträger ebenfalls aufwarten. Sie durchleben in ihrer Entwicklung einen Generationswechsel, in dessen Verlauf sich zwei äußerlich völlig verschiedene Erscheinungsformen abwechseln. Wenn die getrenntgeschlechtlichen Quallen ihre Ei- und Samenzellen ins freie Wasser abgeben und diese verschmelzen, entsteht zunächst über den Umweg einer Wimpernlarve *(Planula)* ein kleiner, am Boden festsitzender Polyp, der in seiner Organisation den Blumentieren (S. 300 ff.) sehr ähnlich ist. Das ist nicht verwunderlich, denn beide Gruppen sind sehr eng verwandt. Diese nur wenige Millimeter hohe Folgegeneration schnürt ihr Oberteil stetig ab und erzeugt so auf ungeschlechtlichem Wege zahlreiche kleine frei schwimmmende Ephyra-Larven, die ihrerseits wieder zu einer großen Meduse heranwachsen. Damit schließt sich der Kreis. Fast alle großen Medusen, die wir an den europäischen Küsten antreffen, entwickeln sich nach diesem Schema, aber es gibt auch Ausnahmen; und eine von ihnen ist schon deshalb erwähnenswert, weil man sie als „echt ätzend" beschreiben kann und große Vorsicht vor ihr geboten ist.

Das nasse Feuer

Die Portugiesische Galeere ist in Wirklichkeit eine mit den Medusen nur weitläufig verwandte freischwebende Polypenkolonie, die sich im Laufe ihrer Entwicklung eine Schwimmblase als Treiborgan und damit das Aussehen einer Qualle angeeignet hat. Dieser so harmlos erscheinende Polypenstaat zieht bis zu 30 m lange und mit giftigen Nesselkapseln gespickte Fäden hinter sich her, die beim Menschen nach Berührung schwere Verbrennungen verursachen. Selbst die am Strand angespülten Tiere behalten diese Wirkung noch tagelang. Bei ihr sind sogar einige Todesfälle belegt. Vorsicht ist auch vor Blauen und Gelben Haarquallen geboten. Besonders die gelborange Form wird im Volksmund nicht umsonst „Feuerqualle" genannt, denn auch bei ihr kann es bei Berührung der feinen Tentakel zu unangenehmen Reizungen der Haut kommen. An den heimischen Küsten kommt diese Art glücklicherweise sehr selten vor. Wieviel harmloser ist da die bei uns überall weit verbreitete Ohrenqualle. Ihre Nesselkapseln durchschlagen die menschliche Haut nicht, und eine Berührung ist deshalb völlig ungefährlich.

Netzfänger

Einen Seitenzweig im Reich der Quallen stellt auch die Seestachelbeere dar, die während der Sommermonate häufig in riesigen Schwärmen angespült wird. An ihrer Außenseite befinden sich acht vom Scheitelpol zum Mundfeld verlaufende Rippen, die dicht mit schlagenden Wimpernbändern besetzt sind und für den Auftrieb sorgen. In zwei seitlichen Taschen halten die bis zu 3 cm langen Tiere jeweils einen sehr langen und weit verzweigten Tentakelarm verborgen. Im ungestörten Zustand wird dieses Paar wie ein Netz im freien Wasser ausgebreitet. Kleine Planktonorganismen verfangen sich darin und werden mittels Klebzellen festgehalten. In regelmäßigen Abständen streift die Seestachelbeere ihre Fangarme am Mund ab

Vorsicht: diese gestrandete Portugiesische Galeere (*Physalia physalis*) kann auch jetzt noch starke Verbrennungen hervorrufen (oben).

Bei gestrandeten Ohrenquallen (*Aurelia aurita*) lassen sich die vier hufeisenförmigen Geschlechtsorgane („Ohren“) gut erkennen (Mitte).

Die Stielquallen (*Craterolophus convolvulus*) sitzen vornehmlich auf großen Tangen in der oberen Dauerflutzone. Um sie zu entdecken, bedarf es schon eines scharfen, geübten Blickes.

und sammelt so die verdaulichen Anteile heraus.

Das jähe Ende

Jedes Medusenleben dauert in der Regel nur einen Sommer. Trotz ihrer Grazie und ihrer (begrenzten) Möglichkeit, die Schwimmrichtung selbst zu bestimmen, werden sie irgendwann an die Strände gespült und vergehen dann binnen weniger Tage.

... schon gewußt?

Erste Hilfe nach Kontakt mit (europäischen) Feuerquallen: Sand, Zucker oder Cola auf die betroffene Stelle bringen; Tentakelreste antrocknen lassen und mit glatter Kante vorsichtig abschaben. In schwereren Fällen Schock bekämpfen und ärztliche Behandlung veranlassen!

Schwimmende Kompaßquallen (*Chrysaora hysoscella*) wirken in der Strömung graziös und majestätisch (oben links).

Einmal angespült verlieren sie ihren fremden Reiz, auch wenn ihre charakteristische Färbung noch nicht sofort verblaßt (oben rechts).

Vor der Gelben und Blauen Haarqualle *(Cyanea capillata, C. lamarckii)* sollte man sich hüten: Bei Berührung kann sich der Mensch verbrennen (S. 315 oben).

Die kräftigen Wurzelmundquallen liegen oft tagelang am Strand, bis sie sich langsam zersetzen (S. 315 unten links).

Seestachelbeeren (*Pleurobrachia pileus*) werden in riesigen Schwärmen an den heimischen Stränden geschwemmt (S. 315 unten rechts).

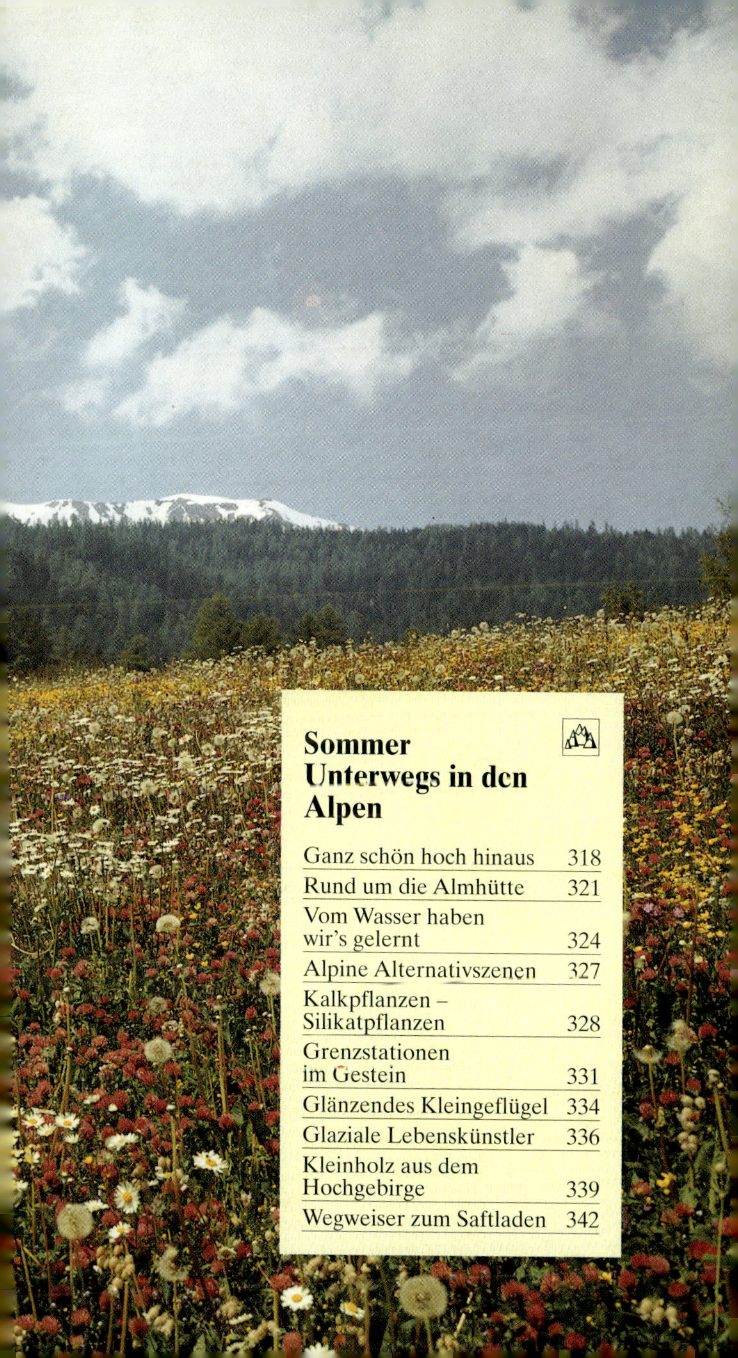

Sommer
Unterwegs in den Alpen

Ganz schön hoch hinaus

Eines haben uns die Vögel sicher voraus: Sie können auf ihrer Flugroute immer geradlinig einen beliebigen Geländepunkt ansteuern und erstaunlich schnell erreichen. Im Hochgebirge ist der Luftweg sogar besonders praktisch, denn er erspart schwierige Aufstiege und mühsame Kletterpartien.

Mit ihrer ausgeprägten Höhenstaffelung und ihren interessanten Teillebensräumen verspricht die Hochgebirgslandschaft sogar eine Menge ergiebiger Nahrungsquellen. Tatsächlich haben sich hier auch etliche Vogelarten eingefunden, um die Lebensraum- und Nahrungsressourcen untereinander aufzuteilen. Zumindest saisonabhängig bewohnen sie eine bestimmte Höhenstufe, die Klima bzw. Pflanzenwelt vorgeben. Das Steinhuhn, ein nacheiszeitlicher Zuwanderer aus Asien, kommt in der gehölzfreien Felsregion vor – oberhalb der Birkhuhn-Lebensräume, aber noch unterhalb der Schneehuhn-Reviere.

Arkto-alpine Avifauna

Bei den Hochgebirgspflanzen gibt es zahlreiche Arten mit zweigeteiltem Verbreitungsgebiet: Eine Teilpopulation kommt nahe am Polarkreis vor, und der Rest bevölkert die Hochgebirge. Bei den Tieren finden sich ganz ähnliche Verbreitungsbilder. Schon im Bergwald geht es los. Die Nadelholzstufen bis über die Krummholzregion hinaus sind der typische Lebensraum der Ringdrossel. Während der Eiszeit war sie in weiten Teilen Europas zu Hause. In der Nacheiszeit hat sie ihr Areal mosaikartig aufgegliedert und kommt jetzt in Schottland, Skandinavien sowie in den zentraleuropäischen Hochgebirgen vor. Inzwischen haben sich in diesen Verbreitungsinseln bereits deutlich unterscheidbare geographische Rassen herausgebildet.

Ganz ähnlich ist die Verbreitungssituation beim Birkenzeisig. Seine nordische Rasse lebt im Weiden- und Birkengebüsch der Tundra, während die kleinere, dunklere Alpenrasse (auch Alpenbirkenzeisig genannt) beinahe ganzjährig in der Krummholzregion zu finden ist. Die hier reichlich vorhandenen Grünerlengebüsche bieten mit ihren Staudenfluren gewiß ein breites Samensortiment. Gegenwärtig verändert die alpine Rasse schon wieder ihr Areal – in den Städten und Dörfern des süddeutschen Alpenvorlandes ist der Alpenbirkenzeisig stellenweise schon zum Gartenvogel geworden.

Gefiederte Alpinisten

Außer den arkto-alpinen Arten, deren Vorkommen in den Hochgebirgen als Eiszeitrelikte gelten und mitunter sogar auf ganz wenige Fundpunkte beschränkt sind (wie beim Mornellregenpfeifer in den Ostalpen), gibt es gerade unter den Singvögeln auch so manchen Vertreter, der sich eindeutig zugunsten der hochnordischen oder hochalpinen Brutgebiete entschieden hat. Schneeammern, Berghänflinge und Bergfinken wird man zur Brutzeit immer nur in Skandinavien antreffen. Nur zum Überwintern kommen diese Arten auch nach Mitteleuropa, meiden dabei jedoch den eigentlichen Hochgebirgsraum.

Dagegen ist der muntere Schneefink ein ausgeprägter Hochgebirgsvogel. Besser würde er wohl Schneesperling heißen, denn mit unseren Spatzen ist er viel näher verwandt als mit den Finken. Er brütet weit oberhalb der Waldgrenze in Felsnischen und manchmal auch in Mauerlöchern der Berghütten. Ein alpiner Baumbrüter ist dagegen der Zitronengirlitz. Er bevorzugt abwechslungsreich bewachsene Hänge nahe der Waldgrenze und brütet hier eventuell schon Ende März. Sommerbruten scheinen bei dieser Art gar nicht vorzukommen. Ganz hoch steigt der Wasserpieper auf; sein Bodennest befindet sich nahe von Bergbächen und oft sogar in der Nachbarschaft von Gletschern. Eigenartigerweise gibt es neben der alpinen Rasse (Bergpieper) auch eine an den Meeresküsten Nordwesteuropas brütende Form (Strandpieper).

Hochalpine Meeresvögel?

Ganz eigenartige Verbreitungsbilder weisen die in der alpinen Höhenstufe vorkommenden Rabenvögel auf. Die rotbeinige und gelbschnabelige Alpendohle ist ein ausgeprägter Felsspalten- und Gesteinsnischenbrüter oberhalb der Krummholzregion. Sie kommt aber ebenso zahlreich auch an den steilen Küstenfelsen

Schon im Normalflug erreicht der Alpensegler *(Apus melba)* fast 100 Stundenkilometer (oben).

Alpenkrähen *(Pyrrhocorax pyrrhocorax)*, kenntlich am roten Krummschnabel, kommen in den Alpen nur sehr spärlich vor (Mitte).

Man hört sie schon von weitem: Alpendohlen *(Pyrrhocorax graculus)* treten gesellig und ziemlich lärmend auf.

Steinhuhn *(Alectoris graeca)* – in seinem unauffällig erdfarbenen Federkleid hervorragend getarnt.

im östlichen Mittelmeergebiet vor. Im Alpenraum ist sie zur Freude der Alpenurlauber bereits zum Kulturfolger geworden. Scharenweise sammeln sich Alpendohlen an Almhütten, Bergbahnstationen oder sonstigen Stätten bergtouristischer Betriebsamkeit, um unter den Abfällen Nachlese zu halten. Die Brutquartiere bleiben jedoch in den sicheren Hochregionen.

Viel seltener und scheuer ist dagegen die rotschnabelige Alpenkrähe. Sie ist ebenfalls Felsnischenbrüter und kommt außerhalb der Alpen recht häufig in der Nähe von Seevogelkolonien an den britischen und irischen Atlantikküsten vor. Auch der Alpensegler, mit 60 cm Spannweite deutlich größer als der gewöhnliche Mauersegler, aber mindestens ebenso fluggewandt (Tagesstrekke: etwa 1000 km), wählt sich als Brutplatz nicht nur die unzugänglichen Wände alpiner Gipfelfluren aus, sondern auch Küstenfelsen im Mittelmeergebiet. Gelegentlich gibt es auch Brutplätze an städtischen Hochbauten.

Die Vorliebe für küstennahe Brutplätze und Sommerquartiere bis hoch in alpine Regionen teilen erstaunlich viele Vogelarten, darunter auch der Steinrötel mit Felsnestern in 3000 m Höhe oder auch die rasant fliegende Felsenschwalbe, die nicht gar so weit in die Hochregionen vordringt.

Auf der Flucht

Eine ganze Reihe von größeren Vogelarten, die landläufig geradezu als Typ- und Kennarten alpiner Lebensräume angesehen werden, haben in den Alpen allenfalls ein paar Rückzugslebensräume gefunden und laufen jetzt Gefahr, auch diese letzten Inseln aufgeben zu müssen. So ergeht es beispielsweise dem Auerhuhn. In der mittel- und nordeuropäischen Naturlandschaft wäre es viel weiter verbreitet. Aber nur noch in den ruhigeren Alpentälern findet es lichte Nadelwälder mit Ameisenhaufen und reicher Beerentracht.

... schon gewußt?

Heute prägen Nadelhölzer, die typischen Gartenkoniferen, das Bild vieler Dörfer und Städte auch weit außerhalb des Alpenraums – ein Lebensraumangebot wie in den Bergnadelwäldern. Deshalb kommen bei uns auch zunehmend die entsprechenden Vogelarten vor wie Tannenmeise, Fichtenkreuzschnabel oder Alpenzeisig.

Rund um die Almhütte

Massiver Stickstoffeintrag: Almhütte mit charakteristischer Hochstaudenflur.

Man stellt es immer wieder staunend fest: Pflanzen bestimmen nicht nur das Erscheinungsbild ihrer Standorte, sondern prägen auch ihre Lebensräume durch regulierende, ausgleichende Effekte. Hochmoorpflanzen beispielsweise stabilisieren den enormen Säuregrad ihres Lebensraumes und schalten etwaige Konkurrenten um den gleichen Wuchsplatz somit nachhaltig aus. Alpine Bachauengebüsche verhindern die randliche Erosion des Fließbettes, die ihre Lebensader eventuell verlagern und sie auf's Trockene setzen könnte.
Häufig steht aber auch der umgekehrte Effekt zur Debatte: Der Lebensraum wählt mit seinen Rahmenbedingungen nur ganz bestimmte pflanzliche Besiedler aus – er prägt damit ganz unmittelbar und dauerhaft sein Bewuchsbild.

Ausgesuchte Ansprüche

Viele Pflanzen sind schon allein deswegen auf bestimmte Standorte spezialisiert, weil sie eng umschriebene Ansprüche an den Wuchsplatz stellen. Er muß für Hochstauden der alpinen Stufe beispielsweise windgeschützt sein, eine ausreichende Wasser-

Der Alpen-Ampfer *(Rumex alpinus)* ist die Leitart unter den alpinen Stickstoffzeigern (links).

Weißer Germer *(Veratrum album)* enthält scharf schmeckende Giftstoffe und ist deshalb auf intensiv begangenen Almweiden verbißfest (rechts).

versorgung garantieren, nicht zu steinig, sondern eher locker bis tiefgründig und gewöhnlich auch noch offen und sonnig sein. Unter solchen Bedingungen finden sich tatsächlich Artenensembles ein, die gegenüber gewöhnlichen Wiesenpflanzen schon allein wegen ihrer Wuchshöhe überlegen sind. Konkurrenzstärke kann aber auch so zustande kommen, daß eine Pflanzenart erstaunlich anspruchslos ist, mit mageren, flachgründigen und daher auch über längere Perioden trockenen Böden zufrieden ist und somit alle möglichen Streßsituationen am Standort recht gut durchsteht. Entsprechend angepaßte oder auch nur tolerante Arten überflügeln daher auf Problemstandorten alle möglichen Konkurrenten. Nicht selten sind die ökologischen Ansprüche einer Art auch so scharf umrissen, daß sie zur Zeigerpflanze für bestimmte Qualitäten ihres Lebensraumes wird. Es gibt Feuchtezeiger, Humuszeiger, Kalkzeiger und eben auch eine Artengruppe, die stark überhöhten Stickstoffgehalt im Boden anzeigt.

Ampferfluren arten aus

Überall im Alpenraum sind Weidewirtschaft und Almbetrieb so verbreitet, daß in entsprechenden Höhenlagen kaum noch Pflan-

Auch der Blaue Eisenhut *(Aconitum napellus)*, Europas gefährlichste Giftpflanze, zeigt Nährstoffanreicherung im Boden an (rechts).

zenstandorte ohne Beeinflussung durch organische und anorganische Stickstoffverbindungen aus Viehexkrementen zu erwarten sind. Ganz massiv ist der Eintrag stickstoffhaltiger Komponenten mit Düngewirkung an Viehlägern, Melkplätzen oder unmittelbar an Almhütten mit zeitweiliger Viehaufstallung. Nicht nur der Misthaufen am Haus ist hier ein untrügliches Zeichen für Stickstoffüberdüngung, sondern gerade auch der Bewuchs. Kennpflanze stickstoffüberversorgter Standorte ist der großblättrige, ausgesprochen üppig gedeihende Alpen-Ampfer. Schon bald nach der Schneeschmelze schiebt er die anfangs noch stark zusammengeknüllten, gelblichen bis kupferroten Blätter. Sobald sie sich entfaltet haben, schirmen sie ihre Umgebung ab und unterdrücken sämtliche Konkurrenz – sie arten an ihrem Standort buchstäblich aus. So saftig und einladend seine großen, grünen Blätter auch aussehen, so sehr meidet das Weidevieh sie wegen ihres kräftig säuerlichen, auf Oxalatspeicherung zurückgehenden Geschmacks. Nur sehr entschlossene Ziegen knabbern mitunter das prächtig wuchernde Grünzeug an. Auch ein paar kleine Blattkäferarten machen sich immer wieder einmal darüber her und hinterlassen ganze Serien rostbraun umrandeter Fraßlöcher. Schaden nimmt die Pflanze dadurch offenbar nicht. Nur Mahd oder Ausgraben kann sie wieder unter Kontrolle bringen. Neben dem Alpen-Ampfer tritt mit beachtlicher Dominanz auch fast immer die Große Brennessel in den Stickstoffstaudenfluren auf. Nur in den Kalkalpen kann sich noch das ebenfalls sehr großblättrige Alpen-Kreuzkraut hinzugesellen. Ansonsten zeigen die überdüngten Standorte dieser Flur alle Kennzeichen eines extremen Lebensraums – auffallende Artenarmut, aber hohen Individuenreichtum.

... schon gewußt?

Junge Blätter des Alpen-Ampfers sind – ähnlich wie die jungen Blätter von Brennesseln – ein recht schmackhaftes und an Vitaminen reiches Wildgemüse. Wegen des erhöhten Nitratgehaltes sollte man allerdings keine größeren Mengen über längere Zeit verzehren.

Vom Wasser haben wir's gelernt

Die Dreiteilung unserer Fließgewässer in Ober-, Mittel- und Unterlauf ist nicht nur eine Ordnungsmaßnahme zur Erleichterung des Überblicks. Zu verschieden sind nämlich die ökologischen Bedingungen in den einzelnen Teilabschnitten, und außerdem leisten die Bäche auf den verschiedenen Stationen ihres Fließweges eine jeweils andere Reliefarbeit. Oben im quellnahen Abschnitt räumen sie im wesentlichen nur aus und tiefen ein; im langsameren Tieflandanteil laden sie ihre Materialfracht nach und nach ab und schütten auf. Wasser gibt der Landschaft Profil. Im Verein mit Hitze und Frost ist es der wirksamste Verwitterungsfaktor, der praktisch alles Gestein zermürben und abschleifen kann. Den erosiven Zubiß des Fließwassers kann man im Hochgebirge besonders hautnah erleben. Einmal ist hier nämlich immer genügend Wasser bei der Arbeit – 2000 Liter oder mehr müssen jährlich von jedem Quadratmeter weggeführt werden. Und zum anderen können sich die natürlichen Verschleißkräfte wegen des enormen Gefälles überhaupt so richtig austoben.

Die Werkstatt des Wassers

Beim Blick über Höhen und Tiefen der alpinen Landschaft fällt die Vorstellung vielleicht doch etwas schwer, daß der größte Teil des ausgebreiteten Formengefüges das Werk von Wasser ist. Fließendes Wasser glättet, poliert, schleift, zerfräst und zersägt anstehendes Festgestein – unmerklich während weniger Augenblicke, aber unaufhaltsam und nachhaltig über längere Zeiträume hinweg. Steter Tropfen höhlt den Stein. Ein ständig dahinschießender Wildbach wirkt im Vergleich dazu wie ein Schwingschleifer. In den letzten Jahren kommen noch Lösungsattacken hinzu. Jede Schneeschmelze setzt einen beachtlichen Säureschub frei, der nicht nur die Gewässerorganismen an den Rand des Erträglichen treibt, sondern vor allem im Kalkgestein die Verwitterung beschleunigt – auch ein Effekt der sauren Niederschläge, der in seinen Auswirkungen noch gar nicht abschätzbar ist.

Einschneidende Maßnahmen

Nach jedem Regenfall kann man es deutlich beobachten: Viele kleine Rinnsale, jedes nur zum Abtransport von Staub und Tonteilchen befähigt, bündeln sich zu größeren Adern. Gab es anfangs nur flächige Abspülung oder umwegiges Umfließen kleinerer Hindernisse, so schwemmt sich das Wasser jetzt zunehmend eine Fließrinne frei. Nun setzt im Erosionsgeschehen ein bemerkenswerter Effekt, nämlich Selbstverstärkung der Anfangsbedingungen, ein: Je kräftiger das Wasser durch eine Vertiefung davonrauscht, desto mehr wird es sich darin eintiefen. Eine größere, tiefere Rinne zieht aber wiederum größere Wassermengen an sich und vergrößert damit auch ihre Erosionskraft. Modellhaft zeigen uns episodische Sturzbäche nach einem Gewitter den Ablauf, wenn sie sich zunächst ganz harmlos auf Wanderschaft begeben, dann aber tiefe Spülrinnen auskolken und jegliches Lockermaterial mitreißen. Auf diese Weise nehmen auch embryonale Erosionstäler im Festgestein sehr bald Gestalt an.

Aller Anfang ist klein. Mit einem V-förmigen Einschnitt beginnt der Bergbach die Anlage eines neuen Kerbtales (links).

Beklemmend tief hat sich das Fließwasser in relativ weiches Gestein eingefräst (Partnachklamm/Wettersteingebirge, rechts).

Typisch für die vom Wasser geschaffenen Talformen sind V-förmige Querschnitte, je nach Fortschritt und Geschwindigkeit des Einschneidens irgendwo zwischen spitz- oder stumpfwinklig einzuordnen. Besonders schön kann man die jüngsten Talstadien oberhalb der Waldgrenze beobachten. Sie ziehen gerade, mehr oder weniger tiefe Furchen in den Hang, die dichtes Grünerlengebüsch beidseitig flankiert. Natürlich erleichtern mitunter bestimmte Strukturen im Gestein den Angriff der Fließwassererosion, zum Beispiel Klüftungen, faltungsbedingte Störungen oder andere tektonische Unebenheiten. Auch Lawinenbahnen helfen nach. Hangfurchen sind zudem die Gleitbahn von Muren – massereiche Schuttströme, die beim Herunterpoltern dem Wildbach ebenfalls das Bett machen.

Auf des Wassers Schneide

Die eigentliche Ausräum und Einschneidarbeit bleibt aber das Werk des Wassers. Eindrucksvoll zeigen sich solche Wasserwerke an sogenannten Hängetälern – Seitentälern, die mit einer markanten Steilstufe in ein eiszeitlich viel stärker eingetieftes Haupttal münden. Die aus dem hochhängenden Nebental herausführen-

den Bäche stürzen oft im freien Fall in die Tiefe oder rauschen in schäumenden Kaskaden zum Haupttalboden. In jedem Fall verlagern sie die Überlaufkante mit Hängen und Würgen rückwärts. Im fortgeschrittenen Zustand präsentiert sich eine wassermodellierte Taleinmündung als steilwandige, zuerst schattige Schlucht oder Tobel. Die absolute Glanzleistung unter den von Alpenbächen oder -flüssen geschaffenen Schnittmustern ist eine Klamm. Eingezwängt in ein Bett mit relativ beständigen Gesteinsflanken kann der wasserreiche Gebirgsbach seine Sägeblattwirkung praktisch nur senkrecht nach unten entfalten und die Sohle in tiefere Schichten verlagern. Die heutigen Bäche und Flüsse haben ihre Sägearbeit an den Klammtälern der Nordalpen erst in der Nacheiszeit begonnen.

Lockere Verhältnisse: Starkregen löst über aufgelichtetem Bergwald immer wieder Schutt- und Steinlawinen (Muren) aus (links).

Wenige Kilometer Fließstrecke reichen aus, um die anfangs kantigen Bachgerölle zu handschmeichlerischen Formen abzurunden (rechts).

... schon gewußt?

Bewegtes und bewegendes Wasser ist eine der wirksamsten Abtragungskräfte in der Natur. Im Quellgebiet von Bergbächen kann man den Beginn der Erosion in Gestalt der Schuttfächer am Hangfuß erleben – in den Bachbetten werden die anfangs noch scharfkantigen Schotter zu handlichen Geröllen gerundet. Der Abrieb füllt als feiner Sand die Lücken.

Alpine Alternativszenen

Viele Faktoren mischen mit, wenn es um die Zuweisung von Siedlungsplätzen geht. Das Klima greift ein, die Arten kontrollieren in der Nachbarschaft aufkeimende Konkurrenten, und zu allem sind auch die jeweiligen Bodenverhältnisse ein ganz entscheidendes Kriterium.

Boden mit Bildung

Boden ist die Endstation aller – wiederum klimaabhängigen – Verwitterung von Ausgangsgestein. Die oberste Bodenschicht besteht meist noch aus einer lose aufliegenden Streuschicht toter organischer Materialien. Darunter vermischen sich die stärker zersetzten Reste schichtweise mit zerlegten, umgewandelten Mineralbestandteilen und bilden den Humus. Irgendwo nach ein paar Dezimetern läßt der Humusgehalt nach, und der Boden erreicht die Verwitterungsobergrenze des Ausgangsgesteins. Anders als im Blumentopf leben die Pflanzen in der Natur in klar geschichteten Bodenhorizonten. Die Mischung mineralischer und organischer Bodenbestandteile ist aber nicht nur eine Frage der Bodentiefe, sondern auch der Höhenlage. Die bodenbildende Gesteinsverwitterung vollzieht sich in Talnähe oder im Tiefland verdeckt unter der schon bestehenden Bodendecke. Oberhalb der Waldgrenze findet Verwitterung jedoch direkt am anstehenden Gestein statt. Die Böden in Bildung sind hier also wesentlich flachgründiger. Abgesehen davon wird im Steilhang das angesammelte Feinmaterial leicht verweht oder abgeschwemmt. Hier liegt das Gestein fast immer bloß, und die Wuchsplätze sind entsprechend rar.

In der Basis gibt es Basen

Unterschiedliche Ausgangsgesteine liefern naturgemäß völlig verschiedene Bodentypen. Zwei gegensätzliche Entwicklungsreihen kommen in den Alpen nebeneinander vor, Kalkböden und Silikatböden.
Aus Kalkschlämmen, Kalkschalen oder anderen kalkigen Hartteilen von Meeresorganismen bildeten sich die massigen Kalkgesteine (Dolomite), zum Beispiel der Nördlichen und Südlichen Kalkalpen, mit ihren vielfach so schroffen, scharfgratigen und zerklüfteten Formen. Nach Verwitterung entstehen daraus die sehr kalziumreichen, basisch reagierenden Karbonatböden. Aus chemischen Gründen sind darin die mineralischen Pflanzennährstoffe relativ fest gebunden, daher vor Ausschwemmung sicher, aber für die Pflanzen auch weniger gut verfügbar.

Manche reagieren sauer

Auf der anderen Seite gibt es die aus kieselsaurem Material bestehenden Silikatgesteine, entstanden aus Kieselskeletten mariner Einzeller (Radiolarite) oder aus vulkanischem Tiefenmaterial (Granit, Gneis). Silikatberge zeigen im allgemeinen wuchtigere, weniger zerklüftete Formen. Nach Verwitterung entstehen daraus kalkarme, mehr oder weniger sauer reagierende Silikatböden. Bei saurer Reaktion sind die Pflanzennährstoffe besser gelöst, können aber auch leichter weggeschwemmt oder ausgewaschen werden. Kalk- und Kieselböden kommen in manchen Alpengegenden auch in sehr kleinräumlichem Wechsel vor, denn auch in

Kalkpflanzen (links)/Silikatpflanzen (rechts). 1 Behaarte Alpenrose, **2** Rostrote Alpenrose, **3** Schweizer Mannsschild, **4** Vandellis Mannsschild, **5** Narzissenblütiges Windröschen, **6** Schwefel-Küchenschelle, **7** Sporn-Veilchen, **8** Pfennig-Veilchen, **9** Pracht-Primel, **10** Breitblättrige Primel, **11** Blaugrüner Steinbrech, **12** Moos-Steinbrech, **13** Stengelloser Enzian, **14** Breitblättriger Enzian.

2
12
10
8
6
4
14

Hält sich ziemlich neutral: Die Berg-Hauswurz *(Sempervivum montanum)* liebt kalkfreie Standorte.

den Urgesteinsregionen gibt es manchmal Kalkinseln und umgekehrt.

Der feine Unterschied

Zwischen den karbonatischen und silikatischen Böden bestehen somit enorme Unterschiede nicht nur im Säurewert, sondern vor allem auch in der jeweiligen stofflichen Zusammensetzung. Pflanzen reagieren sehr sensibel auf solche Feinheiten, denn sie müssen sich physiologisch auf die jeweilige Bodenchemie einstellen. Gleichgültige Generalisten, die von stark sauer bis kräftig alkalisch alles mitmachen, gibt es fast nicht.

Folglich gibt es eine kennzeichnende Kalkflora und auch eine eindeutige Silikatflur. Das umseitige Bild zeigt links eine hochalpine Pflanzengemeinschaft über Kalk, rechts ein Artenensemble in den Silikat- oder Urgesteinsalpen. Erstaunlich ist die Ähnlichkeit im Aspekt bei unterschiedlicher Artenzusammensetzung. Innerhalb einzelner Gattungen gibt es nämlich immer wieder vikariierende, d.h. sich gegenseitig vertretende Arten. Ein geradezu klassisches Gespann sind die beiden großen Blaublütigen, der Stengellose Enzian auf Kalk und der Breitblättrige Enzian über Silikat. Bei den Alpenrosen finden wir ein ähnliches Tandem, und andere Bodenzeiger aus bekannten Gattungen schließen sich diesem Trend an.
Andererseits gibt es unter den alpinen Pflanzen auch etliche Arten, die sich nicht recht zwischen basisch und sauer entscheiden können und lieber auf neutralem Boden bleiben. Andere Arten zeigen sich eher großzügig und tolerieren einen großen Schwankungsbereich der Bodenreaktion ohne rechte Vorliebe für einen bestimmten Säurewert.

... schon gewußt?

Manchmal findet man Kalkpflanzen im Urgesteinsgebiet oder Säurezeiger in Kalkregionen: In den Alpen gibt es sogenannte Gesteinsfenster mit abweichender Geologie, wo die Säurereaktion entsprechend kleinräumig wechseln kann, oder es wurden beim Straßen- und Wegebau Fremdmaterialien aus anderen Gesteinregionen verwendet. Sauer reagieren auch mächtige Humusdecken über Kalkboden.

Grenzstationen im Gestein

Hochalpine Polsterpflanzen – Leben in kämpferischen Randgruppen.

Stufe um Stufe führt uns eine alpine Höhenwanderung aus geschlossenen Gehölzbeständen hinauf zu den Hängen und Almen, Karmulden und Sätteln, wo buntblumige Pflanzengesellschaften sich zunächst noch als flächendeckende Teppiche ausbreiten. Zu den höheren Anschlußformationen grenzen sich diese Bestände gewöhnlich nicht mit geradliniger Kontur ab, sondern lösen sich in ein lockeres Flickwerk aus Einzelpolstern auf. Die genauen Verbreitungs- und Höhengrenzen einzelner Arten und Gesellschaften erinnern daher immer etwas an ein Zickzackband und weniger an eine exakt horizontal ausgefluchtete Markierung.

Blumentopf und Hängeampel

So fällt die Obergrenze des Blütenpflanzen-Wachstums keineswegs mit der klimatischen Schneegrenze zusammen. Einzelne Pionierarten übersteigen die ihnen vom Klima eigentlich zugewiesenen Schranken und dringen zum Teil noch erstaunlich hoch in die Anschlußzonen vor. Solche Leistungen sind bewundernswert, gerade weil die Anzahl wuchsfreudiger Pflanzen mit zunehmender Höhe doch sichtlich zurückgeht. Aber immerhin kommen in den Zentralalpen auf 3000 m Höhe noch knapp 100 verschiedene Blütenpflanzenarten vor, und bei 3400 m sind es noch etwa 25. Ein gutes halbes Dutzend Arten übersteigt sogar die 4000 m-Marke. Ein ausgewiesener Gipfelstürmer ist beispielsweise der kleine Moos-Steinbrech. Am Matterhorn wurde er noch bei 4200 m Höhe gefunden. Mit ihm wagen sich im allgemeinen Gletscher-Hahnenfuß, Gletscher-Mannsschild, Schwarze Schafgarbe, Kurzblättriger Enzian, Moschus-Steinbrech und ein paar weitere Arten weit in die Höhe vor.

Schon allein die Bodenbedingungen, die die Pflanzen hier oben vorfinden, sind ausgesprochen abenteuerlich. Meist müssen sie sich mit einer winzigen Feinerdeportion begnügen, die irgendwo in einer Gesteinsfuge, in einer Felsnische oder hinter einem Vorsprung zusammengeweht wurde. Fast erinnern die exponierten Wuchsplätze dieser Pflanzen an Blumentöpfe oder Hängeampeln, die lose über den Fels verteilt wurden. Felsspaltengesellschaften nennt man zutreffend diese Pflanzenvereine. Einige Arten können sich sogar mit so winzigen Rissen begnügen, daß sie aus dem nackten Fels hervorzubrechen scheinen. Die Steinbrech-Arten, unter den Spaltenspezialisten artenreich vertreten, haben von daher ihren Namen.

Leben auf Sparflamme

Die Pflanzen im Subnival oder gar im Nival haben es gewiß nicht einfach. Der Gletscher-Hahnenfuß und andere Pflanzenarten haben an ihren Extremstandorten nur 30 bis 70 Tage Zeit für aktive Lebensvorgänge. Im ungünstigen Fall kann er pro Hochgebirgssommer nur ein Blatt entfalten, und dieses ist bei Kälteeinbrüchen sogar erstaunlich frostgefährdet. Während Schlechtwetterlagen mit schattierender Bewölkung muß die Pflanze dennoch einen größeren Stoffgewinn erwirtschaften, um für die Folgesaison vorbereitet zu sein. Spitzenleistungen erbringt sie an sonnigen Tagen, wenn sich ihre Blätter auf 20 °C über Umgebungstemperatur erwärmen. Ansonsten läuft der Betrieb eher auf Sparflamme. Sogar die Samenreifung läßt sich Zeit. Eventuell kommt sie erst im Folgejahr zum Abschluß.

Im Gegensatz zum Gletscher-Hahnenfuß überstehen andere Pflanzen der höchsten Stufe die üblichen Temperaturwechsel erheblich besser. Wo während des Winters ein geradezu mörderischer Wind über Kanten und Grate fegt und dort keinerlei schützende Schneedecke zuläßt, kommen etliche Pflanzen vor, die auch im Frühjahr oder Sommer gegen Kälteschocks gewappnet sind. Mannsschild- und Steinbrech-Arten, Stengelloses Leimkraut und Steinschmückel oder verschiedene Polstermieren ertragen auch in der Zeit aktiven Wachsens durchaus tägliche Temperatursprünge um 50 °C.

Kauern hinter Mauern

Kälte ist möglicherweise nicht einmal der dramatischste Umweltfaktor im Leben der Hochgebirgspflanzen an Grenzstandorten. Wind wirkt da in mancher Hinsicht viel erbarmungsloser. Kombiniert mit Sand- und Schneeschliff benagt und zerfleddert er die Pflanzenorgane – auch die abgestorbenen, als mechanischer Schutzschild so wichtigen Teile. Noch schlimmer ist seine Belastung des Wasserhaushalts. Er trocknet nicht nur die Wuchs-

Zwerg-Primeln *(Primula minima)* investieren beträchtliche Stoffreserven in ihre ansehnlichen Blütenstände.

Auch beim Strauß-Steinbrech *(Saxifraga cotyledon)* besteht ein gewisses Mißverhältnis zwischen Rosette und Blütenstandsgröße (rechts).

plätze erbarmungslos aus, sondern erhöht auch noch die Verdunstungsverluste über die Blätter. Mit Lederblättern, Filzbehaarung, Oberflächenverkleinerung und Wachsbeschichtung versuchen die Pflanzen, den Problemen zu begegnen. Ein zusätzliches und offenbar auch sehr wirksames Mittel ist das Zusammenrücken der Einzelsprosse zu dichten Polstern – mehr als 300 Alpenpflanzenarten neigen zu Polsterwachstum. Eingenischt im Windschatten hinter Vorsprüngen, konturgleich zwischen Geröll und Gestein hingeduckt, bieten die Rosettenpolster der Hauswurz-Arten oder die Halbkugelpolster von Primel- und Mannsschild-Arten dem Wind nur wenig Angriffsfläche. In diesen zwergwüchsigen Polstern entwikkelt sich ein Mikroklima, das günstige Produktionsbedingungen bietet.

... schon gewußt?

Viele Alpenpflanzen, beispielsweise auch die oben abgebildeten Arten, zeigen im Unterschied zu den Tieflandarten ein stark zugunsten der Blüten verschobenes Biomasseverhältnis – sie entwickeln wenig Blattmasse, aber erstaunlich große und imposante Blüten(stände), die entsprechend stärker auffallen.

Glänzendes Kleingeflügel

Die Käfer bilden mit Abstand die artenreichste Tiergruppe im Bergwald. Allein die Riesenfamilie der Rüsselkäfer ist größer als sonst irgendein tierischer Verwandtschaftskreis. Zu einer so formenreichen Verwandtschaft gehören verständlicherweise auch sehr viele Lebensraumspezialisten, die Biotope und Ressourcen untereinander teilen müssen. Eine Fülle bunter Typen, die schon allein mit ihren Flügeln einen glänzenden Eindruck hinterlassen, kann man vom Nadelwald bis zur hochalpinen Schneegrenze beobachten.

Weil die Bergwälder noch nicht so säuberlich aufgeräumt sind wie die Stangenplantagen in den Tiefländern, finden die Holzspezialisten unter den Käfern hier ein interessantes Nahrungsangebot. An alten Laubbäumen in der Buchen-Tannen-Stufe macht sich der wunderschöne Alpenbock zu schaffen. Nach mehreren Jahren im Altholz verpuppt sich seine Larve im Boden. Auch die verschiedenen Halsbock-Arten mit ihren kräftig roten und braungelben Flügeldecken verbringen ihre Larvenzeit in morschen Stubben, naschen aber als Käfer ausschließlich Pollen und Nektar. Totholz ist als Lebensraum unentbehrlich. Mehr als 500 einheimische Insektenarten sind dringend darauf angewiesen. Man sollte daher die Lebensstätten dieser Kleintiere respektieren.

Oberhalb der Waldgrenze finden

Gebirgs-Sandläufer *(Cicindela silvicola)* bevorzugen trockene Stellen mit schütterer Vegetation. Ihre Larven leben in winzigen Höhlen (links).

Besuch auf Fleischers Weidenröschen: Der pollenfressende Pinselkäfer *(Trichius fasciatus)* findet einen reich gedeckten Tisch (rechts).

die Käfer allerhand weitere Betätigungsfelder – zum Beispiel die in der alpinen Stufe reichlich vorhandenen Dungfladen von Weidetieren. Die metallisch glänzenden Mistkäfer der Gattung *Geotrupes* graben Gänge unter die Kothaufen, buddeln einen Teil davon ein und legen darin ihre Eier ab. Die meist schwarzbraunen Dungkäfer (*Aphodius*-Arten) entwickeln ihre Brut dagegen direkt im Substrat. Larven und Käfer ernähren sich vom Mist. Die meisten Arten gehen mit Begeisterung in den Rinderdung. Einige Spezialisten bevorzugen jedoch Hirsch- oder Gams-Losung. In der natürlichen Abfallwirtschaft spielen alle diese Arten eine eminent wichtige Rolle.

... schon gewußt?

Käfer brummen beim Fliegen, verfügen aber auch über andere Möglichkeiten der direkten Lauterzeugung. Manche klopfen auf harte Unterlagen, zischen mit ausgestoßenem Gas oder zirpen, indem sie ähnlich den Grillen eine Borstenreihe über eine Kante des Panzers streichen. Meist dienen diese Lautäußerungen der Feindabwehr.

Glaziale Lebenskünstler

Geht es schon in der alpinen Höhenstufe rauh und unbarmherzig zu, so gilt dies erst recht für die subnivale und nivale Stufe. Den Sommer kann man hier nach Tagen zählen. Schneeschmelze findet zwar statt, aber es bleiben immer ein paar größere Flecken zurück. Firn und Gletscher reflektieren die auftreffende Sonnenstrahlung, so daß es Sonnenschein von allen Seiten gibt. Nachts gehen die Temperaturen empfindlich zurück, weil die hellen Oberflächen keine Wärme speichern konnten.
Beim Queren von Firnfeldern trifft man aber dennoch auf Lebewesen. Vor allem Insekten tummeln sich zahlreich auf dem Schnee. Die meisten von ihnen sind wohl von starken Hangwinden in diese unwirtliche Höhe entführt worden und somit keine eigentlichen Höhenwesen. Die nächste Nacht werden die wenigsten von ihnen durchstehen. Andererseits gibt es aber auch eine nicht geringe Anzahl von Kleinsttieren mit ständigem Wohnsitz in Eis und Schnee. Sie kommen nicht nur für ein paar Sonnenscheinstunden aufs Eis, sondern durchlaufen in dieser Höhenstufe praktisch ihre gesamte Entwicklung. Knapp 500 wirbellose Winzlinge kennt man in den Alpen und den übrigen europäischen Hochgebirgen, die ausschließlich oberhalb der Firnlinie vorkommen und damit echte Nivalarten sind.

Welt aus kleinsten Inseln

So einheitlich die Nivalstufe nach ihrer klimatischen Definition auch sein mag, so verschiedenartig erweist sie sich bei genauerer Betrachtung. Zwischen Schnee und Eis bleiben immer auch blanke Felspartien übrig – quadratmetergroße Flecken oder auch Stücke von Fußballfeld-Ausmaßen. Auf den Gletschern selbst sammelt sich Verwitterungsmaterial, mal nur staubkorngroß, mal als blockreiche Obermoräne. Dunkleres Gestein weist natürlich einen ganz anderen Strahlungshaushalt auf als die helle oder gar weiße Umgebung. Zu diesen Strahlungsinseln kommen noch Schmelzwasseransammlungen, die zwar unverschämt kühl, aber eben doch wärmer sind als das anstehende Eis.
Wirbellose Tiere produzieren keine Eigenwärme und sind somit weitgehend von der Wärmetönung ihrer Umgebung abhängig. Gletscher- und Firntiere müßten daher eigentlich fast immer stocksteif durchfroren sein. Sie sind es aber nicht. Ein simpler physikalischer Trick bewahrt sie vor solchem Schicksal. Die Mehrzahl der Arten ist nämlich dunkelbraun oder schwärzlich, und die übrigen gehören zu den dunkelsten Vertretern ihrer Gattung. Physikalisch gesehen verhalten diese Organismen sich demnach wie absolute Empfänger, die auch eine minimale Wärmestrahlung auf sich ziehen. Jedes dunkel pigmentierte Individuum ist sozusagen eine eigene kleine Wärmeinsel. Für durchsichtige, farblose Gestalten ist dagegen hier oben kein Platz.

Springlebendige Staubschwärme

Das Leben in Firn und Eis ist weithin eine stille, unauffällige Veranstaltung. Viele Tiere dieser Höhenstufe findet man daher verborgen unter Steinen, versteckt in Fugen und Ritzen oder sonst dem

Wenig einladend oder sogar lebensfeindlich erscheinen Firnfelder und Eisreste selbst im Sommer. Dennoch finden sich hier viele Kleinlebewesen.

Blick wirksam entzogen. Aufmerksamkeit erregen noch am ehesten die Schnee- und Gletscherflöhe, knapp ein bis zwei Millimeter lange, blau- oder grünschwarze Wesen, die gelegentlich in solchen Mengen auftreten, daß der Schnee wie mit Rußpartikeln bestaubt erscheint. Die Kälteresistenz dieser Tiere ist beachtlich. Sie ertragen durchaus einjähriges Einfrieren im Eis. Eigentlich sind es nicht einmal richtige Flöhe, sondern Vertreter einer anderen Insektenordnung. Sie gehören zu den Springschwänzen *(Collembola)* – flügellose Urinsekten mit einer Sprunggabel am Hinterende, mit deren Hilfe sie gewaltige Sätze machen können. Sie ernähren sich von organischen Stäuben, die der Wind ihnen zuträgt, vor allem Sporen, Pollen und einzellige Algen. Letztere wachsen manchmal sogar ganz in der Nähe: Millionen Individuen der Mikroalgen *Chlamydomonas nivalis* oder *Haematococcus lacustris* färben den Firnschnee bei Massenauftreten blutrot. Eigentlich sind es einzellige Grünalgen. Sie verdecken ihre grüne Grundfarbe mit Zusatzpigmenten, um sich vor der intensiven Höhenstrahlung zu schützen. Die rotfärbenden Carotinoide sind bekanntlich wirksame Lichtschutzfaktoren.

Noch ein paar coole Typen

Wenn gewöhnliche Insekten bereits deutlich oberhalb des Gefrierpunktes in Kältestarre sin-

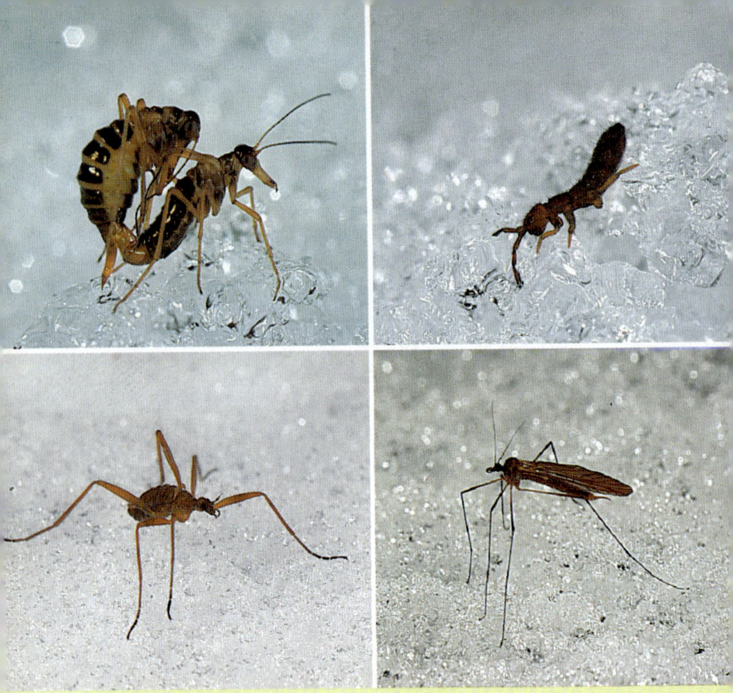

ken, werden manche Schneestufenbewohner erst so richtig munter. Auf Schneeflächen hält sich die rund 5 mm lange Gletscherzuckmücke auf. Ihre Larven entwickeln sich in eiskaltem Wasser. Der Gletschergast, ein zu den Skorpionsfliegen gehörendes Insekt, bewohnt schmelzenden Schnee und winzige Moosrasen. Er ernährt sich von den angewehten, kältetoten Insekten aus den Talgründen. Seinen Lebensraum teilt er mit der flügellosen Schneemücke *Chionea*.

Manche mögen's eiskalt: Schneeflöhe *(Boreus westwoodi)* bei der Paarung.

Urtümliche, flügellose Insekten wie die Springschwänze *(Isotoma* sp.*)* gehen besonders gerne auf Eis (rechts o.).

Bei den langbeinigen Schneemücken *(Chionea* sp.*)* sind beide Geschlechter flügellos. Ihr Temperaturoptimum liegt bei 0° Celsius (unten links).

Die Männchen der Wintermücke *(Trichocera hiemalis)* bilden auch bei eisigen Temperaturen muntere Tanzschwärme (unten rechts).

... schon gewußt?

Gealterter, im Sommer etwas schmuddelig aussehender Firn auf den höheren Alpengipfeln ist ein einzigartiges Luftfahrtarchiv. Hier findet sich alles wieder, was die Luftströmungen verfrachten – Pollenkörner afrikanischer Pflanzen, Rußpartikel aus weit entfernten Industrieregionen oder Ascheteilchen von Vulkanausbrüchen in anderen Kontinenten.

Kleinholz aus dem Hochgebirge

Ende Juni reifen im Kulturland bereits die Sommerkirschen und das Wintergetreide. Oberhalb 2500 m Höhe zieht dagegen jetzt erst der Frühling ein. Vor allem die Nordflanken der Berge, die weniger stark geneigten Trogschultern und Karmulden, bewahren noch eine ganze Weile ihre Schneereste. Sonneneinstrahlung fördert die Schneeschmelze ebenso wie kräftiger Wind. Am längsten bleibt er an leeseitigen Schattenhängen liegen, wo ihn weder Direktstrahlung noch Warmluftgebläse erreichen. Das Ausaperungsmuster der alpinen Stufe zeigt somit nur scheinbar eine völlig regellose Verteilung von Schneeflecken und zeichnet in Wirklichkeit ein reliefgetreues Bild vom jeweiligen Mikroklima.

Wo Pflanzen im Stau stehen

Im Kleinrelief finden wir alle Übergänge von frühzeitig schneefreien zu relativ lange schneebedeckten Tälchen. Wegen der geringen Hangneigung sammelt sich in den schattigen Mulden und Vertiefungen während der gesamten Schneeschmelzperiode Sickerwasser, das die schweren Böden durchnäßt. Schneeböden sind daher ständig staunasse Standorte und als solche wohl auch merklich kühler als die trokkeneren Hänge in der Nachbarschaft. Nur wenige Pflanzenarten schätzen solche Staunässe in Verbindung mit einer sehr kurzen Vegetationszeit.

Die Aperzeit bestimmt die Auswahl

So wie sich die Schneebedekkungszeit von den offenen Kuppen zu den schattigen Schneetälchen verlängert, ändern sich die Wuchsbedingungen. Wo der Schnee sich rechtzeitig verabschiedet, haben die Pflanzen oft mehr als drei Monate zur Verfügung. Am Rande der Schneefelder sind es dagegen nur vier bis sechs Wochen. Damit entscheidet sich auch, wer den Standort besiedeln kann. Die trockenen Stellen überzieht der Krummseggenrasen. Die Randzonen am Schnee reservieren sich Moose. Bestandsbildend kommt hier das Norwegische Widertonmoos vor, begleitet von Zwerg-Ruhrkraut, Zweiblütiger Sandkresse oder Klebriger Primel. Am besten ist die Moosschneeboden-Gesellschaft in der oberen alpinen Stufe der Silikatgebirge entwickelt. Sie kommt übrigens auch im hohen Norden, beispielsweise in den Fjälls der skandinavischen Gebirge vor.

Streichholzhohe Wälder

Unter Gehölzen stellt man sich üblicherweise wohl doch recht ansehnliche Gestalten von Strauch- oder Baumformat vor. Alpenrosen, Bärentrauben, Preiselbeeren und andere Arten aus der Verwandtschaft der Heidekrautgewächse zeigen uns, daß es auch etliche nur knapp kniehohe Gehölze gibt. Noch ein paar Nummern kleiner sind allerdings die Zwergweiden, die man zunächst vielleicht gar nicht als Gehölze wahrnimmt.

Über silikatischem Gestein überziehen sie die Schneeböden mit mehr als einem Monat Aperzeit wie mit einem dichten, federnden Teppich – für den Bergwanderer wohl eine der wenigen Gelegenheiten, tatsächlich einmal über einen voll entwickelten Wald da-

Kaum graspolstergroß werden Gehölzzwerge wie die Netz-Weide *(Salix reticulata)* und die Stumpfblättrige Weide (*Salix retusa,* vorne rechts).

hinzuschreiten. Bestandsbildende und namengebende Art dieser Schneetälchen-Gesellschaft ist die Kraut-Weide, vom schwedischen Pflanzensystematiker Carl von Linné durchaus zutreffend als kleinster Baum der Welt bezeichnet. Stämmchen und Äste der Kraut-Weide wachsen dezimetertief unter der Bodenoberfläche im durchnäßten Schneeboden. Nur die krautigen, blatttragenden Zweige schauen hervor. An jedem Zweig sitzen meist nur zwei voll entfaltete, glänzend grüne Blätter neben sehr schmalen Knospen mit purpurroter Schutzfärbung. Nur an länger schneeoffenen Stellen kommt die Kraut-Weide tatsächlich zur Blüte und Samenreife. Im Unterschied zu anderen Weidenarten trägt sie ihre wenigblütigen Kätzchen an den Zweigenden und nicht blattachselständig. Viel häufiger vermehrt sie sich jedoch vegetativ. Der Hauptstamm stirbt irgendwann einmal ab, und die bewurzelten Äste und Zweige werden zu selbständigen Individuen. Es ist durchaus denkbar, daß die Pflanzen quadratmetergroßer Teppiche allesamt von der gleichen Mutterpflanze abstammen und somit völlig erbgleich sind. Krautweidenteppiche sind gewöhnlich mit der Alpenwucherblume vergesellschaftet.

Alpen-Bonsais auch im Kalk

Über Kalk können sich wegen der besseren Wasserzügigkeit des

Untergrundes keine großflächigen Schneeböden entwickeln, obwohl es in entsprechenden Höhenlagen durchaus vergleichbare Schneebedeckungs-Verhältnisse gibt. Nur zwischen Blockschutt sammelt sich hier und da humose, wechselfeuchte Feinerde als Wuchssubstrat weiterer Zwergweiden. Bis etwa 3000 m findet sich beispielsweise die Netz-Weide mit ihrer unverwechselbaren, auffallend tief eingesenkten Blattnervatur. Sie ist eine arktisch-alpine Pflanze, kommt aber im Unterschied zur Kraut-Weide nicht in Island, Grönland und Spitzbergen vor. Ganz klein macht sich am gleichen Standort auch die Stumpfblättrige Weide oder eine nahe Verwandte, die Quendel-Weide, deren Blätter tatsächlich nur 4 mm lang werden. Die Stämme und Äste dieser Weiden bilden oberirdische, am Boden dicht anliegende Spaliere. Ihre weitreichenden Wurzeln sind hervorragende Schuttstauer. Alle Zwergweiden sind winterkahl und benötigen eine Schneedecke als Kälteschutz.

... schon gewußt?

Zwerggehölze mit Teppich- oder Polsterwuchs nennt man auch Spaliere. Im ihrem Inneren ist es windstill und außerdem deutlich wärmer als draußen. Abgestorbene Teile bieten zusätzlichen Schutz gegen Windschliff.

Windgepeitschte, schneegefegte Grate sind der Lebensraum der Gemsheide oder Alpenazalee (*Loiseleuria procumbens*, oben).

Neun Monate lang kann die Kraut-Weide (*Salix herbacea*) unter Schneebedeckung zubringen (unten).

Wegweiser zum Saftladen

Grelle Farben, üppige Formen, beste Plazierung: Pflanzen, die auf Bestäubung durch Insekten angewiesen sind, machen mit bunten Blüten für sich Reklame. Als Gegenleistung bieten sie Pollen und Nektar. Eigentlich würde ein farbsatter Klecks genügen. Aber warum zeigen die Blüten außer Farben auch noch Muster? Die Lösung mag überraschen – Blüten bieten ihren Besuchern viele Extras. Zum Servicepaket gehören unter anderem Landehilfen, Orientierungspläne und Bedienungsanleitungen.

Flugplatz mit Landehilfen

Ein knalliger Farbklecks auf neutralem Hintergrund macht zweifellos neugierig und lockt entsprechend auch Kundschaft an. Aber wer durstig oder hungrig ein Berggasthaus ansteuert, möchte gewiß nicht lange und umständlich den Eingang suchen müssen. Zudem ist die Blüte ja auch immer Landeplatz für das anfliegende Insekt. Also kann der Gast aus der Luft wohl auch eine hilfreiche Flugfeldbefeuerung erwarten. Die Blüte vieler Pflanzen ist somit weitaus mehr als nur ein optischer Aufreißer. Sie versorgt ihre Besucher mit einer Menge nützlicher Zusatzinformation.
Viele Blütenmuster, die wir vielleicht nur als dekorative Zutat empfinden, werden nur als Lenk- und Landehilfen für Bestäuberinsekten verständlich. Eine Blüte ist immer ein funktionelles Gebilde. Das Zusammenwirken der einzelnen Teile bleibt nicht dem Zufall überlassen. Dies gilt insbesondere für alle Abläufe, die zur Bestäubung führen. Es fällt beispielsweise auf, daß das Blütenzentrum von der Peripherie farblich fast immer deutlich abgehoben ist. Mit einem solchen Kontrastprogramm wird das ansteuernde Insekt zielgenau in das Blütenzentrum geführt. Während die Gesamtblüte mit ihrer enormen Farbigkeit Leuchtreklame mit Fernwirkung betreibt, dienen die ausgesprochen differenzierten Muster vor allem der Feinnavigation. Bei Vergißmeinnicht und Veilchen, beim Augentrost und Ehrenpreis, bei Steinquendel, Alpen-Leinkraut oder wo man auch sonst nachschaut kommen solche Verfahren erfolgreich zum Einsatz.

Richtungszeichen und Reflektoren

Dunkel gefärbte Blüten hellen ihr Zentrum auf. Hellfarbene Blütenkronen rücken ihre vielversprechende Mitte durch mehr Farbsättigung oder abweichende Farbwahl in den Blick.
Dem gleichen Zweck dienen auch zarte oder deutlichere Linienmuster. Immer laufen sie streng gerichtet zur Blütenmitte wie die Radspeichen zur Nabe. Auf dieser Leitlinie gelangen Biene oder Hummel geradewegs zu den Nektarvorräten. Um das Blütenzentrum anzupeilen, genügt die Blütenkrone alleine häufig nicht. Deshalb werden nicht selten auch andere Blütenteile in die Richtungsweisung einbezogen. Hellgelbe Staubgefäße oder strahlend weiße Narbenlappen vor einer dunkelblauen Krone sind ebenso hilfreiche Wegweiser. Akelei und Eisenhut arbeiten mit solchen Mitteln.
Die einfache Dorfkneipe kommt mit einem mäßig beleuchteten Eingang aus. Im Drei-Sterne-Hotel werden die Gäste dagegen auf

Der Blick geht gleich ins Blütenzentrum: Alpen-Mannsschild (*Androsace alpina*, links).

Moos-Steinbrech (Saxifraga bryoides): Die Kronblätter tragen aufgemalte Staubgefäße (rechts).

einem Teppich zur Rezeption geleitet. Auch Blüten stellen ihre Besucher auf einen – wiederum ins Zentrum führenden – Läufer. Haar- und Borstenleisten auf oder in der Blütenkrone (z. B. Wachtelweizen) sind daher keine bloße Verzierung, sondern echte Orientierungshilfen, Duftmarken und Riechstreifen unterstützen den optischen und mechanischen Besucherservice.
Solche Feinheiten bleiben unseren Sinnen gewöhnlich verborgen. Nicht einmal optisch können wir alle Signalwirkungen einer Blüte wahrnehmen. Wirksame Hilfen bieten die Pflanzen nämlich auch im Bereich des ultravioletten Lichtes an. Während wir die so einheitlich weißen oder gelben Blüten von Trollblume oder Hahnenfuß-Arten nur als einfache Farbtupfer auf grünem Teppich registrieren, erscheinen sie UV-sichtigen Insekten als kontrastreiche Gebilde mit unübersehbar abgesetztem Blütenzentrum. In einem gelben oder weißen Meer wird der Zielanflug damit wesentlich erleichtert. Die Begrenzung der Reflektorteile in einer Hahnenfußblüte können wir allenfalls als eine abweichende Gelbnuance erkennen.

Unlauterer Wettbewerb

Werbung neigt zur Übertreibung und verspricht oft mehr, als tat-

sächlich vorhanden ist. Auch Blüten arbeiten mit diesem Trick und versuchen, ihre Besucher mit besonders lockenden Signalen hinters Licht zu führen.
Bei den Königskerzen sind die Stielchen der Staubblätter gewöhnlich sehr stark wollig und zudem auch recht farbig behaart. Die Haarbüschel täuschen riesige Pollenmassen vor, die zu Markte getragen werden. In Wirklichkeit geht es in der Blüte wesentlich sparsamer zu. Nur zwei der fünf vorhandenen Staubblätter bieten tatsächlich Pollen. Auf der Suche nach Pollen muß sich das Insekt deshalb durch die ganze Blüte hindurchwühlen und sichert somit erst recht die Bestäubung.
Bei den Nelkengewächsen der Hochfluren und auch bei fast allen Steinbrech-Arten tragen die Kronblätter feine Punkte. Die Lupe zeigt, daß sie tatsächlich die

Windblütige wie das Lieschgras *(Phleum pratense)* verzichten auf jede Blütenkosmetik (oben links).

Der Blüteneingang leuchtet hell: Alpen-Vergißmeinnicht *(Myosotis alpestris,* oben Mitte*)*.

Außen licht, zur Mitte dunkler: Alpen-Grasnelke *(Armeria alpina,* oben rechts*)*.

Haare auf dem Kronblatt als Pollenattrappe: Feder-Nelke *(Dianthus plumarius,* unten links*)*.

Wollige Staubfäden versprechen reiches Futter: Dunkle Königskerze *(Verbascum nigrum,* unten Mitte*)*.

Nur für Bienen schwarz: UV-schluckendes Farbmal in einer Hahnenfußblüte *(Ranunculus* sp.*)*.

Erfolgreiche Einladung: Schwalbenschwanz *(Papilio machaon)* auf Alpen-Aster *(Aster alpinus,* oben links*)*.

Farbtupfer zu Farbtupfer: Dukatenfalter *(Heodes virgaurea)* auf Skabiose *(Scabiosa columbaria,* oben rechts*)*.

Satter Kontrast: Heller Alpenbläuling *(Albulina orbitulus)* auf Herbstlöwenzahn *(Leontodon autumnalis)*.

Gefährliche Schönheit: Krabbenspinne *(Misumena vatia)* mit erbeuteter Biene auf Wiesen-Salbei *(Salvia pratensis,* unten rechts*)*.

Größe von Staubbeuteln haben und wie aufgemalte Staubgefäße aussehen sollen. Auch hier freuen sich die anfliegenden und suchenden Blütengäste mit Sicherheit zu früh.

Der Trick mit den aufgemalten, in Wirklichkeit aber in dieser Anzahl nicht vorhandenen Staubblättern ist überhaupt viel weiter verbreitet, als man zunächst vermutet. Nahezu perfekt setzen Feuerlilie und Fingerhut dieses Täuschungsmittel ein: Statt Pollen nur (billiger) Nektar.

… schon gewußt?

Bei vielen Pflanzen sind die Staubblätter (und die Pollenkörner) gelb wie bei der Grasnelke auf dem Foto S. 344 oben ganz links. Den hellgelben, wulstig ausgestalteten Ring beim Vergißmeinnicht (S. 344 oben Mitte) deutet man als Staubblattersatz: In die werbewirksame Schaufensterauslage kommt nur eine leere Attrappe, während die richtige Ware im Blüteninneren lagert.

Herbst
Unterwegs im Wald

Bunt sind schon die Wälder

Mit einem großartigen Farbenzauber verabschieden sich die laubwerfenden Gehölze in den Herbstwochen zur Winterruhe. Trotz des eindrucksvollen optischen Spektakels ist die Umfärbung der Sommerblätter von der Ausfärbung der Blüten und Früchte grundverschieden. Um es gleich zu sagen: Ein besonderer ökologischer Sinn ist dabei kaum auszumachen. Das Finale der Saison mit all seinen farblichen Registern wirkt zwar wie der Schlußakkord einer tollen Inszenierung, ist tatsächlich aber eher ein Randeffekt. Mit der Laubfärbung zeigen sich uns die Begleitumstände eines Vorgangs, dem letztlich alle Lebewesen unterliegen: Es geht um Alterung und allmählichen Tod. Nicht umsonst ist die Laubfärbung ja eine Episode vor dem Laubfall, der sich unmittelbar anschließt.

Wegwerfartikel

Bei den Laubbäumen der gemäßigten Klimazonen gleicht der Laubwechsel einer Wachablösung. Die gesamte Blattbesatzung wird auf einen Schlag abgezogen. Dies ist die Antwort der Bäume auf unser Klima. Mit schöner Regelmäßigkeit stellt sich bei uns im Herbst eine kleine Eiszeit ein. Um winterlicher Kälte besser zu widerstehen, muß die Wasserversorgung über Äste und Zweige weitgehend gedrosselt und schließlich völlig eingestellt werden.

Rettung in letzter Minute

Nun hat ein Strauch oder Baum in Anlage und Entwicklung seiner sommerlichen Belaubung eine Menge Energie investiert. Sie würde mit dem Abfallen der Blätter im Herbst unweigerlich verlorengehen. Doch bevor das Blatt von einem kräftigen Windstoß abgelöst wird und zu Boden geht, sind ihm noch rechtzeitig alle verwertbaren Bestandteile entzogen worden. Was am Ende vom Baum segelt, ist praktisch nur noch die Verpackung. Die wiederverwendbaren Stoffe haben die Gehölze in ihre Speichergewebe eingelagert.

Wer mahnt zum Aufbruch?

Das Abschalten des Stoffwechsels im Blatt und die Vorbereitungen zum Abwurf sind Leistungen, die natürlich nicht von heute auf morgen zu erbringen sind. Sie müssen fest im Lebensrhythmus der Gehölze verankert sein. Aber wie merken Buche oder Eiche, wann es an der Zeit ist, die Blätter schrittweise abzuschalten und daraus (bis auf ein wenig Farbe) zu retten, was noch verwertbar ist? Die kühlere Herbstwitterung kann kein Auslösesignal sein. Dafür ist die Temperatur nämlich viel zu unzuverlässig. Mal reicht der Altweibersommer noch fast in den November hinein. Ein anderes Mal kommt es schon Anfang Oktober zu Kälteeinbrüchen. Gegen diese Launenhaftigkeit benötigen die laubwerfenden Gehölze ein viel regelmäßigeres Orientierungsmittel. Sie verlassen sich auf die abnehmende Tageslänge, einen Umweltfaktor, der sich in jedem Herbst in genau abzusehender Weise meldet. Pflanzen besitzen einen hervorragend funktionierenden Belichtungsmesser, der genau zwischen Langtagbedingungen und Kurztagverhältnissen unterscheiden kann. Mit dem Übergang vom

Zwischen pastell und plakativ: Herbstfarbenpalette.

sommerlichen Langtag in den herbstlichen Kurztag wird daher die letzte Runde im Leben der Blätter eingeläutet – ein automatisch gesteuerter Vorgang, dem sich kein Baum entziehen kann. Bleiben die Bäume dagegen unter Langtagbedingungen, so wird wohl nichts aus dem vorprogrammierten Laubfall. Wo etwa helle Straßenlaternen in Baumkronen scheinen, täuschen sie den Blättern eine Jahreszeit vor, die sie eigentlich schon längst hinter sich haben. Linden, Platanen, Roßkastanien und andere Straßenbäume bleiben im Wirkbereich des Lampenscheins in ihrem Umfärbeprogramm sichtlich zurück. Licht ist eben lebenserhaltend oder zumindest lebensverlängernd.

Eine bunte Palette

Wie kommt das herbstliche Farbspektakel mit seinen vielen Nuancen und Abstufungen zustande? Alle Laubblätter und auch die im Herbst umfärbenden Nadelblätter der Lärchen enthalten außer dem Blattgrün (Chlorophyll) auch noch eine Reihe anderer Farbstoffe. Bei Blutbuche oder Bluthasel sind es wasserlösliche Rottöne. Außerdem kommen in allen Blattorganen auch noch respektable Mengen an Carotinoiden vor – Farbstoffe, wie sie etwa auch in Mohrrüben enthalten sind. Wenn die grünen Farbvorräte abgebaut werden, bleiben die roten und gelben Restfarben zurück und bestimmen nun den Gesamteindruck. Je nach Mengenverhältnissen, Blattdicke und Standort ergeben sich nun die unterschiedlichsten Farbstellungen

von zartem Hellgelb bis hin zu flammendem Karminrot. In geringem Umfang werden von den Herbstblättern auch noch wasserlösliche Rotpigmente synthetisiert, besonders an Standorten mit tieferen herbstlichen Nachttemperaturen. Aus diesem Grunde fällt die Laubfärbung im Herbstwald des Berglandes oder der Alpen besonders bunt und dramatisch aus. Der Berg-Ahorn zeigt es ganz deutlich: An Tieflandstandorten schafft er nur pastellfarbene Gelbtöne, in Bergregionen dagegen farbgesättigte Töne in allen denkbaren Varianten von Rot.

Felderweise erfolgt die Umfärbung im Blatt der Vogel-Kirsche (*Prunus avium*, oben).

Bei der Trauben-Eiche (*Quercus petraea*) geht die Verfärbung mal von der Blattnervatur, mal von der Blattperipherie aus (oben).

Fahlfarbiger Berg-Ahorn (*Acer pseudoplatanus*). Im Bergland legt diese Baumart mächtig Farbe zu (unten links).

Der Spitz-Ahorn (*Acer platanoides*) gibt einen Eindruck von der Farbkraft des Herbstlaubes (unten rechts).

... schon gewußt?

„Indianersommer" nennt man im atlantischen Nordamerika die dramatische Verfärbung der Laubbäume. Warum diese viel bunter werden als ihre europäischen Verwandten, ist noch ungeklärt.

Störfall Grüne Insel

In jedem Laubwald oder Park kann man vor allem an Birken- und Buchenblättern interessante Störfälle der herbstlichen Blattfärbung beobachten. Pilzbefall oder im Blattgewebe minierende Insektenlarven blockieren die feinen Leitgewebe in den Blättern und verwehren beispielsweise den Pflanzenhormonen den Zutritt zu bestimmten Blattregionen. Ganze Blattinseln bleiben dann vom stofflichen Geschehen in den übrigen Teilen abgeschnitten. Im sonst schon ziemlich gelb oder braunrot verfärbten Herbstblatt finden sich dann immer noch ein paar kräftig sommergrün gefärbte Inseln. Sie zeigen, daß an der Feinregulierung und Koordination der vielen stofflichen Prozesse, die im Herbstblatt ablaufen, eine Menge Einzelfaktoren beteiligt sind. Die grünen Inseln registrieren den Herbsteinzug nicht einmal dann, wenn das betreffende Blatt schon längst am Boden liegt. Die Sache hat einen enorm praktischen Hintergrund: Die grünen Inseln bieten den Blattminierern nämlich noch eine ganze Weile grünes Frischfutter. Meist sind es Raupen der Zwergmotten (Gattung *Nepticula)*, unserer kleinsten einheimischen Schmetterlinge, die sich über das restliche Grünzeug hermachen. Mit wachsender Größe der Raupe nimmt auch der Durchmesser der Blattmine zu, wie die Betrachtung mit einer Lupe im Gegenlicht verrät. Die ausgeräumten, leergefressenen

Blätter der Rot-Buche (*Fagus sylvatica*) mit grünen Inseln (links).

Anfangs ist der Fraßgang noch schmal und eng. Die Raupe paßt ihn ihrem Wachstum an (rechts oben).

Raupe einer Zwergmotte (*Nepticula*) im Blatt der Rot-Buche (*Fagus sylvatica*, rechts unten).

Gänge werden mit winzigen, aber zahlreichen Kotbällchen angefüllt. Die ausgewachsene Raupe, ein Winzling von nur wenigen Millimetern Länge, verläßt schließlich ihre grüne Speisekammer und verpuppt sich im Waldboden. Wenn sie schon vorher mit ihrer grünen Blattinsel sachte zu Boden gesegelt ist, hat sie überdies einen weiten Weg ast- und stammabwärts gespart. Der Laubfall in den Herbstwochen kommt ihr daher sicherlich sehr gelegen. Die Falter, deren Spannweite bei nur fünf Millimetern liegt, schlüpfen erst im nachfolgenden Sommer. Sie legen ihre Eier direkt in das grüne Blattgewebe, so daß die kleine Raupe sich vor Ort unmittelbar ans Werk machen kann, um das saftige Grünfutter zwischen den Blatthäuten zu durchtunneln.
Zu den Zwergmotten gehört auch die Ahornminiermotte (*Stigmella sericopeza*), die jedes Jahr drei Raupengenerationen hervorbringt. Wie die Raupen der ersten Generation leben, ist noch unbekannt. Die Räupchen der zweiten und dritten Ausgabe minieren jedoch ausschließlich an den Fruchtflügeln des Spitz-Ahorns – und zwar immer in Richtung des Samens, weil es hier das beste Futter gibt. Die Frucht stirbt dabei vorzeitig ab und segelt zu Boden. Das erspart den Abgang zu Fuß, da die Raupe sich in Bodennähe verpuppt.

Die Post im Walde

Zweimal im Jahr werden im Wald Massenwurfsendungen auf den Weg gebracht: Im Frühjahr oder Frühsommer sind es die Blütenpollen, im Herbst dagegen die Samen und Früchte. Mit ihren Samen oder Früchten halten es die Gehölze wie mit den Pollen. Entweder setzen sie den Wind als Transportmittel ein, oder sie engagieren Tiere für ihren Versandbetrieb.
Je nachdem, welcher Weg genommen werden soll, sind verständlicherweise sehr unterschiedliche Anpassungen oder Konstruktionen erforderlich. Für die Windverbreitung müssen die Samen und Früchte buchstäblich in die Luft gehen können, zumindest also schwebe- oder sogar flugfähig sein. Die entsprechenden pflanzlichen Erfindungen reichen hier tatsächlich vom Fliegenden Teppich über Segelflieger, Deltagleiter oder Propeller bis hin zur Wurfscheibe.

Pflanzliche Luftpost

Eine zweifellos gelungene technische Lösung sind unter anderem die Flügelfrüchte unserer Ahorn-Arten: Sie arbeiten nach dem Prinzip des Schraubenfliegers. Vergleichbare Vorrichtungen finden sich auch bei der Esche. Nachdem sich die Einzelfrüchte aus dem Fruchtstand gelöst haben, stürzen sie sich im Sinkflug zunächst einmal in die Tiefe, beginnen aber schon nach etwa 30 Zentimetern mit Drehbewegungen und sinken dann mit etwa 16 Umdrehungen in der Sekunde verlangsamt weiter. Das Rotorblatt an der Frucht hat also die Aufgabe, den freien Fall sichtlich zu verzögern, und darauf kommt es schließlich an. Für eine räumlich wirksame Verbreitung reicht ein Landemanöver direkt unter der Baumkrone nicht aus. Die Flügelfrucht muß seitlich vom Baum weggeführt werden, um möglichst eine freie und besiedlungsfähige Stelle zu treffen.
Praktischerweise lösen sich die Schraubsegler erst dann vom Baum, wenn es gleichzeitig ziemlich windig ist. Eine frische Brise oder ein kräftiger Windstoß sind sicherlich sehr hilfreich, um ein paar hundert Meter Abstand vom Stammbaum zu gewinnen. Das gleiche Verfahren haben sich auch die Segelsamen unserer Nadelhölzer zunutze gemacht. Wenn man einmal die Propellerprofile der Samen von Esche und Fichte miteinander vergleicht, wird man ganz erstaunliche Übereinstimmungen bemerken.

Winzige Wurfscheiben

Verglichen mit den Flügeln der Ahorn- oder Eschen-Früchte sind die schmal umsäumten Nüßchenfrüchte von Ulmen oder gar Birken richtige Leichtgewichte. Ihre Reichweite ist daher auch etwas größer. So verwundert es auf der anderen Seite auch nicht, daß Birken überall auf Waldlichtungen, in Schlagfluren oder aufgelassenem Brachland als Gehölzpioniere auftreten und dort solange die Szene beherrschen, bis andere Gehölzarten mit weniger raumwirksamen Verbreitungsmitteln das besiedlungsfähige Terrain ebenfalls entdecken.

Vom Winde verweht

Ungemein verbreitungsfreudig sind die einheimischen Pappel- und Weiden-Arten. Schon im Frühsommer drängen sich aus ih-

Bucheckern sind Plumpsfrüchte und als solche auf tierische Verbreitungshilfe angewiesen.

ren zahlreichen Kapselfrüchten Unmengen extrem leichtgewichtiger und kleiner Samen, die allesamt mit haarfeinen Flugapparaten ausgerüstet sind. Gewöhnlich bleiben sie noch eine Weile im Verbund zusammen und driften mit den Winden in flockigen Massen umher. Die Reichweite ist beachtlich: Mehrere Kilometer dürften die Fliegenden Teppiche wohl auf jeden Fall überbrücken. Außer Birken findet man daher immer auch Sal-Weiden und Zitter-Pappeln unter den Pioniergehölzen neubesiedelter Standorte. Die meisten dieser Samen sind sogar schwimmfähig. So können sie von Fließgewässern oder als Surfer auf Stillgewässern zu besiedlungsfähigen Uferpartien verdriftet werden, wo sie neben den Erlen die charakteristischen Ufergehölze aufbauen.

Ein Fall für zwei

Die Schwergewichtler unter den Samen und Früchten unserer Waldbäume, beispielsweise Kastanien, Eicheln, Bucheckern oder auch Haselnüsse, haben es mit der Verbreitung auf dem Luftweg naturgemäß nicht einfach. Sie gehören nämlich zur Gruppe der Plumpsfrüchte, die wohl in jedem Fall auf tierische Mithilfe angewiesen sind. Vögel und eine ganze Reihe Säugetiere machen sich über diese energiereiche Ernte her. Eichelhäher entwickeln dabei einen besonderen Sammeleifer. In jedem Herbst legen sie bis zu eintausend Verstecke mit mehreren Früchten an.

Der wachsige Belag auf den Steinfrüchten der Schlehe (*Prunus spinosa*) ist ein besonderes Signal an fruchtsammelnde Vögel.

Etliche dieser Depots werden während des Winters wieder aufgesucht und aufgebraucht. Die verbleibenden Reste oder die unberührten Depots sind jedoch eine richtige biologische Zeitbombe: Bei passender Gelegenheit keimen die betreffenden Samen und Früchte aus und sorgen auf diese Weise für Gehölznachwuchs. Der Sammeltrieb der Tiere, die sich winterliche Futtervorräte anlegen, kommt der Verbreitungsstrategie der Gehölze somit sehr entgegen.

Werbung zahlt sich aus

Einige Baumarten und die Mehrzahl unserer einheimischen Sträucher verfahren mit anderen Mitteln. Ein niedrigwüchsiger Strauch ist ein denkbar ungeeigneter Startplatz für Segelflieger oder andere Luftlandetruppen. Allenfalls können Plumpsfrüchte auch aus geringer Höhe auf einigen Erfolg rechnen. Wenn man sich nicht wirksam in die Lüfte erheben oder den Tieren geradezu entgegenfallen kann, müssen die tierischen Verbreitungshelfer angelockt werden: Die Früchte mancher Gehölze sind außerordentlich saftig, und der Besuch eines Tieres auf einem Strauch mit Beeren- oder Steinfrüchten ist wie ein Streifzug durch einen üppigen Obstgarten. Um nur ja recht einladend zu wirken, werden die Früchte meist lebhaft ausgefärbt. Der Umgang mit Farbe ist dabei sicher kein Zufall, sondern ein geradezu plakativ wirkendes Werbesignal an die Adresse möglicher Konsumenten. Eigenartigerweise prangen die Früchte mit knalligen Rottönen am Geäst und daher in so gänzlich andersartigen Farben als die Blüten. Auch diese Tatsache hat ihren besonderen Hintergrund: Die blütenbesuchenden Insekten sind für rote Farbwerte nur wenig empfänglich. Vogelaugen sehen dagegen im Rotbereich besonders gut und werden daher von den Fruchtfarben magisch angezogen. Reife Früchte bleiben daher am Geäst nicht allzu lange unentdeckt. Zum Herbst hin wird die Zahl der Fruchtkonsumenten jedoch geringer, weil viele Vogelarten wegziehen. Ein Teil der Ernte bleibt zurück, verdirbt aber nicht, denn die winterlichen Kühlschranktemperaturen wirken eher konservierend. So finden auch die Teilzieher oder Standvögel während der ungünstigen Jahreszeit immer noch ein paar verwertbare Vorräte.

Doppeltaktik: Die Früchte der Waldrebe (*Clematis vitalba*) können recht gut segeln, verhaken sich aber auch in Fell und Gefieder.

Rote Früchte müssen wohl verständlicherweise als werbewirksam verpackte Leckerbissen verstanden werden. Aber warum wirken auch die blauschwarzen Beeren- oder Steinfrüchte so verführerisch? Ihre Farbstellung, die uns eher wie ein Tarnanstrich vorkommen muß, ist dennoch von Effekt. Ihre wachsige Bereifung reflektiert die kurzwelligen Bestandteile des Tageslichts besonders gut, und darauf sind wiederum gerade die Vogelaugen hervorragend abgestimmt. So finden eben auch die Früchte von Liguster, Kreuzdorn, Faulbaum, Schlehe oder Efeu erfahrungsgemäß reißenden Absatz.

Verbreitung geht durch den Magen

Was die Gehölze mit verführerischen Mitteln den Vögeln oder auch manchen Kleinsäugern förmlich zum Fraß vorsetzen, ist nur die Verpackung der eigentlichen Verbreitungseinheiten, der hartschaligen Samen. Nur wenige Vogelarten können das steinharte Innenleben der Früchte als Nahrung nutzen. In den meisten Fällen sind die Steinkerne unverdaulich. Die Samen behalten trotz Darmpassage durch das Tier ihre Keimfähigkeit.

... schon gewußt?

Vorsicht – viele verlockend aussehende Früchte von Sträuchern und Bäumen, die für Tiere ein wertvolles Futter bieten, sind für den Menschen giftig.

Pilze – Partner – Parasiten

Man kann sie betrachten, wie man will: Pilze sind wirklich seltsame Lebewesen. Immer, wenn man sie mit anderen Organismen vergleicht, fallen sie irgendwie aus dem Rahmen. Die Probleme beginnen ja schon mit ihrer Einordnung: Soll man sie zum Pflanzenreich zählen, oder gehören die Pilze in eine andere Schublade? Viele Fachbücher der Botanik machen sich die Sache immer noch sehr einfach und vereinnahmen die Pilze kurzerhand für das Pflanzenreich – als Sonderlinge zwar, aber immerhin gleichberechtigt neben Algen, Moosen, Farnen und Samenpflanzen. Man kann an den Pilzen sicherlich eine Menge interessanter Merkmale feststellen, aber nirgendwo findet sich auch nur eine entfernte gestaltliche Ähnlichkeit zu einem Moos oder einer Farnpflanze, von den übrigen Pflanzen einmal ganz zu schweigen. Mit der pflanzlichen Verwandtschaft der Pilze ist es also offenbar nicht besonders überzeugend bestellt. Andererseits wurden erstaunlicherweise eine ganze Anzahl biochemischer Merkmale entdeckt, in denen die Pilze mit den Tieren übereinstimmen. Sie reichen jedoch nicht aus, um die Pilze vom Pflanzen- zum Tierreich umzusiedeln. Die moderne Biologie neigt daher sehr dazu, die Pilze als völlig selbständige Gruppe zu betrachten. Es gibt auf der Welt also nicht nur Pflanzen und Tiere, sondern als zusätzliches Reich höherer Lebewesen auch noch die Pilze.

Leben im Verborgenen

Jedermann sind die breitkrempigen, oft auch sehr farbenfrohen Hüte der Pilze ein Begriff. Aber ist es nicht wiederum sehr merkwürdig? Was wir üblicherweise als Pilz bezeichnen, ist bestenfalls eine Vermehrungseinrichtung des betreffenden Lebewesens. So wie eine Birne ja auch nur einen Teil des viel größeren Lebewesens Birnbaum darstellt, zeigen sich die Hüte, Keulen, Becher oder anderen abenteuerlichen Pilzgestalten immer nur dann, wenn Vermehrung angesagt ist. Das eigentliche Lebewesen Pilz bleibt gewöhnlich unsichtbar. Es besteht aus einem sehr weitreichenden, dünnen und feinen Geflecht aus Fäden oder Hyphen, das während der längsten Zeit des Jahres im Verborgenen lebt. Nur die gezielte Nachsuche zeigt manchmal ein paar Fetzen vom Hyphengeflecht beziehungsweise Pilzmyzel. Besonders auffällig ist es beispielsweise beim Hallimasch, dessen strangförmiges, dunkles Myzel an plattgebügelte Schnürsenkel erinnert. Normalerweise kann man ein Pilzmyzel nicht einer bestimmten Pilzart zuordnen. Für die Artbestimmung sind immer die viel merkmalsreicheren Fruchtkörper erforderlich!

Die Pilzfruchtkörper, jene bunten und vielgestaltigen Schirme, Hüte, Trichter oder Kugeln, entstehen immer nur dann, wenn die Fäden wachsender Pilzgeflechte irgendwo aufeinandertreffen und paarweise miteinander verschmelzen. Manchmal findet ein in allen Richtungen wachsendes Myzel erst in einiger Entfernung einen kompetenten Paarungspartner. Das Ergebnis dieser Begegnung kann dann ein Hexenring sein, eine ringförmige Ansammlung vieler Pilzfruchtkörper, die früher die Phantasie und den Aberglauben sehr beflügelt haben.

Hexenring aus Erdsternen (*Geastrum*).

Die Waldmeister

Selbstverständlich wachsen viele Pilze in Wiesen, in Mooren oder Heidegebieten und sogar in den Sanddünen der Küstenregionen. Die weitaus meisten Arten kommen jedoch in unseren Wäldern vor. So muß wohl der Eindruck entstehen, die Wälder seien ganz besonders geeignete Biotope, in denen sich Pilze offensichtlich wohl fühlen und daher auch artenreich einfinden. Bei näherem Hinsehen ist es aber anders: Die meisten Waldbäume können wohl nur deswegen existieren, weil es im Waldboden genügend Pilzgeflechte gibt. Waldbäume und viele Waldpilze gehen nämlich ein besonders inniges Verhältnis miteinander ein. Pilzhyphen umspinnen als dichtes Geflecht die Enden der Feinwurzeln der Bäume und bilden mit ihnen eine festgefügte Lebensgemeinschaft oder Symbiose. In dieser bemerkenswerten Kooperative geben und bekommen beide beteiligten Partner etwas. Die Pilzhyphen werden von den Baumwurzeln mit organischen Stoffen versorgt, die von den grünen Blättern herbeitransportiert werden. Dafür helfen die Wurzelpilze den Bäumen umgekehrt sehr bei der Wasser- und Mineralstoffaufnahme. Das innige Betriebssystem aus Wurzel und Pilz nennt man auch Mykorrhiza. Die Mykorrhiza ist für die Bäume völlig unentbehrlich. Nur mit Hilfe der kleinen Boden- und Wurzelpilze können die großen Gehölze das Problem der Nährstoffaufnahme aus dem Boden meistern. Offenbar

spielte die Entwicklung einer gut funktionierenden Partnerschaft zwischen Pilz und Pflanze schon bei der ersten Besiedlung des Festlandes eine bedeutende Rolle, denn selbst in den Fossilien der ältesten Landpflanzen ist eine Mykorrhiza nachgewiesen.
In vielen Fällen ist die Mykorrhiza-Partnerschaft sehr spezifisch. Nicht alle Pilze lassen sich bereitwillig mit beliebigen Baumarten ein. Daraus erklärt sich die bei Pilzsammlern längst bekannte Tatsache, daß manche Pilzarten eben nur unter bestimmten Bäumen gefunden werden können. Goldröhrlinge kommen nur zusammen mit Lärchen vor.

Angreifer und Zersetzer

Nicht alle Waldpilze sind Partner der Bäume. Eine Menge Pilzarten stürzt sich in wenig friedlicher Absicht auf lebende Gehölze: Diese Pilzarten sind Parasiten, versuchen von der lebenden Substanz ihres Wirtes oder Opfers ohne Gegenleistung möglichst viel für sich selbst abzuzweigen und werden dabei eventuell sogar zu gefürchteten Schädlingen. Andere Pilze haben es ausschließlich auf totes organisches Material abgesehen, beispielsweise auf Totholz oder andere Abfälle. Sie übernehmen im Ökosystem Wald die notwendige Aufgabe, die abgestorbene Biomasse zu zersetzen, wieder in ihre Grundstoffe zu zerlegen und zu remineralisieren.

Das Myzel vom Hallimasch (*Armillariella mellea*) bildet mitunter breite, flache Bänder (oben).

Wurzelpilzgespinst (Mykorrhiza) der Rot-Buche (*Fagus sylvatica*). Die Pilze leisten unentbehrliche Hilfe bei der Nährstoffaufnahme (unten).

Pilze sind die wichtigsten Zersetzer von Totholz (links).

Das gerbstoffreiche Kernholz des Baumstubbens wehrt sich vorerst noch gegen das vordringende Pilzmyzel (rechts).

Pilze sind somit sehr wichtige Stellglieder im Stoffrecycling, ohne das kein Ökosystem auf Dauer Bestand haben kann. Allerdings unterscheiden die betreffenden Pilze nicht zwischen Bestandsabfall und wertvollem Nutzholz, das schnittfertig an einem Schlag oder Waldweg gelagert wird. Insofern können auch die ökologisch so wichtigen Zersetzer unter den Waldpilzen beträchtliche Schäden anrichten. Auch bei der Besiedlung von Totholz sind viele Pilzarten durchaus wählerisch. Manche Arten wird man daher nur auf Laubholz antreffen, andere überwiegend oder ausschließlich auf totem Nadelholz.

... schon gewußt?

Richtiges Pilzesammeln sichert allen das Überleben – den Sammlern wie den Gesammelten:

* Nur zuverlässig erkannte und häufige Speisepilze sammeln – alle anderen unbedingt stehen lassen.
* Pilzhüte mit dem Stiel vorsichtig aus dem Boden drehen (nicht abschneiden) und das entstehende Loch zum Schutz des Pilzmyzels vor Austrocknung mit Laub oder Erde zudecken.
* Nur so viele Pilze sammeln, wie für eine Mahlzeit benötigt werden. Massenraubzüge schädigen die Bestände nachhaltig.

Wettrüsten gegen den Winter

Im letzten Septemberdrittel wurde der Zeitpunkt der Tagundnachtgleiche (Herbstanfang) überschritten. Im Oktober sind die Tage bereits merklich kürzer als die Nächte. Über die kritische Tageslänge hat das schwindende Sonnenlicht den Lebewesen schon vor geraumer Zeit signalisiert, daß die ungünstige Jahreszeit bevorsteht. In die Herbstwochen fällt darum allerhand Geschäftigkeit mit den Vorbereitungen auf den kommenden Winter, von dem niemand abschätzen kann, ob er besonders mild oder unbarmherzig klirrend ausfallen wird. Unabhängig vom tatsächlichen Witterungsverlauf richten sich die Tiere auf den Ernstfall ein. Um gegen die Unbilden der jährlichen Eiszeit gewappnet zu sein, treffen sie auf verschiedene Weise Vorsorge.

Die neue Wintergarderobe

Das Hermelin, das keinen Winterschlaf hält und somit auch während der kalten Winterwochen ständig aktiv bleibt, legt jetzt durch raschen Haarwechsel sein weißes Winterkleid an. Ausgenommen vom Haar- und Farbaustausch bleibt lediglich die schwarze Schwanzspitze. Auf weißen Schneeflächen ist der geschickte Jäger und Beutegreifer hervorragend getarnt. Geht der Winter dagegen sehr grün durch das Land, lenken die Tiere in ihrem Schneetarnanzug natürlich alle Aufmerksamkeit auf sich. Dann bleibt eigentlich nur noch die unterirdische Jagd in Wühlmausgängen.

Bei den meisten anderen Waldtieren vollzieht sich der Haarwechsel wesentlich unauffälliger. Das Fell wird zwar dichter, aber es beschränkt sein Erscheinungsbild allenfalls auf ein paar verschobene Farbnuancen.

Viele Tiere verlassen nun ihre Sommerquartiere. Nach dem Laubfall findet man in den Gebüschen am Waldrand hier und da ein verlassenes Kugelnest der Zwergmaus, das sie gegen ein gut gepolstertes Winternest im Boden eingetauscht hat. Am aufgegebenen Sommernest, das wie ein Vogelnest nur aus Halmen gebaut wird, kann man das schräg nach unten weisende Schlupfloch erkennen. Viele andere Kleinsäuger des Waldes, beispielsweise die Gelbhals-, die Brand- und die Waldmaus, haben in ihren unterirdischen Gangsystemen rechtzeitig etwas von der Ernte des Sommers zur Seite gelegt und regelrechte Depots aus Waldgrassaaten, Bucheckern und Eicheln, aber auch mit Knospen oder Bodeninsekten eingerichtet. Sie sind Selbstversorger und brauchen bei Kälte oder Schnee nicht eigens auf Nahrungssuche zu gehen.

Aktion Eichhörnchen

Viele Vögel wie der Eichelhäher oder sein berglandbewohnender Verwandter, der Tannenhäher, waren während der Herbstwochen ebenfalls ziemlich emsig und haben Depots mit Nahrungsvorräten angelegt. Es ist schon erstaunlich, wie gut diese Tiere sich die Lage ihrer eingemieteten Vorräte merken können und darauf bei anhaltenden Schneelagen auch tatsächlich zurückgreifen. Viele Depots werden jedoch nicht wieder komplett ausgeräumt, und die darin verbleibenden Früchte oder Samen sind eine wichtige Starthilfe für künftige Gehölzbestände. Die in den Herbstwochen

Die Rauhhautfledermaus (*Pipistrellus nathusii*) überwintert in Baumhöhlen. Auch im Sommer bezieht sie dort ihr Schlafquartier.

eingetragenen Eicheln beginnen sogar noch vor Wintereinbruch mit der Keimung. Sie versenken eine lange Keimwurzel im Boden und legen dann bis zum nächsten Frühjahr eine längere Entwicklungspause ein.

Im Winter sind die Nächte lang

Für viele Tiere wie Dachs, Igel oder Fledermäuse ist die Zeit vom Herbst bis zum Frühjahr eine einzige lange Nacht, die sie schlafend verbringen. Ihr Winterschlaf unterscheidet sich erheblich von einem gewöhnlichen Schlaf, denn sie stellen dabei ihre Lebensfunktionen weitgehend ein: Der Herzrhythmus verlangsamt sich auf wenige Schläge in der Minute, der Atem steht fast still, und die Körpertemperatur sinkt nahezu auf Umgebungstemperatur herab. In diesem Zustand verbrauchen die winterschlafenden Tiere nur sehr wenig Energie. Daher können sie auf eine ständige Nahrungsaufnahme völlig verzichten und zehren praktisch von den eigenen Reserven, die sie sich seit dem Spätsommer angefuttert haben. Ihr Leben arbeitet während des gesamten Winters sozusagen auf Sparflamme, und weil sie ihre gleichwarme, ziemlich hohe Körpertemperatur auf ziemlich niedrige Werte heruntergefahren haben, kann ihnen auch die ungünstige Witterung nur wenig anhaben. Für diese zeitweise wieder wechselwarmen Tiere ist ein richtig kalter Winter daher sogar ziemlich kräfteschonend. Bedenklicher sind dagegen längere Perioden mit milder Winterwitterung – die vergleichsweise hohen Temperaturen zwingen die ruhenden Tiere dabei zu höherem Stoffverbrauch.

... schon gewußt?

Während des Winterschlafs schlägt das Herz der Tiere nur 2–4 mal in der Minute.

Tiere rüsten für den Winter. 1 Waldmaus, **2** Schmetterlingsraupe, **3** Schmetterlingspuppe, **4** Engerling, **5** Molch, **6** Erdkröte, **7** Eichhörnchen, **8** Hermelin, **9** Eichelhäher.

7
6

Extremisten und andere Sonderlinge

Bizarre Formen, seltsame Gewohnheiten und erstaunliche Anpassungsleistungen – auf solche Schlagworte kann man die Biologie einer Organismengruppe verkürzen, die häufig übersehen wird, fast überall vorhanden ist und uns in vielen Besonderheiten immer noch enorme Rätsel aufgibt: Flechten fallen aus dem Rahmen, wo immer man mit ihrer Kennzeichnung oder Beschreibung auch ansetzen mag.
Es gibt wohl keine anderen Organismen, die sich von staubtrockener Erde, sonnendurchglühtem Gestein, windzerzaustem Geäst oder frostigen Zugriffen weniger beeindrucken ließen als gerade die Flechten. Die extremsten Lebensräume sind ihnen offenbar besonders recht. Hier können sie ihre erstaunlichen Pioniertaten am ehesten unter Beweis stellen. Wo andere Mitbewerber um den gleichen Lebensraum längst aus dem Felde geschlagen sind und aufgeben, finden Flechten überhaupt erst ihre eigentliche Domäne. Und seltsam genug: An allen anderen Standorten, wo es nach allgemeiner Einschätzung einigermaßen normal und durchschnittlich zugeht, sind ausgerechnet die Flechten ungewöhnlich konkurrenzschwach. Auf einer Blumenwiese, in der Krautschicht auf dem Waldboden oder auf bestens versorgtem Kulturland wird man sie daher vergebens suchen. Flechten bevorzugen nun einmal Sonderstandorte, wo die Sache für Überlebenskünstler erst so richtig interessant wird. Und so werden wir sie bestimmt auch auf der Rinde der Waldbäume antreffen – eine ziemlich barock anmutende Gesellschaft aus Flachkrusten und Miniatursträuchlein.

Extrembiotop Baumrinde

Schon der einfache Flechtenstandort Baumrinde vereinigt in seinem speziellen Mikroklima viele Züge, wie sie die besonders lebensfeindlichen Zonen der Erde eben auch aufweisen: Mal peitschen unablässig Regenschauer gegen Stamm und Äste, oder es rinnen wahre Sturzbäche durch das Geäst. Im unteren Stammbereich häuft sich der Treibschnee an und bleibt gegebenenfalls wochenlang liegen, während sich das Astwerk der Krone häufiger mit zentimeterdickem Rauhreif ziert. Winterliche Frostperioden machen den Standort Rinde zum unwirtlichen Eiskeller, während die sommerliche Sonne gerade bei freistehenden Bäumen die Oberflächen von Rinde oder Borke unbarmherzig austrocknet. Diesen Wechselfällen der Witterung sind die rindenbewohnenden Flechten völlig schutzlos ausgeliefert. Sie besitzen ja keine wasserdichte, isolierende Verpackung und können sich auch nirgendwohin zurückziehen, wenn es draußen wirklich ungemütlich wird.

Gleichmut gegen die Umgebung

Der im Vergleich zu anderen Lebewesen gewiß auffällige Gleichmut der Flechten gegenüber Temperaturextremen und anderen Witterungslaunen beruht letztlich auf einem einfachen, aber wirkungsvollen Trick. Wenn sich Flechten besonders widrigen Umweltbedingungen ausgesetzt sehen und dabei in ökologische Krisensituationen zu geraten drohen, schalten sie einfach ihren Stoffwechsel ab. Nur so lange sind stoffliche Umsätze möglich,

Die Blattflechte *Parmelia sulcata* ist auf Baumrinden in Reinluftgebieten weit verbreitet.

wie genügend Wasser in einer Flechte vorhanden ist. Sommerliche Wärme, scharfer und austrocknender Wind oder anhaltende Frosttrocknis werden daher mit Stoffwechselstarre beantwortet. Flechten haben eigentlich überhaupt keinen Wasserhaushalt. Sie können ihren Wassergehalt nicht regulieren oder einschränken, sondern sind immer so feucht oder knistertrocken, wie es ihre Umgebung gerade zuläßt. Wenn das Zellwasser weitgehend abgegeben wurde, kann auch ein heißer Sommertag keine Hitzeschädigung herbeiführen, ebensowenig wie klirrender Frost keine Bildung zerstörerischer Eiskristalle zuwege bringt.

Die totale Streßvorsorge durch Flucht in eine Trockenstarre hat allerdings ihren Preis. Flechten haben dadurch nur vergleichsweise kurze Betriebszeiten, in denen sie aktiv Stoffe produzieren und auch wachsen können. Eine Flechte am Extremstandort lebt sozusagen auf Raten; die Trockenstarre wird ihr auf ihre Lebenszeit nicht angerechnet. Entsprechend gering können auch die Zuwachsraten ausfallen. Selbst verhältnismäßig kleine Flechten können daher unter Umständen viele Jahre oder gar Jahrzehnte alt sein.

Rätselhafte Doppelwesen

Mit ihren seltsamen Krustenformen oder lappig-blättrigen Gestalten zeigen die Flechten nur wenig formale Anklänge an das Aussehen anderer Lebewesen.

Manche rindenbewohnenden Formen wie die Blattflechte *Platismatia glauca* siedeln sich auch auf kleinen Zweiggabeln an.

Verständlich, daß ihre Ein- oder Zuordnung unter den Biologen hitzige Diskussionen ausgelöst hat. Die Lage wurde auch dann nicht besonders klar, als vor etwa hundert Jahren ihre wahre Natur erkannt wurde: Flechten sind nämlich Doppelwesen. Zwei grundverschiedene Organismen, ein Pilz und eine Anzahl mikroskopisch kleiner Algen, haben sich in der Flechte zu einer dauerhaften Lebensgemeinschaft zusammengeschlossen. Die Pilzpartner stammen aus verschiedenen Verwandtschaftsgruppen. Meist sind es Schlauchpilze, ganz selten auch Ständerpilze. Die Flechtenalgen gehören meist zu den Grünalgen oder zu den Blaualgen (Cyanobakterien). Gewöhnlich dominiert der Pilz. Er bestimmt Form und Gestalt einer Flechte.

In der Flechte erleichtern sich Flechtenpilz und Flechtenalgen gegenseitig das Leben. Der Pilzpartner legt die äußere Form fest, stellt gleichsam den Wohnraum für die Flechtenalgen zur Verfügung und übernimmt so die Rolle eines Hausherrn. Seine Nahrung erhält er praktischerweise von seinen Flechtenalgen, die natürlich photosynthetisch aktiv sind und ständig hochwertige organische Stoffe abgeben. Die Miete wird also in Naturalien kassiert. Die Flechtenpilze sind bei ihren Forderungen nicht gerade kleinlich, so daß den Flechtenalgen nicht sehr viel von der Gesamtproduktion verbleibt. Offensichtlich sind die beiden ungleichen Partner aber dennoch einigermaßen miteinander zufrieden. Immerhin ermöglicht ihre Kooperation ja einen dauerhaften Zusammenschluß und die Besiedlung von Standorten, die sie als getrennte Einzelwesen niemals hätten erobern können.

Hängende Gärten

Rindenbewohnende Flechten sind ausgesprochene Staubfänger. Unter ihren lappig verzweigten Lagern sammeln sich mit der Zeit kleine Humusportionen an, in denen mitunter auch Moose siedeln können. Flechten bleiben darum auf einem borkigen Stamm nicht lange allein. Unter den Flechtenlagern finden sich andererseits auch mancherlei Insekten ein – ganze Entwicklungsreihen vom Gelege über Larvenstadien bis hin zu Puppen und Vollinsekten. Daher suchen Vögel wie Waldbaumläufer, Goldhähnchen, Kleiber und andere

Kletterkünstler immer auch den Flechtenaufwuchs ab, und selten gehen sie dabei leer aus.
Flechten schädigen den Strauch oder Baum, auf dem sie wachsen, in keiner Weise. Sie verwenden seine Berindung ja lediglich als Ankerplatz, ohne irgendwelche Stoffe daraus für sich abzuzapfen. Auf der anderen Seite können die Flechten an ihrem luftigen Standort ihrerseits stark geschädigt werden. So robust sie gegen alle möglichen Witterungseinflüsse sind, so sensibel reagieren sie auf Schadgase der Luft. Bevor saurer Regen oder andere atmosphärische Attacken den Gehölzen das Leben schwer machen, haben sie bereits die meisten Flechten zur Aufgabe gezwungen: Nur in Reinluftgebieten kann sich daher ein üppiger Flechtenaufwuchs auf Rinde einfinden.

... schon gewußt?

Für die Bewertung der Luftgüte in Wohngebieten mit Hilfe von Flechten ist unterdessen eine standardisierte VDI-Verfahrensrichtlinie (Nr. 3799) ausgearbeitet worden. Beim sogenannten Biomonitoring mit Zeigerarten berücksichtigt man neben ausgesuchten baumbewohnenden Flechten (insgesamt verwendet man etwa 60 Arten) zunehmend auch Moosarten, denn auch diese Lebewesen reagieren sehr empfindlich auf Belastungen ihrer Standorte.

Die kleine Blattflechte *Candelaria concolor* gehört sicherlich zu den farbkräftigsten Rindenbewohnern.

Die Wandflechte (*Xanthoria parietina*) bewohnt Rinde, Holz und Gestein.

Herbst
Unterwegs an Tümpel, Bach und Weiher

Pfahlbauten im Röhricht

Beim Durchstreifen des Röhrichts unserer Tümpel und Bäche, besonders aber im abwechslungsreichen Pflanzendickicht der Feuchtwiesen, stoßen wir hin und wieder auf kleine Grasknäuel von etwa 8–10 cm Durchmesser, die bis zu 1 m über dem Boden oder dem Wasser in den Bulten des Rohrglanzgrases angebracht sind. Es handelt sich hier um die Nester der Zwergmaus, eines unserer kleinsten Säugetiere mit nur knapp 7 cm Körperlänge.
Mit viel Glück und noch mehr Geduld gelingt uns die Beobachtung der überaus possierlichen Minimaus. Unverwechselbares Kennzeichen der Zwergmaus ist die „fünfte Hand", der zum Umherklettern im Pflanzendickicht umgewandelte Greifschwanz, mit dem sich die Tiere zusätzlich festhalten können. Ganz anders als die bodenlebende Verwandtschaft versteht es die Zwergmaus, überaus geschickt zwischen den senkrechten Halmen umherzuturnen.
Dank ihrer Kletterfähigkeit kann die Zwergmaus ihr Nest in Pfahlbauweise anbringen: Zunächst wird ein hochwassersicherer Standort an kräftigen Halmen ausgesucht, deren Spitze sie erklimmt und durch ihr Körpergewicht herabzieht. Geschickt fasert sie die Halme der Länge nach auf und formt daraus ein kugelartiges Nest. Da die Halme meist nicht abgebissen, sondern nur

In ungenutzten Feuchtwiesen und im Pflanzendickicht von Gewässerrandzonen lebt die Zwergmaus (oben).

Die kugelförmigen Nester der Zwergmaus werden hochwassersicher an Gräsern angebracht (unten).

Mit unglaublicher Geschicklichkeit turnen Zwergmäuse zwischen den Pflanzenstengeln umher.

aufgetrennt werden, bleiben sie lange Zeit grün und tarnen das Nest. Nachdem sie nun ein stabiles Gerüst mit benachbarten senkrechten Halmen oder dünnen Ästen verflochten hat, wird im zweiten Arbeitsgang die etwa 8 cm große Kugel weich gepolstert. Der Eingang befindet sich an der Seite, so daß auch Regen kaum eindringen kann. Die Kinderstuben werden weitaus sorgfältiger gebaut als die Wohn- und Schlafnester, da die Jungtiere bis zu drei Wochen darin verbringen werden. Die Bauzeit dauert – je nach der aufgewendeten Sorgfalt – bis zu zwei Tagen. Nicht selten werden nur wenige Meter entfernt Ausweichnester angelegt. Eine Zwergmaus ist recht produktiv; in der Hauptfortpflanzungszeit von August bis September wirft sie bis zu viermal, im Schnitt werden pro Wurf zwischen drei und acht Junge geboren, die nach etwa 20 Tagen das Nest verlassen und schon zehn Tage später geschlechtsreif sind. Zwergmäuse können in geeigneten Lebensräumen einen beachtlichen Bestand erreichen, sofern ihre Nahrung, Sämereien aller Art, Beeren und Insekten, reichlich vorhanden ist. Beim mehrmaligen Schnitt von Bach- und Grabenböschungen werden heute jedoch viele Nester der Zwergmaus im Sommer zerstört, ebenso wie die Gelege der Röhrichtbrüter.

Den Winter verbringen die Zwergmäuse inmitten ihrer reichlich angelegten Vorräte in unterirdischen Nestern.

Alles kleine Fische

Verschmäht und unbeachtet von der Mehrzahl der Naturinteressierten ebenso wie von den Hobbyanglern, fristen die einheimischen Kleinfische, kürzlich sogar als „Fischunkraut“ bezeichnet, ihr Dasein in unseren Bächen. Lediglich die Bachforelle wird, da angelfähig, beachtet. Vielerorts ist sie aber von der ausgesetzten Zuchtform, der nordamerikanischen Regenbogenforelle, verdrängt worden.

Die Groppe, auch als Mühlkoppe bekannt, ist in den sauberen Mittelgebirgsbächen beheimatet. Bei den Anglern ist sie in Ungnade gefallen, da sie als großer Laichräuber die Bestände der Forellen schädigen soll. Wäre die krötengesichtige Groppe nicht nur 15 cm klein, könnte der abgeflachte, unverhältnismäßig große Kopf mit seinem breiten Maul, eingerahmt von wulstigen Lippen, geradezu furchterregend wirken.

Die Groppe hat eine ausgeprägte Brutpflege: Vater Groppe übernimmt die Kinderpflege, indem er das Eipaket aus 100–200 orangeroten Eiern bewacht, die das Weibchen im März/April zwischen den Steinen ablegt. Selbst die gefräßige Bachforelle wird vom wachsamen Männchen mit drohend aufgerissenem Maul vertrieben, obwohl im Normalfall eher eine Groppe im Maul der ansonsten überlegenen Forelle enden würde.

Nützlich ist das riesige Maul auch als „Futterluke“ bei der Nahrungsaufnahme: Die tagsüber unter Steinen versteckte Groppe geht in der Dämmerung auf die Jagd nach bodenlebenden Wasserinsekten, verschmäht aber auch Forellenlaich, Jungfische und Salamanderlarven nicht. Da sie in puncto Wasserqualität sehr anspruchsvoll ist, setzen ihr die zunehmende Verschmutzung der Bäche und die Versauerung des Wassers außerordentlich zu.

Ein merkwürdiges Wesen ist das Bachneunauge. Es zählt eigentlich nicht zu den Fischen, sondern zu den Rundmäulern, einer stammesgeschichtlich sehr alten Tierklasse. Die wurmartigen Larven verbringen den Großteil ihres Lebens im Bodengrund sauberer Mittelgebirgsbäche. Drei bis fünf Jahre dauert dieses Stadium. Aus einer in den Bachuntergrund gebauten Röhre steckt die blinde Neunaugenlarve ihren zahnlosen Mund, der mit borstenartigen Fortsätzen besetzt ist, und filtert Detritus, feinste Überreste von Pflanzen und Tieren, aus dem Wasser. Schon die geringste Erschütterung veranlaßt sie allerdings zum sofortigen Rückzug in die Röhre. Das erwachsene, bis zu 20 cm große Tier frißt während seines nur wenige Wochen kurzen Lebens nichts, da der Verdauungstrakt an einigen Stellen verschlossen und somit unbrauchbar ist.

Ein ziemlich unbeschriebenes Blatt ist die Bachschmerle. Nur selten wird sie größer als 12 cm und steht deshalb auf der Speiseliste größerer Fische wie Forellen oder Hechte. Sie ist zwar eine Bewohnerin schnellfließender Bäche mit Sand- und Kiesgrund, besiedelt aber auch die Uferregionen sauberer, klarer Seen.

Der etwa 15 cm große Gründling bevorzugt fließendes Wasser, hat aber bei weitem nicht die hohen Ansprüche an seinen Lebensraum wie die vorher genannten Bodenfische. Selbst in Teichen und Seen kann er es aushalten – wenn nur die zur Eiablage notwendigen Sand- und Kiesbänke

An den Bartfäden erkennbar ist die bodenbewohnende Bachschmerle.

Ein merkwürdiges Wesen ist das Bachneunauge, das kaum jemand kennt (unten).

vorhanden sind. Mit seinen Bartfäden kann er auch im schlammigen Untergrund Weichtiere und Insektenlarven ertasten.

Noch weniger Interesse an sauberem Wasser hat der Schlammpeizger, bis zu 30 cm lang und drehrund in seinem Körperquerschnitt, was seine Vorliebe für ruhiges, stehendes Wasser kennzeichnet. Bevorzugter Aufenthaltsort ist der schlammige Untergrund von Tümpeln, Teichen und sogar Sümpfen.

Bodenfische. 1 Schmerle, **2** Schlammpeitzger, **3** Gründling, **4** Steinbeißer, **5** Groppe, **6** Neunauge, **7** Neunaugen-Larve.

6
5
4

Pflanzen bereiten sich auf den Winter vor

Wenn die Nächte kühler und länger werden, beginnt für viele Pflanzenarten das Ende der Wachstumszeit.

Die kahlen, abgestorbenen Weiher scheinen in jedem Jahr von neuem besiedelt zu werden, in Wirklichkeit warten die mehrjährigen Pflanzen in frostgeschützter Tiefe auf das nahende Frühjahr. Mitunter sehen wir vom Eis eingeschlossene Wasserlinsen, die wochenlang in gefrorenem Zustand überdauern. Trotzdem zeigen sie als erste im kommenden Jahr wieder ihre neuen Blättchen. Die Krebsschere (Wasseraloe) benutzt das Prinzip der Stärkespeicherung. Hat sie ihre Stengel und Blätter mit Stärke gefüllt, verläßt sie die oberflächennahe Gefahrzone, in der sie den Kampf gegen die Kälte verlieren würde. In sicherer Tiefe legt die Krebsschere Winterknospen, sogenannte Hibernakeln, an, in denen die Anlagen der Tochtertriebe für das kommende Jahr schlummern. Dies ist für sie um so wichtiger, da die Befruchtung ihrer dreiblättrigen weißen Blüten nur selten zu keimfähigem Samen führt. Dagegen können die zahlreichen Ausläufer im Schutz der Mutterpflanze frühzeitig ihr Wachstum beginnen.

Völlig anders geht die Seerose ihre Überwinterungsvorbereitungen an: Während Schwimmpflanzen wie Wasserlinsen oder Krebsschere gelöst vom Untergrund ihren Standort verändern

Zum Winter hin sterben die Pflanzen der Gewässer oberflächlich völlig ab (links).

Die Fruchtstände der Wasser-Schwertlilie produzieren „geldrollenartige“ Samenplättchen (rechts).

Zum Winter hin sinkt die Krebsschere in frostsichere Wassertiefen ab (unten).

können, sind Vertreter wie Teich- oder Seerose tief im Gewässerboden fest verwurzelt. Dadurch ergeben sich ganz neue Probleme für Wasserpflanzen, da der nahezu sauerstofflose Schlammuntergrund ein Wurzelwachstum kaum ermöglicht. Zur Deckung ihres Sauerstoffbedarfs nimmt die Seerose mit der Oberseite der Blätter Luft auf. Da der Sauerstoff in den Pflanzenwurzeln nur in wesentlich geringerer Konzentration vorhanden ist, wandert er durch weite Kanäle, die Leitbündel, von der Wasseroberfläche bis tief hinab in die Wurzelspitze. Einfach nachweisen können wir die großen Luftkanäle, indem wir uns ein abgerissenes Blatt aus dem Wasser fischen und in den Stengel blasen. Aus unzähligen Öffnungen auf der Blattoberseite perlen Luftbläschen heraus und zeigen uns die Stellen, an denen die lebende Pflanze Luft aufnimmt.
Der Sauerstoff ist ein wichtiger Baustein für die Produktion von Stärke und Pflanzenmaterial und damit für die Entwicklung der kommenden Seerosen-Generation. Tief im Bodenschlamm des Sees werden im Wurzelstock, dem Stärkespeicher der Pflanze, Knospen für die neuen Triebe angelegt. Im Frühjahr treiben diese dann aus und streben an meterlangen, elastischen Stielen der Wasseroberfläche entgegen.

Die Luftbahnen in den Stengeln der Seerosen erregen bei einigen Tieren großes Interesse. Die Larven des Schilfkäfers beispielsweise zapfen den Stengel an und versorgen sich hier mit Sauerstoff. Einige Libellenarten legen ihre Eier direkt in die Nähe dieser sauerstoffreichen Luftkanäle, so daß die Larven nicht nur geschützt sind, sondern gleichzeitig auch noch mit frischer Luft versorgt werden.
Das Prinzip der Stoffspeicherung im Wurzelstock für die kommende Wachstumsphase besteht bei den meisten festverwurzelten mehrjährigen Schwimmblattpflanzen. Daneben vermehren sie sich aber auch durch die Produktion von Früchten. Im Falle der Seerose reifen die Früchte in mohnkapselartigen Sammelblättern heran und werden dann ausgestreut. Aufgrund einer wasserabstoßenden, klebrigen Hülle sind sie zunächst schwimmfähig und treiben so zu neuen Ufern. Nach einigen Tagen löst sich der Überzug auf, und die Samen sinken auf den Gewässerboden, wo sie im nächsten Frühjahr keimen. Aber auch im Gefieder von Wasservögeln können Wasserpflanzen mit ihren klebrigen oder festhakenden Samen neue Gewässer besiedeln.
Die merkwürdigen „Geldrollen“, die wir im Herbst sehr häufig am Ufer von flachen Tümpeln finden können, stammen aus der Frucht der Wasserschwertlilie. Sie benutzt eine ganz andere Vermehrungsstrategie. Ihre stark lufthaltigen Früchte werden in großen Mengen produziert und fallen aus den ausgetrockneten, braunen Hüllen. Sie keimen an den Stellen, an die sie der Wind getrieben hat. Die Mutterpflanze entwickelt außerdem aus ihrem kräftigen Wurzelstock neue Triebe und vergrößert den letztjährigen Horst beträchtlich. Der Bestand bleibt also am alten Standort erhalten; im Sinne des Fortbestands und der Ausbreitung der Art erweisen sich die Schwimmsamen als überaus erfolgreich.

Hohle Köpfe für Artenvielfalt

In der bedrückenden Stille eines nebelverhangenen Morgens tauchen entlang der Flußläufe des norddeutschen Tieflands schemenhafte, bizarre Formen aus dem Dunst auf. Die geheimnisvolle Umgebung eines englischen Gruselfilmes könnte nirgendwo besser gedreht werden als in einem uralten Kopfweidenbestand im tiefgrundigen Morast einer überschwemmten Flußaue.
Schon frühzeitig haben die Menschen dieser einzigartigen, schwermütigen Landschaft die Bedeutung der Weiden erkannt: Die Zweige der Korbweiden wurden bereits seit Jahrhunderten als billiges Flechtmaterial für Körbe genutzt. Die ursprünglich aus wirtschaftlichen Gründen regelmäßig geschnittenen Weiden haben sich im Laufe von Jahrzehnten zu meterdicken, klobigen Baumveteranen entwickelt. Ohne den Pflegeschnitt des Menschen geht ihre natürliche Existenz oft schon nach 30 Jahren zu Ende, weil das weiche, schnellwüchsige Holz das gewaltige Gewicht der Krone nicht mehr tragen kann und der Baum unter seiner eigenen Last auseinanderbricht.
Die in regelmäßigen Abständen erfolgenden Schnitte bringen jedoch nicht nur für die Menschen

Kopfweiden benötigen den Pflegeschnitt, da sie sonst vorzeitig auseinanderbrechen.

Vorteile: Das offenliegende Holz unter der Schnittstelle stirbt ab und fault bis tief in den Stamm hinein aus. Oft bleibt im Laufe der Zeit nur noch der äußere lebensfähige Ring stehen, im Innern der Stammruine könnten zwei bis drei Menschen Platz finden. Die Vielzahl der Asthöhlungen, Spalten und Risse wird von vielen Tierarten in der oft hochwassergefährdeten Umgebung bevorzugt als Nistplatz oder Versteck angenommen. Alte Kopfbäume zählen zu den wertvollsten Lebensraumbestandteilen, die wir Menschen gezielt entwickeln können.

Das sich allmählich zersetzende Holz wird zu weichem Mulm, der die Höhlungen der Kopfweide ausfüllt. Etwa 150 Pflanzenarten, sogenannte Epiphyten, ernähren sich von Holzhumus und wachsen als Aufsitzerpflanzen in luftiger Höhe. Unter den Käfern finden wir an die 100 Arten, die in und an Weiden leben und maßgeblich zur Zersetzung des weichen Holzes beitragen. Den Rest erledigen Bakterien und Pilze, die am Ende der Nahrungskette stehen und die die Überreste von Pflanzen und Tieren wieder in pflanzenverwertbare Nährstoffe zerlegen.
Auf engstem Raum können völlig unterschiedliche Tiere in Kopfweiden zusammenleben. Die Larven des Weidenbohrers, eines Nachtschmetterlings, fressen ihre fingerdicken Gänge durch das Holz und hinterlassen kleine

Hohlräume für Folgearten. Hautflügler wie Hummeln und Bienen nehmen diese Wohnröhren gern an. Selbst unsere kleinste Fledermausart, die Zwergfledermaus, hat man schon in einem solchen Loch angetroffen.
Einige Fledermäuse sind ausgesprochene Kopfweiden-Fans. Wir finden hier Wasser- und Fransenfledermäuse, Braune Langohren, seltener auch Abendsegler als regelmäßige Sommergäste, die nicht selten ihren Nachwuchs in den weitläufigen Höhlungen großziehen. Rund um die Versteckplätze finden die nächtlich jagenden Fledermäuse einen reichlich gedeckten Tisch, denn Kopfbaumbestände finden sich meist in der Umgebung von insektenreichen Feuchtwiesen, Flachgewässern, ausgedehnten Röhrichtflächen oder Fluß- und Seeufern.

Stockenten suchen die schützenden Nischen von Kopfweiden als Schlafplatz und Brutstätte auf (oben).

Baumhöhlen aller Art benötigt der Siebenschläfer als Schlafplatz (rechts).

Zu den Schläfern oder Bilchen zählt der insgesamt relativ seltene Siebenschläfer, den wir vereinzelt in Kopfweiden finden. Seine bevorzugten Versteckplätze sind die alten Obstbaumbestände höher gelegener Landschaftsteile.
Der wohl größte Dauergast der Kopfbäume ist der Steinmarder, dessen Gefräßigkeit für seine Mitbewohner Probleme aufwirft. Seine nächtlichen Beutezüge versprechen ihm gerade hier guten Erfolg, da er die meisten Tiere im Schlaf überraschen kann. Er

Bewohner der Kopfbäume. **1** Braunes Langohr, **2** Stockente, **3** Wasserfledermaus, **4** Weidenmeise, **5** Weidenbohrer und Raupe, **6** Steinkauz, **7** Steinmarder.

5
6
5
4
gb

scheut die Nähe zum Menschen keineswegs und weiß die gewaltige „Holzhöhle des Menschen“, die Dachböden von Scheunen und Wohnhäusern, zu schätzen.
Auch die Vogelwelt der versteckreichen Kopfweiden ist sehr artenreich. Wo noch kein geeignetes Loch zu finden ist, zimmert die Weidenmeise ähnlich wie ein Specht ihre eigene Bruthöhle. Das morsche, weiche Holz kann sie mit ihrem kleinen Schnabel bearbeiten und übernimmt auf diese Weise im „sozialen Wohnungsbau“ eine wichtige Aufgabe für ihre Nachmieter. Der kleine Kerl mit dem schwarzen Käppchen ist jedoch mittlerweile vom Rückgang alter Weichhölzer betroffen und signalisiert die Notwendigkeit der Erhaltung von Kopfbäumen.
Zu den höhlenbrütenden Vogelarten gehören auch der Gartenrotschwanz und der Wendehals, die nicht in der Lage sind, sich ihre Bruthöhle selbst anzulegen. Sie sind auf größere vorhandene Hohlräume angewiesen und bauen diese lediglich nach ihrem eigenen Geschmack aus.
Die Stockente brütet häufig zwischen den schützenden Astquirlen, die an der alten Schnittstelle austreiben. Ihr Tarnkleid macht es uns fast unmöglich, den ruhig brütenden Vogel im Gewirr der Äste zu entdecken. Von der 2 m hohen Brutnische aus können ihre Jungen oftmals direkt in ihren neuen Lebensraum springen.

Im weichen morschen Holz der Kopfweiden kann die Weidenmeise ihre Bruthöhlen zimmern (oben).

Fledermäuse, hier ein Braunes Langohr, suchen als Tagesschlafplatz sehr gern hohle Bäume auf (unten).

Die Wasserfledermaus jagt vor allem über größeren Wasserflächen.

Ein netter Gnom ist der Steinkauz, dessen merkwürdige Rufe ihm den Namen „Totenvogel“ eingebracht haben. Abergläubische Bewohner haben sein „kuwitt-kuwitt“ als „kommt-mit“ verstanden, was in der phantasieanregenden Umgebung einer norddeutschen Kopfweidenlandschaft verstandlich ist. Dabei ist der Steinkauz wahrlich nicht zum Fürchten. Als einzige Eulenart ist er auch tagsüber zu beobachten, wenn er sich zum Beispiel auf einem Ast oder Zaunpfahl sonnt und dabei genießerisch die großen Augen schließt.

Leider hat durch den Einsatz „moderner“ Kunststoffe der Bedarf an billigen Weidenästen stark nachgelassen. Dank der Pflege durch Naturschutzverbände wird jedoch mancher wertvolle Lebensraum erhalten. Da viele seltene Arten Kopfbäume zum Überleben unbedingt benötigen, sollte ihrem Sterben ein Ende gesetzt werden.

Herbst Unterwegs auf der Wiese

Zeitlose Schönheit

Wenn Ende August der zweite Schnitt über die Mähwiese hinweggegangen ist, hat das ekstatische Blühen des Sommers endgültig sein Ende gefunden. Insekten, die auf Nektarlieferungen und Pollenspenden angewiesen sind, suchen jetzt gerne das Brachland auf, wo noch ein paar verspätete Korbblütengewächse zu finden sind. Nur eine Wiesenpflanze hat ausgerechnet jetzt Saison: Die Herbst-Zeitlose steht von Anfang September bis fast in den November hinein in Vollblüte – als einzige Pflanze im dritten Tiefstand der Wiese. Ein wenig erinnern die Wiesen und Herbst-Zeitlosen an den Massenauftritt der Frühlingskrokusse auf Alpenwiesen. Nur bis zur nördlichen Mittelgebirgsgrenze kann man solche blühenden Herbstwiesen erleben, denn im norddeutschen Niederungsland ist die Herbst-Zeitlose extrem selten oder fehlt dort völlig.

Der Zeit weit voraus

Die Herbst-Zeitlose ist ein Liliengewächs. Viele ihrer Verwandten wie Goldstern, Traubenhyazinthe, Bärlauch oder Wild-Tulpe blühen lange vor den anderen Blumen in Wald und Flur. In manchen Gegenden hießen sie deswegen Zeitlosen, weil sie sich so offensichtlich nicht an den allgemeinen Zeitplan des Blühens halten und der Hauptsaison immer so sehr weit voraus sind. Die

Der letzte Blühaspekt der Wiese ist ein vorweggenommener Frühling: Herbst-Zeitlose (*Colchicum autumnale*), eine der giftigsten einheimischen Wiesenpflanzen (links).

So vertraut die großen, eindrucksvollen Blüten der Herbst-Zeitlosen sind, so unbekannt sind ihre Blattorgane, die man nur auf der Frühsommerwiese findet (rechts).

Schneeglöckchen und Märzenbecher aus der nahe verwandten Familie Narzissengewächse oder die zu den Schwertliliengewächsen gehörenden Krokusse wurden zusammen mit den anderen Frühjahrszeitlosen ebenfalls in einem Atemzug genannt.
Die Herbst-Zeitlose (*Colchicum autumnale*) schert als einzige aus der Reihe, denn sie hat im Vergleich zu den anderen Zeitlosen ihre Blütezeit noch weiter vorverlegt. So betrachtet ist sie eigentlich gar keine Saisonabschlußpflanze der Blumenwiese, sondern der allererste Vorbote des kommenden Frühlings. Im östlichen Mittelmeergebiet gibt es einige *Colchicum*-Arten, die tatsächlich im Frühjahr blühen.

Im kühlen Wiesengrunde

Die auf frischen bis feuchten Wiesen so ganz und gar zur Unzeit blühende Herbst-Zeitlose besitzt die größte Einzelblüte aller einheimischen Pflanzen. Rund zehn Zentimeter ragt der hübsche lilafarbene, sechszipflige Trichter aus der Grasnarbe, aber im Boden reicht er noch einmal 15 bis 20 Zentimeter tiefer bis zur zwiebelförmigen, braunschuppigen Knolle. Tief unten im Wiesenboden sitzt auch der Fruchtknoten. Nach der Bestäubung durch Hautflügler haben die wachsenden Pollenschläuche eine Marathonstrecke von fast einem Viertelmeter vor sich, um die Samenanlagen unter Tage zu erreichen. Wenn die Befruchtung endlich gelungen ist, reichen die Temperaturen nicht mehr für weitere Entwicklungsschritte. Die befruchtete Samenanlage ruht daher zunächst einmal für mehrere Monate im kühlen Wiesengrunde, bis im folgenden Frühjahr auch die tieferen Bodenschichten erwärmt werden. Dann schiebt die Knolle drei oder vier lange, zungenförmige, glänzend dunkelgrüne Blätter, die zwischen sich eine eiförmige, dreifächerige Kapselfrucht einschließen.

... schon gewußt?

Es gibt für den Garten auch herbstblühende Krokusse. Fragen Sie im Fachhandel danach.

Streifzug durch die Gemeinde

Selbst die späteren Herbstwochen bringen noch einmal kräftige Farbtupfer in das grasige Kulturland – mit den vielen Vogelarten, die zwischen Reise und Ruhe auch gerne einmal das Grasland im Umkreis der Gemeinde aufsuchen. Sollten die Wiesen einen zweiten oder gar dritten Schnitt erfahren haben und komplett abgeräumt worden sein, sind sie für durchziehende oder umherstreifende Vogelarten allerdings nur wenig attraktiv. Alles, was ihnen irgendwie Appetit gemacht hätte, lagert dann in den Heuböden oder Futtersilos.

Auf der geschorenen oder abgegrabenen Wiese oder Weide finden sich höchstens ein paar Rabenkrähen ein. Sie stochern im Boden herum und finden dort offenbar immer noch etwas Verwertbares. Es kann wohl auch vorkommen, daß Eichelhäher von einem nahegelegenen Waldstück auf die freie Wiesenfläche herüberkommen und an gut kenntlicher Stelle ein Früchte- oder Samendepot einrichten. Von diesem Konto können sie dann während der winterlichen Versorgungsengpässe immer einmal etwas abheben.

Vogelfreundliche Vielfalt

Viel einladender ist das Grasland, wenn die Hochstauden ausreifen konnten. Auf intensiv bewirtschafteten Flächen besteht dazu keine Chance. Da können brach-

Auf der Wilden Karde (*Dipsacus sylvester*) findet der Stieglitz oder Distelfink (*Carduelis carduelis*) Futter und Platz (links).

Fruchtstand des Großen Wegerichs (*Plantago major*): Leckerbissen von der Stange (rechts).

liegende Flurparzellen, Bauerwartungsland am Rande der Siedlungen, ungenutzte Böschungen, Ufer oder Gräben, grasige Säume entlang von Gebüschen oder Waldstücken oder vergleichbare Kleinbiotope von Wiesencharakter im weitesten Sinne die Versorgungslage der Vögel schon viel eher aufbessern. An solchen Stellen finden sich bestimmt ein paar Ampfer-Stauden, dazu auch etliche Doldenblütengewächse, jede Menge Wegeriche, Weidenröschen, Disteln, Flockenblumen, Kreuzkraut und weitere üppig fruchtende Stauden.

Von echtem Schrot und Korn

Nach dem sommerlichen Blühen ist es ziemlich bald aus mit den blütenbesuchenden Insekten und erst recht mit den verschiedenen Entwicklungsstadien der Kerbtiere. Schon im Frühherbst herrscht für die Insektenfresser unter den Vögeln daher tiefer Winter. Viele Vogelarten sind jedoch anpassungsfähig genug, um sich in den Herbstwochen auf pflanzliche Diät umzustellen, wenn fette Maden und saftige Raupen rar geworden sind.
Ein Streifzug durch das gemeindliche Gras- und Brachland ist für die Vögel ein echtes Erntefest und nicht nur dürftige Nachlese auf abgeräumtem Acker. Viele der fruchtenden Stauden werfen ihre Samen nämlich erst relativ spät aus. Da sieht man truppweise die bunten Stieglitze an den trockenen, weißhäuptigen Distelköpfen die ölreichen Früchte herauslösen. Hänflinge und Birkenzeisige turnen munter an den Ampfer-Fruchtständen umher oder machen sich auf Bärenklau oder Kreuzkraut zu schaffen. Auch die Erlenzeisige lassen sich gerne einmal auf Stauden herab. Die Bewegungsabläufe, die die Vögel bei der Ernte auf den schwankenden Stengeln der Stauden zeigen, erfordern oft mindestens so viel Geschick wie das Fangen von Kleininsekten.

... schon gewußt?

Praktischer (Vogel)Artenschutz wäre es, die fruchtenden Gartenstauden über Winter stehen zu lassen. Ziehende Singvögel werden diese dankbar begrüßen.

Samenfressende Vögel. 1 Erlenzeisig, **2** Birkenzeisig, **3** Grünfink, **4** Goldammer, **5** Stieglitz, **6** Hänfling.

6
5
4

Versponnene Wiesenwelt

Der taufrische Herbstmorgen bringt es an den Tag: Weithin sind zwischen Halmen, Stengeln und Zweigen die zarten Webarbeiten von Trichter- und Baldachinspinnen ausgestellt. Die feinen Tautröpfchen haben sich im Fadenwerk niedergeschlagen, und millionenfach brechen sich nun darin die Sonnenstrahlen. Die Menge der Netze gibt gleichzeitig eine Vorstellung davon, wie häufig ihre kleinen Erbauer sind und wie dicht sie ihren Lebensraum besiedeln.

Segeln im September

Szenenwechsel: In der Nachmittagssonne eines Herbsttages driften in Mengen lange Spinnfäden frei umher und legen sich wohl auch einmal quer ins Gesicht. Es ist Altweibersommer und somit Flugzeit für Jungspinnen. Nur die Insekten, die artenreichste Gilde unter den Gliederfüßern, können richtig, d.h. mit Flügeln fliegen. Alle anderen Gliedertiere, die eine Luftreise planen, müssen wohl auf Ersatzlösungen ausweichen. Spinnen verwenden dazu die Technik des Fliegenden Fadens, eine gelungene Abwandlung des Kletterseiltricks. Jungspinnen verschiedener Arten verlassen, nachdem sie sich eventuell schon mehrmals gehäutet haben, die Obhut des Kokons, in dem sie aus dem Ei schlüpften, klettern dann auf hohe Stauden oder Sträucher, bauen sich auf einer Zweigspitze hochbeinig auf und geben einen langen Faden aus den Spinnwarzen am Hinterleibsende ab. Der Seidenfaden flutet im Herbstwind, und wenn er lang genug geworden ist, hebt er die kleine Spinne in die Luft und trägt sie davon. Der Altweibersommerflug der Spinnen ist eine Luftfahrt ins Ungewisse. Sie dient der Eroberung und Besetzung neuer Lebensräume. Obwohl die Herbstluft voller Segelfäden sein kann,

Mit einem kunstvollen Netzbau macht die Baldachinspinne (*Linyphia triangularis*) auf sich aufmerksam.

Nicht mehr allzu lange bleiben die jungen Kreuzspinnen zusammen im Netz. Sie überwintern halbwüchsig und werden erst im Jahr nach dem Schlüpfen fortpflanzungsfähig (unten).

sind die Passagiere nicht immer zu sehen. Die Fäden fliegen nämlich weiter, wenn die Besatzung bereits irgendwo zu Boden gegangen ist.

Hochseilakt in Rückenlage

Die mehrschürige, kahle Futterwiese ist kein sehr geeignetes Terrain für Webspinnen. Nur solche Wiesen, in denen der zweite und dritte Schnitt unterbleibt, bieten genügend Konstruktionshilfen, an denen die Spinnen spinnen können. Darum fühlen sich Baldachinspinnen, die zu den häufigsten Arten der heimischen Spinnenfauna gehören, im Halm- und Stengeldschungel einer Wiese im Hochstand sichtlich wohl. Ihre horizontal aufgehängten Gespinstmatten entsprechen durchaus nicht dem üblichen Bild eines Spinnennetzes. Sie sehen wohl

Tautropfen zeichnen die Konturen des Radnetzes nach. Im Gegenlicht ist das sonst unauffällige Fadengewirr daher um so deutlicher (links).

Die Gartenkreuzspinne (*Araneus diadema*) ist an ihrer charakteristischen Hinterleibszeichnung gut zu erkennen. Sie gehört zu den größten einheimischen Spinnen (Mitte).

Die Krabbenspinne (*Heriaeus hirtus*) hat sich im Fruchtstand einer Wilden Möhre (*Daucus carota*) versteckt (rechts).

eher aus wie ein schief geratenes Zirkuszelt. Die Kunstfertigkeit der Konstruktion steht dennoch außer Zweifel, aber man fragt sich auch, wie denn die Netzfalle eigentlich funktioniert. Gehen Sie näher an das Werk einer Baldachinspinne heran: Außer der flachen Matte wurde hier noch mehr gesponnen, nämlich ein Gewirr von Fäden, die senkrecht aufgehängt sind und eine Art lockeren Vorhang bilden. Sie haben die Aufgabe, kleine fliegende Insekten aufzuhalten, ins Taumeln und schließlich zum Absturz zu bringen.

Räder – mal etwas anders

Besonders materialökonomisch arbeiten die Baldachinspinnen sicherlich nicht. Bevor ihre Beutefanganlagen stehen oder hängen, haben sie eine Menge Material versponnen. Kein Wunder also, daß in der artenreichen Verwandtschaft der Spinnen auch andere Bautechniken erfunden wurden. Da wären beispielsweise die Kugelspinnen, rundliche, nur wenige Millimeter große Tiere. Sie errichten zwischen den Halmen

und Wiesenstauden kleine Galerien aus Stolperfäden mit Klebetröpfchen. Für sich selbst bauen sie eine kleine Gespinsthaube, die wie ein umgedrehtes Vogelnest aussieht.
Im Wiesengelände, besonders in der höheren Staudenflur, sind meist auch die Radnetzspinnen aktiv, wahre Meister in der Konstruktion optimal eingepaßter Fangnetze.

Jäger und Wegelagerer

Längst nicht alle einheimischen Spinnen stellen Fangnetze mit Klebebändern und Leimruten auf. Etliche Arten jagen auch am hellichten Tag auf dem Boden oder in der Streu. Trockene Magerwiesen sind das bevorzugte Revier zahlreicher Wolfsspinnen-Arten.
Krabbenspinnen findet man fast nur in Blüten. Dort sind sie durch farbliche Anpassung so hervorragend getarnt, daß man sie glatt für einen Blütenteil halten könnte. Dieser Täuschung erliegen offenbar auch die Blütenbesucher – und anschließend dem Giftbiß des blumigen Wegelagerers.

... schon gewußt?

Spinnen sind biologisch überaus faszinierend und keinesfalls ein Thema für Horrorkabinette. Von den zahlreichen in Mitteleuropa heimischen Arten kann nur eine und zudem nur in wenigen Wärmeinseln selten vorkommende Form, der Dornfinger, recht schmerzhaft zubeißen. Bei den weitaus meisten Arten sind die seltenen Attacken so harmlos wie ein Mückenstich.

Gesalzene Probleme

Auch an den Küstensäumen bestimmt das Grasland das Gesicht der Landschaft. Dichter Graswuchs sichert die Standfestigkeit der Deiche, und selbst im Deichvorland trifft der Blick auf grasiges Grün. Von einer binnenländischen Futterwiese sind die Wiesen am Flutsaum jedoch grundverschieden. Beißen Sie einmal auf eine Wiesenpflanze aus dem Deichvorland. Den Ökofaktor, der das Leben an diesem Standort prägt, kann man schmecken: Salz.
Von der Seeseite betrachtet, sind die Erstbesiedler der Küstensäume die Salzpflanzen oder Halophyten. Sie bevorzugen jenen Teil des Wattenmeeres, wo jede Gezeit die genaueren Grenzmarken zwischen Meer und Land neu verteilt.

Das Salz des Todes

Salz in der Bodenlösung ist aber für die meisten Blütenpflanzen ein schweres Gift. Die typische Landpflanze ist auf den Ökofaktor Salz nicht eingerichtet.
Am Rande des Wattenmeeres, wo jede Flut den Boden erneut mit Meersalz imprägniert, breiten sich dagegen üppig wachsende Salzwiesen aus. Wie schaffen es diese Pflanzen, die tägliche Salzflut zu verkraften?
Im Unterschied zu den salzempfindlichen Landpflanzen besitzen die Halophyten besondere Anpassungen, mit denen sie die stän-

digen Salzattacken an ihren Standorten erfolgreich abwehren. Halophyten wurzeln nicht nur im salzdurchtränkten Schlick- oder Marschboden – sie enthalten auch selbst eine gehörige Portion Meersalz, wie der Geschmackstest unzweifelhaft belegt

Salzschlucken gegen den Durst

Wollte eine Salzpflanze über den Wurzelraum nur das Wasser des Schlickbodens und nicht die darin gelösten Meersalze aufnehmen, gäbe es alsbald enorme Schwierigkeiten mit der weiteren Wasserversorgung. Nach einem sehr einfachen Naturgesetz kann Wasser nämlich nur in Richtung der höheren Salzkonzentration fließen – auch in den Zellen und Geweben einer Pflanze. Ein Halophyt ohne Salz gäbe daher Wasser an seine Umgebung ab und müßte ebenso verwelken wie ein Löwenzahn in einer Blumenvase mit Meerwasser. Zur Absicherung ihrer Wasserversorgung müssen Queller, Strand-Wegerich, Salz-Aster oder Salz-Binse also immerzu Salz schlucken. Sie würden sonst paradoxerweise vertrocknen, obwohl sie mit ihren Wurzeln im quietschnassen Wattboden stecken.

Ein besonderes Merkmal der Salzspezialisten wird Ihnen sofort auffallen: Strand-Sode, Milch-

Die Verlandungszone des oberen Gezeitenbereichs von Weichbodenküsten werden von ausgedehnten Salzwiesen eingenommen (links).

Zur Blütezeit des Strand- oder Halligflieders (*Limonium vulgare*) zeigt die obere Salzwiese ihren schönsten Aspekt (unten).

Das Schlickgras (*Spartina townsendii*) ist an seinen großen rundlichen Horsten gut zu erkennen.

kraut, Salz-Miere, Strand-Wegerich oder Strandkamille besitzen allesamt recht kümmerliche Blätter mit stark verkleinerter Oberfläche.
Nicht alle Halophyten werden mit dem Ökofaktor Salz gleich gut fertig. An Salzstandorten kommen deshalb auch nicht alle Salzpflanzen überall vor. Vielmehr zeigen sie klar abgestufte Toleranzen und Vorlieben. Die Salzvegetation der Außendeichgebiete gliedert sich daher deutlich in verschiedene Gürtel mit ganz bestimmten Pflanzengesellschaften.

Die Flut verteilt den Lebensraum

Seewärts und meist noch erheblich unter der Niedrigwasserlinie siedelt die Seegraswiese, eine artenarme, aber ziemlich individuenreiche Gesellschaft aus hochgradig an ihren Lebensraum angepaßten Pflanzen Sogar die Bestäubung findet unter Wasser statt, und selbstverständlich sorgen die Gezeitenströme auch für die Verbreitung von Samen oder Sproßstücken.
Im mittleren und oberen Gezeitenbereich löst das Quellerwatt die Seegraswiese ab. Der Queller ist enorm formenreich. Neben Pflanzen mit flach liegenden und nur an den Enden aufsteigenden Ästen gibt es auch aufrechte Exemplare mit starr abstehenden Seitenzweigen. In der Blüte ist die Quellerflur denkbar unauffällig. Ab Spätsommer bestimmen jedoch die intensiven Rot- und Purpurtöne das Bild des Watts.

Weiter landwärts treten nun die ersten salzfesten Gräser auf: Der Andel muß jährlich noch etwa 150 bis 250 Überflutungen ertragen können. Bei starker Beweidung überwiegt in dieser Salzwiese tatsächlich nur das Andelgras. Ohne Beweidungsdruck kommt ein etwas größerer Arten- und Farbenreichtum zustande, an dem sich das Milchkraut als Bodendecker, die Salz-Schuppenmiere, das Strand-Tausendgüldenkraut oder der Strand-Dreizack beteiligen. Im oberen Teil des Andelrasens siedelt der Halligflieder, dessen schon längst abgeblühte Blütenstände ihre Farbe bis in den Herbst hinein bewahren.
Zu den Prielrändern hin, die sich mit ihren Verzweigungen bis weit in das Deichvorland erstrecken, kommen die Salz-Aster, die Salz-Keilmelde und – als Hochgenuß für die Nase – der Strand-Wermut vor. Er ist neben der Keilmelde das einzige Halbgehölz der Salzwiesen.
Wo die Flut nur noch während der Springtiden, also rund zwei Dutzend Mal im Jahr, hinreicht, breitet sich die Strandnelkenwiese aus. Kennarten sind hier neben der namengebenden Strandnelke der Strand-Wegerich oder an lükkigen Stellen auch die Strandkamille. Je mehr diese Wiese im Vorland der Deichbefestigungswerke die Hochflutmarke überragt, um so weniger zahlreich werden auch die eigentlichen Salzpflanzen, wie der Geschmackstest unmittelbar beweist.

Zum Frühherbst hin nimmt der Queller (*Salicornia europaea*) eine intensiv rötliche Färbung an.

Quellerpflanzen besitzen keine Blätter, sondern bestehen nur noch aus verdickten Zweigen.

Herbst
Unterwegs am Meer

Tange, Tiere, Turbulenzen

Die landschaftlichen Unterschiede zwischen einer Felsküste und einer Weichbodenküste mit vorgelagertem Sandstrand oder Schlickwatt könnten gar nicht größer ausfallen. Mit beeindrukkender Großartigkeit bauen sich vor allem die Felsküsten vor uns auf: Jede eingeschnittene Bucht ist ein neues Amphitheater, in dem man gleichsam an vorderster Front entdecken kann, wie das Leben so spielt. Kein Teilabschnitt dieser Naturbühne gleicht dem anderen. Während an Weichbodenküsten zwischen den Tidemarken fast gradgenau die gleichen flachen Neigungswinkel auftreten, fallen die Felsklippen ganz unterschiedlich ein. Mal stürzen sie senkrecht wie Mauern zum Meer, mal sind viele Ränge, Stufen und Ebenen eingeschaltet. So sehr solche Unterschiede das Gesamterscheinungsbild einer Felsküste prägen, so wenig nehmen sie auf die Besiedlung mit Gezeitenorganismen Einfluß. Für Muscheln oder Algen ist es weitgehend unerheblich, ob sie einen Hänge- oder einen Liegeplatz einnehmen können. Viel entscheidender für die Zusammenstellung der Artenensembles sind Wellenaktion und Brandungsbelastung. An einer offenen, dem Wettergeschehen zugewandten Küste geht es zu wie in der Trommel einer Waschmaschine. Geradezu gemütlich ist es dagegen im Lee von Wind und Wellen.

Mit allen Wassern gewaschen

Die so auffällige Zonierung der Gezeitenbereiche, in denen von oben nach unten jeweils andere Arten in Erscheinung treten, bleibt auch an sehr exponierten Küsten erhalten. An luvseitigen, der Brandung offensichtlich im Wege stehenden Steilküsten reichen die Organismengürtel viel höher hinauf, als es nach den Tidenwasserständen zu erwarten wäre. Das pechschwarze Band mit der Krustenflechte *Verrucaria* erstreckt sich hier bis fast 20 m über die Springtiden-Hochwasserlinie. Man muß einen solchen Standort einmal an einem mäßig stürmischen Tag erleben, um zu ermessen, wie turbulent es hier zugeht. Krachend und klatschend werfen sich die Wellen gegen die Klippe und steigen in Spritzwasserfontänen Dutzende von Metern auf.

Heftig umschäumt aufgeregtes Wasser herumliegende Blöcke und Einzelfelsen. Es ist schwer vorstellbar, daß in diesem tosenden, ruhelosen Milieu überhaupt Lebewesen zurechtkommen. Und dabei besteht auch nicht nur das Problem, im Wildwasser auszuharren, sondern überhaupt erst Fuß zu fassen. Wie die winzigen Muschel- und Seepockenlarven die Ansiedlung schaffen, ohne gleich zerschlissen zu werden, ist ein Rätsel. Vermutlich sind die Verluste gewaltig.

Blick in die Extremistenszene

Wo der Wellenschlag ständig für Aufruhr sorgt, ist es den flächendeckenden, kompletten Tanggürteln einfach zu unruhig. Schon eine mäßige Exposition mit munterem Wellenschlag lichtet die Braunalgenbestände sichtlich auf und verschafft den Seepocken zusätzlichen Siedlungsraum. Sofern es dann am Standort nur noch hoch hergeht, gehört diesen Organismen das Terrain nahezu ausschließlich. Nur in der unteren Gezeitenzone behaupten sich ein

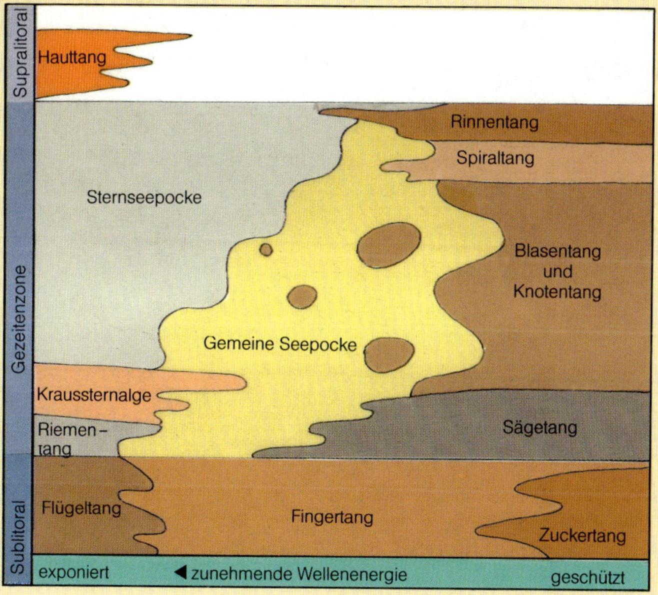

Verschiedene Temperamente: Besiedlungsschema wellenexponierter und stärker geschützter Gezeitenküsten.

paar Brandungsalgen, darunter der knorpelig-zähe Kraussterntang oder der äußerst biegsame Flügeltang. Mit dem Besiedlungsbild einer geschützten Küste hat diese Extremistenszene überhaupt keine Ähnlichkeit mehr.

Standhafte Besatzungsmacht

An stärker bis mäßig exponierten Küstenabschnitten gibt es nicht nur wirklich festgewachsene Organismen, sondern auch solche, die nur so aussehen: Napfschnekken, die ihre Quartiere bis weit gegen die Flutmarke verlegen, verharren zur Ebbezeit völlig reglos auf ihrem Sitzplatz. Erst bei Überflutung suchen sie die Weidegründe auf, schlürfen mit ihrer rauhen Raspelzunge das Gestein ab und halten damit die fast unsichtbaren Kleinstalgenrasen kurz.

Versuchen Sie doch einmal, eine Napfschnecke von ihrem Ruheplatz zu lösen – es gelingt nicht, denn blitzschnell saugt sich das Tier um so stärker fest und wird fast zur untrennbaren Einheit mit der Unterlage. Und noch erstaunlicher: Bis auf Millimeterbruchteile paßt der Schalenrand in jede winzige Unebenheit des Untergrundes. Beim Trockenliegen während der Ebbe kann die Napfschnecke rundum abschotten und Wasserverluste minimieren. Andererseits muß sie nach jedem Weidegang ihren angestammten Liegeplatz wiederfinden. Andere Gezeitenschnecken, zum Beispiel die artenreiche Strandschnecken-

Verwandtschaft, sind weniger ortstreu. Sollten sie einmal vom Stein fallen, können sie ihre Gehäuse mit einem Deckel verriegeln. Außerdem suchen sie in sehr brandungsoffenen Küstenabschnitten sehr gerne Vertiefungen oder Nischen im Gestein auf, um sich hier in den gefahrloseren Strömungsschatten zu begeben. Noch etwas fällt auf: Die meisten Gehäuseschnecken der Gezeitenzone, darunter vor allem auch die Nordische Purpurschnecke, besitzen ausgesprochen dickwandige Wohnungen und keine so dünnschaligen Leichtbaukonstruktionen wie so manche Landschnecke. Wegen ihrer massiven Gehäuse nennt man die Purpurschnecke sogar Steinchen – sie zerbirst mit Sicherheit nicht, wenn man ihr aus Versehen einmal auf das Dach steigt.

Für Tange oder Schnecken gibt es auf den brandungsgewaschenen Felsen keinen Halt. Nur Flechten und Seepocken fassen hier Fuß.

... schon gewußt?

Wenn man an aufeinanderfolgenden Tagen zur Niedrigwasserzeit den gleichen Felsstrandabschnitt aufsucht, bietet sich stets das gleiche Bild: Die großen Napfschnecken scheinen sich einfach nicht vom Fleck zu rühren. Um ihre Positionstreue zu überprüfen, kann man die Gehäuse mit Farbpunkten (z. B. mit Nagellack) individuell markieren und das Verteilungsbild notieren. Erst bei aufgelaufener Flut kommt Bewegung in die Szene, wenn die Tiere als Weidegänger unterwegs sind.

Alle sitzen lebenslänglich

Überall an den Hafenmolen und wellenexponierten Felsküsten kann man in der Gezeitenzone Seepocken beobachten. Was für Organismen aber sind das eigentlich? Die Antwort auf diese Frage erhält man, wenn man sich die Entwicklung dieser Tiere ansieht.

Jeder harte Untergrund in der Gezeitenzone, so wie dieser Stützpfeiler einer ehemaligen Küstenbefestigung, wird von Seepocken (*Semibalanus balanoides*) besiedelt (links).

Neben den erwachsenen Seepocken siedeln deren Nachkommen als kleine Cyprislarven (braun) in unmittelbarer Umgebung (rechts).

Die weist sie eindeutig als Krebse aus. Ihr erstes freischwimmendes Larvalstadium ist nämlich eine Nauplius-Larve – jenes Entwicklungsstadium, das alle Krebse im Ei oder im freien Wasser durchlaufen.

Seltsame Krebsverwandlung

Festsitzende Tiere sind im Meer nichts Besonderes, der Aufbau einer Seepocke ist jedoch schon kurios. Die Nauplius-Larven entwickeln sich zu einem Cypris-Stadium und setzen sich am Untergrund fest. Anschließend wird der Kopfbereich reduziert und rundherum ein Gehäuse von vier bis sechs Kalkplatten gebildet. An ihrer Spitze bleibt eine Öffnung,

1
2

Hartbodenbesiedler. 1 Entenmuschel, **2** Gemeine Seepocke, **3** Große Seepocke, **4** Gekerbte Seepocke, **5** Meerwarze, **6** Miesmuschel.

die aus vier Verschlußklappen besteht. Sechs Fußpaare des jungen Krebses wandeln sich zu großen gefiederten Fangarmen um und schaufeln wie ein großer Filter mit rhythmischen Bewegungen Planktonorganismen aus dem Wasser heraus. Bei niedrigen Wasserständen riegeln sie das Gehäuse vollständig ab.

Brüten in der Sonne

An Sommertagen kann es in der Behausung sehr heiß werden. Die Tiere schützen sich jedoch dagegen nicht nur durch die weiße Gehäusefärbung, die ohnehin einen Großteil der Strahlungsenergie reflektiert, sondern lassen aus einem Wasserreservoir, das sich in einem Hohlraumsystem in den Kalkplatten befindet, Wasser verdunsten. Die Verdunstungskälte verschafft in der sommerlichen Hitze des Mittags angenehme Kühlung. Einige Arten ertragen so mühelos Bodentemperaturen bis etwa 60 °C.

Die Australische Seepocke (*Elminius modestus*) hat sich nach ihrer Einbürgerung einen festen Platz in der heimischen Gezeitenfauna erobert (links).

Die Raumkonkurrenz für die Seepokken ist groß. Vom Beton der besiedelten Mole ist nichts mehr zu sehen.

... schon gewußt?

Wenn man einen mit Seepocken besetzten Stein in ein Gefäß mit Meerwasser stellt, werden die Krebse rasch aktiv: Sie öffnen die Klappen und fahren die feinen, verzweigten Fangarme aus.

Was uns meist verborgen bleibt

Auf zwei große Teilbereiche verteilen sich die Lebensgemeinschaften des Meeres: Zum einen gibt es die zahllosen Schwimmer und Schweber jeglicher Größenordnung in den nahezu endlosen Freiwasserräumen, und auf der anderen Seite die ungleich artenreicheren Besiedler des Meeresbodens. Manche durchwühlen hier das Sediment oder kriechen auf dem Substrat umher. Andere sind mit einer tragfähigen Grundlage fest verwachsen. Einige ruhen und rasten auch nur auf dem Boden.

Vom Festland her kennen wir eigentlich nur ortsfest angewachsene Pflanzen und freibewegliche Tiere. Im Vergleich dazu ist das Meer eine ziemlich verkehrte Welt. Hier finden wir viele Tiergruppen, die zeitlebens irgendwo vor Anker gehen und festwachsen, andererseits aber auch frei umherdriftende Pflanzen.

Einer auf dem anderen

Noch ein wichtiger Unterschied besteht zu festländischen Lebensräumen: In einer Wiese oder auf Brachland wachsen die Pflanzen durchweg nebeneinander und fein säuberlich getrennt. Die Lebensgemeinschaften des Meeresbodens sind darin viel ungezwungener. Pflanzen besiedeln Tiere, und Tiere besetzen Pflanzen. Es gibt aber auch Pflanze-Pflanze- sowie Tier-Tier-Wohngemeinschaften – nicht nur neben-, sondern auch übereinander, wie bei den Bremer Stadtmusikanten.

Mitunter treten dabei bestimmte Vorlieben füreinander in Erscheinung. Eine dichtbüschelige, beinahe schwarzpurpurne Rotalge wächst beispielsweise nur auf dem Knotentang, und ein bestimmter Algenparasit tritt eben nur auf dieser Rotalge in Aktion. Der kleine Stachelpolyp überzieht mit seinen Kolonien nur solche leeren Schneckenhäuser, in denen bereits ein Einsiedlerkrebs Quartier genommen hat. Vielfach gibt es bei den Artengemeinschaften aber auch die freie Wahl der Steh- und Sitzplätze.

Fast jedes im Flutsaum umherdriftende Tangbüschel zeigt uns, wie die Meeresorganismen voneinander Besitz ergreifen. Was die Gezeitenzone dem bloßen Auge an Artengefügen präsentiert, ist allerdings nur ein Teil der Wahrheit. Die wechselseitige Wohnungsnahme findet auch im Bereich der sehr kleinen Dimension statt. Eine kleine Schale, in der Tangstücke portionsweise fluten können, sowie eine Handlupe erleichtern die Expedition in neue Größenordnungen, die mit ihrem eigenartigen Formenzauber schon fast ein wenig unwirklich erscheinen müssen.

Safari auf dem Sägetang

Wenn wir ein Stück Sägetang aus dem Wasser ziehen, können wir ziemlich sicher sein, nicht nur eine definierte Braunalge, sondern einen artenreich besetzten Kleinlebensraum in Händen zu halten. Hier fallen beispielsweise kleine, weiße, wie Schneckenhäuser aussehende Gebilde auf. Es sind die Kalkwohnröhren der Posthörnchenwürmer. Unter Wasser schieben die winzigen Bewohner vielleicht ihre grünlichen Tentakelkronen aus der Röhre. Die rechts- und linksgewundenen Gehäuse gehören verschiedenen Arten an. Verschiedene, immer etwas unförmig erscheinende Schwämme oder die an

Ein geradezu exotischer Farben- und Formenzauber findet sich in den Gezeiten- oder Ebbetümpeln einer Gezeitenfelsküste (links).

Nicht nur der Boden, auch die Tange der Gezeitenzone sind häufig dicht mit wirbellosen Tieren und Pflanzen besiedelt. Auf dieser Abbildung erkennt man Kolonien von Sternseescheiden, Moostierchen, Hydropolypen und Gehäuse von Posthörnchenwürmern (rechts).

Schmuckpflasterwerk erinnernden Kolonien von Moostierchen siedeln sich eventuell in der Nachbarschaft an.
Zu den Zweigspitzen hin sehen wir häufig olivbraune, wattige Überzüge – es sind Rasen einer auf Sägetang spezialisierten Mikrobraunalge, die nur aus unverzweigten Zellfäden besteht. Punktförmig verteilt finden sich auf den Zweigen feine weißliche Haarbüschel. Sie brechen aus winzigen Höhlen hervor, in denen wiederum spezialisierte und nur hier vorkommende Kieselalgen leben. Eigenartig heben sich die etwas starr abstehenden, ungefähr zentimeterlangen Polypenstöckchen von *Dynamena* ab. Sollten die Einzelpolypen absterben, finden sich für ihre kleinen Wohngehäuse sofort etliche Nachmieter. Einige mikroskopisch kleine Rot- und Grünalgen besiedeln fast ausschließlich die Wände der Polypengehäuse, ohne mit den tierischen Nachbarn sonstige Kontakte zu pflegen. Eine stärker vergrößernde Lupe zeigt uns übrigens, daß selbst ein so zartes Wohngebäude wie die *Dynamena*-Kolonie eigentlich ein wimmelnder Mikrokosmos ist,

dessen überbordende Artenfülle an Aufwuchsorganismen von Fadenbakterien über Kieselalgenketten bis hin zu Glockentierchen, Sauginfusorien und Kleinstpilzen reicht. Und hat man erst ein Mikroskop zur Hand, bietet ein nur zentimeterlanges Polypenstöckchen sogar ein abendfüllendes Programm.

Eine ziemlich befremdende Welt kommt in solchen Kleinstgärten und Miniaturzoos zusammen, wenn man sich das Formengefüge einmal in faßbarere Dimensionen übersetzt und mit Alltagsgegenständen vergleicht. Die schmucken Kieselalgen sehen beispielsweise aus wie gläserne Geigenkästen oder durchsichtige Damenhandtaschen. Die Glokkentierchen erinnern dagegen an nervös zuckende Rotweingläser, deren Stiel sich urplötzlich zusammenzieht und Sekunden später wieder aus sich herauswächst. Die Sauginfusorien hätten auch für Champagnerkelche Modell stehen können, und bei den Mikropilzen darf man sich alle möglichen Fadengeflechte vorstellen, nur eben nicht die so vertrauten Hutgestalten aus Feld und Flur, die es in dieser Form im Meer überhaupt nicht gibt.

... schon gewußt?

Obwohl das Meer ein riesiger Lebensraum ist, lohnt sich die Betrachtung im Detail – etwa mit einer guten Handlupe. Tangstücke oder Steine, in ein flaches Gefäß mit Meerwasser gelegt, erweisen sich als bezaubernde Kleinstgärten. Was sich dem bloßen Auge als schmutzige Kruste oder starre Borste präsentiert, wird in der Lupendimension zum feinsten Filigran.

Rasten und Ruhen

Zur Frühlings- und Herbstzeit erleben die Meeresküsten in Mitteleuropa wahre Ein- und Auswanderungswellen. Auf ihrem Zug von oder hin zu ihren Brutplätzen rasten jedes Jahr allein im Wattenmeer mehrere Millionen Vögel, um sich bei einem eingelegten Zwischenstop auf ihrer oft weiten Reise neue Energiereserven anzufressen.

Das nahrungsreiche Wattenmeer und Angespül an vielen Küstenstrichen bieten Nahrung satt; das wird von den Vögeln in ihrem Reiseplan voll eingeplant. Der Zwischenstop auf diesem Rastplatz ist für die Vögel unverzichtbar, weil sie sonst die nächste Zwischenstation nicht mehr erreichen können.

Drehscheibe Wattenmeer

Von unseren Küsten aus wandern die meisten Vogelarten weiter in den arktischen Norden in ihr Brutgebiet, oder sie befinden sich auf dem Rückzug ins südliche Europa. Einige Arten überqueren auch noch das Mittelmeer und ziehen weit nach Afrika hinein. Der Zug-Weltmeister aller Küstenbrüter ist zweifellos die Küstenseeschwalbe. Sie fliegt auf ihrem Weg nach Süden bis ans Kap der Guten Hoffnung und legt damit eine Strecke von mehr als 12.000 km zurück. Während sie aber schon unterwegs ist oder noch über dem Flachwasser rüttelt, um nach Sandaalen zu stoßen, finden sich überall an den Stränden und auf den weiten Sandflächen riesige Schwärme von Watvögeln ein, die ganze Wattstriche durch gezieltes Stochern im Boden scheinbar „abräumen". Die Überraschung aber wird perfekt, wenn sich nur wenige Minuten später ein Schwarm einer anderen Vogelart dort einfindet und sich ebenfalls noch gütlich tun kann. Das zeugt nicht nur von dem reichen Angebot an Nahrung, sondern auch von der offenbar streng getrennten Verteilung des Nahrungsangebots zwischen den einzelnen Arten.

Wie einem der Schnabel gewachsen ist

Ein entscheidender Faktor bei der Verteilung der Nahrung ist ganz offensichtlich die Länge und Beschaffenheit des Schnabels. Ein Brachvogel kann mit seinem schlanken, leicht gebogenen Schnabel mühelos 20 cm tief in den Boden stochern und dort selbst tiefsitzende Würmer ergattern. Der kurzschnäbelige Sandregenpfeifer muß sich dagegen mit den Wattschnecken an der Oberfläche begnügen. Steinwälzer spüren ebenfalls dicht an der Oberfläche Flohkrebse und andere Wirbellose auf, indem sie ihre Deckung wie Steine und Algen einfach umdrehen (daher ihr Name) und ihre Mahlzeit so freilegen. Austernfischer hacken mit ihren kräftigen spitzen Schnäbeln Krebspanzer auf. Davon profitieren die häufig mit ihnen auf dem Zug vergesellschafteten Meerstrandläufer. Ein unter angespülten Tangen freigelegtes Nest von

Gestörte Bläßgänse (*Anser albifrons*) fliegen auf (oben).

Rasenmäher aus der Luft: Ringelgänse (*Branta bernicla*) äsen die Küstenweiden so intensiv ab, daß danach nur noch ein „Englischer Rasen" übrigbleibt (unten).

Rastende Meerstrandläufer (*Calidris maritima*) sind in ihrer Umgebung durch das unscheinbare Gefieder hervorragend getarnt.

Flohkrebsen ernährt auch sie reichlich. In den freien Watten dagegen sind die Steinwälzer auf das angewiesen, was die langschnäbeligen Kollegen aus dem Boden herausziehen.

Gefiederte Sensen

Große Bedeutung als Futterplatz besitzen auch die Seegrasbestände und die Salzwiesenvegetation der Vorlande. Vor allem die aus Grönland, Spitzbergen und dem nördlichen Rußland einfallenden Ringelgänse halten sich an den reichen Andelwiesen und Seegrasbeständen vor der Küste schadlos. Manchmal fallen sie in so großen Schwärmen ein, daß von der Salzwiese – ganz zum Ärger der betroffenen Bauern – nicht mehr als ein „englischer Zierrasen" übrigbleibt. Viele Ringelgänse werden an die Küste des Ärmelkanals weiterziehen und dort überwintern. Ein erheblicher Teil der Tiere aber verbleibt direkt im Wattenmeer und wartet dort auf den nächsten Frühling. Somit hat das Wattenmeer gerade für diese Art eine Schlüsselfunktion. Die im Norden über Kontinente hin weit versprengten Vögel sammeln sich hier in einem eng begrenzten Gebiet. Eine Zerstörung dieses Lebensraumes bedeutete zugleich die unmittelbare Gefährdung der Existenz einer Vogelart, und das, obwohl die Ringelgänse nur relativ kurze Zeit im Jahresrhythmus hier verbringen.

Auch die Weißwangengänse (*Branta leucopsis*) gehören zu den regelmäßigen Durchzüglern im Wattenmeer.

Die große Mauser

Ähnlich dramatisch nimmt sich die Situation für die Brandente aus. Sie versammelt sich zur Zugzeit im Herbst auf engstem Raume zu Hunderttausenden und legt bei dieser Rast auch gleichzeitig die jährliche Mauserzeit ein. Da die Tiere flugunfähig sind, bleiben sie auf die reichhaltige Nahrung im Boden des Wattenmeeres angewiesen. Eine Störung oder Auslöschung des Lebensraumes hätte für die gesamte Population katastrophale Konsequenzen.
Die angeführten Beispiele belegen es eindrucksvoll: Die Bedeutung der heimischen Küsten als Rastplatz ist im Leben eines Zugvogels ungefähr vergleichbar mit dem Glied in einer Kette. Fehlt nur eine einzige Verbindung, zerbricht das gesamte Gefüge.

… schon gewußt?

Rastende oder durchziehende Vögel haben für die Nahrungsaufnahme im Watt nur die begrenzte Periode der Niedrigwasserstände zur Verfügung. Daher sind sie ständig und fast hektisch auf der Suche nach Futter. Häufige Störungen schwächen die Tiere, weil ihnen nicht genügend Zeit bleibt, sich die notwendigen Fettreserven für den Weiterzug in südlichere Quartiere anzumästen. Viele Arten haben zudem eine große Fluchtdistanz.

Wie die See das Land verzehrt

Konturgenau halten die Landkarten die Nahtstellen zwischen Waterkant und Klippensaum fest. Doch was der Atlas zeigt, ist wohl bestenfalls eine Art Momentaufnahme: Wo sich heute noch Meer und Land begegnen, können morgen die Grenzmarken vielleicht schon völlig anders verteilt sein. Wie rasch aus topographischer Gegenwart Vergangenheit werden kann, zeigen unsere Nordseeinseln geradezu lehrbuchhaft.

So landfest und unbeweglich der Boden unter unseren Füßen auch erscheinen mag, so kurzlebig ist er gemessen an geologischen Zeiträumen. An der Meeresküste wird die Unbeständigkeit des Festlandes sogar besonders augenfällig. Großartige Dünenkämme, Kliffs und Klippenfelder, die wie Bollwerke der Landfeste gegen das anbrandende Meer aussehen, sind in Wirklichkeit das gemeinsame Zerstörungswerk von Wind und Wasser – Grenzbefestigungen auf Zeit, an denen sich die Urgewalt des Meeres immer wieder austobt.

Unhaltbare Zustände

Steter Tropfen höhlt den Stein – eine im Sprichwort verpackte Einsicht vom Wirken der gestaltenden Kräfte, die das Gesicht der Erde ständig verändern. Geomorphologen sprechen in diesem Zusammenhang von exogener Dynamik. Gemeint ist die Erosion, der zermahlende, verschleißende Abschliff, vor dem selbst der bildhaft harte Granit keinen Bestand hat. Im Binnenland vollzieht sich die Verwitterung der Gesteinsrinde fast unmerklich langsam. Nur wenn man tiefer darüber nachdenkt, wird deutlich, welche Furchen die Fließgewässer auf Dauer in die Oberfläche ziehen und wie sie Landschaften modellieren. Am Meer laufen die erosiven Veränderungen viel rascher ab und nehmen gelegentlich sogar dramatische Ausmaße an. Mit der ständigen Wellenaktion, dem täglichen Hin und Her der Gezeitenströme oder gar mit dem Sturmlauf einer Orkanflut setzt der Hobel der Erosion auf breiter Front an.

Küsten profilieren sich

Felsenfestes bleibt davon auf Dauer so wenig verschont wie Wattweiches. Wo das Meer heftig anbrandet, tritt das Festland sichtlich den Rückzug an. Die Abbruchkante einer Steilküste, die ständige Umlagerung von Lockermaterial – sie sind gleichsam die Bißmarken dieser abbauenden, umgestaltenden Vorgänge. Die Nordseeküste bietet ebenso wie andere Küstenabschnitte eindrucksvolle Lehrstükke in angewandter Geodynamik. Wo heute die Nordseewellen auf den Strand laufen, erobern sie eigentlich uraltes Terrain zurück. Noch im ausgehenden Tertiär lag die Küstenlinie zeitweise unmittelbar vor der heutigen Mittelgebirgsflanke. Während der Eiszeiten verlief sie dagegen erheblich weiter im Norden, etwa im Bereich der Doggerbank. Der Nordsee und dem übrigen Nordatlantik mangelte es offenbar an Wasser, weil Unmengen davon in den Gletschern und Eisschilden gleichsam gestapelt waren. Überlagert werden diese Meeresspiegelschwankungen durch Landhebungen, die ebenfalls die Küstenlinie versetzen: Die kilometermächtigen Eispanzer über Nord-

Küste im Luv. Kraftvoll wirft sich die sturmgepeitschte Brandung gegen die Felsbastionen (Côte sauvage/Bretagne).

europa drückten mit so gewaltiger Auflast, daß Skandinavien wie der Arm einer Balkenwaage nachgeben mußte. Gleichzeitig erlebte Westeuropa einen frühen Aufstieg. Seit dem Ende der Eiszeit kehren sich die Verhältnisse eher um. Die Nordsee ist seither wieder auf dem Vormarsch und beißt sich überall im Küstenbereich an Hindernissen sichtlich fest.

Die Klippe ist ein Steinbruch

Wo fließendes Wasser über blankes Gestein läuft, ist die glättende Wirkung meist nicht zu übersehen. Einschneidende Maßnahmen ergreifen Fließgewässer über relativ weichem Gestein und schaffen enge Kerb- und Klammtäler. Wie aber entsteht ein so imposantes Gebilde wie eine Dutzende von Metern aufragende Steilküste aus massivem Fels?
Der entscheidende Faktor ist hier die Brandung. In überbrechenden Wellenkämmen werden größere Luftblasen eingeschlossen und geraten dann unter enormen Druck, bis sie schließlich mit lautem Knall zerplatzen. Solche explodierenden Einschlüsse bearbeiten den anstehenden Fels wie mit wuchtigen Hammerschlägen, unter denen das Gestein irgendwann einmal materialmüde werden muß. Zudem liegt am Klippenfuß auch immer eine Menge Lockermaterial herum. Bei schwerer See ist es für die anbrandenden Wellen überhaupt

kein Problem, mehrere Kilogramm schwere Gesteinsbrocken gegen die Klippe zu schleudern. Beide Partner tragen sichtbare Blessuren davon: Die Gerölle werden handschmeichlerisch gerundet, und die Klippenbasis wird in eine schöne Brandungshohlkehle überführt. Irgendwann stürzt dann von oben nachbrechendes Gestein nach unten, und der Zyklus beginnt von neuem. Form und Reifung der Rundungen sind somit immer ein sicheres Anzeichen für das Erosionsalter einer blanken Felsflanke.

Schrittweise flieht der Klippensaum: Abbrechende Kreideklippen (Insel Møn/Dänemark, links).

Geschichte aus Schichten: Die Schlickbank vor der Hallig Gröde dokumentiert ältere Absatz- und jüngere Abbruchphasen (rechts).

Gierig nagt der Blanke Hans

Wenn schon das Festgestein vor der Übermacht Meeresbrandung kapituliert, müssen Lockermassen wohl erst recht erosionsanfällig sein. Den Beweis dafür kann man direkt dem Kartenbild des Nordfriesischen Wattenmeeres entnehmen: Wirr und ungeordnet liegen hier die Inseln und Halligen – ganz offensichtlich die zerschlagenen Fetzen eines ursprünglich zusammenhängenden Landstrichs, der friesischen Utlande. Die Linie Rømø – Eiderstedt gibt ungefähr an, wo der Küstensaum einmal verlief.

Die großen nordfriesischen Inseln Sylt, Amrum und Föhr bestehen in ihrem Kern aus den Geschieben der Saale-Eiszeit. Es

sind Altmoränen über einer jungtertiären Aufwölbung des Untergrundes. Nur deswegen liegen sie ein paar Meter höher als das weitere Umland. Wahrscheinlich waren sie bis ins 13. Jahrhundert Bestandteil der zusammenhängenden Geest. Meeresspiegelanstieg und Landsenkung brachte hier besonders viel Bewegung in die Flurkarten: Schwere Sturmfluten zerschlugen die anstehende Geest bis auf ein paar Restportionen und ließen das Land stückweise untergehen. Durch Anschlickung von jungem Marschland wuchsen die Reste zu den heutigen Inselkörpern heran. Später kam dann noch die strömungsabhängige Sandzufuhr hinzu. Ihr verdanken die charakteristischen Nehrungsarme von Listland, Hörnum-Odde, Amrum-Odde und Wittdün ihre Entstehung. Auch das der Geest vorgelagerte Marschland schmolz während der letzten Jahrhunderte beträchtlich zusammen. Eine Oktoberflut des Jahres 1634 zerriß das schon bestehende Deichsystem und ließ wiederum nur ein paar Fragmente zurück – die heutigen Marscheninseln Pellworm und Nordstrand sowie die Halligen Südfall und Nordstrandischmoor.

… schon gewußt?

Wo die Brandung am Klippenfuß nagt und ständig neue Schichtgesteine anschneidet, ist in den Strandgeröllen mit interessanten Fossilien zu rechnen. Auch an Küstenabschnitten, wo die Strandlinie aus Geschieben der letzten Eiszeiten besteht, spült das Wasser immer wieder anregende Fundstücke frei.

Salz macht manche Wiese bunt

Wo das Festland dem Meer mit flachem Winkel entgegenläuft, wo Tiden und Flußmündungen große Mengen Feinteilchen herangeschleppt und zu feinem Schlick abgesetzt haben, ist nicht der rechte Platz für Algen und Tange. Weil die tonigen Teilchen des fetten Schlicks außerordentlich zäh zusammenhalten und vom Wind nicht wie die Sandkörner der Dünenküsten über Land getrieben werden, wachsen außendeichs die Wiesen förmlich ins Meer hinaus. Auf den ersten Blick unterscheidet sich solches Außendeichgrünland vielleicht noch nicht allzu deutlich von einer konventionellen Weide oder Futterwiese. Aber knabbern Sie doch einmal ein wenig auf einer Wiesenpflanze vom Flutsaum herum. Den Ökofaktor, der an diesem besonderen Standort die Szene beherrscht, kann man nämlich schmecken: Salz.

Von den winterlichen Streusalzattacken gegen Vorgartensträucher und Straßenbäume ist seit langem bekannt, daß Landpflanzen gegen Einpökeln extrem empfindlich sind. Salz ist für ihren Stoffwechsel ein schweres Gift, gegen das sie ziemlich machtlos sind. Organschäden oder Totalausfall sind die Folgen.

Ganz anders dagegen die Pflanzen der Küstenwiesen, der Groden und Heller: Schon bei einer normalen Flut versinken große Teile des Grünlandes im Meerwasser. Erst recht wird der Boden massiv mit Meersalz imprägniert, wenn das Flutwasser fast zur Deichkrone hochreicht. Offensichtlich haben sich die Pflanzen der Gezeitenwiesen auf die tägliche Salzfracht eingerichtet, und in der Tat wachsen hier im Gegensatz zu Binnendeichwiesen nur salzfeste Spezialisten. Halophyten heißen diese Sonderlinge, die am salzbeladenen Problemstandort allen anderen Konkurrenten überlegen sind.

Gestalten wie in Wüstenzonen

Ganz oben am Deich fallen die Unterschiede noch nicht auf. Hier wachsen vertraute Arten wie Hornklee und Wiesen-Klee. Etwas weiter in Richtung Strandlinie kommen jedoch zunehmend Pflanzen mit dicklichen, ledrigen oder rundlichen Blättern vor: Der Strand–Wegerich zeigt wenig Ähnlichkeit mit dem Spitz-Wegerich von der Wirtschaftswiese, und auch die Strandnelkenpolster unterscheiden sich sehr von typischen Wiesenpflanzen. Wir stehen in der Oberen Salzwiese, auch Strandnelkenwiese oder – nach den vorherrschenden Grasgestalten – Rotschwingel- bzw. Bottenbinsenwiese genannt.

Gehen wir ein Stück weiter zum Watt. Jetzt fallen die Verästelungen der Priele in den Blick, in denen die Gezeiten ihre Wasserströme bewegen. Die Prielränder säumen die Gebüsche der Salzmelde und die Hochstauden von Salz-Aster und Strand-Wermut – allesamt Pflanzen mit kleinflächigen, dicklichen und salzführenden Blättern. Bei Salz-Schuppenmiere, Milchkraut und Salzmiere sind die Blattgebilde nochmals ein paar Nummern kleiner. Alle diese Pflanzen gehören in die Untere Salzwiese oder den Andelrasen. An seinen höhergelegenen Stellen liegen die bevorzugten Wuchsorte des Halligflieders – im spätsommerlichen Blühaspekt ein absoluter Hochgenuß für die Augen.

Noch kleiner werden die Blattor-

Mit heftigem Erröten sorgt der formenreiche Queller (*Salicornia europaea*) in den Spätsommer- und Herbstwochen für eindrucksvolle Farbspektakel.

gane der Salzpflanzen im anschließenden Quellerwatt, das von jedem Flutstand erreicht wird. Bei der Strand-Sode sind sie nur noch als fleischige, kurze Zipfel entwickelt. Beim Queller, der namengebenden Pflanzenart dieser Flur, findet man nur noch Blattandeutungen. Die eigentlichen Aufgaben der Blätter übernehmen in diesem Fall die knakkig angeschwollenen Achsen und Zweige. Wie ein Kandelaberkaktus sieht eine Quellerpflanze aus, und diese Gestaltähnlichkeit mit Halbwüstenpionieren kommt durchaus nicht von ungefähr.

Salz laden und löschen

Die sonderbare Halophytengestalt hängt offensichtlich mit der Salzbefrachtung des Standortes zusammen. Je häufiger die Salzflut über die Pflanzen und ihren Wuchsplatz hinweggeht, um so mehr passen sie sich gestaltlich dem Salzstreß an. Das Schlüsselproblem in diesem Zusammenwirken ist die Wasserversorgung. Wollte eine Salzpflanze mit ihren Wurzeln nur das Wasser des Marschbodens und nicht die darin gelösten Meersalze aufnehmen, wäre sie rasch am Ende. Nach einem sehr einfachen physiko-chemischen Gesetz kann Wasser nämlich nur in Richtung höherer Salzkonzentration fließen. Aus Gründen der geregelten Wasserversorgung müssen die Halophyten sogar immer etwas mehr Salz enthalten als ihre

Umgebung. Um jedoch nicht Unmengen davon aufnehmen zu müssen, gehen die Salzspezialisten mit dem Wasser äußerst sparsam um. Dies allein erklärt ihre wassersparenden Umbauten im Blattbereich – vom verdunstungsmindernden Lederblatt (Halligflieder) bis hin zur Stammsukkulenz beim Queller. Obwohl sie mit den Wurzeln im sehr nassen Wattboden stecken und häufig überflutet werden, verhalten sich die Halophyten ökologisch wie Wüstenpflanzen unter Wasserstreß.

Manche Arten aus der buntblumigen Salzwiese können ihren Salzgehalt in gewissen Schranken regulieren. Sie schicken die Salzfracht in Blätter und werfen diese einfach ab. In Schüben neu angelegte Blätter stellen gleichzeitig immer wieder neuen Speicherraum für das Salz der Erde zur

Priele ziehen weit in die Salzwiesen und Marschen hinein. Zweimal täglich ändern diese Salzwasserströme ihre Fließrichtung (oben).

Die Blühwellen des Halligflieders (*Limonium vulgare*) reichen bis in die Frühherbstwochen hinein (Mitte).

Die Salzmelden (*Halimione portulacoides*) der Prielränder sind Halbsträucher, gleichsam verkleinerte Versionen der tropischen Mangrovegehölze (rechts).

Verfügung. Andere Salzpflanzen stoßen nicht gleich die gesamten Blätter ab, sondern trennen sich nur von ihren total versalzenen Haaren. Der Halligflieder handhabt es ganz ähnlich wie wir – er schwitzt den Salzüberschuß an der Oberfläche aus. Besonders

nach heißen, trockenen oder windigen Tagen kann man die feinen, weißen Salzansammlungen von seinen Blattoberflächen wegwischen.
Der in Massen und unterschiedlichen Wuchsformen im Watt siedelnde Queller hat keinerlei Möglichkeiten zur Regulation seines Salzhaushaltes. Da er ohnehin einjährig ist, kann er darauf wohl auch verzichten. So belädt er seine fleischigen Achsen und Zweige mit Meersalz, bis er buchstäblich umfällt. Wenn das Ende der Salzsaison naht, verabschiedet er sich mit einem unglaublichen Farbenzauber. Das Watt erglüht förmlich in feurigem Karminrot. Später löst der Flutstrom die Kapselfrüchte aus den Stengeln und besorgt die Aussaat für die nächste Saison, die allerdings erst im Frühjahr des Folgejahres mit der Keimung beginnt.

Eine Salzwiese in Vollblüte zu erleben, ist gar nicht so einfach. Vielfach weiden Schafe auf den Außendeichflächen und halten die Salzpflanzen streichholzkurz. Der Verbiß fördert die Verdichtung der Grasnarbe und schützt somit die Außendeiche vor dem Flutangriff, läßt aber keine bunten Blühaspekte mehr zu. Die blumige Naturwiese verkommt zur eintönigen Salzweide, die wie ein Vorstadtrasen aussieht. Viele Salzwiesen sind zudem durch Abdeichungen verlorengegangen.

... schon gewußt?

Nur ran, nicht rein: Salzwiesen sind hochsensible Lebensräume und eignen sich daher nicht zum Durchwandern. In den Nationalparken gehören sie meist zur Schutzzone I (Betretungsverbot).

Die nackte Pracht

Extravaganz in Form und Farbe kommt in den besten Familien vor. Höhere Pflanzen kennen wenig Zurückhaltung, wenn es darum geht, Blüten und Früchte mit plakativer Farbigkeit in den Blick zu rücken. Manche Tiere legen ebenfalls besonders viel Wert auf grellfarbene Äußerlichkeit. Auffallen und sich nach Möglichkeit von einer vielleicht gleichfarbenen Umgebung unübersehbar abzuheben ist bei vielen Arten ein offenbar ebenso erfolgreiches Prinzip wie Tarnen oder Angleichen bei anderen Arten. Fische, Amphibien und Vögel gleichen mitunter lebenden Farbpaletten mit allen nur denkbaren Mustern und Nuancen. Auffällige, ansprechende und oft sogar sehr elegant wirkende Farbigkeit ist darüber hinaus auch das besondere Markenzeichen etlicher wirbelloser Tiere. Nicht umsonst werden die schönsten Schmetterlingsarten ihrer aristokratischen Erscheinung wegen auch als Edelfalter bezeichnet.

Was den gekonnten Umgang mit Form und Farbe angeht, so bietet natürlich auch der Lebensraum Meer gar mancherlei Überraschungen. Und hier sind es nun gerade solche Tiergruppen, bei denen man augenfällige Vielfarbigkeit oder ähnlich abstechende Gewandungen zunächst überhaupt nicht erwartet. Erstaunlicherweise putzen sich auch die vermeintlich so unscheinbaren Schnecken im Meer mit viel Farbe und noch fantastischeren Formen zu überaus ansehnlichen Stücken heraus.

Die schicke Schnecke

Vor allem einige Verwandtschaftsgruppen der Hinterkiemerschnecken bieten mit ihrer äußeren Aufmachung dem Auge allerhand Anreize. Da kommen tatsächlich die unwahrscheinlichsten Details zustande: Reines Weiß linienscharf abgesetzt gegen leuchtendes Orangegelb, giftiges Hellila gegen feine weiße Punkte und Striche oder gar vornehmes Dunkelblau mit hellem Nadelstreif und karminroten Säumen. Jeder Operettengeneral erscheint geradezu ärmlich gegen die verwegene Kostümierung mancher Meeresnacktschnecken. Als Schmetterlinge des Meeres hat ein bedeutender Zoologe die farbigen Schnecken bezeichnet. Der Vergleich ist eher untertrieben. Denn so farbenfroh wie die meist gehäuselosen Nacktkiemerschnecken sind nicht einmal unsere buntesten Tagfalter.

Kräftige Farbe kommt in Verbindung mit einer ungewöhnlichen Form erst recht zur Geltung. Auch gestaltlich bestechen die plakativen Meeresnacktschnecken mit einem faszinierenden Variantenreichtum. So wird ihre abenteuerliche Buntheit vielfach noch durch eine hochgradige Auflösung der Körperkonturen

Wer hätte gedacht, daß diese bizarre Hörnchenschnecke (*Polycera quadrilineata*) ein regelmäßiger Bewohner der Nordsee-Algenwälder ist (oben).

Die Violette Faden-Nacktschnecke (*Coryphella pedata*) lebt zwischen Polypenkolonien und auf flächigen Rotalgen (Mitte).

Die nur etwa 2 cm lange Nacktschnecke (*Eubranchus tricolor*) entfaltet ihre dezente Schönheit erst unter der Lupe (unten).

Janolus cristatus frißt systematisch die Köpfchen von Polypen- und Moostierchen-Kolonien ab (links).

Die Meerzitrone (*Archidoris pseudargus*) ist durch ihre warzige Oberfläche und unregelmäßige Zeichnung im Freiland kaum auszumachen (rechts).

unterstützt. Nur wenig in dieser Formgebung erinnert an die so einfache, schlanke Körpergestalt der vertrauteren Landschnecken, die fast immer so aussehen wie an den Enden verschmälerte Schlauchstücke. Breite Flügelsäume vergrößern die Körperflanken mancher Nacktschnekken. Sie verstärken die Schwimmbewegungen der Tiere, so daß es fast aussieht, als würden sie unter Wasser fliegen. Bei anderen Arten tragen Rücken und Flanken allerhand Zipfel oder fiederige Anhänge, die meist auch noch farblich vom übrigen Rumpf abweichen. Und schließlich kann eine Schnecke sogar in einzelne Portionen zerlegt erscheinen. Richtig fetzig sieht die Meeresschnecke dann aus, wie eine bizarr gewachsene Wurzel, nur eben viel hübscher und in den meisten Fällen wohl auch grellbunt oder zumindest doch sehr dekorativ gemustert. Die prächtigsten Vertreter zeichnet noch ein weiteres besonderes Merkmal aus: Sie haben die sonst auf der rechten Körperseite gelegene Kieme völlig zurückgebildet und statt dessen Ersatzkiemen als Fiederkranz auf dem Rücken.

Echt ätzend

Auch im Fall der Meeresnacktschnecken zieht ein attraktives

Äußeres sicher nicht nur bewundernde Blicke auf sich. Wenn man so aufreizend auffällig ausschaut, besteht immerhin die Gefahr, daß hungrige Fische auf die verführerischen Proportionen der gehäuselosen Schönen aufmerksam werden. Der vermeintliche Appetithappen wird jedoch augenblicklich zum Kotzbrocken: Die attackierte Nacktschnecke wehrt sich nämlich nach Kräften mit giftigem, übelschmeckendem oder auch extrem saurem Hautsekret. Vor gierigen Zudringlichkeiten ist nicht nur das betreffende Exemplar, sondern auch die gesamte grellfarbene Verwandtschaft künftighin ziemlich sicher. Die so eigenartig auffälligen Farbmuster dieser Tiere sind also offenbar Warnfarben – vergleichbar der aggressiven Gelbschwarztracht der Wespen, die uns Respekt vor dem heftig umschwärmten Pflaumenkuchen abverlangt. Meeresnacktschnecken sind aber ihrerseits ausgesprochen wählerische und hochgradig festgelegte Nahrungsspezialisten.

... schon gewußt?

Um die prächtigen Meeresnacktschnecken zu sehen, sollte man ihre typischen Nahrungsgründe (vor allem Schwämme, Blumentiere, Moostierchenkolonien und Polypenstöckchen) genauer inspizieren. Oft lohnt es sich auch, frisch angeschwemmte Tangbüschel aus grünen und roten Fadenalgen vorsichtig zu durchsuchen.

Aeolidia papillosa ist die größte Faden-Nacktschnecke der heimischen Gewässer (oben).

Die Grüne Samtschnecke hat in ihr Körpergewebe die Chloroplasten von Grünalgen funktionstüchtig eingelagert (unten).

Herbst
Unterwegs in den Alpen

Moränenschutt und Gletscherschub

Von allen Klimageschehnissen, die das Aussehen der Regionen ständig verändern oder gar völlig umgestalten, waren die Eiszeiten die mit Abstand wirksamsten Landschaftsarchitekten. Kilometermächtige Packlagen aus massivem Eis überdeckten einst die Alpengipfel, modellierten den Zuschnitt der Höhenzüge neu und ließen nur wenige unverfirnte Felspartien aufragen. Mit langen Eiszungen durchströmten die Gletscher die bereits vorhandenen Alpentäler und überarbeiteten auch deren Profile. Die schiebenden, schürfenden, schleifenden Eisströme blieben indessen nicht auf den engeren Alpenraum beschränkt. Ebenso wie auch die Eisflut der nordischen Inlandvereisung ihre Gletscherzungen kräftig anwachsen ließ und fast bis an den nördlichen Mittelgebirgsraum voranbrachte, strebten auch die alpinen Gletscher weit in das Vorland hinaus. Wo die ostwestlich verlaufenden Gebirgsketten der nördlichen Alpen Kerben oder Einschnitte aufwiesen, brachen die Eisfluten nach Norden aus, so wie aufgehender Kuchenteig über den (beschädigten) Rand eventuell auch aus der Backform steigt und die Umgebung mit fächerförmig auslaufenden Zungen bedeckt. Solche Eisaustrittsstellen heißen Alpentore – klassisch schön erkennbar zum Beispiel beim Inntaldurchbruch südlich von Rosenheim. Außer dem Inn verlassen heute auch alle übrigen größeren oder kleineren Alpenflüsse den Gebirgsrand über gletschergeweitete Alpentore.

Alles Schiebung

Geradezu unglaubliche Mengen von Gesteinsschutt schleppten die Gletscherströme und -zungen als Moränen mit sich ins Alpenvorland. Auf dem Rücken, an den Flanken oder unter der Sohle transportierten sie Material aus den Zentralalpen und verteilten es regellos über die älteren Sedimentdecken der Vorländer. Da Gletscher sich genaugenommen nicht zurückziehen, sondern ihren Rückweg allenfalls durch Abschmelzen antreten, blieben ihre verschobenen Zutaten als riesige Sand-, Kies-, Geröll- oder Blockmassen im eisüberfahrenen Gebiet liegen. Auch hier erhielt die Landschaft ein völlig neues Gesicht.

Besonders markante Gesichtszüge verleihen ihr beispielsweise die Rand-, Wall- und Endmoränen. Die aus dem Alpentor vorquellende Eisfront des Gletschers verschleppte ja nicht nur im Fließeis eingeschlossenen Schutt, sondern schob wie ein Bulldozer auch eine Art Bugwelle aus Lockermaterial vor sich her.

In der Nacheiszeit blieben solche Materialansammlungen, der zernagte und zermahlene Abfall der alpinen Bergwelt, als Geschiebewälle zurück. Aus ihrer Position und Anordnung lassen sich in der Moränenlandschaft noch heute die ursprünglichen Eisrandlagen rekonstruieren. Anhand der räumlichen Verteilung erkannte der bedeutende Geograph A. Penck um die Jahrhundertwende, daß nicht nur eine Eiszeit formend über die Alpenlandschaft hinweggegangen war, sondern gleich mehrere Kaltzeiten. Nach ihren Ablagerungen im Alpenvorland gliedert man das Eiszeitalter in Donau-, Günz-, Mindel-, Riß- und Würmglazial, denn jede Vereisungsperiode trug ihre Moränen unterschiedlich weit in die

Einst Gletschertor, jetzt Flußdurchbruch: Engtal der Isar zwischen Karwendel und Wettersteingebirge.

Alpenumgebung hinaus. In den benannten Flußtälern lassen sich die Geschiebe am deutlichsten unterscheiden. Die rißzeitlichen und noch älteren Moränen bilden heute die flachwellige Altmoränenlandschaft; würmzeitliche Schuttwälle sind das unverwechselbare Kennzeichen der reliefreicheren Jungmoränenlandschaft – beispielhaft klar entwickelt im Chiemgau oder im Wirkgebiet des Isargletschers rund um den Ammersee.

Schmeichelhafte Rundungen

Immer treten sie gleich scharenweise auf: elliptisch gestreckte, um 10 m hohe Fisch- oder Walrückenhügel nennen die Geologen nach einem irischen Wort Drumlins. Es sind ganz eigenartige, einige hundert Meter lange Gebilde, deren Längsachse immer die Bewegungsrichtung des Eises wiedergibt. Ihre ebenmäßigen, rundlichen Formen schmeicheln dem Auge. Manche überzieht ganz einfach Wirtschaftsgrünland. Andere tragen eine Gehölzhaube oder blumige, besonders schützenswerte Magerrasen. Wie sie eigentlich entstanden sind, ist ein ungeklärtes Problem. Es könnten Aufbauformen des kriechenden Eisstroms, aber ebenso auch Abbauerscheinungen des zerfallenden Gletscherauslegers sein. Fest steht lediglich, daß sie immer aus Grundmoränenmaterial bestehen. Eindrucksvolle Drumlinfelder finden sich im bayerischen

Auch ein Erbe der Eiszeit: Buckelwiesen gehen auf Frostverformungen und Materialsortierung unter dem Gletscher zurück.

Voralpenland etwa südwestlich vom Starnberger See oder in der Umgebung des Waginger Sees. Hier kann man zudem erkennen, daß die Drumlins diagonal gegeneinander versetzt sind – genau so wie die weiß-blauen Rauten der Landesflagge.

In Schutt und Wasser

Schlimm muß die Alpenlandschaft während der nacheiszeitlichen Klimaverbesserung ausgesehen haben: Die Bergflanken schrundig, angenagt und noch unbegrünt, die Talauen mit Geröll verfüllt, und alle Ebenen im Vorfeld wild zerwühlt – fast so wie beim Straßenbau in unserer Zeit. Außer den mitgeführten Schottermassen hinterließen die Gletscher erwartungsgemäß auch große Schmelzwassermengen, die nun ihrerseits in die Flächenformung eingriffen. Die Landschaft lag damals sozusagen in Schutt und Wasser. Im anstehenden Gestein schufen die davonschießenden Sturzbäche Gletschermühlen oder Gletschertöpfe – das Schleifwerk umherwirbelnder Steine.

... schon gewußt?

In den Lockermassen von Moränenwällen lohnt sich die Suche nach Mineralien und Fossilien. In solchen Geschiebemassen ist im allgemeinen die gesamte Gesteinsvielfalt der betreffenden Region versammelt.

Malerisches zum Saisonschluß

Mode geht erfahrungsgemäß mit der Jahreszeit und hat dabei offenbar von der Natur gelernt: Auch unsere Holzpflanzen wechseln zum Ende der Vegetationsperiode ihre Tracht. Das grüne Pflanzenkleid erstrahlt in warmen Gelb- und Rottönen irgendwo zwischen pastell und plakativ. Schon lange bevor das eindrucksvolle Farbspektakel seinen Höhepunkt erreicht, verändert die Landschaft ihr Gesicht. Hauptakteure der farbigen Revue sind nämlich die laubwerfenden Gehölze, und die spielen im Alpenraum in nahezu allen Größenklassen eine bedeutende Rolle. So kommt auch in den verschiedenen Höhenstufen eine hübsche Herbstpalette zusammen.

Der Umgang mit Farbe ist für Pflanzen eigentlich nichts Neues. Nahezu sämtliche Arten verstehen sich ganz ausgezeichnet auf Farbchemie. Vom kräftigen Grün der Frühjahrs- oder Sommerbelaubung einmal ganz abgesehen, setzen sie zartere oder knallige Farbtupfer auf ihre Blüten und dekorieren vielfach auch ihre Früchte mit verführerischer Farbigkeit. Der Gedanke liegt nahe, auch die herbstliche Inszenierung erfolge auf dem Hintergrund einer besonderen Aufgabe oder Signalfunktion. Das Normalgrün der Blätter, die Farbpalette von Blüten und Früchten erfüllen im Leben der Pflanze tatsächlich einen eng umrissenen Zweck. Bei der mit großartigen Effekten betriebenen Laubumfärbung ist diese klare Aufgabenstellung nicht zu finden.

Farbenfroher Schlußakkord

Nur blattabwerfende Gehölze beteiligen sich am herbstlichen Farbenzauber. Neben den sommergrünen und winterkahlen Laubsträuchern und -bäumen fällt hier vor allem die bestandsbildende Lärche der höchsten Waldstufe ins Auge. Zur Freude der Kalenderbildfotografen bringt sie sogar ein besonders leuchtendes Goldgelb zustande. Bei ihren sämtlichen Verwandten vermißt man Vergleichbares. Eibe und Tanne, Fichte und Kiefer sind immergrün – sie tragen eine Nadelblattbesatzung am Gezweig, die mehrere Jahre funktionstüchtig bleibt und daher im Herbst nicht verabschiedet wird. Die Lärche ist das einzige Nadelholz mit komplettem Blattwechsel.

Wie die Umschau bei den übrigen Gehölzen verrät, hängt die heftige Herbstfärbung offenbar mit dem schlagartigen Blattwechsel zusammen. Laubblätter mit mehrere Jahre währender Anhänglichkeit wie bei Stechpalme oder Alpenrosen bleiben vom Herbst völlig unbeeindruckt und einheitlich grün. Laubfärbung und Laubfall liegen somit wohl auf der gleichen Linie. Man fragt sich allerdings, warum das unwiderrufliche Ende in der Dienstzeit der Saisonblätter so unglaublich farbenfroh begangen wird. Eine stille Beisetzung wäre ja ebenso gut denkbar.

Bunte Blätter, viele Farben

Obwohl üppig und verschwenderisch im Gesamteindruck, ist die Laubfärbung der winterkahlen Gehölze dennoch ein Zeichen von Sparsamkeit. Ein Teil der Farbwirkung entsteht nämlich dadurch, daß aus den Blättern ganz einfach die Grünpigmente abgezogen werden. Ihre Abbauprodukte schlagen Strauch und

Baum ihren inneren Stoffreserven zu, die sie in der kommenden Saison wieder abrufen. Zurück bleiben die Gelbtöne, die auch schon im voll funktionstüchtigen Sommerlaub vorhanden waren. Andererseits beobachtet man im Herbstblatt aber auch eine nennenswerte Neusynthese von Farbstoffen, vor allem der kräftigen Rottöne, die einen besonders flammenden Farbeindruck geben. Gerade im Bergland langen die Gehölze offenbar besonders gern zur Rotpalette: Die Blätter von Heidelbeeren und Bärentrauben, von Eberesche oder Berg-Ahorn erfreuen mit nuancenreicher Farbsättigung. Unter dem Aspekt des Stoffrecycling erscheint solcher Zusatzaufwand durchaus unökonomisch. Er bleibt auch vorerst noch ein Rätsel, für das die Pflanzenphysiologie keine plausible Erklärung hat.

Farbe bis zur Sättigung: Alpen-Bärentraube *(Arctostaphylos alpina)* im Herbstgewand.

Geheimnisvoll ist eigentlich auch die Steuerung der Umfärbeereignisse. Auslöser sind ja nicht erst die kühlen Herbstnächte, sondern bereits Wochen vorher die abnehmende Tageslänge der fortschreitenden Saison. Es ist klar, daß in den Blättern irgendein Belichtungsmesser vorhanden sein muß, der den Übergang vom sommerlichen Langtag in den winterlichen Kurztag registriert und bei Erreichen kritischer Schwellenwerte entsprechende Steuerhebel in Bewegung setzt. Nur hat man diesen Schaltmechanismus bisher nicht fassen kön-

Hochgebirgs-Heidelbeeren *(Vaccinium myrtillus)* legen sich bunte Farbnuancen zu.

nen, obwohl seine Wirkungen doch so farbenprächtig vor Augen stehen.

Feinverteiltes Vorgehen

Flächeneinheitliche Lösungen findet man bei den herbstlich verfärbten Blättern so gut wie nie. Das bunte Laubwerk wird selten so aussehen, als habe man es einfach in knallige Farbe getaucht. Felderweise nehmen die Blätter die Umfärbung vor und erzeugen auf diese Weise ganz aparte, das Wunderwerk der Blattnervatur nachzeichnende Muster. Mal geht die Verfärbung von den Rändern aus und schreitet zur Mitte fort, mal ist der Weg auch umgekehrt. Arttypische Modelle lassen sich kaum auffinden. Sogar innerhalb einer Pflanze kommt ein breites Spektrum zum Einsatz. Jedes Blatt hat beinahe sein ganz individuelles Farbgewand, bevor es endgültig zu Boden geht.

... schon gewußt?

Die Umfärbung des Laubs als Zeichen des Saisonendes ist eine Eigenart der höheren Pflanzen. Bei den meisten Farnen, die sich zur Winterruhe verabschieden, verläuft das Absterben der Wedelblätter völlig undramatisch. Unter den Nadelhölzern kommt eine knallige Verfärbung nur bei den blattwerfenden Arten vor, beispielsweise bei der Lärche.

Farbfrohe Früchte frisch serviert

Drifteten nicht die langhaarigen Samen der Weiden schon beizeiten in der Saison flockig wie fliegende Teppiche umher, man würde sie als Einzelerscheinung kaum wahrnehmen. Auch die winzigen Flügelnüßchen der Birken und Erlen fallen kaum auf und sind nur bei gezielter Nachsuche auffindbar. Ihre Winzigkeit ist ein verständliches Zugeständnis an den Verbreitungsfaktor Wind, mit dessen Hilfe sie respektable Entfernungen zurücklegen.

Bei den einheimischen Sträuchern kommen flugfähige Samen oder Früchte kaum vor. Offensichtlich liegen die Startplätze zu dicht am Boden. Nur sub- und hochalpine Arten bilden eine Ausnahme. Bei den Zwerg- und Spalierweiden ist die Kleinwüchsigkeit eine Sonderanpassung an das Standortklima. Auf der anderen Seite weht dort oben der Wind so kräftig, daß er die flugbereiten Verbreitungseinheiten ohne weiteres auch vom Boden aufwirbeln und auf dem Luftweg entführen kann.

Auch Saft gibt Kraft

Als Tiernahrung sind die winzigen Flugsamen der Weiden nahezu bedeutungslos. Wichtiger erscheinen da schon die Flügelnüßchen der Birken und Erlen, denn auf ihrem Geäst turnen mit schöner Regelmäßigkeit Zeisige und andere Sammler von Sämereien umher, um an der Ernte teilzuhaben.

Sieht man sich die typischen Fruchtformen unserer Gehölze an, fällt auf, daß auch die im Alpenraum vorkommenden Arten überwiegend saftige Beeren oder Steinfrüchte entwickeln. Ob es nun die schmackhaften Beeren aus der artenreichen Familie der Heidekrautgewächse sind, die Saftfrüchte von Berberitze, Alpen-Johannisbeere und Sanddorn oder die für uns wegen Giftigkeit verbotenen Früchte von Seidelbast, Schneeball, Heckenkirsche oder Kreuzdorn – im Geäst von vielen Gehölzen hängt zur Reifezeit eine Menge Kleinobst, das offensichtlich nicht auf Windverbreitung vorbereitet ist. Ihre Reise nimmt einen völlig anderen Weg – nämlich durch den Magen früchteverzehrender Kleintiere.

Mit der Beere verschluckt ein hungriger Vogel auch gleich eine ganze Samenportion. Die Samen wären zwar eigentlich auch recht nahrhaft, überstehen aber den Verdauungsvorgang unbeschadet und gelangen ein paar Stunden nach der Mahlzeit auf Neuland. Amsel, Drossel, Fink oder Star hatten ihr Früchtemenü und die Beerengehölze einen weiteren Ausbreitungserfolg. Ob die Magen-Darm-Passage zur Erleichterung der Keimung wirklich erforderlich ist, bleibt umstritten.

Farbe macht die Augen an

Beeren und Steinfrüchte sind zur Reifezeit besonders prächtig ausgefärbt. Die grelle Farbe kann kein Zufall sein, sondern muß wohl als hochwirksames Signal an die Adresse von Konsumenten, vor allem an Vögel, verstanden werden. Bezeichnenderweise prangen solche Früchte sehr oft in abenteuerlichen Orange- und Rottönen am Geäst und damit in so gänzlich anderer Farbwahl als die Blüten der gleichen Art. Der Griff in den Malkasten hat seinen guten Grund: Insekten, insbesondere Hautflügler, sind für rote

Alpen-Wacholder *(Juniperus communis)* mit mattblauen Beerenzapfen – ein greller Kontrast für Vogelaugen.

Farbstellungen wenig empfänglich. Vogelaugen sind dagegen gerade im Rotbereich besonders ansprechbar. So wundert es gewiß nicht, wenn reizvolles Rot im Gezweig nicht lange unentdeckt bleibt. Plakative Signalfarben zeigen eben rasche Wirkung.
Dem gleichen Zweck dient erstaunlicherweise aber auch ein blaugraues oder bläulich bereiftes Früchte-Make-up – Präsentationen, die uns eher wie eine Tarnfarbe oder ein erster verschämter Versuch von Farbeinsatz erscheinen müssen. Tatsächlich reflektieren die abstumpfenden Wachsschichten auf der Fruchtschale besonders gut die sehr kurzwelligen Anteile aus dem Sonnenlicht, und gerade darauf sind – wie neuere Forschungen gezeigt haben – speziell die Vogelaugen wieder besonders gut abgestimmt. Wo wir vielleicht nur ein paar völlig unscheinbare mattschwärzliche Punkte ausmachen, sehen umherziehende Vögel sofort verlockend leuchtende Fruchtbehänge. Nicht nur das Korallenrot des Berg-Holunders erregt rechtzeitig Aufmerksamkeit, sondern auch das gedämpfte Fruchtdesign des Schwarzen Holunders. Wer überleben will, muß paradoxerweise zuvor schon einmal gefressen worden sein.

Vergessenes wird nachgeholt

Manche Früchte sind nach der Reife in den Spätsommer- oder Herbstwochen eventuell noch nicht allzu schmackhaft, beson-

ders wenn sie größere Gerbstoffmengen oder andere Zusatzstoffe enthalten. Ein paar klirrende Frostnächte beheben diese Nachteile. Die Gerbstoffe verbinden sich als Folge des Kälteschocks mit anderen Inhaltsstoffen und werden dabei geschmacklich neutralisiert. Die von der Ernte ausgenommenen Beeren oder Steinfrüchte bleiben oft noch geraume Zeit am Geäst und retten ihre Haut sogar noch weit in den Winter. Als sogenannte Wintersteher bilden sie gleichsam die eiserne Ration umherstreifender Teilzieher oder Standvögel. Vergessen werden die kleinen Obststände mit Sicherheit nicht. Bis zum nächsten Frühjahr ist auch diese Beerenauslese abgeerntet. Die letzten Überbleibsel holen sich am Ende noch die aus dem Winterurlaub zurückkehrenden Zugvögel, solange sie im Sommerquartier noch keine andere Nahrung antreffen und eine Erst-Versorgung gleichsam im Kühlschrank hängt.

Für Vögel appetitlich, für Menschen gefährlich: Reife Früchte des Seidelbastes *(Daphne mezereum,* links*)*.

Die kleinen Apfelfrüchte der Mehlbeere *(Sorbus aria)* ernten umherstreifende Vögel erst als winterliche Tiefkühlkost (rechts).

... schon gewußt?

Das Bundesnaturschutzgesetz verbietet das Schneiden von Schmuckreisig in der Natur. Das gilt nicht nur für blühende und für fruchtende Zweige.

Hängende Gärten hoch im Geäst

Faszinierende Geschöpfe hat die Natur hervorgebracht. Auch der Alpenraum führt uns davon eine reichliche Auswahl vor Augen, angefangen bei bezaubernden Blüten, verlockenden Früchten, ausgefallenen Gehölzgestalten bis hin zu flatterhaften Schmetterlingen oder manch munteren Vögeln. Es gibt hier allerdings auch einige Lebewesen, die man nicht so eindeutig den Pflanzen oder Tieren zuordnen kann. Die farbprächtigen Hut- oder Konsolenpilze sind nach moderner Auffassung durchaus keine Mitglieder im Pflanzenreich, sondern das Ergebnis eines eigenständigen Weges des Lebens. Unsere Umschau in den alpinen Teilökosystemen fördert viele weitere Gestalten zwischen Flora und Fauna zutage.

Rätselhafte Doppelwesen

Auf nacktem Fels oder im Geäst der Gehölze wachsen formenreich und unübersehbar Flechten. Früher nannte man sie bedenkenlos in einem Atemzug mit Moosen, Farnen oder Blütenpflanzen und wies ihnen wie selbstverständlich eine separate Schublade neben diesen Pflanzengruppen zu. Heute gelten Flechten als faszinierende Sonderformen von Lebewesen, die folglich auch eine gewisse Sonderbehandlung erfordern.
Flechten sind eigentlich immer zwei: Sie bestehen aus zwei völlig verschiedenartigen Partnern, einem Pilz und einer Algenart, die sich zu einer lebenslangen Betriebsgemeinschaft zusammengefunden haben. Und wie es in einer intakten Zweierbeziehung üblich ist, übernehmen auch in der Flechte die beteiligten Partner bestimmte Aufgaben. Der Flechtenpilz bestimmt (weitgehend) Wuchsform, Erscheinungsbild und Standort, während die winzigen Flechtenalgen lichtgesteuert organische Stoffe produzieren, ihre Pilzpartner ernähren und letztlich für den gesamten Stoffbestand des Konsortiums zuständig sind. Da der Flechtenpilz die Hauptmasse einer Flechte stellt und die Flechtenalgen für sich arbeiten läßt, kann man diese merkwürdigen Doppelwesen mit Fug und Recht als Ernährungsspezialisten unter den Pilzen ansehen. In jedem Fall macht die betriebsame Einigkeit auch in diesem Fall ziemlich stark: Die Partner bringen Gestalten zustande, die weder nach Pilz noch nach Alge aussehen und sich selbst auf extremstem Terrain erfolgreich behaupten.

Düfte aus der Baumkrone

Flechten sind im Lebensraum Hochgebirge durchaus nicht selten. In Mengen kommen sie in den hochalpinen Rasen und Zwergstrauchbeständen vor – genauso wie in den horizontweiten Flechtentundren der Arktis. Um eindrucksvolle Verflechtungen zu erleben, braucht man jedoch durchaus nicht so hoch hinauf. Schon im Bergnadelwald können wir reich bestückte Flechtenbestände erleben. Unabhängig von Art und Alter der Nadelbäume bewachsen Flechten Stämme, Äste und Zweige mit verwegen aussehenden Gestalten.
Unter den baumbewohnenden Flechten finden wir die größten Formen dieser ausgefallenen Doppelorganismen. Nahe der Stammbasis wäre beispielsweise mit den mehr als handtellergro-

1
2
3
4

Hängende Gärten. 1 Wolfsflechte (Fuchsflechte), **2** Pflaumenflechte, **3** Lungenflechte, **4** Eselsflechte, **5** Bartflechte, **6** Bandflechte.

Kleingarten auf der Astgabel: Gelbe Moosflechte *(Cetraria pinastri)* und bräunliche Schüsselflechten *(Parmelia* sp.*).*

ßen Lappen der selten gewordenen Lungenflechte zu rechnen. Ein Mosaik verschiedener Krusten-, Blatt- oder Strauchflechten besetzt den Stamm – bunt zusammengewürfelt wie die Pflanzen in einem Sommerblumenbeet. Auf den Stämmen von Lärchen und Arven rekelt sich die schwefelige Wolfsflechte, eine der wenigen ernsthaft giftigen Formen der Flechtenflora. Ganz massiv tritt im höheren Geäst die Falsche Pflaumenflechte auf – oberseits graugrüne, unterseits tiefschwarze und unregelmäßig gabelteilige Lappen und Bänder. Zusammen mit dem ähnlich aussehenden, aber einheitlich olivgelben Eichenmoos ist diese Flechte ein gesuchter Duftstofflieferant für die Parfümindustrie. Da sie mit Abstand die häufigste Großflechte des Berglandes ist und sich zumindest im feuchten Zustand sehr schmiegsam und kuschelig gibt, verwenden die Bergwaldvögel sie oft als Nistmaterial. Die zahlreichen Unebenheiten auf der Oberfläche dieser Flechte sind Kleinstportionen von Pilzhyphen und Algenpartnern. Bei Trockenheit brechen sie leicht ab und lassen sich vom Wind verfrachten. Baumflechten, die sich im Kronenraum breit machen, können ihren Standort nur auf dem Luftweg besiedeln. Angesichts der Flechtenmassen, die im Bergwald zu Hause sind, kommen an der Wirksamkeit der Luftverbreitung sicher keine Zweifel auf.

Flechten sind keine Baumwürger

In den Bergwäldern der Alpen gibt es jetzt immer mehr kranke Bäume, die ihre älteren Nadeljahrgänge bereits verloren haben. Gewöhnlich sind sie besonders stark mit Flechten bewachsen und behangen. Da werden nun regelmäßig die Befürchtungen laut, ob der üppige Flechtenbewuchs auf Stamm und Geäst den angeschlagenen Baum nicht zusätzlich schädige, indem er ihm beispielsweise Nährstoffe entzieht.

Flechten als Baumwürger – der Verdacht liegt zugegebenermaßen nahe, ist aber eine Fehleinschätzung. Holzbewohnende oder andere Flechten nehmen mit ihrer Unterlage nur oberflächlich Kontakt auf. Zwischen Baumrinde oder Holz und Flechte findet keinerlei Stoffaustausch statt. Im Grunde genommen ist es der Flechte sogar völlig gleichgültig, ob ihre Wuchsunterlage noch lebt oder nicht.

Flechten sichern sich nadelfreie Zweige der Arve *(Pinus cembra)* sofort als Platz an der Sonne.

Und gerade dies ist ein entscheidender Aspekt. Baumbewohnende und selbstverständlich lichtabhängige Flechten finden gerade dort besonders viel Siedlungsraum, wo Bäume durch Schadwirkungen aus der Luft oder vom Boden vorgeschädigt sind und bereits eine Menge blattfreies Zweigmaterial aufweisen. Dichter Flechtenbefall auf sonst völlig blanken Zweigen ist also nicht Ursache, sondern Folge von Baumschäden. Allzu dichtes Flechten-Werk könnte daher auch als ungutes Zeichen gelten. Aber sind Flechten nicht auch zuverlässige Anzeiger der Luftqualität, und müßten sie nicht zusammen mit ihrer immissionsgeschädigten Unterlage zugrunde gehen? Nicht alle Gefahrenstoffe, die aus der Luft herangeführt werden, sind für Flechte und Nadelbaum gleichermaßen gefährlich. Gerade die besonders häufig vorkommenden Arten sind zudem auch noch relativ unempfindlich. Von den Problemen im Boden bekommen sie ohnehin nichts mit.

... schon gewußt?

Kosmetika des Labels „Irisch Moos“ werden zwar intensiv beworben mit sattgrünen Moospolstern, enthalten jedoch Duftstoffe nicht aus Moosen, sondern aus Flechten. „Irish Moss“ ist in Irland dagegen eine Meeresrotalge (= Knorpeltang), die früher medizinisch genutzt oder als Pudding zubereitet wurde.

Was Nadelhölzer so verzapfen

Auch wenn sie heute fast in jedem Vorgarten stehen, sind die meisten Nadelhölzer doch eher in der Bergwelt zu Hause und fast immer dort in Mengen vertreten, wo Laubbäume aus ökologischen Gründen nicht mehr so recht mithalten können. Koniferen oder Zapfenträger nennt man sie nach ihren charakteristischen Vermehrungseinrichtungen, von denen jeder Bergwald eine gewisse Typenauswahl bereithält. Obwohl sie dem gleichen Zweck dienen, darf man die Zapfen unserer Nadelgehölze nicht unmittelbar mit den Beeren-, Stein- oder Nußfrüchten der Laubholzarten vergleichen. Zapfen sind auf keinen Fall die Früchte der Nadelbäume, sondern deren entwicklungsgeschichtliche Vorstufe. Mit den Zapfen hat die Natur erstmals den erfolgreichen Versuch unternommen, die geschlechtliche Fortpflanzung der Landpflanzen möglichst zu vereinfachen und dabei auch noch als weitgehend geschlossene Veranstaltung zu inszenieren.

Überholtes Modell

Alle unsere Nadelhölzer gehören zu den Nacktsamern und sind – obwohl ökologisch hochgradig spezialisiert – in vieler Hinsicht noch recht urtümliche Gestalten. Vor rund 300 Millionen Jahren entwickelten sie sich aus den Farnpflanzen und prägten für fast 200 Millionen Jahre nahezu ausschließlich das Pflanzenkleid der Festländer, ehe sie während der Kreidezeit von den fortschrittlicheren Bedecktsamern abgelöst wurden. Man könnte die Nadelhölzer daher als Oldtimer unter den heute lebenden Landpflanzen bezeichnen.

Bei den Nacktsamern liegen die Samenanlagen offen und sind ohne Umwege zugänglich. Bei den Bedecktsamern liegen die Samenanlagen dagegen in einem rundum geschlossenen Fruchtknoten, der durch Verwachsung einzelner oder zahlreicher Fruchtblätter entsteht. Sollen zur Reifezeit die Samen aus einem Zapfen fallen, so genügt es, die holzigen Zapfenschuppen ein wenig auseinanderzuspreizen und den Weg nach außen direkt freizugeben. Bei den Früchten der Bedecktsamer muß sich erst die Fruchtwand durch Zerlegen oder Zerreißen öffnen. Frucht und Samen bilden bei den Bedecktsamern sehr oft eine Verbreitungseinheit. Bei den Nacktsamern gehen fast immer nur die Samen alleine ihren Weg.
Nacktsamigkeit bedeutet indessen nicht, daß man die Samenanlagen auf den Samenschuppen von außen auch in jedem Fall sehen kann. Schon die Anatomie eines Zapfens sorgt dafür, daß die empfindliche Samenanlage nahe der Zapfenachse und damit ziemlich weit innen liegt. Eine zähe Harzverriegelung der Schuppen sorgt beim unreifen Zapfen für zusätzlichen Ausschluß der Öffentlichkeit.

Stark verholzter Blütenstand

Einen Zapfen darf man nicht als Fruchtstand bezeichnen – er ist vielmehr ein Samenstand, zu dem jede Einzelblüte etwas beiträgt. Je zwei geflügelte, ölreiche Samen gehen aus einer Einzelblüte hervor, zu der immer eine Samenschuppe und ihr Tragblatt, die Deckschuppe, gehören. Bei den verschiedenen Nadelholzgattungen sind beide Schuppentypen

Haltung bewahren: Die Zapfen der Weiß-Tanne *(Abies alba)* wachsen und reifen steif aufrecht (links).

Reife Zapfen der Lärche *(Larix decidua)* bleiben jahrelang am Gezweig.

durchaus unterschiedlich entwikkelt. Bei Fichten und Kiefern verwachsen die Deckschuppen mit den später sehr massiven Samenschuppen und sind am reifen Zapfen nicht mehr getrennt erkennbar. Bei Tannen und Douglasien ragen die schmalen, in Zipfel auslaufenden Deckschuppen wie Zungen zwischen den kräftigeren Samenschuppen vor.

Ganz unterschiedlich sind auch die Reifezeiten der verschiedenen Koniferenzapfen. Die Zeit von der Blüte bis zur Samenreife dauert bei Tannen, Fichten und Lärchen bis zum Herbst des gleichen Jahres. Kiefern lassen sich dagegen erheblich mehr Zeit. Zwei oder sogar drei Jahre vergehen bis zum Ausstreuen der Flügelsamen, das fast immer in die Herbstmonate fällt. Aber selbst dann findet noch nicht unbedingt die Entlassung statt, denn anhaltend feuchtes Wetter blockiert die Zapfenöffnung, die bei Trockenheit automatisch erfolgt. Somit kann sich die Samenernte sehr in die Länge ziehen. Die nahrungssuchenden Vögel und Kleinsäuger profitieren natürlich von solcher Verzögerung. Ganz unterschiedlich gestaltet sich auch das Schicksal der einzelnen Zapfen. Fichten- und Kiefernzapfen bleiben auch nach Ausstreuen der Samen noch mehrere Monate oder sogar Jahre am Geäst und lösen sich dann erst als Ganzes ab. Fichtenzapfen lassen dabei aller-

Rauchblau sind die unreifen, aber schon recht massiven Zapfen der Arve oder Zirbel-Kiefer *(Pinus cembra,* links*)*.

Weit klaffen die Zapfenschuppen der Latschen-Kiefer *(Pinus mugo,* rechts*)*.

dings ein paar Basisschuppen zurück. Die Zapfen der Tannen kommen immer portionsweise vom Baum – sie lösen sich zur Reifezeit in ihre Schuppenbestandteile auf. Nur die starre Zapfenspindel ist ziemlich standfest und bleibt für längere Zeit zurück. Eine bemerkenswerte Ausnahme unter den Zapfengebilden der Nadelhölzer sind die Beerenzapfen des Wacholders. Während der Reifung, die immer zwei Jahre in Anspruch nimmt, werden einzelne Schuppen saftig und fleischig. Die sehr aromatischen, bei Vögeln sehr beliebten Saftkugeln präsentieren sich sogar in attraktivem Blauschwarz – eine ganz erstaunliche Parallele zu den echten Beerenfrüchten der Bedecktsamer, wie man sie etwa bei der Heidelbeere oder anderen Heidekrautgewächsen findet.

… schon gewußt?

Die Zapfen der Nadelhölzer bieten eine breite Formpalette und sind zudem unterschiedlich groß – die Spanne reicht von erbsengroßen Zapfen bei Zypressengewächsen bis hin zu fast zwei Kilogramm schweren Gebilden bei der nordamerikanischen Coulter-Kiefer. Im Südwesten der USA nennt man diese Zapfen „Witwenmacher" – die scharfzackigen Gebilde können beim Herunterfallen vom Geäst eine Schädeldecke glatt durchschlagen …

Schönheit blüht auch im Verborgenen

Wenn jemand Gräser ganz einfach langweilig und eintönig findet, hat er wohl doch nicht genau genug hingesehen: Gräser sind bestimmt keine uniformen grünen Halme, sondern äußerst grazil gestaltete, ökologisch bewundernswert vielseitige und auch im Blütenstandsbau enorm typenreiche Pflanzen. Freilich erschließt sich ihre konstruktive Schönheit manchmal erst aus der Nähe. Eine gerade erblühte oder auch schon fruchtende Rispe, eine purpurn, gelblich oder blaugrau überlaufene Ähre stehen einem beliebigen anderen Blütenstand an ästhetischer Gesamtwirkung gewiß nicht nach. Keine Frage: Die Formen und Muster sind hier weniger aufdringlich als bei einer poppig pigmentierten Blütenkrone. Die Feinheiten der Gestaltung zeigen sich häufig überhaupt erst in der sehr kleinen Dimension, und auch dies ist ein bemerkenswerter Unterschied zu angeberischen Blüten. Die Einzelblüte einer Türkenbundlilie oder einer Glockenblume kann man sich mit einer Lupe ein paarmal nachvergrößern und wird damit trotzdem keinen nennenswerten Informationsgewinn erzielen. Bei einer Grasblüte liefert uns das Lupenbild dagegen den ersten Gesamteindruck von Aufbau, Anordnung und Aussehen der kleinen Blüten. Der Blick auf die Blüte lohnt sich in jedem Fall – man glaubt kaum, daß manche Pflanzenorgane überhaupt so aussehen.

Die Form folgt der Funktion

Verglichen mit den bunten Bergblumen sind die Gräser vielleicht etwas unscheinbar, aber erwiesenermaßen nicht schmucklos. Ihre Ähren, Ährenrispen, Rispen und Trauben sind herausgehobene, von den übrigen Teilen der Pflanze klar unterscheidbare Sonderstrukturen, auch wenn ihnen auffällige Signaladressen an Blütenbesucher fehlen. Gräser verzichten auf solche optischen Aufmacher, weil sie als windblütige Pflanzen ihren Pollen zur Bestäubung ganz ohne tierische Mithilfe auf den Weg und ins Ziel bringen. Eigentlich ist Windbestäubung ein entwicklungsgeschichtlich altes Merkmal. Gräser sind aber dennoch nicht rückständig, sondern an der Spitze des Fortschritts: Sie haben ihre Blüten erst sekundär wieder vereinfacht, um zur Windbestäubung zurückkehren zu können. Die verschieden gestalteten Spelzen, die man beim Umbiegen eines Grasährchens erkennen kann, sind somit keine glücklosen Versuche, eine Blüte mit plakativ herausgeputzter Hülle zuwege zu bringen, sondern hochgradig abgeleitete und äußerst funktionstüchtige Formen. Bei verwandten Pflanzen von grasartigem Wuchs, beispielsweise bei den Binsengewächsen, sind die Blüten noch etwas näher am Vorbild. Bei der Schnee-Hainsimse oder der Alpen-Binse haben die Einzelblätter prinzipiell den gleichen Aufbau wie bei einem knallig blumigen Liliengewächs, bestehen aber nur aus vereinfachten Schuppenblättern. Die Umgestaltung ging durchaus nicht in die Binsen – diese Pflanzen sind an ihren Hochgebirgsstandorten ökologisch ebenso erfolgreich wie die Süß- und die Sauergräser. Nur auf die blumige Monte Baldo-Segge fallen manchmal Käfer herein und besorgen hier eher zufällig die Bestäubung.

Der Bergwald ist kein finsterer Tann

Die Alpen sind ein viel zu großer Naturraum, als daß ihre natürlichen Waldverhältnisse völlig einheitlich und überall gleichförmig ausfielen. Dem steht schon allein die Tatsache entgegen, daß in den verschiedenen Teilregionen neben enormen Reliefunterschieden auch gänzlich verschiedene Gesteinskomplexe vorliegen. Außerdem zeigt auch das so einflußreiche Klima in verschiedenen Bereichen höchst unterschiedliche Gesichter. Am Alpennordrand mit seinen hohen Niederschlägen lassen sich ganz klar ozeanische Züge ausmachen. Am Alpensüdrand sind dafür mediterrane Einflüsse spürbar, und die alpinen Zentralketten weichen mit ihrem kontinentaleren Binnenklima schon wieder stärker ab. Die Gesteins- und Klimasymmetrie der Ostalpen (außen: Kalk und feucht, innen: Silikat und trocken) löst sich in den bogig verlaufenden Westalpen in ein ziemlich uneinheitliches Bild auf. Es darf uns daher auch nicht verwundern, daß die Höhenstufenfolge der Gehölzvegetation im Grundsatz überall über Laubwald (montan) zum Nadelwald (subalpin) fortschreitet, aber doch mancherlei regionale Abwandlungen erfährt. Waldvegetation ist gerade in den Alpen ein Thema mit zahlreichen und interessanten Variationen.

Hölzerne Charakterköpfe

Die Höhenstufe zwischen 600 und 1400 m der niederschlagsreichen Alpenränder beherrscht ganz eindeutig die Rot-Buche mit ihren zahlreichen Buchenwaldgesellschaften. Bei ca. 1600 m Höhe bildet sie am Alpennordrand sogar die Waldgrenze, allerdings seltener in Reinbeständen, sondern fast immer begleitet von anderen Gehölzarten wie Berg-Ahorn oder Eberesche. Nahe der Waldgrenze tritt sie in ganz eigenartigen Gestalten auf: Bei ungefähr gleicher Kronenentwicklung wie in tieferen Lagen bleiben die Stämme in der Höhe kürzer, bis die Pflanzen zuletzt nur noch als weit ausladende Buchenbüsche (Legbuchen) wachsen.

Von den Randalpen zu den Zwischenalpen, die zu den inneren Gipfelketten vermitteln, mischt sich der Buche zunehmend die Tanne bei und baut den montanen Tannen-Buchenwald auf. Die Tanne ist ihrem Laubholzkollegen überall dort im Vorteil, wo Nässe, Trockenheit oder Kälte eine Grenze ziehen.

Schließlich lösen Fichten die Rot-Buche völlig ab. In den zwischenalpinen Tannen-Fichtenwäldern wird man sie schon kaum noch finden. Tannen und noch häufiger Fichten bilden hier die Waldgrenze. Zu den Inneralpen hin verändert sich das Bild wiederum: Fichten steigen hier kaum zur Waldgrenze hoch, sondern setzen relativ einheitliche Bestände aus sehr schmalkronigen, schlanken Exemplaren zusammen – den tiefsubalpinen Fichtenwald der Inneralpen. Die eigentliche subalpine Waldstufe nehmen hier die bis 2200 m hochreichenden Lärchen-Arvenwälder ein.

In den Ostalpen beherrschen die charakteristischen Latschen oder Legföhren das Bild der Berge bis in etwa 2000–2200 m Höhe – in den aus Kalkgestein aufgebauten Randalpen sogar in Form eines nahezu undurchdringlichen Gebüschs. Fichten oder Lärchen dringen allenfalls noch in die unteren Ränder ein. Weiter oben

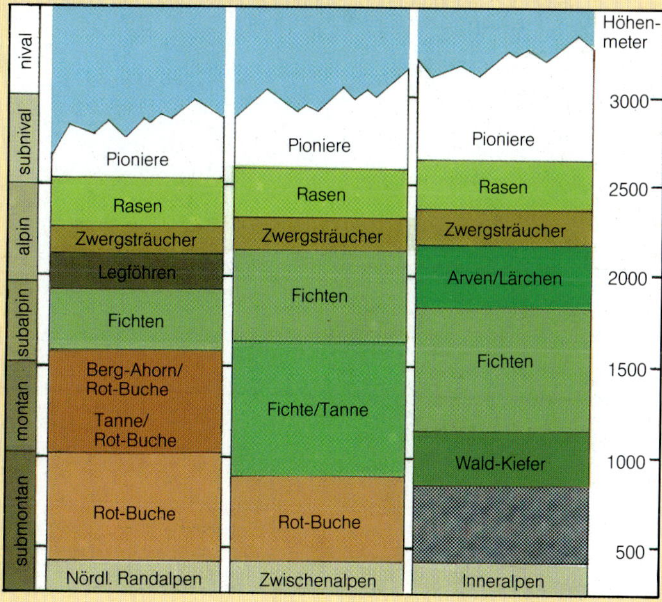

Wie der Wald wechselt: An den Alpenrändern wachsen im Bergwald noch Laubbäume. In den zentralalpinen Gebirgsketten dominieren in gleicher Höhenlage nur noch Nadelbäume. Auch an den Baumgrenzen lösen sich die Arten ab.

entwickelt die Latsche auf den Fels- oder Steinschuttböden ausgedehnte Reinbestände.

Legföhre oder Latsche ist eine standörtliche und sicher auch erblich festgelegte Form der Berg-Kiefer. Zum gleichen Formenkreis gehören aber auch Kiefern mit hochwüchsiger Baumgestalt. Sie kommen mit Verbreitungsschwerpunkt in den Westalpen vor und werden dort Spirke oder Haken-Kiefer genannt. In tieferen Lagen treten sie auf den sauren Böden von Hochmooren auf, bilden aber ebenso auch lichte Wälder an sonnenexponierten und flachgründigen Südhängen, wo Lärchen-Arven-Gesellschaften nicht mehr bestehen können.

Vom Bergwald zum Zwergwald

In nichts gleichen die natürlichen Nadelwälder der Gebirgsstufe den forstlich angelegten Stangenplantagen, die heute auch große Teile der Mittelgebirge einnehmen. Im Bergland gibt es gewöhnlich keine absolut gleichaltrigen Bestände. Der Einschlag von Einzelstämmen (Plenterbetrieb) und die natürlichen Wuchsbedingungen förderten hier eine ungleichförmige, manchmal sogar parkartige Bestandsstruktur, denen die bedrückende Finsternis von Tiefland-Fichtenforsten völlig fehlt. Entsprechend ist in

Kurz und stämmig: Im montanen Laubwald erreichen Rot-Buchen *(Fagus sylvatica)* nicht ihre arttypische Gestalt (links).

Baum an der Belastungsgrenze: Die Arve *(Pinus cembra)* kämpft nicht nur mit dem Hochgebirgsklima, sondern zunehmend auch mit Luftschadstoffen (rechts).

den Nadelwäldern der montanen und subalpinen Stufe der Unterwuchs erheblich artenreicher.
Besonders eindrucksvoll ist der Bergwald aber auch gerade dort, wo er die Grenzen des ökologisch Möglichen erreicht und den Anschluß an die subalpinen Zwergstrauchgesellschaften findet. Wildverwegene Wetterfichten, zerzauste Zirben und Krüppellärchen beherrschen zwischen Wald- und Baumgrenze die Szene. Nicht immer ist es einfach zu entscheiden, ob sie wohl nur letzte Zeugen einer ursprünglich höherreichenden, jetzt aber nutzungsbedingt gedrückten Waldbestockung blieben oder aber Kampfposten in einer Höhe beziehen, wo die Entwicklung allerdings nicht mehr auf ein geschlossenes Waldband hinauslaufen kann. Erschwerende Wuchsbedingungen verformen das arttypische Erscheinungsbild der Bäume auf Grenzstation zu oft abenteuerlichen Gestalten. Im bewegten Blockschutt müssen sich die Stämme mit Knie- und Säbelformen um die steinernen Hindernisse herumwinden. Schneedruck oder Schneeschub zwingt die Gehölze auch, entgegen dem allgemeinen Trend hangabwärts zu kriechen. Bodenfließen biegt die Stämmchen ebenfalls zurecht,

und Lawinenabgänge bringen sie eventuell vollends aus der Fassung.
Viele standörtliche Faktoren wirken an der Festlegung der absoluten Obergrenze einer Art mit. Um zumindest noch sehr langsam wachsen zu können, benötigt ein Baum etwa 100 Tage mit einem Temperaturmittel oberhalb +5 °C. Letztlich ist immer die verfügbare Produktionszeit ausschlaggebend. Ein Gehölz ist am Ende, wenn es keine Triebe und Blätter anlegen oder ausreifen kann und auch keine Möglichkeit hat, einen bescheidenen Stoffgewinn als stille Reserven auf Halde zu legen. Produktionshemmend wirken lange Schneebedeckung, enorme Windbelastung mit Schliffverlust empfindlicher Organanlagen und tiefe, den Stoffwechsel lähmende Temperaturen. Damit ist nicht einmal die winterliche Tieftemperatur gemeint, denn die meisten Alpenbäume sind erstaunlich frostresistent. Fichten und Zirbelkiefern passen sich im Laufe des Herbstes an die Winterwerte an und ertragen im Dezember ohne weiteres −35 °C. Im Sommer gingen sie schon bei −5 °C zugrunde.

Die Latsche legt sich gerne krumm

Ab dem Spätherbst begräbt Schneefall den Jungwuchs der Bäume und die Pioniere der Legholzgürtel. Schneelast drückt die langen, biegsamen Äste und Zweige der Latsche an den Boden – und rettet sie dadurch überhaupt erst durch den Winter. Eine schützende Schneedecke bewahrt die alpinen Gehölze nämlich zuverlässig vor der größten Gefahr an ihrem Standort, der Austrocknung. Bei tiefen Temperaturen können die Leitgewebe von innen kein Wasser nachführen. Windbelastung verursacht aber fast immer enorme Verdunstungsverluste. Von der fatalen Frosttrocknis werden daher immer nur solche Teile geschädigt, die über die Schneedecke aufragen. Ab einer bestimmten Höhenlage sind schon allein aus diesem Grunde keine hochwüchsigen Bäume mehr möglich. Vom völligen Einschneien profitieren natürlich auch die immergrünen Laubsträucher der Hochregionen – Alpenrosen und Preiselbeeren ebenso wie Bärentraube oder Schneeheide. Andererseits droht dem Fichten-, Tannen- und Arven-Jungwuchs unter Schneebedeckung wieder anderes Ungemach: In den Hohlräumen der meterhohen Schneedecke herrscht eine recht hohe Luftfeuchtigkeit. Unter diesen Bedingungen und bei Temperaturen oberhalb −5 °C entwickelt sich häufig der Schneeschimmel (beispielsweise *Herpotrichia*-Arten), der Blätter und Triebe abtötet. Das völlig abgestorbene Geäst und Gezweig im unteren Kronenteil von Wetterbäumen ist meist ein Opfer dieser Schneepilz-Erkrankung, die ihrerseits in das Abstecken der Wald- und Baumgrenzen eingreift.

… schon gewußt?

Am Südalpenfuß ist die Abfolge der Waldgesellschaften im Prinzip den nordalpinen Verhältnissen vergleichbar. Die Laubwälder der unteren Lagen – beispielhaft zu sehen im oberen Etschtal (Vinschgau) – enthalten jedoch viele wärmeliebende Gehölzarten, die in den Nordalpen nicht gedeihen, darunter Flaum-Eiche, Blumen-Esche, Hopfenbuche oder Zürgelbaum. Bei den Nadelhölzern gibt es solche Artverschiebungen nicht.

Winter
Unterwegs im Wald

Der verpackte Frühling

Solange noch Blätter an den Zweigen sitzen, beachtet man sie kaum. Im winterkahlen Wald fallen sie dagegen schon eher auf, und genaugenommen waren sie schon im letzten Sommer da: Die Winterknospen sind sicherlich eine besonders bemerkenswerte Spezialität unserer Gehölze. Aber warum sind diese Verpackungsvorrichtungen eigentlich erforderlich?

Antwort auf das Winterklima

Während der Herbstmonate verlagert sich der arktisch-subarktische Klimagürtel aus astronomischen Gründen gleich um mehrere hundert Kilometer nach Süden. Die Durchschnittstemperaturen bewegen sich fast nur noch in der Nähe des Gefrierpunkts, und Wasser gibt es überwiegend im festen Aggregatzustand. Für die Pflanzen ist damit eine kritische Zeit angebrochen. Abgesehen davon, daß die zarten Sommerblätter völlig durchfrieren würden, können es sich die meisten Bäume einfach nicht leisten, auch im Winter eine Belaubung zu tragen, die unentwegt größere Wassermengen umsetzt. Die einzig sinnvolle Antwort auf diese frostige Seite des winterlichen Wettergeschehens ist gleichzeitig auch eine ökologisch perfekte Lösung: In der kalten Jahreszeit werden die besonders anfälligen und nicht weiter schützbaren Teile einfach abgeschoben und verworfen. Kleinwüchsige Pflanzen ziehen sich auf Erneuerungsbereiche zurück, die tief am und sogar im Boden ruhen. Im Extremfall kann dies ein keimfähiges Samenkorn sein. Für Holzgewächse wäre diese Strategie ziemlich unpraktisch und zudem recht unökonomisch. Es müßte ja jedesmal auf den gesamten Jahreszuwachs verzichtet werden. Die laubwerfenden Bäume und Sträucher der Gehölzflora winterkalter Klimaregionen gehen darum mit einem anderen Sicherungsverfahren in die unfreundliche Saison: Ihre Erneuerungsteile, aus denen im kommenden Frühjahr wieder neue Blätter und Blüten sprießen sollen, bleiben einfach am Geäst. Allerdings werden sie dort mit einer besonderen Verpackung geschützt. Diese kleinen Schnürpakete mit ihrem fein abgestimmten Entwicklungsprogramm sind die Winterknospen.

Vielschichtige Verpackung

Um es gleich vorwegzunehmen: Die Knospenhülle, lagenreich und vielschichtig, leistet keinerlei Wärmeschutz. Nach tagelangen Tieftemperaturen ist es im Knospeninneren genauso kalt wie an der freien Luft. Andererseits kann aus den Knospen auch keinerlei Wärme verlorengehen, denn als Ruheorgane haben die Winterknospen ihren Stoffwechsel fast vollständig eingestellt, und selbst bei intensiverem Stoffumsatz würden sie keinen Wärmeabfall produzieren. Knospenhüllen sind kein wärmender Wintermantel, auch wenn sich dieser Vergleich angesichts der derbschaligen Knospenschuppen zunächst vielleicht anbietet.
Die eigentliche Funktion der Knospen besteht neben einem gewissen mechanischen Schutz ihres Innenlebens darin, den Wasseraustausch der Ruheorgane mit der Außenwelt zu verhindern. Die jungen, entwicklungsfähigen Gewebe innerhalb der Knospen,

die sich im Frühjahr zu Blättern und Blütenständen strecken, enthalten noch geringe Restwassermengen, die sie nicht verlieren sollten. Eine totale Austrocknung vertragen die Zellen und Gewebe nicht. Auf der anderen Seite dürfen die Blatt- und Blütenanlagen aber auch nicht zur Unzeit von außen mit Wasser benetzt werden. Wenn nach Schneefall und Dauerfrost ab und zu einmal eine Tauperiode einsetzt, rinnen wahre Sturzbäche durch das Gezweig, und von diesem Wasser darf auf keinen Fall etwas in die Knospen eindringen. Daher schotten die Knospenschuppen ziemlich wirksam ab. Sie sind dazu an ihren Rändern mit Klebematerial versiegelt und oft auch noch mit wasserabweisenden Haaren besetzt.

Das dicke Ende

Am unbelaubten Zweig lassen sich fast immer End- und Seitenknospen unterscheiden, die in Größe und Ausformung oft sehr verschieden sind. Die Endknospe wird nämlich durch besondere Regulationserscheinungen in ihrer Entwicklung auf Kosten der nächsten Seitenknospen stark gefördert. Erst weiter unten am Zweig finden sich wieder Knospen von vergleichbarer Größe wie am Zweigende. Ihren sichtlichen Entwicklungsrückstand können die Seitenknospen jedoch rasch aufholen, falls die Endknospe verlorengehen sollte. Mit-

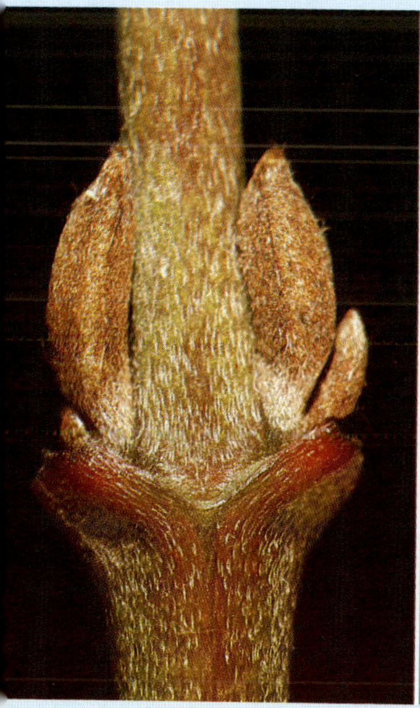

Blattknospe des Gelben Hartriegels (*Cornus mas*, links).

Blütenknospe (links geöffnet) des Gelben Hartriegels (*Cornus mas*, rechts).

unter haben die Seitenknospen die Aufgabe von Reservisten, die sogar jahrelang auf ihren Einsatz warten können.

Die kleinen Unterschiede

Knospen sind erstaunlich vielgestaltig und typenreich. Sie sind sogar so charakteristisch, daß man nach ihnen die Gehölzarten bestimmen kann.
Ein beachtenswertes Knospenkennzeichen ist beispielsweise die Anzahl der äußerlich sichtbaren Knospenschuppen oder die Schuppenanordnung, dazu auch Farbe und Gestalt – ein Thema mit vielen Variationen.

... schon gewußt?

Knospen treiben nur dann in der Wärme vorzeitig aus, wenn ihre innere Ruhe zuvor durch tiefe Temperaturen beeinflußt wurde.

S. 460:
Zweigende vom Berg-Ahorn (*Acer pseudoplatanus*) mit sehr großer End- und winzigen Seitenknospen (oben).

Die geöffnete Endknospe des Berg-Ahorns zeigt die dichtverpackten Blattorgane (unten).

S. 461:
Blattknospen der Rot-Buche (*Fagus sylvatica*) stehen immer weit ab (links oben).

Mehrere Blätter sind in der Rotbuchenknospe verpackt (links Mitte).

Die Knospen der Hainbuche (*Carpinus betulus*) liegen dern Zweig an (rechts oben).

Bei der Stiel-Eiche (*Quercus robur*) stehen die Knospen gedrängt am Zweigende (links unten).

Schon im frühen Winter sind die Knospen des Schwarzen Holunders (*Sambucus nigra*) leicht geöffnet (rechts unten).

Winterliche Spurensuche

Der Winter gilt oft nicht gerade als Hochsaison für erlebnisreiche Naturbeobachtungen – eine verständliche Einschätzung, denn die Natur hat sich nun einmal im Herbst mit einem sehr farbigen Finale verabschiedet, um bis zum Blütenrausch des nachfolgenden Frühjahrs weitgehend auszuruhen. Aber selbst wenn es draußen etwas ruhiger und bescheidener zugeht, bleibt die Natur ereignisreich und interessant. So lädt uns der Winterwald beispielsweise zu einer spannenden Spurensafari ein. Mit etwas Aufmerksamkeit, ein wenig Erfahrung und genügender Kenntnis der biologischen Zusammenhänge kann ein Naturfreund sogar eine Liste der aktuellen Waldbewohner aufstellen, selbst wenn er die betreffenden Tiere gar nicht gesehen hat.

Was Zeichen alles verraten

Tiere hinterlassen in ihren Lebensräumen eine Vielzahl von Spuren ihrer spezifischen Lebenstätigkeit – nicht nur in Gestalt von Fährten auf dem Boden, sondern auch mit Fraßspuren, Rupfungen, Gewöllen, Futter- und Beuteresten, Nahrungsvorräten, Nestern, Bauen, Ruheplätzen oder Losungen. Oft sind solche Zeichen und Hinweise einfach nicht zu übersehen. In anderen Fällen treten sie vielleicht weniger deutlich in den Blick oder werden eher zufällig gefunden. Immer erfährt man jedoch etwas über Nahrungswahl, Nahrungsbearbeitung, Freßgewohnheiten, Familienangelegenheiten oder Verhalten der Tiere – und dabei natürlich auch, welche Arten in einem bestimmten Waldgebiet vorkommen oder wie häufig sie eventuell sind. Warum man die betreffenden Tiere nicht oder nur seltener auch direkt zu sehen bekommt, kann verschiedene Gründe haben und hängt meist engstens mit den Lebensgewohnheiten der heimlichen Waldbewohner zusammen.

Am ehesten trifft man wohl Vögel an. Sie sind überwiegend tagaktiv, auch während des Winters einigermaßen artenreich vertreten und mitunter auch noch sehr ruffreudig. Unsere Meisen, die verschiedenen Spechte oder die beiden Goldhähnchen-Arten kann man mit einiger Übung nur an ihren Lautäußerungen auseinanderhalten.

Säugetiere sind dagegen überwiegend dämmerungs- oder sogar nachtaktiv. Selbst wenn in einem Wald etliche Arten vorkommen, die keine Winterruhe und auch keinen Winterschlaf halten, sind sie kaum einmal zu sehen. Außerdem markieren die meisten Säugetiere ihre Reviere auch nicht akustisch wie die Vögel. Wenn sie schon unterwegs sind, dann aber auch möglichst leise und unauffällig. Der Waldspaziergänger und Naturfreund, der etwas mehr über die feder- oder felltragenden Waldtiere erfahren möchte, muß sich folglich aufs Spurenlesen verlegen.

Trittsiegel und Fährten

Die bekanntesten Tierspuren sind natürlich die Fußabdrücke oder Trittsiegel, die sich im weichen Boden oder im Neuschnee abbilden und auch noch den Weg verraten, den ein bestimmtes Tier genommen hat. Aus den Merkmalen einer solchen Fußspur lassen sich viele Einzelheiten entnehmen. Ein Jäger, der über den Wildbestand in seinem Revier

Vom Buntspecht zerlegte Fichtenzapfen (links).

Fichtenzapfen mit den Fraßspuren des Eichhörnchens (rechts).

sehr genau Bescheid wissen muß, kann mit einiger Erfahrung einer Trittspur Art, Geschlecht, Alter und Gewicht eines Tieres entlocken. Für unsere Zwecke genügt es dagegen sicher, eine Fährte oder eine Gruppe von Trittsiegeln einer bestimmten Tierart richtig zuzuordnen.
Relativ einfach ist zu unterscheiden zwischen den Laufspuren von Vögeln und den Fährten felltragender Tiere. Säugetiere, die auf Pfoten laufen, hinterlassen andere Siegel als Huftiere. Die auf Pfoten laufenden Tiere wie Kaninchen, Hase oder Fuchs sind fast immer Zehengänger: Nur ihre Zehenknochen haben direkten Kontakt mit dem Boden, während ihre Mittelfuß- und Fußwurzelknochen nicht aufgesetzt werden. Dennoch bildet sich in der Fährte mehr ab als nur der Umriß der Zehen, weil die Tiere je nach Bewegungsart und Geschwindigkeit im weichen Untergrund einsinken. Die einheimischen Marder-Arten wie Baummarder, Hermelin, Mauswiesel oder Iltis gehen mit ihren Hinterläufen nur auf Zehen, während sie auf den Vorderextremitäten reine Sohlengänger sind wie die Bären oder wir selbst. Im Trittsiegelbild fallen diese Unterschiede allerdings nicht sehr deutlich aus.
Zu den einheimischen Huftieren gehören beispielsweise die Rehe, Hirsche und Wildschweine. In Umriß und Aufbau sind sich ihre Trittsiegel verhältnismäßig ähnlich, wenngleich sie in der Größe

Spurensuche. 1 Fasanenspur, **2** von Insekten ausgefressene Bucheckern, **3** angekeimte Eichel, **4** Fraßspuren des Buchdruckers, **5** von Mäusen aufgenagte Haselnüsse, **6** Rupfung von Greifvogel, **7** Fraßspuren von Eichhörnchen an Fichtenzapfen, **8** eingeklemmte Haselnuß („Spechtschmiede"), **9** Eulengewölle, **10** von Vögeln aufgewühltes Fallaub.

8
7
6
5
4

enorm unterschiedlich sind. Beim Reh mißt ein Trittsiegel etwa vier Zentimeter Länge, beim Hirsch dagegen immer über sechs Zentimeter. Klar zeichnen sich im Schnee oder feuchten Boden der zweiteilige Huf beziehungsweise die Schalen ab, derentwegen man die Hirsche und Wildschweine auch als Paarhufer oder als Schalenwild bezeichnet. Ihre Schalen entsprechen unseren Finger- beziehungsweise Fußnägeln. Im Unterschied zu den Pfotenläufern gehen die Paarhufer also auf den Zehenspitzen und heißen daher auch Zehenspitzengänger.

Nicht mit Haut und Haar

Außer Fußspuren gibt es in Wald und Flur auch noch eine Menge Fraßspuren größerer und kleinerer Tiere. Beutegreifer hinterlassen mitunter besonders gut sichtbare Hinweise auf eine beendete Mahlzeit. Zu diesem Spurentyp gehören beispielsweise die Rupfungen der Greifvögel. Wenn Taggreife Beute geschlagen haben, verarbeiten sie sie gleich an Ort und Stelle. Sperber wählen dazu bestimmte Rupfplätze innerhalb ihres Revieres aus, entweder Waldlichtungen oder Waldsäume. Dort finden sich dann Ansammlungen von Federn, Knochen, Schnäbeln oder Krallen. Habichte wählen ihren Rupfplatz eher zufällig. Aus den zurückgelassenen Resten kann man ablesen, woraus die Greifvogelmahlzeit bestanden hat. Ein Habichtweibchen schlägt gewöhnlich Vögel bis Fasanengröße, das kleinere Habichtmännchen allenfalls bis Rebhuhngröße. Sperber greifen Vögel etwa bis zur Größe einer Drossel. Typisch ist, daß die Beute von der Brustmuskulatur her angeschnitten wird, wobei zuvor die unverdaulichen Federn sorgfältig gerupft werden. Am Rupfplatz liegen daher immer komplette Federn mit Kiel umher. Felltragende Beutegreifer beißen die Federn ihrer Beute dagegen glatt ab.

Speisekarten besonderer Art sind die Gewölle. Taggreife und auch Eulen würgen geraume Zeit nach erfolgter Mahlzeit die unverdaulichen Kleinteile ihrer Beutetiere wieder aus. Haare, Federreste, Knochen und Krallen werden im Vogelmagen zu einer filzigen, walzenförmigen Masse geformt und durch den Schnabel wieder ausgeworfen. Je nach Art sind die Gewölle unterschiedlich groß und auch von abweichender Beschaffenheit. Beim Mäusebussard enthalten sie fast ausschließlich Fellreste der verzehrten Kleinsäuger, da die Knochen in seinem Magen erstaunlich gut verdaut werden können. Den meisten anderen Arten liegen die Beuteknochen wohl etwas schwerer im Magen. So findet man in den Gewöllen von Eulen gut erhaltene Schädel und andere Skelettbestandteile der erbeuteten Kleinsäuger, die sogar noch bestimmbar sind. Bussard- und Turmfalkengewölle findet man am ehesten unter freistehenden Bäumen am Waldrand oder in der Feldmark. Waldohreule und Waldkauz, Habicht und Sperber setzen ihre Gewölle gleich haufenweise im geschlossenen Wald ab. Frisch ausgewürgte Gewölle lassen sich meist nur schlecht zerlegen und untersuchen. Nach einiger Zeit zerfallen sie jedoch in ihre Bestandteile.

Jedem eine harte Nuß

Verständlicherweise sind die Samen und Früchte der Waldgehölze vor allem bei den kleineren Tieren als Nahrung ausgesprochen beliebt. Haselnüsse gehören offenbar zu den besonders be-

Gelbhalsmäuse haben die Haselnüsse aufgenagt (links oben).

Vom Eichelhäher zerhackte Haselnuß (links unten).

Auf der Suche nach baumbewohnenden Ameisen und anderen Insekten zimmert der Schwarzspecht riesige Löcher in den Stamm (rechts).

gehrten Leckerbissen, doch muß vor dem Genuß des fettreichen, nahrhaften Korns erst einmal die steinharte Verpackung geöffnet werden. Erstaunlicherweise bewältigen selbst die kleineren Waldmäuse dieses technische Problem. Von der Spitze oder der Flanke einer Haselnuß her benagen sie die Schale, bis ein größeres, kreisrundes Loch entstanden ist, durch das sie fast ihren Kopf stecken können. Deutlich sind die Nagespuren der harten Nagerzähne an den Schalenkanten zu sehen. Eichhörnchen verwenden eine ähnliche Technik: Sie nagen zunächst nur ein kleines Loch in die Schale, spannen sie dann zwischen die Schneidezahnpaare und sprengen sie mit viel Kraft in zwei glattrandige Spalthälften auf. Unregelmäßig zertrümmerte Haselnußschalen lassen dagegen auf Kleiber oder Spechte schließen. Sie klemmen ihre Nuß in Borken- oder Rindenspalten ein und hämmern dann darauf los, bis die Fetzen fliegen. Spechte verwenden ihren Werkplatz immer wieder. Unter einer sogenannten Spechtschmiede sammeln sich deshalb größere Mengen Schalen an. Kleiber sind dagegen eher Gelegenheitsarbeiter, die die ausgeleerte Nußschale in der Rinde steckenlassen.

Rupfung: Ein Sperber kröpfte einen Eichelhäher (links oben).

Gewölle vom Waldkauz (links unten).

An der hellen Stammflanke scheuerte das Wildschwein seine Schwarte (rechts).

Fichtenzapfen und die Zapfen anderer Nadelhölzer enthalten ölreiche Samen von nußartigem Geschmack. Daher wird auch diese Nahrung von den Vögeln und Kleinsäugern gerne angenommen. Nur bei der Tanne, deren Zapfenschuppen sich bei der Reife von selbst ablösen, ist die Ernte vergleichsweise einfach. Alle anderen Zapfen sind zum Teil ziemlich sperrig und müssen mit Kraft geöffnet werden. Eichhörnchen beißen die holzigen Schuppen der Fichten- oder Kiefernzapfen der Reihe nach ab und hinterlassen dabei eine ziemlich unregelmäßig ausgefranste Zapfenspindel. Mäuse gehen das Problem von der Seite her an und nagen die Zapfenschuppen sehr sorgfältig und glatt ab, wobei oft eine Zapfenhälfte übrigbleibt. Wirr zugerichtete Zapfen sind mit großer Wahrscheinlichkeit von Spechten bearbeitet worden. Zapfen mit stark verbogenen oder in Längsrichtung aufgerissenen Schuppen haben Kreuzschnäbel geschickt geöffnet und ausgewertet.

In luftiger Höhe

Manchmal findet der aufmerksame Beobachter auch Pilze hoch oben im Geäst der Bäume – keine bunten Porlinge oder andere Konsolenpilze, die dort sozusagen planmäßig siedeln, sondern

Hutpilze, wie sie normalerweise nur am Waldboden anzutreffen sind. Auch in diesem Fall waren wohl Eichhörnchen am Werk. Sie machen sich nicht nur über Nüsse und andere Baumfrüchte her, sondern betätigen sich zum Erstaunen der Zoologen gelegentlich als Pilzsammler. Das Sammelgut wird in Astgabeln zum Trocknen aufgehängt. Nur in Ausnahmefällen erlaubt die Witterung eine dauerhafte Konservierung dieser Pilzernte, und sicherlich eignen sich auch nicht alle Hutpilze für die luftige Bevorratung.
Viel auffälliger als die Hochdepots sind Spuren an der Rinde von Stämmen, Ästen und Zweigen. Manchmal findet man in schneereichen Wintern völlig zerfetzte, streifig abgerissene Rindenpartien. Kaninchen, Hasen und auch Rehe haben dann mit Rindenkost ihre Versorgungsengpässe überbrückt. Auch zum Frühjahr hin, wenn die Rindenpartien schon wieder im Saft stehen, treten nicht selten solche Schälschäden auf. Für die betreffenden Gehölze gibt es meist keine Rettung mehr. Die Zerstörung der Rinde mit ihren Wachstums- und Leitgeweben trifft ganz vitale Funktionen eines Strauches oder Baumes, die nicht wieder ausgeglichen werden können.

... schon gewußt?

Unter günstigen Voraussetzungen bleiben die Abdrücke im weichen Untergrund auch dann noch erhalten, wenn dieser längst zu Gestein verfestigt ist. So haben sich fossile Trittsiegel und Laufspuren von Dinosauriern aus der Kreidezeit erhalten.

Rund um den Weihnachtsbaum

Jedes Jahr wird er in Liedern, Gedichten und Erzählungen gefeiert – der festlich geschmückte, weihnachtliche Tannenbaum. Selten lag die botanische Diagnose jedoch so einhellig daneben wie bei den glanzvollen Lichterbäumen. Was zur Weihnachtszeit herausgeputzt wird, ist nämlich meistens überhaupt keine Tanne. Im winterlichen Forst sehen wir uns einmal ein wenig genauer nach potentiellen Kandidaten für den weihnachtlichen Festkreis um.

Auf die Nadel kommt es an

Mit Ausnahme der hellgrünen Europäischen Lärche und der leicht blaugrünen, nur in Forstkulturen angepflanzten Japanischen Lärche sind alle übrigen einheimischen oder eingeführten Nadelhölzer immergrün. Die Nadelblätter sind auch keine Saisonartikel wie die Blattorgane der laubwerfenden Gehölze, sondern bleiben normalerweise mehrere Jahre lang am Baum. Fichtennadeln werden vom gesunden Baum eigentlich erst nach fünf Jahren, im Bergland sogar erst nach rund einem Jahrzehnt aus dem Dienst entlassen und abgeworfen. Etwas kurzlebiger sind dagegen die Nadeln unserer Wald-Kiefer. Sie bringen es auch ohne Streß durch Schadstoffe allenfalls auf zwei bis drei Jahre Lebensdauer. Die Nadelstreu unter Nadelbäumen kann sehr viel schwerer in Humus umgewandelt werden als normales Fallaub. Daher türmen sich in Nadelforsten ziemliche Abfallmengen auf. Waldameisen ist diese Materialbeständigkeit gerade recht. Sie verwenden Nadelstreu sehr gerne zum Abdecken ihrer Nester und haben somit die Gewähr, daß ihnen ihr Baumaterial nicht allzu rasch verrottet.

Die mehrjährigen, immergrünen und erwiesenermaßen recht derben Nadelblätter der forstlich verwendeten Nadelbäume sind eigentlich bemerkenswerte Gebilde. Obwohl sie von außen betrachtet ziemlich gleichförmig aussehen und sogar wesentlich einheitlicher erscheinen als die vielgestaltigen Blätter der sommergrünen Gehölze, zeigen sie einen weitaus komplizierteren inneren Aufbau, der allerdings nur im mikroskopischen Bild deutlicher zu erkennen ist. Mit bloßem Auge ist jedoch sichtbar, daß die Nadelblätter etwa von Fichte oder Kiefer keine ausgeprägte Blattnervatur wie die flächigen Blätter von Ahorn, Buche oder Eiche zeigen. Jedes einzelne Nadelblatt wird tatsächlich nur von einem unverzweigten Leitbündel durchzogen. Dieses Bündel bildet bei den flachen Nadeln von Tannen oder Douglasien den feinen Mittelstrich, während es bei Fichten oder Kiefern kaum zu erkennen ist. In Größe und Aussehen erinnern die Nadelblätter unserer Koniferen ein wenig an die einfachen Blätter der Bärlappe und Schachtelhalme, die ebenfalls nur ein unverzweigtes Zentralbündel führen. Entwicklungsgeschichtlich bestehen hier in der Tat viel engere Beziehungen als zu den aufwendig konstruierten Laubblättern mit ihrer in der Fläche verzweigten Blattaderung.

Die in Flachbauweise konstruierten Nadeln von Tanne oder Douglasie zeigen auf ihrer Unterseite sehr dekorative Längsstreifen. Auf diesen Bändern sind die feinen Spaltöffnungen untergebracht, die den Gasaustausch mit der Atmosphäre übernehmen. Die eigentlichen Spaltöffnungen sind in das Blattgewebe tief eingesenkt und auf ihrer Oberseite von Wachs verschlossen. Die Wachsversiegelung der vielen tausend Spaltöffnungen einer Nadel ergibt in der Summe die hellen Linienmuster. Bei den Fichten und Kiefern sind auf den kantig gebauten Nadeln ebenfalls solche Linien vorhanden, denn kein Blatt kommt ohne Spaltöffnungen aus. Nur liegen hier die einzelnen wachsverschlossenen Grübchen nicht in mehrreihigen Streifen nebeneinander, sondern ziehen in feinem Strich in Längsrichtung über das Nadelblatt. Bei genauem Hinsehen kann man an einer Fichtennadel auf allen vier Flanken einen solchen Nadelstreifen erkennen.

Die Nadelprobe

So gleichförmig die Nadeln unserer Koniferen vielleicht erscheinen mögen, so detailreich erweisen sie sich doch beim zweiten Blick. Ob ein Nadelbaum zu den Fichten, zur engeren Verwandtschaft der Tannen oder zu den Kiefern gehört, ist an Nadelmerkmalen sofort auszumachen. Fichtennadeln stecken in einem hölzernen Nadelkissen, das beim Nadelabfall auf dem Zweig verbleibt. Ein entnadelter Fichtenzweig ist daher stets rauh wie eine Feile. Dies gilt auch für die eingeführten und in Forstkulturen plantagenweise angepflanzten Arten. Wenn man sich daraufhin einmal die Nadelbäume anschaut, die auf dem Weihnachtsmarkt mit „Edeltanne" etikettiert sind, wird sich manche Überraschung einstellen.

Alle Tannen, dazu auch Douglasien und Hemlock, haben einen anderen Weg der Nadelbefesti-

Die Nadeln der Tanne (*Abies alba*) sitzen dem Zweig mit rundlichem Fuß auf (links).

Bei der Fichte (*Picea abies*) sitzen die Nadeln in besonderen Nadeltaschen.

gung gewählt: Ihre Nadeln sitzen dem Zweig mit breiter, rundlicher, an einen Saugfuß erinnernder Basis an. Nach dem Abnadeln bleiben die Zweige daher einigermaßen glatt.
Bei den Kiefern stecken die Nadeln gruppenweise in einer gemeinsamen Nadelscheide auf einem Kurztrieb. Wald- und Berg-Kiefer sind zweinadelig, Weymouths- und Zirbel-Kiefer dagegen fünfnadelig. Daneben gibt es auch noch dreinadelige Arten, die für die Forstwirtschaft in Mitteleuropa keine Bedeutung haben und allenfalls einmal als Parkgehölze verwendet werden.

O Tannenbaum

Jedes Jahr werden in der Bundesrepublik Deutschland knapp zwanzig Millionen Weihnachtsbäume benötigt. Rechnet man den Flächenbedarf eines durchschnittlich entwickelten Baumes in Wald oder Forst einmal zu vier oder fünf Quadratmetern, so nehmen alle in der Weihnachtszeit verbrauchten Nadelbäume eine Fläche von achtzig Quadratkilometern ein – ein Gebiet vom gleichen Flächeninhalt wie ein hundert Meter breiter Streifen von Flensburg bis Füssen.
Darf man dem ohnehin bis zur Belastungsgrenze bedrängten Ökosystem Wald einen solchen Einschlag überhaupt zumuten, oder wäre es für den Naturhaus-

halt und das Gesicht der Landschaft nicht vorteilhafter, die Millionen hiebreifer Weihnachtsbäume einfach weiterwachsen zu lassen?
Der weitaus größte Teil der verbrauchten Weihnachtsbäume stammt aus Forstkulturen. In Schonungen, mit denen bei Aufforstungen neue Waldflächen begründet werden, kommen etwa 4000 bis 5000 Jungpflanzen auf einen Hektar. Dies sind jedoch erheblich mehr Bäume, als für einen künftigen Bestand mit gesunden, kräftigen Exemplaren erforderlich sind. Im dichten Anfangsbestand einer Schonung wird andererseits ein viel besseres, geschlosseneres Anwachsen der Kulturen garantiert. Nach einigen Jahren rücken sich die Jungbäume jedoch zunehmend mit ihrem Astwerk nahe. Die steigende Konkurrenz im zunehmenden Gedränge ist anfangs vielleicht nur lästig, später jedoch ausgesprochen schädlich. In einer mehrjährigen Kultur, spätestens jedoch in einem zehnjährigen Bestand, müssen die meisten Bäume daher wieder geschlagen werden, damit die verbleibenden Nachbarn sich um so besser zu wertvollen Exemplaren entwickeln können.
Nur etwa jeder zehnte Baum aus einer Nadelkultur kann bleiben. Die Entnahme von Weihnachtsbäumen ist daher eine notwendige Maßnahme, die sogar im natürlichen Bestand der Bergwälder vorgenommen werden muß, wo

Auf der Nadelunterseite der Hemlock-Nadeln (*Tsuga canadensis*) zeichnen sich die Spaltöffnungsstreifen ab.

Das Zweigende der Douglasie (*Pseudotsuga canadensis*) beweist, daß auch Nadelhölzer Blattknospen entwikkeln (unten).

Tannen (*Abies alba*) kommen nur selten ins Weihnachtszimmer.

die Bäume nicht in Reih und Glied stehen. Im Umkreis starker Samenbäume bildet sich nämlich mit der Zeit ein richtiger Verjüngungsfilz aus aufwachsenden Sämlingen. Auch in diesem Fall muß die sorgsame Durchlichtung des Bestandes dem wachsenden Raumbedarf der Bäume Rechnung tragen.

Der Einschlag von Millionen Weihnachtsbäumen ist daher sicherlich keine Umweltsunde, sondern ein für den Naturhaushalt der Forsten unvermeidlicher Eingriff. Wenn man einen Weihnachtsbaum kauft, fördert man also nicht den Kahlhieb auf hektargroßen Flächen, sondern leistet indirekt einen notwendigen Beitrag zum Aufbau und zur Pflege von Wald und Forst.

Der Baumstamm als Kalender

Zur forstlichen Bewirtschaftung eines Waldes gehört die planmäßige Entnahme von Holz – manchmal in Form häßlicher Kahlhiebe, im ökologisch orientierten Waldbau aber auch durch die Ernte einzelner Stämme. An den Schnittflächen dicker Baumstämme, die transportbereit am Waldweg liegen, kann man gleichsam einen Blick in die Geschichte tun.
Jeder Querschnitt durch einen Ast oder einen Stamm zeigt, daß das Holz von der Peripherie zum Kern nicht gleichförmig wie bei den Tropenhölzern aufgebaut ist, sondern charakteristische Jahrringe aufweist. Sie stellen ein bleibendes, kennzeichnendes Dokument unterschiedlicher Wachstumsaktivität dar.

Rhythmisches Wachsen

Mit dem Wachstumsbeginn im Frühjahr werden im Baumstamm relativ dünnwandige, weitlumige Holzzellen angelegt. Zu Beginn der Vegetationsperiode besteht ja in den höheren Regionen des Baumes ein besonderer Bedarf an Wasser, und dazu müssen eben gut leitfähige Wasserbahnen angelegt werden. Schon im ausgehenden Hochsommer verlangsamt sich das Holzwachstum. Zunehmend werden nun dickwandige, englumige Holzzellen entwickelt, die kaum noch im Dienste der Wasserversorgung stehen, sondern eher die mechanische Festigung des gesamten Holzkörpers zur Druck- und Zugbeanspruchung übernehmen. Gegen Ende der Saison setzt das Holzwachstum vollends aus. Zum weitlumigen Holzgewebe der folgenden Wachstumsperiode ist der englumige Anteil aus dem Spätsommer beziehungsweise Herbst scharf abgesetzt. Jedes Jahr legt sich somit ein neuer, zweiteiliger Zylinder aus zunächst weitlumigem, später zunehmend englumigem Holzgewebe wie ein Mantel um das schon vorhandene Holz. Im Querschnittbild zeichnet sich die Folge von dünnwandigem Frühholz und kompakterem Spätholz jeweils als ein Jahrring ab. Die rhythmischen Wachstumsschübe im lebenden Baum, die sich mit dem Wechsel der Jahreszeiten einstellen, erweitern den Stammumfang jeweils um kleine, aber meßbare Beträge, strukturieren aber andererseits auch das Holz mit den klar voneinander abgesetzten Zuwachszonen. Durch einfaches Abzählen der Jahrringe (ein helles Frühholz und ein dunkles Spätholz bilden einen Ring) kann man das Alter eines frisch gefällten Stammes jahrgenau bestimmen. Aus solchen Zählungen weiß man, daß die kalifornischen Mammutbäume mehrere tausend Jahre alt werden und daß es unsere einheimischen Laubhölzer zum Teil eben auch auf viele Jahrhunderte bringen.

Durch dick und dünn

Die Baumringe sind jedoch nicht nur ein Archiv, in dem die Wachstumserfolge der einzelnen Jahre genau registriert und gespeichert wurden. Eine Stammscheibe mit ihrem eindrucksvollen Muster langer Jahrringfolgen enthält noch viel mehr interessante Informationen. Mit den damit zusammenhängenden Fragen und Untersuchungen beschäftigt sich eine eigene Wissenschaft aus dem Grenzgebiet zwischen Botanik, Holztechnologie und Archäolo-

Stammscheibe einer Douglasie (*Pseudotsuga menziesii*): In den letzten Jahren ging das Stammwachstum sichtlich zurück.

gie: Sie wird als Dendrochronologie bezeichnet und kann bereits spektakuläre Erfolge aufweisen. Schon bei oberflächlicher Beobachtung eines beliebigen Holzquerschnitts muß uns auffallen, daß die einzelnen aufeinanderfolgenden Jahrringe nicht gleichbleibend breit sind. Von Jahr zu Jahr zeigen sich meßbare Abweichungen von einem bestimmten Mittelwert. Der jährliche Holzzuwachs eines Baumes ist ja schließlich eine physiologische Leistung und damit abhängig von Temperaturverlauf, Niederschlagsmengen und anderen ökologisch wirksamen Faktoren. Trockenjahre oder Jahre mit anhaltend feuchtwarmen Sommern drücken sich daher in kleineren oder größeren Ringbreiten aus. Die wechselnden Jahrringabmessungen auf einem Stammquerschnitt haben somit die kurz- und langfristigen Schwankungen der Umwelteinflüsse minutiös aufgezeichnet. Sie sind geradezu eine Bilanz des Wettergeschehens aus der gesamten Lebenszeit des betreffenden Baumes. Umgekehrt kann man natürlich durch Vergleich der Ringbreiten feststellen, welche Wachstumsbedingungen oder Witterungsverhältnisse in längst vergangenen Jahrzehnten oder Jahrhunderten vorlagen. Natürlich ist die in den schwankenden Jahrringbreiten festgelegte Zuwachsfolge zunächst einmal eine individuelle Leistung des jeweiligen Baumes. Der genauere Vergleich zeigt jedoch, daß in gleichen Zeiträumen sehr ähnliche

Am verwitterten Balken sind Frühholz und Spätholz plastisch herausgearbeitet worden (links).

Querschnitt durch einen fünfjährigen Eichenast: Von oben nach unten erkennt man Borke, Rindengewebe, fünf Jahrringe mit weiten Poren (Wasserleitbahnen) und Mark. Aufnahme nach Anfärbung mit einem Fluoreszenzfarbstoff (rechts).

Ringmuster auch in anderen Bäumen des gleichen Wuchsgebietes auftreten. Für Eichen, die etwa im süddeutschen Mittelgebirgsraum gewachsen sind, kann man daher eine arttypische und das süddeutsche Mittelgebirgsklima widerspiegelnde Jahrringbreitenfolge angeben. Durch genaues Vermessen von Holzproben kann man die Breite der einzelnen Jahrringe auf Millimeterbruchteile genau ermitteln. Trägt man die Meßwerte gegen die Zeitachse in einem Diagramm auf, erhält man ein Kurvenbild, das ein wenig an eine Fieberkurve erinnert.

Ausgefeilte Kurventechnik

Über längere Zeiträume hinweg gibt es immer wieder einmal Extremjahre mit trockenheißen Sommern, die sich durch besonders schmale Jahrringe ausdrüken und im Kurvenbild der Ringbreitenfolge zu regelrechten Einbrüchen führen. Das Auftreten von solchen Unregelmäßigkeiten macht jedoch gerade die Einmaligkeit einer Folge aus. Der Wechsel von breit zu eng oder umgekehrt ist ein in der Holzstruktur steckender Code, über den die Zugehörigkeit zu einer ganz bestimmten Wachstumsperiode verschlüsselt ist. Damit kann man

Holzdatierung durch rückwärtige Überlappung von Jahrringfolgen: Eine besonders markante Folge von einzelnen Jahrringen im Stamm einer frisch gefällten Eiche (in Holzprobe 1 für die Wuchsjahre 1771–1789) wird in einer älteren Probe 2 (z. B. einem Eichenbalken mit datierter Balkeninschrift) aufgesucht. Probe 3 könnte eine Ringfolge aus einem alten Möbel, Probe 4 ein Stück aus einem Pfahlfundament und Probe 5 ein Stammstück aus einem Moor-Knüppelweg sein. Durch gegenseitige Datierung erhält man somit eine Folge von Ringbreiten, die weit über das Lebensalter einer einzelnen Eiche hinausreichen.

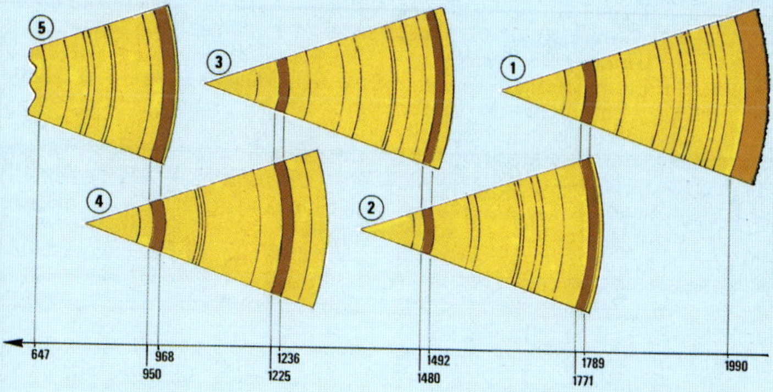

jedoch Hölzer unbekannten Alters jahrgenau datieren.
Nehmen wir an, die vor uns liegende gefällte Eiche ist bis ins Kernholz gesund und kann auf exakt 350 Jahre Alter bestimmt werden. Ihre 350 Jahrringe werden genau vermessen und als Ringbreitenmaße in einen Computer gefüttert. Die gleiche Messung wird für einen dicken Holzbalken vorgenommen, der in einem Fachwerkhaus verbaut wurde und dessen Holzgewerke 1720 aus schlagfrischen Eichen aufgezimmert wurden. Von 1720 an rückwärts zeigen die Ringbreitenkurven beider Holzproben einen ziemlich exakt gleichen Verlauf. Sie verhalten sich zueinander synchron, weil die gemeinsamen Wuchsjahre zur Deckung gebracht werden konnten.
Auf diese Weise ist es möglich, die Folge bekannter Ringbreitenmaße immer weiter nach rückwärts zu verlängern. Durch rückwärtige Überlappung kann man daher die Jahrringchronologie weit über die typische Lebensspanne einzelner Bäume hinaus gewinnen. Für Eichen sind die Jahrringbreiten und ihre zeitlichen Schwankungen unterdessen sogar bis in das fünfte vorchristliche Jahrtausend genau bekannt.
Durch Lagenvergleich einer undatierten Holzprobe innerhalb der Standardkurve kann eine sehr zuverlässige, jahrgenaue Datierung vorgenommen werden.

... schon gewußt?

Die Jahrringzählung an einem dünnen Bohrkern ergab, daß der älteste noch lebende Mammutbaum rund 4700 Jahre alt ist.

Wundersame Winterbäume

Wenn es um besonders ausgefallene Pflanzen geht, wird gewöhnlich die exotische Botanik der Tropen bemüht. Tatsächlich lassen sich hier zahlreiche Arten auftreiben, deren Lebensumstände irgendwo zwischen kurios und phantastisch einzuordnen sind. Die heimische Pflanzenwelt kann da jedoch durchaus mithalten. Wo die winterkahlen Baumkronen den Blick auf das Geäst und Gezweig freigeben, ist sicher manch Verwunderliches zu entdecken. Die Misteln wären beispielsweise solche Geschöpfe, die beinahe schon seit Jahrtausenden Erstaunen auslösen.

Aufsässige Pflanzen

Mancher mag eine Mistel schon für eine besondere Erkrankung eines Baumes gehalten haben. Auf jeden Fall ist aber der exponierte Wuchsplatz der Misteln überaus erstaunlich. Es sind Pflanzen, die den Bodenkontakt völlig aufgegeben haben und sich nur noch in höheren Regionen aufhalten. Australische Verwandte unserer einheimischen Misteln sind nach wie vor bodenständig und entwickeln sich zu ganz normal aussehenden Gehölzen.
Unsere Misteln sind dagegen auf eine lebende Wuchsunterlage angewiesen, auf der sie sich wohnlich einrichten. Dabei sind sie durchaus wählerisch. Die verschiedenen Varietäten oder Unterarten der in Europa am weitesten verbreiteten Art sind jeweils in engen Grenzen auf ganz bestimmte Trägerbäume abonniert. Die Nominatform, die eigentliche Laubholz-Mistel (*Viscum album* ssp. *album*) macht vor allem auf Weichholzarten wie Pappel, Linde, Weide, Ahorn und besonders auch auf Apfelbaum fest. Rotbuchen sind gegen Misteln seltsamerweise völlig resistent. Eichen, Ulmen und einige andere Gehölze werden von der Laubholz-Mistel höchst selten einmal aufgesucht. Sehen Sie sich die Wuchsunterlage daher einmal genau an – vielleicht liegt ja gerade einer der Ausnahmefälle vor.
Noch exklusiver verhält sich die Tannen-Mistel (*Viscum album* ssp. *abietis*), denn sie akzeptiert tatsächlich nur Vertreter der Gattung *Abies* und ist von daher auch nur im natürlichen Wuchsgebiet der Tanne zu erwarten – beispielsweise in den Alpen, im Bayerischen Wald, im Schwarzwald oder in den Vogesen. Eine Infektion von Laubhölzern ist für diese Form völlig ausgeschlossen. Ganz ähnlich eingeschränkt verhält sich auch die dritte bei uns vorkommende Unterart, die Kiefern-Mistel (*Viscum album* ssp. *laxum*). Sie verläßt seltsamerweise nicht den Verwandtschaftsbereich der zweinadeligen Kiefern. Wie diese merkwürdigen Vorlieben zustande kommen und bei Infektionsversuchen kontrolliert werden, ist noch weitgehend unbekannt.

Pflanzen mit Tiefgang

Misteln benötigen ein lebendes Holz für die erfolgreiche Ansiedlung. Bei der Auswahl eines geeigneten Ankerplatzes geht es nicht nur darum, eine möglichst stabile und auch hinreichend hochwüchsige Konstruktion zu finden. Vielmehr muß zwischen den Partnern in diesem Fall ein inniger Kontakt zustande kommen. Schon als Keimling entwickelt die Mistel einen Senker, mit dem sie sich in die Unterlage

Hexenbesenbildung an einer Vogel-Kirsche (*Prunus avium*, links).

Die Ursache für die Hexenbesenbildung bei der Lärche (*Larix decidua*) ist noch unbekannt (rechts).

vertieft und dort bis zu den Leitgeweben vordringt. Bei ihrem Vormarsch in die tieferen Bereiche des Wirtsholzes lösen die Mistelzellen die verholzten Zellwände ihres Wirtes allmählich auf und schließen sich dabei unmittelbar an dessen Wasserleitungsbahnen an. Der Minimalbeitrag, den Misteln von ihrer Wuchsunterlage für sich abzweigen, ist daher ein ständiger Wasserstrom mit den darin gelösten mineralischen Stoffen aus dem Boden. Es bleibt ihnen eigentlich keine andere Wahl. Im Gegensatz zu den pflanzlichen Baumkronenbewohnern des tropischen Regenwaldes fehlen ihnen ja alle sonstigen Spezialeinrichtungen zum Auffangen oder Speichern von Niederschlagswasser. Aus der Zwangslage befreit daher nur die Möglichkeit, sich wie ein zusätzlicher Baumast an die internen Nachschubwege anzuschließen. Die innige Verbindung zwischen Mistel und Unterlage ist daher bloßer Eigennutz. Übrigens ist bis heute ungeklärt, ob die so strebsamen Mistelsenker eigentlich spezialisierte Sproß- oder Wurzelorgane sind.

Eine Mistel geht ihrem Wirt ganz schön unter die Haut. Sie gilt daher nicht mehr nur als harmloser Epiphyt, sondern als Schmarotzer. Allerdings darf man Misteln auch nicht unbedingt mit Pilzen oder anderen Holzparasiten in einem Atemzug nennen. Immerhin besitzen sie ja grüne, zur eigenen

Bei Birken (*Betula pendula*) ruft der Pilz *Taphrina betulina* die charakteristischen Hexenbesen hervor (links).

Extrem selten besiedelt die Laubholz-Mistel (*Viscum album*) Eichenäste.

Stoffproduktion befähigte Blätter. Misteln fügen ihrem Wirt daher keine gravierenden Schäden zu. Schlimme Attacken kann sie sich auch gar nicht leisten – sie würde ja sonst den Ast erledigen, auf dem sie selbst sitzt.

Klare Verhältnisse

Misteln sind immergrüne Sträucher, die bis über ein halbes Jahrhundert alt und dabei zu Kugeln bis über ein Meter Durchmesser werden können. An den Enden der Zweige sitzen sich zwei gelbgrüne, ledrige Blätter genau gegenüber. Diese Lederblätter bleiben nur etwa ein Jahr lang am Zweig, denn in jeder Vegetationsperiode wird eine neue Verzweigung angelegt, der die vorjährigen Blätter weichen müssen. Das Alter eines Mistelzweiges läßt sich somit durch Abzählen der aufeinanderfolgenden Verzweigungsstellen ermitteln.

Misteln sind zweihäusig, tragen also jeweils nur männliche oder weibliche Blüten. Eigenartigerweise gibt es dabei einen deutlichen Frauenüberschuß: In mistelreichen Gegenden kommen ungefähr dreimal soviel weibliche wie männliche Mistelbüsche vor. Die Gründe für diese Ungleichverteilung sind noch unbekannt. Für die Bestäubung reichen die wenigen Mistel-Männer offenbar vollends aus: Fliegen übertragen den Pollen. Übrigens ist die

Mistel eine der wenigen einheimischen Holzpflanzen, deren Blüte- und Fruchtzeit jeweils in die Wintermonate fällt.

Zähes Innenleben

Die weißen bis hellgelben Mistelfrüchte sehen zwar aus wie saftpralle Beeren, sind aber keine. Es sind beerenartige Scheinfrüchte, in die die eigentlichen Früchte als Schließfrüchte eingelassen sind. Die Mistel treibt also einen respektablen Verpackungsaufwand mit derber Scheinfruchthülle, Schließfruchtwand und Samenschale. Das gesamte Arrangement ist mit einem ungewöhnlich zähklebrigen Fruchtfleisch versehen, mit dem sogar die Vögel ihre Schwierigkeiten haben. Sie versuchen, die anhängliche Klebemasse mit den darin verpackten Samen an den Ästen abzuwischen und sorgen so durch gezieltes Ankleben für eine wirksame Ausbreitung. Verbreitungsbiologisch ist die Mistel daher unbedingt auf die Mithilfe der Vögel angewiesen. Drosseln und Seidenschwänze, aber auch Spechte und Häher helfen eifrig dabei. Früher wurde das biologische Klebzeug den Vögeln eher zum Verhängnis: Vogelfänger bestrichen damit ihre Leimruten und machten somit leichte Beute.

Allerhand Pflanzenzauber

Asterix-Leser werden sich an den Druiden Miraculix erinnern, der die Misteln büschelweise von den Bäumen holt und daraus einen kräftespendenden Sud braut. Die Germanen glaubten, die Misteln seien vom Himmel gefallen und dabei im Geäst hängengeblieben – Grund genug, sie dem mächtigen Donar zu weihen. Im Mittelalter waren Misteln als Zauberpflanzen völlig unentbehrlich, und neuerdings gewinnen sie als Arzneipflanzen wieder zunehmend an Bedeutung. Um den Mistelzweig im Haus gibt es vor allem in den angelsächsischen Ländern ein reiches Brauchtum, bei dem auch der zwischenmenschliche Bereich nicht zu kurz kommt – und dies bei der angeblich blutdrucksenkenden Wirkung der Pflanze.

Besenbäume

Aus der Entfernung könnte man Mistelzweige für Wuchsanomalien der betreffenden Bäume halten. Andererseits gibt es tatsächlich bestimmte Störungen des Wachstums, die umgekehrt wie ein reicher Besatz von Misteln aussehen: Zahlreiche Seitenzweige drängen sich auf engstem Raum zusammen. Im Verlauf von nur einer Vegetationsperiode entstehen dabei gleich mehrere Zweiggenerationen, die vom arttypischen Verzweigungsmuster völlig abweichen können. Es entsteht dann oft der Eindruck, als ob sich auf einem starken Seitenast kleine Sträucher oder besonders viele Nester befänden. Solche ungewöhnlichen Verzweigungssysteme werden als Hexenbesen oder Donnerbüsche bezeichnet – ein klarer Hinweis darauf, daß früher allerhand Aberglauben zur Erklärung ihrer Entstehung bemüht wurde.

Hexenbesen und vergleichbare Bildungen sind von verschiedenen Baum-Arten bekannt. Am häufigsten treten sie wohl bei den Birken auf, gelegentlich aber auch bei Erle, Hainbuche und Kirschbaum. Unter den Nadelbäumen tragen Kiefern und Fichten mitunter sehr eindrucksvolle Hexenbesen. Bei der Fichte kann sogar der gesamte Wipfelbereich der Krone in einen einzigen Hexenbesen umgewandelt sein, so daß

Maserknolle an Fichte (*Picea abies*) – ausgelöst durch eine unbekannte Ursache.

die betreffenden Bäume wirklich abenteuerlich aussehen.
Hexenbesen oder Donnerbüsche sind indessen keine Überbleibsel der letzten Walpurgisnacht, sondern haben ganz und gar natürliche Ursachen. Fast immer sind bestimmte Baumparasiten die Auslöser. Bei der Birke ist es beispielsweise der parasitische Pilz *Taphrina betulina*. An Ahorn oder Hainbuche sind es andere *Taphrina*-Arten. Außerdem sind auch Milben als Erreger von Hexenbesen bekannt. Bei Fichte und Kiefer ging man bisher von erblichen Knospenmutationen aus. Viele Befunde sprechen jedoch dafür, daß ihnen Infektionen durch Viren oder besonders winzige Bakterien zugrunde liegen. In jedem Fall sieht man nur die Wachstumsstörung, aber nicht ihre organische Ursache.

Bäume mit Beulen

Viele Infektionen äußern sich in typischen Veränderungen im Rindenbereich der Bäume. So löst beispielsweise der kleine Pilz *Trichoscyphella willkommi* den in Forstkulturen weit verbreiteten Lärchenkrebs aus.
Besonders auffällig und als krankhafte Wucherung sofort erkennbar sind größere, beulenartige Auftreibungen am Stamm, wie sie sich besonders gerne an Buchen, Linden oder Eichen einstellen. Manchmal reißen diese dicken Beulen krebsartig auf. Häufig bleiben sie auch glatt berindet und geschlossen. Im Kronenbereich des Stammes können sie von besonders vielen Knospen oder Wasserreisern besetzt sein, die wiederum an einen Hexenbesen erinnern: Es handelt sich jeweils um die sogenannten Maserknollen, das Ergebnis einer auf kleinere Stammbezirke begrenzten, aber übermäßig starken Holzproduktion. Die genaueren Ursachen sind nicht klar auszumachen. Wahrscheinlich wirken verschiedene entwicklungsbestimmende Faktoren zusammen. Der störende Anreiz ist jedoch immer von einiger Dauer, denn die unkontrollierte Holzproduktion, die die Aufbeulung des Stammteils begleitet, wirkt gewöhnlich über viele Jahre.

... schon gewußt?

Auch Wind beeinflußt das Aussehen von Bäumen. Bei stark einseitiger Einwirkung wachsen die Kronen im Lee fahnenartig auseinander, weil die Knospen im Luv ständig zerstört werden. Man nennt dies Windschur.

Insekten unter Schutz

Zahlreiche Insekten, die im Wald leben, stehen auf der Artenschutzliste.

Geschützte Waldinsekten sind der Hirschkäfer (*Lucanus cervus* – oben links), Großes Eichenkarmin (*Astiodes sponsa* – oben rechts), Kleiner Eisvogel (*Limenitis camilla* – Mitte rechts, frisch geschlüpft) und Weißer Waldportier (*Hipparchia fagi* – unten rechts). Selten sind Feldmaikäfer (*Melolontha melolontha* – unten links).

Winter
Unterwegs an Tümpel, Bach und Weiher

Von der Strömung geprägt

Extreme Lebensräume erfordern von ihren Bewohnern auch extreme Anpassungen. Unter den Gewässern zählen die Mittelgebirgsbäche in unseren Breiten zu den „anspruchsvollsten", da hier wie an kaum einem anderen Fließgewässerabschnitt ein ständiger Druck auf alle Lebewesen erfolgt. Wer nicht seine eigene Anpassungsstrategie entwickelt hat und mit allen Mitteln der Strömung standzuhalten vermag, wird erbarmungslos fortgetrieben und findet sich möglicherweise in einer für ihn unwirtlichen Umgebung Hunderte von Metern bachabwärts wieder.

Der Überlebenskampf hat gerade bei den Insekten – der wohl artenreichsten Tiergruppe des Bergbaches mit ca. 800 Arten – zu abenteuerlichen Formen geführt. Mit Saugnäpfen, Hakenfortsätzen und Klauen, Klebefäden, schweren Steingewichten, stromliniengünstigen Formen und „Spoilern" zählen die Insektenlarven zu den erfolgreichsten und „erfinderischsten" Bergbachbewohnern. Kaum eine technische Möglichkeit fehlt in ihrer Trickkiste, vieles haben wir ihnen sogar für den Flugzeugbau oder Rennsport abgeschaut.

Köcherfliegenlarven heften an ihr schützendes, selbstgesponnenes Gehäuse Steinchen, die sie am Boden des Baches sicher beschweren. Andere Arten kleben sich ihre Köcher aus einem Mosaik feiner Sandkörnchen, aus dem nur der Kopf herausschaut. Die Mehrzahl dieser köcherbauenden Arten lebt vegetarisch von abgestorbenen Pflanzenteilen, dem Detritus, der sich besonders in den ruhigen Kolken ansammelt.

Nur ein Teil der Köcherfliegenlarven baut sich ein Gehäuse, andere Arten leben frei in oder auf dem Bachgrund oder spinnen sich feinste Reusen und Netze zum Beutefang. Durch die Strömung werden ihnen Beutetiere zugespült. Beim „Wasserseelchen" *Hydropsyche* sind die Netze empfindliche Kunstwerke, die sich allerdings nur unter Wasser entfalten können. Die wenigen völlig frei umherstreifenden Arten wie die Köcherfliege *Rhyacophila* sind kräftige Räuber, die sich gegen Feinde durchaus zur Wehr setzen können. Die meisten Arten haben feine Fortsätze an ihren Körpersegmenten, mit denen sie Sauerstoff aus dem kühlen Bachwasser aufnehmen. Auf Verschmutzungen und Erwärmungen reagieren sie sehr empfindlich. Schon geringe, kaum feststellbare Verschmutzungen können die Köcherfliegenlarve schädigen und sogar abtöten.

Ähnlich empfindlich reagieren auch Steinfliegenlarven. Von den ähnlichen Eintagsfliegen unterscheiden sie sich durch zwei lange Hinterleibsanhänge, während die Verwandtschaft drei Fäden aufweist. Steinfliegenlarven besiedeln je nach Art und Strömung die Unter- und Oberseiten von Steinen, wo sie Jagd auf kleinere Insekten und Würmer machen. Die Larve der größten Art, *Perla marginata*, wird bis zu 3 cm lang

Mittelgebirgsbäche können zwar oberflächlich zufrieren; unter der Eisdecke bleibt das Wasser jedoch eisfrei.

Selbst die schnellüberströmte Oberfläche von Steinen wird von Spezialisten wie den Kriebelmückenlarven besiedelt (unten).

An Fließgewässer angepaßte Insekten. 1 Eintagsfliege und Larven verschiedener Arten, **2** Blauflügel-Prachtlibelle, **3** Köcherfliege und Larven verschiedener Arten, **4** Steinfliege und Larven verschiedener Arten, **5** Quelljungfer.

5
4
4
4
3

und verspeist selbst ihre kleinere Verwandtschaft. Bis zu drei Jahre dauert ihre Larvenzeit. Die bis zu 2,5 cm großen landlebenden erwachsenen Insekten, die Imagines, werden nur wenige Tage alt und nehmen während dieser Zeit keine Nahrung mehr auf.

Die Eintagsfliegen tragen ihren Namen nicht ganz zu Unrecht: Zwei bis vier Tage, in Ausnahmefällen auch nur wenige Stunden oder bis zu zwei Wochen alt werden die Imagines. Gemeinsam sind allen Erwachsenen und Larven die drei Schwanzfäden. Nur die Gattung *Epeorus* weist zwei Hinterleibsanhänge auf.

Wir können die Eintagsfliegen in drei Gruppen unterteilen: Zunächst die eingegrabenen, von der Strömung unabhängigen Arten, wie die Gemeine Eintagsfliege *Ephemera*, deren walzenförmige Larve sich mit Hilfe ihrer kräftigen Mundwerkzeuge und Beine Gänge in den Sand oder Schlammuntergrund graben. Wollen wir ihrem versteckten Leben auf die Spur kommen, können wir an einer Schlamm- oder Sandbank mit einem Küchensieb vorsichtig eine kleine Probe des Bachbodens erforschen.

In der zweiten Gruppe fassen wir die sogenannten runden Eintagsfliegen zusammen, die meist im Strömungsschatten der Steine, an Pflanzen oder im Detritusdikkicht langbeinig umherstelzen.

Die dritte Gruppe ist perfekt an schnellfließende Bachabschnitte angepaßt. Ein flacher, abgeplatteter Körper mit zu Andruckplat-

Die großen Larven der Steinfliege *Perla* bevorzugen sauberes und kühles Bachwasser (oben).

Ideale Anpassungen an schnellfließende Bachabschnitte zeigen die flachen Eintagsfliegenlarven (unten).

ten umgewandelten Kiemenplättchen drückt das Tier selbst in stärkster Strömung an den Untergrund. Der breite, wie eine umgekehrte Schaufel gebogene Kopf verhindert ein Abtreiben nahezu völlig. Gerade Arten dieser dritten Gruppe sind durch die zunehmende Gewässerverschmutzung bereits selten geworden. Wo sie noch in großer Zahl vorkommen, ist das Wasser des Bachabschnittes noch von guter bis sehr guter Qualität.
Nur wenige Libellenarten haben schnellfließende Bäche besiedelt. Die zu den Kleinlibellen zählende, metallisch grün schillernde Blauflügel-Prachtlibelle finden wir nur in sauberen, unverbauten Bachabschnitten. Tagsüber hält sie sich gern im Wurzelgeflecht unterspülter Bachufer auf, in deren Schutz sie ihre Nahrung erbeutet.
Die schwarzgelb gezeichneten Quelljungfern sind mittlerweile sehr selten geworden. Die bis zu 40 mm große Larve lebt eingegraben im sandigen Bachgrund und benötigt aufgrund der geringen Beutetierzahl und der niedrigen Wassertemperatur dort bis zu fünf Jahre für ihre Entwicklung zum Insekt. Aus ihrem sicheren Versteck im Sanduntergrund heraus hält sie nach Beute Ausschau, nur die Fangmaske ragt etwas heraus. Läuft eine Steinfliegenlarve vorbei oder wird durch die Strömung vorbeigespült, schnappt die Libellenlarve zu und zieht das Insekt zum Verzehr in den Bodengrund.

Im sandigen Untergrund des Baches entwickeln sich die Larven der Gemeinen Eintagsfliege (oben).

Selten findet man die sehr versteckt im Bachgrund lebenden Larven der Zweigestreiften Quelljungfer (unten).

Wie der Schnabel gewachsen

Für unvergeßliche Stunden sorgen ab Beginn des Herbstes sowohl an unseren Küsten als auch an größeren Flachwasserflächen im Binnenland die oft in großen Schwärmen gen Süden ziehenden Watvögel. Gemeinsame Merkmale dieser Arten sind ihre langen Stelzbeine und ein langer, fast pinzettenartig ausgebildeter Schnabel.

Man schätzt, daß etwa fünf bis 10 Millionen Wat- und Wasservögel jährlich an der deutschen Nordseeküste vorbeiziehen, um von den nordischen Brutgebieten zu den klimatisch günstigeren, dafür aber bis zu 15 000 Kilometer entfernten Winterquartieren in Südeuropa und Nordafrika zu gelangen. Auf ihrem anstrengenden Zug rasten viele Watvögel an unseren Küsten. Etwa eine halbe Million überwintert im Wattenmeer, wo sie ihre verbrauchten Fettreserven wieder auffüllen können. Aber auch an Binnengewässern lassen sich zumindest für einige Tage Watvögelschwärme nieder, um sich von den Strapazen zu erholen. Diese meist scheuen Tiere können wir in den weitläufigen Flachwasserzonen von Seen und Teichen ebenso wie in vom Hochwasser überfluteten Feuchtwiesen mit dem Fernglas beobachten. Hier stelzen sie auf ihren dünnen Beinen umher, bis knapp unter das Bauchgefieder im seichten Wasser. Die zu Zigtausenden auf einem Quadratmeter lebenden Schnecken, Würmer

Von hoher Warte aus überblickt die langbeinige Uferschnepfe ihre Umgebung (S. 492 links).

In Flachwasserzonen kann die Bekassine ausreichende Nahrungsmengen finden (oben links).

Leicht erkennbares Merkmal des Rotschenkels ist seine weithin sichtbare namensgebende Beinfärbung (rechts).

und Insektenlarven werden dank der mit feinen Tasthärchen ausgestatteten Schnabelspitze ausgemacht.
Die Flachwasserzonen der Seen und Flüsse zählen ebenso wie das Watt zu den nahrungsreichsten Lebensräumen, die wir in Europa kennen. Der Bodenschlamm stellt für das Heer der Kleintiere eine ideale Umgebung dar: Auf einem Quadratmeter können ca. 37 000 Wasserflöhe, fast 40 000 Zuckmückenlarven, 5 000 Hüpferlinge, 4 000 Schlammröhrenwürmer und etwa 250 000 Muschelkrebse leben. Diesem Nahrungsangebot verdanken die Wasservogelrastplätze ihre internationale Bedeutung, so daß es unser vorrangiges Ziel sein sollte, diese einmaligen Lebensräume zu erhalten.
Leider hat sich an unseren Binnengewässern in den letzten Jahrzehnten eine traurige Bilanz abgezeichnet. Von den ehemals großen Brutvogelbeständen der Watvögel sind nur noch wenige Paare übriggeblieben: Der Bestand des Brachvogels zählt noch etwa 5 000 Paare, die Uferschnepfe brütet in Norddeutschland noch mit 7000 Paaren, der Rotschenkel wurde im Binnenland sogar fast

Der Große Brachvogel zählt zu den größten Watvogelarten; er brütet auch im Binnenland (links).

An freien Wasserstellen sammeln sich im Winter oft große Scharen unterschiedlicher Entenarten und Rallen.

an den Rand der Ausrottung getrieben. Ursachen für diesen gewaltigen Rückgang sind in der Trockenlegung von Feuchtwiesen, aber auch der Umgestaltung und verstärkten Nutzung von See- und Flußufern zu suchen. Watvögel haben aufgrund ihrer spezialisierten Ernährungsweise bestimmte Vorstellungen von ihrem Rastplatz, die in ihrem Instinkt verankert sind. Nur selten kommt es deshalb vor, daß ein künstlich geschaffener Lebensraum so viel Zustimmung findet, wie dies bei den Flächen der Rieselfelder nördlich der Stadt Münster in Nordrhein-Westfalen der Fall ist. Zeitweilig rasten mehrere Tausend Durchzügler auf dem Gelände der ehemaligen Kläranlage, die sich zu einem Paradies aus Menschenhand entwickelt hat. Hier finden die ausgehungerten Vögel ähnlich üppige Nahrungsmengen wie in ihren natürlichen Lebensräumen. Mittlerweile sind die Rieselfelder als Feuchtgebiet von internationaler Bedeutung anerkannt worden und stellen eines der wichtigsten Wasservogelreservate der Bundesrepublik dar. Einige Arten haben sich hier sogar als Brutvögel niedergelassen.

Ein typischer, vor 50 Jahren häufiger Vertreter der Watvögel, der von den Jägern auf dem „Schnepfenstrich" in großen Zahlen erlegt wurde, ist die Bekassine oder Sumpfschnepfe. Heute stehen die wenigen tausend noch verbliebenen Brutpaare unter Naturschutz, weil die Zerstörung ihrer Lebensräume weit fortgeschritten ist. Nur selten können wir noch in den norddeutschen Niederungen ihren gleichtönig flötenden Ruf hören.

Während die Bekassine ganz auf ihre perfekte Tarnung vertraut und man oft auf ein fast unbewegt sitzendes Tier treffen kann, flüchtet der Große Brachvogel bereits auf große Distanz. Man kann die kräftige Art sofort an ihrem charakteristischen, nach unten gebogenen Schnabel erkennen. Meist hören wir aber bereits von weitem den klangvollen, trillernden Ruf, mit dem die Männchen aus 20 bis 40 Metern Höhe ihr Revier markieren. Auch der Brachvogel hat unter der Umwandlung der ehemals nur wenig genutzten Feuchtwiesen in Maisäcker und dem Rückgang der Weidewirtschaft zu leiden.

Der nur drosselgroße Rotschenkel mit seinen knallroten Stelzen gehört an der Küste zu unseren häufigsten Watvögeln. Im Binnenland dagegen ist er fast ausgestorben. Im Gegensatz zu den einfachen Nestmulden der übrigen Watvögel baut er sich im dichten Pflanzendickicht eine Laube, in deren Schutz das Brutgeschäft stattfindet. Da ihm der typische lange Watvogelschnabel fehlt, sucht er nur oberflächlich nach Kleintieren und pflügt mit geöffnetem Schnabel durch den Schlamm.
Eine der größten Arten ist die bis zu 40 cm große Uferschnepfe, die durch ihre lauten Protestrufe bei Störungen Unruhe unter die ansonsten ruhige Schar der „Mitwater“ bringt.
Da sich die Überlebensbedingungen unserer letzten Watvögel ständig verschlechtern, ist es dringend erforderlich, die noch existierenden Feuchtwiesen, Moor- und Heidegebiete und Flachgewässer zu erhalten. Gebiete wie die Rieselfelder von Münster zeigen uns, daß es noch möglich ist, dem Artenschwund entgegenzuwirken.
Noch recht zahlreich sind bei uns einige Arten der Entenvögel und Rallen. Sie benötigen mehr Wasser unter dem Kiel als die in den Flachzonen umherstelzenden Watvögel. Sofern das Nahrungsangebot stimmt, halten sie sich sogar auf Teichen in Stadtnähe auf. Die weiten Zugstrecken in den Süden sparen sich die Entenvögel, da sie viel zu schwerfällig und plump für lange Flugstrecken sind. So bleiben sie trotz Eis und Schnee oft in größeren Überwinterungsgesellschaften bei uns.

Eiszauber

Seit dem Einbruch des Winters verläuft in den Gewässern das Leben vollständig auf Sparflamme. Viele Tiere sind zu Beginn der ersten Nachtfröste in den Bodenschlamm verschwunden und verschlafen hier in frostsicherer Tiefe den Winter. Insekten, die sich nicht in den Schutz eines Versteckes oder in den Schlammuntergrund in Frostsicherheit bringen konnten, sterben mit Beginn der Nachtfröste.

Wo sich das Eis ungestört bilden kann, entsteht eine nahezu klare, durchsichtige Eisdecke. An Stellen, wo vom Wind der Schnee zur Seite gefegt wurde, können wir auf den Boden des Tümpels blikken und entdecken dort trotz Eis und Schnee grüne Pflanzen. An sonnigen Wintertagen genügt ihnen das Licht sogar noch zur Photosynthese. Ein deutliches Zeichen für die Lebensvorgänge unter dem Eis sind kleine Luftblasen, die aus den Pflanzenbeständen aufsteigen, sich in größeren Blasen sammeln und als milchig trübe Gebilde in die Eisdecke eingeschlossen werden. Auch jetzt im Winter produzieren die Pflanzen weiterhin den für Tiere lebenswichtigen Sauerstoff. Aber auch unter den Tieren gibt es ganzjährig aktive Lebewesen, die sich selbst von Schnee und Eis nicht beeindrucken lassen. Wie alle wechselwarmen Tiere sind auch die einheimischen Fische von der umgebenden Wassertemperatur abhängig, die im Winter

Am Gewässerrand zeigt uns eine zerbrechliche Eisschicht den ehemaligen Wasserstand (rechts).

Oftmals zieren bizarre Eisbildungen die Kaskaden der Bachläufe (links).

Das Wintervergnügen auf einem zugefrorenen See kann für die Tiere unter dem Eis sehr gefährlich sein (unten).

am Grund des Gewässers in frostsicherer Tiefe 4 Grad Celsius beträgt. Ihre Reaktionen werden zwar verlangsamt, reichen aber dennoch zur Jagd auf Kleinlebewesen aus.
Winterliche Gewässer erfreuen sich bei den Menschen großer Beliebtheit. An den bizarren Eisbildungen zugefrorener Bäche oder den eisüberkrusteten Pflanzen der Spritzwasserzone kann man sich nicht satt sehen. Unter einer mächtigen Eisschicht ruhende Teiche bieten noch ganz andere Reize: Wer hat sich nicht schon auf einer Schlitterbahn quer über das Eis mehr oder weniger unsanft auf den Hintern gesetzt? Der zugefrorene Teich ist tagelang der Treffpunkt der Schlittschuhläufer der Umgebung.
Doch wer denkt dabei an die Tiere, denen wir fast auf dem Kopf herumtreten? Die Schall- und Druckwellen dringen auch bis in die hinterste Ecke, kein Versteck kann den Fischen davor Schutz bieten. Oft jagen Fische in panischer Flucht von einer Gewässerbucht in die gegenüberliegende, um den Störungen zu entgehen. Bei jeder Flucht werden lebenswichtige Energiereserven verbraucht. Ein überlegter und ruhiger Umgang mit der Natur ist gerade auch im Winter notwendig, da jetzt alle Lebensvorgänge nur langsam ablaufen und Störungen viel schwerwiegendere Folgen haben, als wir vermuten.

Vögel im Winter

Während der Großteil unserer Vogelarten es vorzieht, die kalte und problematische Jahreszeit im sonnigen Süden zu verbringen, gibt es auch einige Arten, die Wind und Wetter trotzen. Einige Vogelarten aus dem hohen Norden finden unsere Winter sogar so erträglich, daß sie bei uns überwintern.
Neben den Watvögeln finden wir bei uns einige Vogelarten, die sich ebenfalls dem Lebensraum Wasser in perfekter Weise angepaßt haben. Wegen seiner exotischen Gefiederpracht gehört der weithin bekannte Eisvogel zu den schönsten an das Wasser gebundenen Vogelarten, der seinen Namen „fliegender Edelstein“ zu Recht trägt.

Seine Heimat sind Flüsse und Bäche, an die er zwei Bedingungen stellt: Zum einen muß der Bach noch seine natürliche mäandrierende Gestalt mit Steilufern haben, an denen der Eisvogel seine Brutröhren bis zu 1 m tief in den Boden gräbt, zum zweiten benötigt er ausreichende Kleinfischbestände, die nur noch in sauberen Fließgewässern anzutreffen sind. Von der erhöhten Warte eines über das Wasser ragenden Astes späht er nach Beute, die er mit gezielten Sturzflügen erbeutet. Danach wird der Fisch schnabelgerecht nach Eisvogelart zubereitet, indem er ihn so lange gegen den Ast schlägt, bis die Beute „weichgeklopft“ ist und kopfvoran verschlungen werden kann. Beson-

Von der erhöhten Warte eines Steines aus startet die Wasseramsel ihre Tauchgänge (links).

Langanhaltende Frostperioden können dem Eisvogelbestand große Verluste zufügen (rechts).

ders zur Brutzeit kann der kleine Kerl ganz schön ins Schwitzen geraten, denn bis zu acht hungrige Mäuler betteln unaufhörlich nach Nahrung.
Solange die Bäche gute Kleinfischbestände aufweisen und der Eisvogel reichlich Beute machen kann, sind kaum Probleme zu erwarten. Wenn allerdings in strengen Wintern auch die letzten Fließgewässerabschnitte zufrieren, beginnt für ihn eine harte und verlustreiche Zeit. Bereits wenige eisige Tage reichen aus, um große Teile des Eisvogelbestandes verhungern zu lassen. Bis zu 90% können innerhalb eines Winters auf der Strecke bleiben, so daß erst nach Jahren die ehemalige Bestandsgröße wieder erreicht ist. Einzeltiere versuchen durch Abwanderungen an andere Gewässer ihrem Schicksal zu entgehen. In ihrer Not suchen Eisvögel auch Fischteiche auf, an denen sie dann jagen und sich als Fischräuber den Unmut der Teichwirte zuziehen. Oftmals bieten diese Teiche die letzte Möglichkeit der Nahrungssuche, so daß wir den Eisvögeln ein paar Fische durchaus gönnen sollten.
Schier Unglaubliches zeigt die Wasseramsel, die – wie der Eisvogel – natürlich fließende, saubere Bäche und Teiche besiedelt. Ihre Spezialität ist die Unterwasserjagd, die sie selbst an reißenden

Die Gebirgsstelze verbringt die kalte gefahrvolle Zeit an geschützten Gewässerabschnitten (oben).

Bei starken Kälteeinbrüchen können Graureiher ohne Fischnahrung auskommen, da sie sich auch von Mäusen ernähren (links).

Abschnitten der Mittelgebirgsbäche ausübt. Mit viel Glück können wir den braunschwarzen, etwa starengroßen Vogel mit der weißen Brust und dem Stummelschwanz auf einem aus dem Wasser ragenden Stein im Fluß ausmachen. In regelmäßigem Abstand wippend, verbleibt er nur wenige Augenblicke, bevor er kopfüber in die Strömung springt und erst nach 15 Sekunden etliche Meter weiter wieder auftaucht. Was wir gesehen haben, ist keine Flucht vor uns, sondern die Jagd-

Wo an Bachläufen freie Wasserstellen die Jagd auf Kleinfische ermöglichen, findet der Eisvogel noch ausreichend Nahrung.

methode der Wasseramsel. Sie taucht in das Wasser ein und „fliegt“ gegen die Strömung, so daß durch den Wasserdruck gegen die ausgebreiteten Flügel der Vogel auf den Grund gepreßt wird. Mit den scharfkralligen Füßen hält sie sich dabei an Steinen fest, um am Bachgrund nach Steinfliegen- oder Köcherfliegenlarven zu suchen. Da sie auch an schnellfließenden Gewässerabschnitten jagen kann, friert ihr die Speisekammer nur in den seltensten Fällen zu.

Die gelbe Gebirgsstelze mit graublauem Kopf und Rücken zählt auch zu den Bewohnern der Bäche. Obwohl die verwandte Bachstelze dem Namen nach viel eher zum Bach gehören würde, ist die Gebirgsstelze der eigentliche Bachbewohner. Ihre Nahrung besteht hauptsächlich aus Insekten, die gerade im Sommer die Bäche bevölkern. Die Gebirgsstelze sucht ihre Beute besonders im Uferbereich entlang der Wasserstandslinie. Sie hat von der Umgestaltung der Bach- und Flußläufe profitiert, da sie in den Nischen und Höhlungen der bis an den Rand des Gewässers gebauten Gebäude, Brücken und Ufermauern ihr Nest baut. Sie nistet bei weitem nicht so versteckt wie die Wasseramsel, die sogar unter Brücken knapp oberhalb der Hochwasserlinie ihre Kinderstube anbringt. Nach der Brut wandert sie meist an größere und geschützter liegende Gewässer ab, wo das Nahrungsangebot auch im Winter gesichert ist.

Wenn viele Gewässer bereits unter Schnee und Eis begraben sind, bleiben die schnellfließenden Oberläufe der Bäche noch lange Zeit zugänglich. Diesem Umstand ist es zuzuschreiben, daß die Fließgewässerspezialisten unter den Kleinvögeln auch im Winter ihre Stellung halten können und bereits im zeitigen Frühjahr ihre Balzzeit beginnen.

Hin und wieder läßt sich auch einer der bei uns überwinternden Graureiher in nahrungsversprechenden geschützten Tälern nieder. Die zahlreichen Fischteiche in den Tälern der Mittelgebirge bieten ihm einen reichgedeckten Tisch. Verständlicherweise versuchen Teichbesitzer mit Netzen und Stolperschnüren, den gefräßigen Burschen von ihren Fischbeständen fernzuhalten. Der Name „Fischreiher“ hat ihn aber zu Unrecht zum ausschließlichen Fischräuber abgestempelt, da ein Großteil seiner Nahrung auch aus Fröschen, Mäusen und Insekten besteht.

Winter Unterwegs auf der Wiese

Patente für das Überleben

Zwei Faktoren bestimmen die Überlebenschancen der Pflanzen in der Wiese: Wenn der Sensenmann anrückt und die Wiese niedermacht, bricht zunächst einmal ein reichhaltiges Gefüge zusammen. Es ist so, als ob der gesamte Pflanzenbestand durch eine heftige Beweidung gleichzeitig abgegrast würde. Etliche Pflanzen halten dem Verbiß durch Mahd oder Weidetiere aber ganz hervorragend stand und kommen auch dann wieder zum Vorschein, wenn sie in einer Saison gleich mehrfach geköpft wurden. Es gibt aber auch sozusagen Einwegpflanzen, für die die Mahd ein einmaliger Einschnitt ist.

Die zweite bestimmende Stellgröße ist das Klima, das den Pflanzen während des Winters mit schöner Regelmäßigkeit eine längere Ruhepause aufzwingt. Kritische Größe sind dabei die tieferen Temperaturen, die das Wasser erstarren lassen. Grüne Pflanzen hätten daher während des Winters laufend Nachschubprobleme. Pflanzen, die mit der mehrwöchigen Eiszeit zwischen Spätherbst und Frühjahr zurechtkommen wollen, müssen wohl zu besonderen Mitteln greifen, um sich dem zu erwartenden Kältestreß anzupassen.

Wie die Pflanzen dies schaffen, ist weitgehend eine Frage des Lebensstiles. Verschiedene Wege führen zum Ziel. Auch bei den Wiesenpflanzen wurden gleich mehrere Lösungen erprobt.

Auch großwüchsige Wiesenstauden wie der Bärenklau (*Heracleum sphondylium*) geben zum Winter alle oberirdischen Teile auf (links).

Nur wenige Pflanzen, darunter vor allem die rasen- oder horstförmig wachsenden Gräser, überdauern die kalte Jahreszeit dicht am Boden (rechts).

Wie man sich bettet, so lebt man

Man kann die rund 2200 Arten Wildpflanzen, die in der Bundesrepublik Deutschland vorkommen, sicherlich nach ganz verschiedenen Gesichtspunkten einteilen: Es gibt nützliche und weniger nutzbare, großwüchsige und winzige, giftige und harmlose, buntblumige und bescheidene Arten. Für wissenschaftliche Zwecke ist es auch sinnvoll, sie nach Verwandtschaftsgruppen wie Gattungen, Familien oder Ordnungen zusammenzufassen. Das natürliche Verwandtschaftssystem ist eine äußerst hilfreiche Registratur, in der man die einzelnen Arten ablegen und somit Übersicht gewinnen kann.
Um die Pflanzen zu gruppieren, gibt es ein weiteres, nämlich ökologisches Kriterium. Dabei wird berücksichtigt, wie die jeweilige Art in den Winter geht und mit welchen Teilen sie die klimatische Wachstumspause übersteht. Trotz aller Verschiedenartigkeit in Aussehen, Verwandtschaft und Standortwahl lassen sich alle einheimischen Blütenpflanzen einer von nur fünf Gruppen oder Lebensformen zuordnen: Eine Pflanze gehört entweder zu den Bodenpflanzen, Erdschürfpflan-

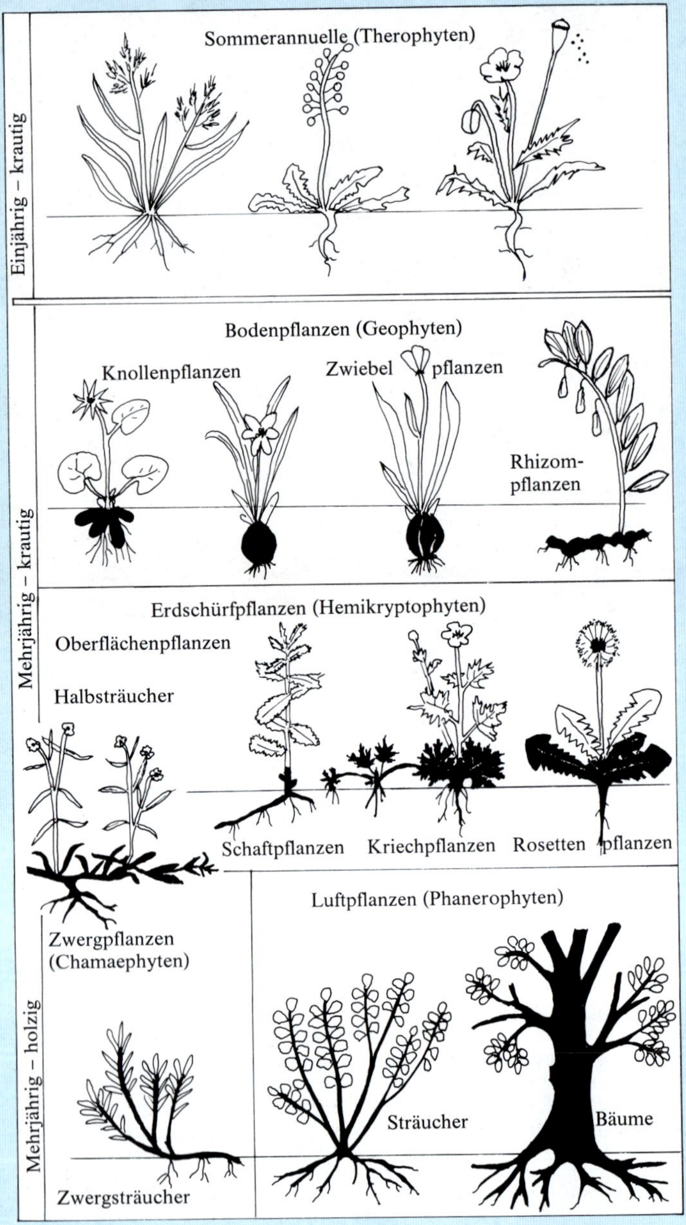
Einjährig – krautig
Sommerannuelle (Therophyten)
Mehrjährig – krautig
Bodenpflanzen (Geophyten)
Knollenpflanzen
Zwiebel pflanzen
Rhizom-
pflanzen
Erdschürfpflanzen (Hemikryptophyten)
Oberflächenpflanzen
Halbsträucher
Schaftpflanzen
Kriechpflanzen
Rosetten pflanzen
Mehrjährig – holzig
Zwergpflanzen
(Chamaephyten)
Zwergsträucher
Luftpflanzen (Phanerophyten)
Sträucher
Bäume

Wiesen-Frauenmantel (*Alchemilla vulgaris*) und Wiesen-Habichtskraut (*Hieracium umbellatum*) überdauern mit bodenanliegenden Rosettenblättern und den darunter verborgenen Knospen.

Schema der Lebensformen. Überwinternde Teile sind schwarz dargestellt.

zen, Zwergpflanzen, Luftpflanzen oder ist ganz einfach einjährig. Entscheidend für die Zuordnung ist die genaue Lage der ausdauernden Teile zur Bodenoberfläche.
Der Blick auf die Pflanzen der Herbstwiese und ihr Umland zeigen uns bestimmt eine ganze Auswahl von Vertretern dieser Überwinterungsstrategien. Zur Gruppe der Geophyten gehören nur wenige Wiesenpflanzen (z. B. die Herbst-Zeitlose). Außerhalb ihres Blühauftritts sind sie fast immer unsichtbar.
Es geht auch anders: Eine Wiese ist schließlich auch im Winter grün(lich), und folglich sind hier Pflanzen sichtbar. Dicht am oder gerade noch im Boden bleiben Knospen erhalten, die sich im Schutz der eigenen, aber schon abgestorbenen Sommerblätter verbergen. Blattrosetten (z. B. Löwenzahn) und Kriechsproßpflanzen (z. B. Hahnenfuß) sind typische Erdschürfpflanzen. Zur gleichen Gruppe gehören auch die Horstpflanzen (z. B. die Gräser) sowie die Schaftpflanzen (z. B. Wiesen-Kerbel, Taubnessel), deren Erneuerungsknospen tief an der Basis des abgestorbenen Stengels sitzen. Einjährige Pflanzen sind in der Wiese selten.

Ganz schön unverfroren

Zugegeben: Nach landläufiger Einschätzung hat die Pflanzenwelt im Winter weitgehend Pause. Die laubwerfenden Bäume haben ihr Blattwerk längst abgelegt, nahezu sämtliche Kräuter oder Stauden haben sich auf überwinterungsfähige Ruheorgane zurückgezogen. Und dennoch können Sie jetzt getrost eine Wette abschließen: Es blüht nämlich draußen trotzdem, mitten im Winter und auf jeden Fall lange vor dem offiziellen Start des Vorfrühlings. Blütenpflanzen, die auch oder vielleicht sogar gerade im Winter blühen, fallen mit dieser merkwürdigen Saisonwahl gewiß etwas aus dem Rahmen. Während die winterlichen Temperaturen die Mehrzahl der übrigen Lebewesen, Pflanzen ebenso wie Tiere, weit unterhalb der Aktivitätsschwelle halten, scheren ein paar Winterblüher aus und rollen ihr verfrüht erscheinendes Entwicklungsprogramm fast unbeeindruckt von Jahreszeit und Witterung ab.

Die Unentwegten

Strenggenommen muß man bei den winterblühenden Pflanzenarten zwei Gruppen unterscheiden. In der einen und zahlenmäßig auch viel besser bestückten finden sich alle diejenigen Arten zusammen, die immer noch blühen, weil sie gleichsam das eigentliche Saisonende verpaßt haben. Diese Pflanzen sind auch im Wiesenge-

Ein nahezu unermüdlicher Blüher, der auch noch in den Winterwochen an Wiesensäumen zu finden ist, ist das Gemeine Kreuzkraut (*Senecio vulgaris*, links).

Meist fallen die Blütenstände des Gänseblümchens (*Bellis perennis*) in der kalten Jahreszeit nicht so üppig aus wie im Frühjahr und Sommer (Mitte).

Ziemlich unscheinbar und wenig auffällig sind die nur wenige Millimeter breiten Blüten der Vogelmiere (*Stellaria media*, rechts).

lände und im benachbarten Kulturland durchaus nicht selten, und wir wollen deshalb einen Winterspaziergang dazu verwenden, einmal gezielt Nachsuche zu halten. Die zweite Artengruppe umfaßt jene Spezialisten, die zu anderen Jahreszeiten nicht und somit ausschließlich im Winter blühen. Solche unverfrorenen Sonderlinge werden wir in der Wiese wohl nicht finden. Sie gehören meist völlig anderen Lebensräumen an.

Ganz vorn auf der Liste der unentwegten Ganzjahresblüher steht das Gänseblümchen – in jedem Vorstadtzierrasen fürchterlich verpönt, aber jetzt auf der Winterwiese im Tiefstand ein durchaus beachtenswertes Schmuckstück. Gewiß fällt sein Blütenflor im sommerlichen Halbjahr wesentlich üppiger aus, doch reicht seine Saison tatsächlich von Januar bis Dezember. Die Winterausgabe der Blütenköpfe fällt auch etwas kleiner aus. Während man im Frühsommer ungefähr 25 Millimeter Blütenkopfdurchmesser feststellen

Das Einjährige oder Gemeine Rispengras (*Poa annua*) ist auch im Siedlungs- und Gartenland als Winterblüher vertreten (links).

Bis spät in die Saison entwickelt das Einjährige Bingelkraut (*Mercurialis annua*) seine Blütenstände. Oft sind die Pflanzen zweihäusig (rechts).

kann, sind es vielleicht knapp zehn Millimeter. Auch öffnen sich die Köpfe manchmal nicht ganz vollständig, denn dazu benötigen sie neben Licht auch etwas Wärme. Aber wenn die Wintersonne flach über dem Horizont auftaucht, recken sich ihr alle Köpfe entgegen. Sie werden dem Sonnengang sogar wie kleine Solarantennen nachgeführt.

Anleihe in der Nachbarschaft

Im Kulturland, in dem außer den Wiesen auch Äcker und Felder bewirtschaftet werden oder wo Gärten an eine Winterwiese angrenzen, werden etliche Pflanzenarten zu beobachten sein, die keine ausgesprochenen Wiesenarten sind, aber dennoch zaghafte Besiedlungsversuche zumindest der Randbereiche unternehmen. Besonders an solchen Stellen, wo Viehtritt oder Maulwurfshügel kleine Freiflächen geschaffen haben, entbrennt sofort ein heftiges Gerangel um die besten Plätze. Einjährige Arten mit hoher Reproduktionsrate sind da mit Sicherheit im Vorteil und bilden die erste Besiedlungsgeneration, ehe sie dauerhafteren Konkurrenten weichen müssen.
Zu diesen Pflanzen gehört beispielsweise das Gemeine Kreuzkraut, ein Korbblütengewächs,

Unter den Spätblühern der Wiese findet sich manchmal auch der Hopfen-Schneckenklee (*Medicago lupulina*). Die Fruchtreife schaffen die Blüten gewöhnlich nicht mehr (links).

Die spät im Jahr entwickelten Blüten der Stengelumfassenden Taubnessel (*Lamium amplexicaule*) öffnen sich nicht mehr (rechts).

das außerordentlich zurückgezogen blüht und deswegen kaum auffällt – schon gar nicht im Sommerhalbjahr, wo es der prächtig herausgeputzten Konkurrenz unterliegt. Im Unterschied zum Gänseblümchen und vielen anderen Korbblütengewächsen bildet dieses Kreuzkraut keine randlichen Strahlblüten aus. Die wenigen funktionstüchtigen Röhrenblüten packt es auch noch in eine enge, zusammengezogene Hüllblattröhre. Das Blühen und Fruchten spielt sich bei dieser Art unter Verschluß ab. Man erkennt nur hellgelbliche Leuchtpunkte oder die weißlichen Schöpfe zur Zeit der Fruchtreife und, wenn es sein muß, auch zur Weihnachtszeit.

Ein paar weitere Spätberufene verleihen dem Grün- und Kulturland ein paar bescheidene Farbtupfer. Hier und da mag sich noch eine goldgelbe Blüte des Scharfen Hahnenfußes zeigen, nachdem die Pflanze nach mehrmaligem Schnitt noch einmal einen letzten Anlauf zur Fruchtbildung unternommen hat. Ähnlich steht es auch um den Weiß-Klee oder den Roten Wiesenklee, die beide erstaunliche Ausdauer im Wachsen zuwege bringen, oder zwei bis drei Ehrenpreis-Arten, Eindringlinge oder Neugierige vom benachbarten Acker.

Feuchte Wiesen – viele Vögel

Vogelarten, die hoch im Norden brüten, können nur wenige Wochen im eigentlichen Brutrevier verbringen, weil die Witterung zu wünschen übrig läßt und weil auch die Nahrung reichlich knapp bemessen ist. Also verlassen sie nach erfolgreicher Aufzucht ihrer Jungen schon sehr bald ihre großräumigen Reviere, um weiter südlich gelegene Rast- und Mauserplätze aufzusuchen, ehe die Reise eventuell noch weiter geht. So treffen schon im Spätsommer größere Vogelscharen im Küstenland an Nord- und Ostsee ein. Limikolen oder Watvögel nennt man die Schnepfen, Wasser- und Strandläufer, Regenpfeifer, Stelzenläufer und viele andere Vogelgruppen, die sich sehr gerne im Grünland am Küstensaum aufhalten. Bis in den Herbst hinein dauert der Zug- und Durchzug an. Nicht alle bleiben an unseren Küsten, aber einige können auch im Bereich der südlichen Nordsee überwintern.

Futterplätze für Millionen

Die Schlickflächen des Wattenmeeres, die angrenzenden Salzwiesen und das Dauergrünland der Marschen sind auch im Winter nahezu unerschöpfliche Nahrungsressourcen. Die Mehrzahl der Durchzügler oder Überwinterer hält sich darum auch gerne in der Nähe der Flutsäume auf. Der Gezeitenrhythmus diktiert hier die Zeiten der Nahrungssuche. Bei Niedrigwasser sind die Vogelscharen, die man nur nach Hunderttausenden oder gar Millionen zählen kann, weit draußen auf den Schlickbänken und Mischwatten. Bei Hochwasser suchen sie dagegen geschütztere Einstandsplätze vor oder hinter dem Deich auf. Wichtig ist jetzt, daß die rastenden Vögel auch tatsächlich ihre Ruhe behalten und nicht ständig durch Spaziergänger oder allzu neugierige Beobachter aufgescheucht werden. Jedes Störmanöver mit anschließendem Auffliegen und Wegstreichen verbraucht unnötige Energie.
Kleinere Trupps von Durchzüglern und Wintergästen streifen auch weiter umher und fallen in den Feuchtwiesen des küstennäheren Binnenlandes ein. Bis in das Münsterland reichen die nordwestdeutschen Winterquartiere mancher Limikolen.

Küste im kleinen

Hinsichtlich Artenzahl und Individuendichte kann das atlantisch beeinflußte und daher relativ wintermilde Grünland Nordwestdeutschlands zwar nicht mit dem unmittelbaren Küstensaum konkurrieren. Zahlreiche bemerkenswerte Arten sind an geeigneten Stellen auch mitten im Winter zu beobachten. Truppweise treffen Exemplare des Knutts ein, der im Wattenmeer zur Hauptzugzeit die wohl eindrucksvollsten Vogelansammlungen überhaupt bildet. Im Binnenland hält er sich gern an den Schlamm- oder Sandufern größerer Gewässer auf.

Ringelgänse (*Branta bernicla*) weiden in den Winterquartieren an der Nordsee vor allem die bei Ebbe freifallenden Zwergseegraswiesen ab (oben).

Nonnengänse (*Branta leucopsis*) sind sehr gesellig und schließen sich im Winterquartier häufig anderen Gänsearten an (unten).

Das Brutgebiet dieser Vögel, die vereinzelt auch bei uns überwintern, liegt in Grönland. Nur etwa starengroß ist der Alpenstrandläufer, der sowohl Durchzügler als auch Jahresvogel ist. Allerdings erhält er im Herbst gewaltige Verstärkung aus dem Norden Skandinaviens und Eurasiens. Ausgesprochene Feuchtwiesenliebhaber sind beispielsweise die schmucken Rotschenkel. Nur die Angehörigen nordischer Populationen überwintern in unserem Küstenraum oder im küstennahen Binnenland, wobei Grasländer mit größeren Naßstellen oder sogar Seichtwasser auf jeden Fall vorhanden sein müssen. Fast nur als Durchzügler sieht man dagegen den etwas größeren Grünschenkel oder den Dunklen Wasserläufer. Der Große Brachvogel, unsere größte Watvogelart, ist im Küstengebiet ebenfalls Jahresvogel, sucht aber auch gerne extensiv genutzte Feuchtwiesen auf. Fast immer werden auf kurzwüchsigen Niederungswiesen im milden Nordwesten auch Kiebitze zu sehen sein – eine Art mit ausgeprägter Vorliebe für binnenländisches Grünland.

Gänse als Gäste

Zu den besonders eindrucksvollen Wintergästen gehören die scharenweise einfallenden Gänse. Im grünen Küstensaum kann man zwei Artengruppen beobachten, die entweder schwärzlich

Bekassinen (*Gallinago gallinago*) sieht man außerhalb der Brutzeit an Seeufern, in Feuchtwiesen oder an Gräben (oben).

Die Uferschnepfe (*Limosa limosa*) hält sich gerne auf Feuchtwiesen mit extensiver Nutzung auf (unten).

Kiebitze (*Vanellus vanellus*) sind in den küstennahen Wiesen und Feuchtgebieten Jahresvögel.

oder heller graubraun gefiedert sind. Gut unterscheidbar innerhalb der dunkleren Gänse ist die Ringelgans, die sich in großer Anzahl vom Oktober bis Mai in den Seegraswiesen des Deichvorlandes aufhält. Unsere Wintergäste gehören der östlichen Rasse an, die im arktischen Europa brütet. Auch die Nonnengans kann man an ihrer weißen Kopfzeichnung selbst auf größere Entfernung gut erkennen.
Schwieriger ist da schon die Unterscheidung der verschiedenen grauen Gänse-Arten. Saatgans, Bläßgans und Kurzschnabelgans suchen zwischen Elbe und Niederrhein ihre Winterquartiere auf, wobei zwischen dem eigentlichen Ruheplatz (flaches Gewässer) und dem Äsungsplatz (Wiesen und Weiden) auch größere Entfernungen liegen können. Wichtig ist auch in diesem Fall, daß die rastenden oder weidenden Vögel nicht ständig gestört werden.

... schon gewußt?

Hervorragende Plätze zur winterlichen Beobachtung von Rastvögeln sind neben den breiten Flußauen (beispielsweise im Niederrheingebiet) und den nordwesteuropäischen Küstenregionen (wie das Wattenmeer) auch große Baggerseen mit flachen, offenen Ufern.

7
1
2

Rastplatz für Durchzügler und Wintergäste. 1 Saatgans, **2** Kiebitz, **3** Uferschnepfe, **4** Großer Brachvogel, **5** Brandgänse, **6** Rotschenkel, **7** Kranich.

Mit Haken und Ösen

Haben Sie nach einem Spaziergang durch Wald und Flur schon einmal Schuhwerk oder Kleidersäume genauer inspiziert? Fast immer finden sich dort blinde Passagiere – Samen oder Früchte oder eine Mischung von beiden. Viele Pflanzenarten und darunter selbstverständlich auch solche des Grünlandes haben es geradezu darauf abgesehen, ihre Samen oder Früchte unter Einsatz ausgeklügelter Verfahren auf direktem Wege transportieren zu lassen – und sei es durch ein kleidertragendes Wirbeltier.

Überbrückungshilfen

Fast jede Pflanzenart produziert Samen in Hülle und Fülle – fast so, als ginge es darum, die Kontinente schon in der nächsten Generation flächendeckend zu besiedeln. Masse allein tut es jedoch nicht. Das Vermehrungsgut muß auch geschickt lanciert und tatsächlich verbreitet werden.

Pflanzen sind nun einmal ortsfeste Lebewesen, mit ihrem jeweiligen Stand- oder Wuchsort unverrückbar fest verwurzelt. Diesen scheinbaren Nachteil erheblich eingeschränkter Beweglichkeit gleichen sie jedoch einfallsreich aus. Denn für ihre Verbreitungseinheiten sind selbst größere Distanzen kein richtiges Pro-

Ameisen tragen durch Samen- und Fruchtverschleppung erheblich zur Artenverbreitung bei: Schwerstarbeit beim Verschleppen einer Grasfrucht.

Aus dem üppigen Blütenstand des Weidenröschens (*Epilobium*) hat sich ein eindrucksvoller Fruchtstand entwickelt (links).

Wohlverpackt sitzen die einzelnen Flugsamen in der aufgesprungenen Kapsel (rechts).

blem. Bereits die Blütenpollen zeigen nahezu vollendet die zur Hauptsache genutzten Transportrouten auf: In der Luft oder im Wasser werden sie gleichsam zu ihrem eigenen Verkehrsmittel. Andererseits werden aber auch die Tiere gezielt in das Ausbreitungsprogramm einbezogen. Auf die gleichen Karten setzen auch die Samen und Früchte. Während bei den Pollen und ihrer Aussendung genetische Gesichtspunkte im Vordergrund stehen, dient die Verschickung von Samen oder Früchten der Arterhaltung in Raum und Zeit. Bei aller Übereinstimmung der Transportwege von Pollen und Samen finden sich auf der anderen Seite doch auch gewaltige Unterschiede bei der technischen Realisierung der Reise. Früchte (mit denen gewöhnlich gleich mehrere Samen als geballte Ladung losgeschickt werden) und Samen gleichen sich untereinander in der Wahl der Verbreitungshilfen viel mehr.

Pflanzliche Luftfahrt

Viele Samen oder Früchte sind so gebaut, daß sie mit einem Fallschirm an den Start gehen können. Geradezu perfekt zeigt dies der Löwenzahn mit seinen frühsommerlichen Flugübungen (S. 118).

Beim Weidenröschen, einem

häufigen Besiedler von Säumen und Gebüschen auch am Rande der Wiesen, sind es im Gegensatz zu den Korbblütengewächsen nicht die Früchte, die im Geschirr eines Fallschirmes hängen, sondern tatsächlich einzelne Samen. Folglich wird in diesem Fall die gesamte Flugausrüstung auch nicht aus Bestandteilen der Blütenachse, sondern von der Samenanlage beigesteuert. Trocknung reißt die reife Kapselfrucht der Weidenröschen-Arten auf. Weißlich quillt die Masse der Flughaare hervor. Genaueres Hinsehen zeigt, wie säuberlich sortiert die einzelnen Fallschirmspringer in Reih und Glied sitzen. Mit dem ersten Windstoß, der in die offene Kapsel fährt, kommt Leben in die Truppe. Durch ihre besondere Anordnung in der Kapsel reißen sie sich sogar gegenseitig los. Versuchen Sie einmal, einen einzelnen Samenfallschirm herauszulösen. Kaum hat man vorsichtig zugefaßt, lockert sich gleich der ganze Springerverband.

Die flugfähigen Samen sind extreme Leichtgewichte, da sie ja eine entsprechende Reichweite erzie-

Nach dem Ausreifen werden die Früchte der Wilden Möhre (*Daucus carota*) sehr viel Anhänglichkeit zeigen. Schon jetzt sind ihre Kletteinrichtungen nicht zu übersehen (links).

Die Flugapparate des Wiesen-Pippaus (*Crepis biennis*) sind ähnlich konstruiert wie beim Löwenzahn (Mitte).

Bei der Nelkenwurz (*Geum urbanum*) entwickeln sich die Griffel der Blüten zu Enterhaken für die Fruchtverschleppung (rechts).

len sollen. Und sollte einmal das Wetter wegen Regen oder Schnee nicht mitspielen, geht niemand an den Start: In diesem Fall klemmen die Samenfallschirme nämlich in ihrer Kapsel.
Die Samen der Wiesen-Orchideen sind durch äußerst sparsame Konstruktion sogar so leicht, daß sie auf zusätzliche Ausrüstungen für die Flugreise vollends verzichten können. Die Samen der Knabenkräuter oder der Händelwurz wiegen nur ungefähr fünf Millionstel Gramm. Was einmal eine faszinierende Orchidee werden soll, beginnt sein Dasein sozusagen als verwirbeltes Staubkorn.

Wie man Anhänglichkeit beweist

Eine verbreitete Methode, sich über größere Entfernungen verschleppen zu lassen, ist der ungemein wirksame Enterhaken- oder Klettentrick.
Aber warum kleben die Kletten eigentlich? Die genauere Untersuchung der stachelspitzigen Hüllblätter liefert die Lösung: Sie sind wie die Enden einer Häkelnadel umgebogen. Sobald sie auf Fell oder strukturverwandte Textilien treffen, hakt gleich ein Dutzend Stachelspitzen ein und verankert sich nach Kräften.
Interessant ist, daß oft gänzlich verschiedene Pflanzenteile bei den diversen Arten nach dem gleichen Funktionsprinzip arbeiten.

... schon gewußt?

Viele Arten mit wirksamen Verbreitungshilfen sind heute weltweit verschleppt – beispielsweise die Wegerich-Arten.

Winter
Unterwegs am Meer

Das Spiel von Wind und Wellen

Eindrucksvoll wäre das Meer ja schon allein wegen seiner ungeheuren Weite, die nicht einmal dort endet, wo am Horizont Wasser und Wolken miteinander zu verschmelzen scheinen. Das Meer ist noch viel aufregender. Es liegt ja nicht nur einfach da wie ein lieblicher Badesee, sondern ist unaufhörlich in Bewegung. Und gerade die Dynamik von Wellen und Wogen ist ein ganz wesentlicher Erlebnisinhalt an den Küsten.
Wellen sind eine bestimmte Form der Wasserbewegung vom Zentimeter- bis in den Meterbereich – viel auffälliger als die über Tausende von Kilometern reichenden Oberflächenströmungen. Für die Lebensgemeinschaften an den Küsten sind sie gleichermaßen von Bedeutung. Sie verteilen und sortieren Sedimente, wenden und versetzen Gerölle oder Felsblöcke und werden auch so manchem menschlichen Machwerk vom Seedeich bis zum Supertanker zum Verhängnis. Vor allem liefern sie an den Küsten äußerst bewegte und lebhafte Landschaftsbilder. Ein spiegelglattes Meer ist kitschig wie eine Ansichtspostkarte. Das bewegte Wasser komplettiert den Landschaftseindruck ebenso wie dramatisch gruppierte Wolkenbilder.

Die See gerät in Stimmung

Eigentlich sind Wellen sehr merkwürdige Erscheinungen. Rein physikalisch betrachtet sind sie Schwingungen der Wasseroberfläche durch ihre Ruhelage – eine Oberflächenverformung, die an die Nachbarfläche weitergereicht wird und damit den Eindruck gerichteter Wasserbewegung hervorruft. Tatsächlich befinden sich die Wasserteilchen nach dem Durchgang einer Welle ungefähr in ihrer Ausgangsposition, denn innerhalb der Welle beschreiben sie eine Kreisbahn.
Wellen entstehen durch Wind. Wenn bewegte Luft über die Meeresoberfläche streicht, kräuselt sie zunächst nur kleine Kapillarwellen auf, die sich aber rasch zu kleinen Windseen und schließlich zu Seegang weiterentwickeln. Dabei nimmt die Ausbreitungsgeschwindigkeit gegenüber der Windgeschwindigkeit ständig zu. Als Dünungswellen laufen sie vor dem Wind her und eilen über weite Strecken den Küsten zu. Ab Windstärke 3 zerstäuben die Wellenkämme zu Schaumkronen; bei Windstärke 5 breiten sich großflächige Schaumteppiche aus. Bestimmte Windgeschwindigkeiten erzeugen nach einer bestimmten Einwirkungszeit über einer Mindeststreichstrecke immer wieder die gleichen Wellenhöhen und Wellenlängen. Bei Windstärke 3 entstehen nach etwa sechs Seemeilen und etwa zweieinhalb Stunden Wellen mit einer mittleren Höhe bei 0,2 m. Windstärke 9 türmt die Wellen nach drei Tagen und 1600 Seemeilen auf mehr als 12 m Höhe auf.

Wellen überrennen sich selbst

Gelangen Dünung oder Seegang in ein Meeresgebiet, dessen Tiefe weniger als die halbe Wellenlänge ausmacht, fühlt die Wellenbewegung gleichsam den Grund: Im Flachwasser verlangsamt sich die Bewegung. Dabei verformen sich die Kreisbahnen der Wasserteilchen in der Welle immer mehr zur Ellipse – die Wellenfronten werden sichtlich steiler, die Welle

Bei Springsturmflut läuft die Hallig blank (Land unter). Die Nordsee strömt buchstäblich zum Gartentor herein.

bricht. Dabei fällt der Wellenrükken über die Vorderseite. Je nach Wellenenergie kann das Wasser über den Wellenkamm herunterfließen, oder der Wellenkamm wirft sich vor der Front als Sturzsee herab. Eine auf die Küste zulaufende, langwellige Dünung wandelt sich also erst bei Grundberührung in Brandung mit einzelnen Brecherfolgen um.

Wenn nach dem Brechen der Welle noch genügend Bewegungsenergie verbleibt, entstehen bei der sogenannten Strandbrandung neue Wellenserien, die sich erneut überbrechen und mit steiler Front (= Bore) auf die flache Strandebene zueilen. Hier laufen sie als schaumbegleiteter Schwell allmählich aus. Ein Teil des Wellenwassers versickert sofort im Sand, und der Rest fließt als Sog zurück.

Bei der Klippenbrandung entstehen die Brecher meist erst viel knapper vor der Küste. Zusätzlich werden die Wellen an den Felsen reflektiert, so daß sich anrollende und zurückgeworfene Brecher durch Interferenz wechselseitig überlagern. Hierbei entstehen sehr unregelmäßige Brandungsmuster – kurze Phasen mit annähernder Wasserruhe gehen urplötzlich in ein tosendes, wildschäumendes Inferno über. An Felsküsten mit sehr steil in größere Tiefen abfallender Klippe brechen sich die Dünungswellen nicht. Vielmehr steigt und fällt der Wasserspiegel unmittelbar an der aufragenden Felswand im Wel-

lenrhythmus, aber mit viel höherer Schwingungshöhe als die verursachende Wellenamplitude. Für die Besiedler der betroffenen Felssubstrate ist auch diese Form der Wellenaktion ein harter Kampf, denn die hohen Teilchengeschwindigkeiten der Wasserbewegung reiben sich heftig an allen im Wege stehenden Hindernissen.

Wälle aus Wellen

Im Augenblick, wo sich die Bewegungsenergie der brechenden Welle entlädt, kann sie mit dem Schwell kleine Steine, Grobsand oder auch alle möglichen Reste von Lebewesen weit auf den Strand schleppen. Im Sog lassen die Transportkräfte dagegen nach, so daß nur kleinere Teile wieder in die Wellenfront zurückgeholt werden. Auf diese Weise entstehen landwärts charakteristische Materialanhäufungen, die Strandwälle. Seewärts gehen sie in immer feineres Material über.

Wellenbewegungen und Strömungswirbel sind faszinierende Vorgänge, streng naturgesetzlich bestimmt, aber dennoch chaotisch im Ablauf.

... schon gewußt?

Wasser als Wolke und Welle kann man mit Augen und Ohren wahrnehmen. In kleineren oder größeren Ausschnitten der Küstenlandschaft bieten solche Szenerien – vor allem vom sicheren Standpunkt nahe am Geschehen – äußerst dankbare Fotomotive.

Wie Sand am Meer

Unablässig nagt die Verwitterung am Festgestein, schilfert seine Oberflächen ab, zerlegt es in Blöcke oder Gerölle und reibt auch diese schließlich so weit auf, daß sie in die Sanduhr passen: Sedimente sind die vorläufigen Endstufen der Erosion und sammeln sich in unvorstellbaren Mengen am Meeresboden an. Haufenweise wirft das Meer die Feinteilchen auch auf den Strand und füllt damit Badebuchten ebenso auf wie kilometerlange Inselflanken.

Wellenfurchen oder Rippelmarken entstehen durch komplizierte Wechselwirkungen von strömendem Flachwasser und feinkörnigem Sediment.

Rieselfeine, sanduhrtaugliche Sande sind am Badestrand besonders beliebt. Aber nicht überall ist der Sandboden der Küste gleichförmig zusammengesetzt. Nach den beteiligten Korngrößen kann man verschiedene Sandklassen unterscheiden, vom gut sichtbaren Einzelkorn bis hinunter zum Feinteilchen, über dessen wahre Dimension nur noch das Mikroskop Aufschluß gibt.
Sehr kleine, ultraleichte Körner kann der Wind hemmungsloser wegblasen als großkalibrige Schwergewichtler. Auf der Luvseite einer Düne reichern sich daher die gröberen Sandfraktionen an, während es im Lee ausgesprochen fein zugeht. Sand, Silt und Ton bestimmen in verschiedenen

Am Anfang steht grober Muschelschill. Fein zermahlen und zerrieben paßt er in die Sanduhr.

Mischungsverhältnissen auch die Qualität der Wattböden vom Schlicksand bis zum Tonschlick.

Sandstrände aufs Korn nehmen

Wenn wir Grob- oder Mittelsand versonnen durch die Finger rinnen lassen, bemerken wir, daß außer Quarzkörnern auch etliche Reste tierischer Hartstrukturen dabei sind, vor allem die als Schill bezeichneten Reste von Muschel- und Schneckenschalen. Eine Lupe verschafft weitere Informationen: Es sind die Splitter von Schalen darunter, die man anhand ihrer charakteristischen Färbung immer noch bestimmten Arten zuordnen kann. Außerdem kommen aber auch die leeren Schalen von jungen Tieren vor – so manche Strandschnecke kam mit ihrem Wachstum nicht über Sandkornformat hinaus. Praktisch ist das gesamte Artenspektrum des betreffenden Küstenabschnitts im Schill vertreten. Beim Durchmustern von Sandproben fallen auch kleine, an Miniatur-Ammoniten erinnernde Kalkgehäuse auf – es sind die Schalen tierischer Einzeller, der Foraminiferen oder Kammerlinge.

... schon gewußt?

Je heller ein Sandstrand, um so mehr Reste von Kalkskeletten enthält er. Die grellweißen Tropenstrände aus den Reisebürokatalogen bestehen überwiegend aus zerriebenen Korallenstöcken.

Plakative Klippenkunst

Wo sich Land und Meer in der Gezeitenzone begegnen, ist ökologisches Grenzland. Nur ganz wenige Pioniere aus den beiden Großlebensräumen wagen sich jeweils zur Gegenseite vor. Von der Seeseite steigen ein paar Seepocken, ganz wenige Meeresschnecken und eine Meerassel in die höheren Regionen nahe der Flutlinie hoch. Umgekehrt drängen auch vom Festland her ein paar klassische Landorganismen in die Saumregion. An Weichbodenküsten sind es die auf Salzbewältigung spezialisierten Halophyten der Salzmarschen, an Felsküsten dagegen Artenkonsortien, von denen man es eigentlich am wenigsten erwartet: Farbige Flechten überkleiden flekkenweise oder flächendeckend den Fels.

Wo nicht die Vorposten der sehr farbfrohen atlantischen Küstenheide auf die unteren Felskonsolen der Klippenküste hinabreichen und dort mit dottergelbem Stechginster sogar mitten im Winter ein paar lebhafte Farbmarken anbringen, breiten sich die bunten Siedlungsbänder von Flechten aus. Zwischen den obersten Tangstationen und den tiefsten Blütenpflanzen-Standorten beherrschen sie ganz klar die Szene und wandern sogar noch weit in die Anschlußgesellschaften hinein.

Vielfältige Verflechtungen

Schon von weitem betrachtet, bekennen Europas Atlantikküsten kräftig Farbe: Ob man nun an der irischen Westküste, in der nördlichen Bretagne, in Südnorwegen oder gar an den isländischen Fjorden hinschaut – immer trägt die Klippe eine quer verlaufende Trikolore mit der gleichen Farbenfolge: Noch in der oberen Gezeitenzone beginnt ein pechschwarzer Flechtengürtel, den man in Farbe und Konsistenz mit Öl- oder Teerflecken verwechseln könnte. Zur Spritzwasserzone hin wird er sichtlich lückiger und dafür aber von kräftig gelben Krustenflechten durchsetzt. Noch weiter oben lösen Ensembles aus graugrünen Flechten das gelborange prangende Siedlungsband ab.

In diesem Grenzsaum zwischen Meer und Land überschneiden sich erwartungsgemäß die Einflüsse beider Großlebensräume. Das marine Milieu endet ja nicht linientreu an der Flutwasserlinie. Wind und Wellen verwischen die hydrographisch festgelegte Demarkationslinie. Hochreichender Wellenschlag verschiebt die Gürtellinien. Je nach Brandungsaktivität fallen die verschiedenfarbigen Flechtengürtel der Gezeitenfelsküste ganz unterschiedlich breit aus.

Alle Tage Wechselbäder

Die mit dem obersten Braunalgengürtel verzahnte schwarze Flechtenzone umfaßt Formen, die ökologisch außergewöhnlich stabil sein müssen. Bei Hochwasser und Wellenschlag umspült salziges Meerwasser Standort und Organismen. Während der Ebbezeit trocknet das Wasser weg, aber das Salz bleibt zurück – die relative Salzkonzentration kann jetzt sogar erheblich über die normale Salinität des Meerwassers ansteigen. Zum atlantischen Klima gehören aber auch anhaltende Regengüsse, und so ist es nur eine Frage der Statistik, wann salztolerante Meeresflech-

1
2
3
4
5
6
7

Meeresflechten. **1** Rosetten-Schönflechte, **2** Goldgelbe Schönflechte, **3** Schwarze Krustenflechte, **4** Braune Blattflechte, **5** Filz-Zwergflechte, **6** Bleiche Krustenflechte, **7** Schwarze Kuchenflechte, **8** Grüne Astflechte, **9** Graue Bandstrauchflechte.

ten während der Ebbe auch einmal unter der Süßwasserdusche stehen.

Die Schwankungen der Salzkonzentration sind also erheblich. Der ohnehin schon komplizierte Stoffwechsel der Flechten muß auf diesen Ökofaktor natürlich gesondert reagieren: Meeresflechten passen ihre Binnenkonzentration an löslichen organischen Stoffen jeweils dem Außenmilieu an. Obwohl die schwarzen und gelben Krusten so völlig reglos auf der blanken Klippe sitzen, passiert doch weit unterhalb der Sichtbarkeitsgrenze allerhand im Stoffwechselbetrieb. Faszinierend wird die Sache auch schon allein dadurch, daß in einer Flechte ja immer zwei grundverschiedene Partner zusammenarbeiten – eine lichtabhängige Flechtenalge und ein Flechtenpilz, der weitgehend die äußere Form dieser Betriebsgesellschaft bestimmt.

... schon gewußt?

Flechten sind in ihren Formen und Farben recht einfache, aber äußerst ergiebige Objekte für die Makrofotografie – sie bieten Bildsituationen von graphischer Eindringlichkeit. Da sie völlig unbewegt verharren, gelingen auch dem Anfänger vorzeigbare Ergebnisse.

Die Küste bekennt Farbe: Über viele tausend Kilometer zieht sich ein schwarzes, gelbes und graues Flechtenband entlang Europas Atlantikküste (oben).

Die Goldgelbe Schönflechte (*Caloplaca marina*) und die Pechschwarze Krustenflechte (*Verrucaria maura*) setzen kräftige Farbtupfer auf die Felsen der Gezeitenzone (unten).

Strandschätze nach Sturmtagen

Wenn sich nach den späten Herbst- und Frühlingsstürmen die Wolken verziehen und die Wogen glätten, dann lohnt es sich – auch in klirrender Kälte – an den Strand zu gehen und in den Spülsaum zu schauen. Was das Meer nach solchen Tagen an den Strand wirft und im Spülsaum anreichert, gleicht einem Blick in das Schaufenster zur Dauerflutzone. Wie eine Schatztruhe, die ausgeschüttet wird, breitet sich eine Vielzahl von Tieren und Pflanzen vor dem Betrachter aus, nicht

Der weite Blick über den Strand eröffnet noch nicht den Blick auf die angespülten Schätze des Meeres...

selten sind darunter auch Gebilde, auf die man sich überhaupt keinen Reim machen kann. Als besonders günstige Plätze zum Sammeln gelten geschützte Abschnitte (z. B. an den Strand- und Buchträndern) und die unmittelbare Nähe von Bach- oder kleinen Flußmündungen. Besonders lohnt es sich, an solchen Stellen auf die Kleinformen zu achten. Einzeln versprengt bleiben sie unseren Augen verborgen, wenn sie aber in großen Mengen – im sogenannten Grus – zusammengetragen werden, dann reicht häufig schon eine kleine Löffel-Probe davon, und der Blick durch die Lupe läßt einen aus dem Staunen nicht mehr herauskommen.
Ohne große Probleme lassen sich

im Angespül die Algen erkennen. Häufig haben sie allerdings ihre ursprüngliche Farbe eingebüßt, weil die entsprechenden Pigmente in den Zellen bereits teilweise oder vollständig verblichen sind. Ungleich schwieriger aber läßt sich die Masse der tierischen Objekte einschätzen. Einige wird man auf den ersten ungetrübten Blick möglicherweise überhaupt nicht sofort als Lebewesen erkennen. Zu solchem Angetreibsel gehören sicherlich die Kolonien der Moostierchen. Besonders auffällig und häufig ist das aschgraue bis hellbraun gefärbte Blättermoostierchen. Die Kolonien sitzen normalerweise im tiefen Wasser auf Felsen. Der Blick durch die Lupe zeigt, daß die Oberfläche der einzelnen Lappen in sehr viele regelmäßige Kästchen aufgeteilt ist. In jeder dieser kleinen Boxen lebt ein einzelnes Tier, das im untergetauchten Zustand seine winzige Tentakelkrone ins freie Wasser streckt. Im getrockneten Zustand verblassen die Kolonien völlig.

Zu den interessantesten Schätzen, die man im heimischen Angespül finden kann, zählen die Gehäuse der Großen und der Glänzenden Nabelschnecke. Direkt neben der Schalenmündung kann man bei ihnen einen deutlichen Nabel erkennen. Sie leben in tieferen Bereichen. Dort graben sie sich in Weichböden ein und

... aber der geübte Blick auf den Boden läßt das Herz des Sammlers höher schlagen (oben).

Diese aufrecht wachsende Kolonie des Blättermoostierchens (*Flustra foliacea*) erinnert an einen verblichenen Tang (Mitte).

Die Nabelschnecke *Lunatia* (unten) ...

gehen auf Jagd nach Muscheln. Die anvisierte Beute wird mit dem kräftigen Fuß festgehalten und anschließend mit der Raspelzunge angebohrt. Die kreisrunden Bohrlöcher, die durch die Aktivität der Nabelschnecken entstehen, kann man an vielen angespülten Muschelschalen beobachten. Neben den Schnecken liefern überhaupt die Muscheln die reichsten Schätze für den Strandwanderer. Besonders attraktiv und durchaus nicht häufig sind die verschiedenen Arten der Kammuscheln. Größere Arten werden in Frankreich als Delikatesse verspeist. Die bei uns vorkommenden Kleinformen haben außer feingliedrigen und oft bunt gescheckten Schalenklappen wenig Fleisch zu bieten.

Auch Muscheln machen sich davon

Kammuscheln können übrigens schwimmen. Durch rhythmisches Auf- und Zuschlagen der Klappen entkommen sie so ihren ärgsten Feinden, den Seesternen. Nicht lose auf dem Boden, sondern fest im Untergrund eingegraben, leben die außergewöhnlich geformten Scheidenmuscheln. Besonders häufig findet man an den Küsten der Nordsee eine erst Ende der siebziger Jahre eingeschleppte Art, die Amerikanische Schwertmuschel. Sie ist

… bohrt kreisrunde Löcher in Muschelschalen und schlürft ihre Opfer anschließend aus (oben).

Unversehrte Kammuscheln werden nur selten angespült (Mitte).

Die Amerikanische Schwertmuschel (*Ensis directus*) wird zuweilen in großen Mengen tot an den Strand gespült.

ein lebendes Beispiel dafür, daß sich das Artenspektrum in einem Lebensraum durch Einwanderer sehr verändern kann. Schwertmuscheln leben dicht unterhalb der Oberfläche senkrecht eingegraben im Sediment und strudeln durch ihre Siphonen Wasser herbei, um das darin befindliche Plankton abzufiltern. Bei Gefahr können sie sich mit ihrem muskulösen Grabfuß entweder tief in den Boden zurückziehen oder aber auch aus dem Boden hervorschnellen, um dann mit heftigen Klappenbewegungen davonzuschwimmen.

Weichtiere im harten Gestein

Zuweilen kann man auch die Spuren von Muscheln sogar in angespülten Steinen, besonders in Kreideblöcken, ausmachen. Die wie ein Käse durchbohrten Felsbrocken bergen häufig noch die Gehäuse von Bohrmuscheln, die sich in jahrelanger Arbeit mühsam eine Wohnstatt in den harten Untergrund gefräst haben. Mindestens fünf verschiedene Bohrmuschelarten findet man an unseren Küsten (besonders an der Nordsee). Eine davon ist die Weiße Bohrmuschel, die wie ihre nächsten Verwandten auf der Innenseite ihrer Schalenhälften einen kleinen gebogenen Fortsatz trägt. Außerdem ist die Innenseite der Schale in einigen Bereichen des Vorderendes nach außen umgeschlagen. Diese Veränderungen bewirken, daß sich die Mus-

Diese Steinlöcher sind auf die Aktivität von Bohrmuscheln zurückzuführen (oben).

Die weiße Bohrmuschel (*Barnea candida*) sitzt noch in ihrem selbstgebohrten Gang (unten).

kelansätze vergrößern und sich damit deren Bewegungsspielraum erweitert. Die Bohrvorgänge müssen nämlich fast ausschließlich durch mechanische Arbeit geleistet werden, und zwar durch Öffnen und Schließen der Schalenklappen. Zu diesem Zweck sind auch die Vorderkanten der Bohrmuscheln relativ kräftig, am Rand „angespitzt", und die Oberfläche ist wie eine Raspel aufgerauht. Durch ständiges Drehen um die Längsachse entstehen kreisrunde Wohngänge. Einmal im Felsen eingebohrt, verlassen die Muscheln ihre Behausung nie wieder. Zur Nahrungsaufnahme strecken sie ihre Siphonen aus der Wohnröhre heraus und strudeln mit dem Atemwasserstrom kleine Planktonorganismen oder andere verwertbare Teilchen herbei. Wenn sie sterben, sind ihre Schalenklappen bereits so groß, daß sie durch den konisch zugespitzten Gang nicht mehr fortgespült werden können.

Ungewohnte Meeresfrüchte

Muschel- und Schneckenschalen lassen sich als Überreste von abgestorbenen Weichtieren noch leicht identifizieren. Wer aber könnte sich vorstellen, daß die gelegentlich von Seegräsern und Algen abgerissenen Trauben schwarzer Beeren mit zugespitztem Ende von engsten Verwandten abstammen? Schneidet man eine der runden „Früchte" auf,

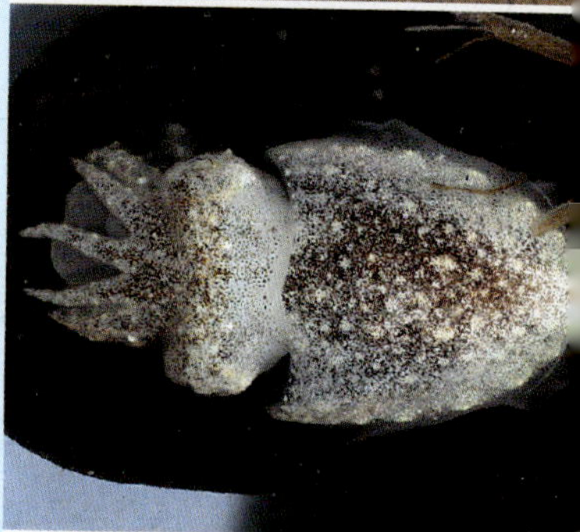

In diesen „Beeren"-Früchten des Meeres (oben) …

… entwickeln sich die Embryonen der Tintenfische (*Sepia officinalis,* Mitte).

Von abgestorbenen Tintenfischen bleibt nur der angespülte Kalkschulp.

lüftet sich das Geheimnis. In jedem dieser kleinen Ballen befindet sich ein noch unfertiger kleiner Tintenfisch. Die Weibchen der Tintenfische legen diese Laichbällchen in kleinen Gruppen an festen Gegenständen ab und ziehen anschließend davon. Die dunklen, derben Beeren bieten dem Nachwuchs einen wirksamen Schutz gegenüber den äußeren Widrigkeiten. Sie schützen vor Licht, vor Austrocknung und halten für den kleinen Embryo außerdem noch einen ausreichenden Dottervorrat bereit, denn zur weiteren Entwicklung benötigt er unbedingt energiereiche Nahrung. Wenn der kleine Tintenfisch mit etwa 0,5 cm Länge schlüpft, sind die Eltern bereits verendet. Ihr Weichkörper wird ein schnelles Opfer von Aasfressern. Aber ihr Rückenskelett, der bekannte Schulp, wird häufig in riesigen Mengen an den Strand gespült. Er besteht aus Kalk und zeichnet sich durch eine sehr poröse Konsistenz aus. Der Schulp erfüllt neben der Stützfunktion noch eine weitere wichtige Aufgabe – er dient nämlich als Schweborgan. Durch die kontrollierte Einlagerung und Abgabe von Gasen können die Tiere mühelos und ohne Kraftaufwand im Wasser den Schwebezustand halten. So manchem Vogelfreund dürfte der *Sepia*-Schulp übrigens auch

Die derben Gelege des Steinpickers (*Agonus cataphractus,* ein Bodenfisch) werden nach heftigen Sturmtagen angespült (oben).

Diese auffälligen „Nixentaschen“ sind die leeren Hüllen von Rocheneiern.

Der Traum eines jeden Strandsammlers: ein unversehrtes See-, Strand- oder Herzigelgehäuse (unten).

schon als Knabberhilfe für Käfig-Wellensittiche begegnet sein.

Fast wie eine Eierfarm

Neben den Laichbeeren des Tintenfisches werden auch andere Eigelege von Meeresorganismen an den Strand gespült. Das gilt besonders für langlebige Eier. Gelege solcher Art produziert neben dem bereits erwähnten Seehasen auch der Steinpicker. Dieser kleine Grundfisch lebt im Wattenmeer und macht dort Jagd auf kleine Garnelen. Zur Laichzeit ziehen die Weibchen jedoch an felsige Untergründe (z.B. bei Helgoland) und legen dort in den Wurzelkrallen der großen Tange ihre fest verklebten Eiballen ab. Bis die Larven schlüpfen, vergehen nicht weniger als zehn Monate, in denen sie möglichen Freßfeinden und durch Stürme hervorgerufenen Wasserturbulenzen schutzlos ausgeliefert sind.
Rochen und Haie legen ihre Eier dagegen alle einzeln ab. Die kissenförmigen „Nixentaschen" werden an den Ecken mit ausgezogenen Anhängen an festen Gegenständen festgeschlungen und sich anschließend selbst überlassen. Rocheneier sind übrigens fast rechteckig, während die Eier der Haie länger ausgezogen sind. Aus den Kissen schlüpfen später aber keine Larven, sondern bereits vollständig entwickelte Jungfische, die sich sofort wie die Eltern bewegen und auf Nahrungssuche gehen. Die leeren Eihüllen treiben durch ihr geringes Gewicht auf und werden über weite Strecken verdriftet. Schmuckstück einer jeden Angespülsammlung aber sind zweifelsohne die leeren Gehäuse eines Herz-, See- oder Strandigels. Man muß schon großes Glück haben, um ein unversehrtes Exemplar zu finden, denn meistens werden sie bereits von den Wellen beschädigt oder völlig zerschlagen. Die empfindlichen Gehäuse kommen jedoch ohnehin kaum einmal völlig intakt an Land. Die auf Kugelgelenken gelagerten Stacheln sind längst abgefallen, und auch die zentrale Afterregion auf der Kuppel wird schnell abgestoßen. Mit viel Glück allerdings sitzt im Inneren noch der komplizierte Kauapparat der Seeigel: die „Laterne des Aristoteles".
Noch viel empfindlicher als die runden Gehäuse der Seeigel sind die Schalen der im Sand lebenden Herzigel. Ein Kauapparat ist bei ihnen nicht entwickelt. Statt dessen befindet sich auf der Unterseite ein quergestellter Mundschlitz mit einer leicht hervorragenden Unterlippe. Die leeren, weißlichen Gehäuse werden manchmal in großen Mengen angespült. Wenige tragen zuweilen auch noch einen Teil ihrer zarten und dicht beieinander stehenden Stacheln. Sie erscheinen wie ein kurzer, irisierender Pelz.

... schon gewußt?

Die Spülsäume vor allem an Sandstränden liefern mit ihren kilometerlangen Streifen jede Menge Fundgut zum Basteln und Gestalten zu Hause. Eine Anzahl Tüten oder Gefäße gehören daher zur Standard-Strandausrüstung. Vorsicht: Leider liegt an den Stränden oft allerhand gefährlicher Unrat herum – von der Flaschenscherbe bis zum Ölklumpen.

Winter
Unterwegs in den Alpen

Kunst aus Kälte und Kristall

Wasser ist der einzige Naturstoff, dem wir in unserer Erfahrungswelt draußen in allen drei Zustandsformen begegnen – als Wasserdampf in der Luft, als Flüssigkeit in Tropfenform und eben auch als Eis und Schnee. Mit nur 100 Temperaturgraden, die unseren modernen Thermometern natürlich nicht willkürlich zugrunde liegen, liegen Schmelz- und Verdampfungspunkt von Wasser erstaunlich nahe beieinander. Noch erstaunlicher ist, daß die Verbindung aus zwei Wasserstoffatomen und einem Sauerstoffatom bei normalen Temperaturen überhaupt in flüssiger Form existieren kann. Wasser erreicht auch nicht etwa als gefrorener Festkörper seine größte Dichte, sondern deutlich oberhalb des Gefrierpunktes und demnach noch als Flüssigkeit. Nur deshalb kann Eis auf Wasser schwimmen. Wäre es anders, könnten viele Ökosysteme nicht in der uns bekannten Struktur bestehen. Wenn Wasser als Schnee oder Eis eine feste Form findet, nimmt es nicht selten eine besonders hübsche Gestalt an.

Himmlische Starparade

Man kennt sie von Hinweisschildern auf Glatteisgefahr, von winterlichen Dekorationsstücken in Schaufenstern oder als Grafiksymbole auf Geschenkpapier: Eiskristalle in vielfacher Abwandlung. Im Rauhreif auf dem Geäst der Gehölze oder auf der vereisten Fensterscheibe ist der vollendete Formenzauber von kristallin erstarrtem Wasser allerdings kaum erkennbar. Viel eindrucksvoller präsentiert sich die vergängliche Schönheit, sobald Eiskristalle ohne festen Kontakt zu einer Oberfläche wachsen können und bei niedrigen Temperaturen der Atmosphäre buchstäblich aus allen Wolken fallen. Gefrorenes Wasser wird im freien Fall zur Schneeflocke. Wenn leise der Schnee rieselt, sinken formal ungemein ansprechende Kristallgestalten langsam zu Boden. Mit bloßem Auge ist die Pracht der Flocke allerdings kaum wahrnehmbar. Erst die Vergrößerung übersetzt deren kurzlebige Filigranstruktur in eine faßbare Dimension. Dabei zeigt sich eine erstaunliche Regelmäßigkeit in der Grundstruktur: Schneekristalle sind immer sechsstrahlig aufgebaut. Zumindest ihr Umriß bildet jeweils ein regelmäßiges Sechseck. Manche Flocken nehmen tatsächlich die Gestalt hexagonaler Plättchen an. Noch häufiger werden die Konturen jedoch aufgelöst und in komplizierte Nadelmuster über sechsstrahligem Grundriß umgebaut. Zwei Gesetzmäßigkeiten bestimmen dabei die Herausbildung der jeweiligen Kristallgestalt: Die Strukturelemente schließen untereinander jeweils einen Winkel von sechzig Grad ein, und ihre Achsen verlängern sich im wesentlichen nur in zwei Richtungen des Raumes. Ein Schneekristall ist daher immer ein sehr flächiges, fast scheibchenförmiges Gebilde, keineswegs ein allseits zackentragendes Sternchen. Solche Gebilde entstehen erst beim Zusammenschluß vieler Einzelkristalle zu massiven Flocken.

Fraktale Schönheit

Die gesetzmäßig vorgegebene Grundform eines Schneekristalls läßt dennoch eine Menge Spielraum zur individuellen Ausge-

Vom Schneewind verweht: Baumgestalten neigen sich unter ihrer weißen Last.

staltung. Es ist faszinierend zu erleben, daß der vergleichsweise einfach aufgebaute Naturstoff Wasser eine Vielgestaltigkeit seiner Kristallgebilde zuwege bringt, wie es bei keiner anderen Verbindung zu beobachten ist. Auch die unbelebte Natur neigt bekanntlich zur Vielfalt durch Variation überschaubarer Grundmuster. Erst dadurch wird sie uns ja auch zur Aufforderung, die Vielfalt durch Ordnen zu beherrschen. Schneekristalle sind hervorragende Beispiele für die Abwandlung innerhalb eines locker abgesteckten Bauplans. Die Variabilität ist unbegrenzt, und man fühlt sich tatsächlich an die letzten Erkenntnisse zu den Problemen der Selbstähnlichkeit und des deterministischen Chaos erinnert. Keine zwei Schneeflocken stimmen tatsächlich in ihrer Architektur exakt überein. Man müßte schon einen beträchtlichen Teil des Weltalls mit Schneeflocken anfüllen, um zwei einigermaßen übereinstimmende Kristallformen zu erhalten. Solche Variabilität steuern zahlreiche auf die Kristallbildung einwirkende Faktoren, die offenbar jeweils spezifisch und unwiederholbar zusammenkommen – darunter etwa die genauen Feuchtigkeits-, Luftdruck- und Temperaturverhältnisse in der Atmosphäre. Ebenso wirken wohl auch molekulare Verunreinigungen der Luft. Winzige Fremdkörper sorgen im wachsenden Eiskristall für lokal begrenzte Unordnung des Kristallgitters und setzen damit neue

Der wasserbesprühte Bachtobel hat sich in einen glitzernden Eispalast verwandelt (links).

Wunder an Variantenreichtum: Jede Schneeflocke ist ein Unikat (rechts).

Formbildungsbedingungen fest, die schon im nächsten Augenblick wieder verworfen werden. Das Kristallwachstum vollzieht sich chaotisch – streng nach den Naturgesetzen, wegen zahlreicher Zufallsereignisse aber nicht exakt vorhersagbar.

Eis am Stiel

Die faszinierende Schönheit der Eis- oder Schneekristalle findet im gerade noch sichtbaren und natürlich auch im mikroskopischen Bereich statt. Erstaunliche Formen bringt die Natur jedoch auch im makroskopischen Erfahrungsbereich zustande. Wunderschöne Eisgebilde bedecken bei Reif oder erst recht bei Rauhreif Äste und Zweige. Dabei scheiden sich feine Eisnadeln bei Temperaturen unterhalb des Gefrierpunktes aus der Luftfeuchtigkeit ab.

Physikalisch ist die Reifbildung ein sehr bemerkenswerter Vorgang, denn gasförmiges Wasser erstarrt dabei sofort zu Eis, ohne den flüssigen Zustand zu erreichen. Umgekehrt kann das Eis bei Erwärmung unter bestimmten Bedingungen in der Luft auch im Direktverfahren wieder verschwinden. Bei starkem Wind werden die Eisnadelkomplexe des Reifs im Lee fahnenartig auseinandergezogen. Die Vegetation im Winterkleid nimmt dann geradezu abenteuerliche Formen an. Erstaunlich sind natürlich auch

Rauhreif baut bizarre Kleinstlandschaften auf den Zweigen auf (links).

Kristallene Klarheit beim Abtauen in der Sonne – Schmelzwasser rundet die Grate und Kanten (rechts).

die Eisgestalten, die bei massiver Vereisung etwa von Wasserfällen, Quellhorizonten im anstehenden Gestein oder auch einfach nur beim Gefrieren eines Bergbaches entstehen. Sie unterscheiden sich grundsätzlich von den Eiszapfen an Hausdächern, wo Wärmeverluste die Schneehaube des Daches abtauen und das Schmelzwasser erneut gefriert.
Auch beim Abschmelzvorgang von geschlossenen Schnee- oder Firndecken kommen mitunter allerhand seltsame Muster oder Figuren zustande. Mittagslöcher nennt man halbkreisförmige, gewöhnlich auch mit Schmelzwasser gefüllte und bis zu 1 m tiefe Öffnungen, deren Basis immer von West nach Ost verläuft. Sie zeichnen mit großer Gleichförmigkeit den Tagesgang der Sonne nach und lockern die Schneedekke allmählich wabenförmig auf.

... schon gewußt?

Die faszinierende Schönheit der Eiskristalle kann man in der geschlossenen Schneedecke nur noch am Glitzern in der Mittagssonne erahnen. Zum direkten Beobachten fängt man Flocken während des Schneefalls auf einer vorgekühlten Glasplatte auf. Am ergiebigsten sind kleine Flocken; größere bestehen meist aus Verklumpungen und sind bereits stärker deformiert.

Tintenstrich und Veilchensteine

Wirklich absolut bewuchsfrei sind in den Alpen eigentlich nur ganz wenige Felsflächen. Wo Moose, Farne oder Blütenpflanzen nicht mehr gedeihen können, überziehen sich die Oberflächen mit allerhand Klein- und Kleinstlebewesen. Als Einzelorganismen kann man sie mit bloßem Auge oft gar nicht unterscheiden oder erkennen. In der großen Masse fallen sie natürlich unübersehbar auf und wirken auch – zumal bei lebhafterer Färbung – durchaus plakativ. Seltsame Gestalten sind da mitunter versammelt, und noch viel eigenartiger ist ihre Wohnungswahl direkt auf blankem Gestein. Eine gewisse Vorliebe für extreme Lebenslage ist wohl unverkennbar.

Algen ziehen einen Strich

Gesteinsoberflächen, die schon geraume Zeit offen an der Luft liegen, sehen immer ganz anders aus als frische Bruch- oder Schichtflächen. Zum Teil erklärt sich die Patina gealterter Flächen aus der unaufhaltsam voranschreitenden Gesteinsverwitterung durch Strahlung, Temperatur, Wind und Wasser. Wenn ein Fels allerdings ganz klar Farbe bekennt und seine offenliegenden Oberflächen in zartem Rouge oder grellem Gelb präsentiert, sind fast immer Organismen im Spiel. Wasser ist bei ihrer Ansiedlung ein ganz entscheidender Faktor. Auch wenn einige Spezialisten wochenlang ohne Benetzung auskommen und sogar episodische Niederschläge voll ausnutzen, gedeihen die Fels- und Steingeher doch um so besser, je zuverlässiger sie eine Dusche erreicht.

Nun ist die aufragende, nackte Felswand natürlich kein klassischer aquatischer Lebensraum. Aber es rinnt und rieselt hier dennoch immer wieder von der Höhe herab, wenn Schmelzwasserströme zu Tal wollen oder quietschnasse Schneeböden allmählich leerlaufen. Manchmal tritt Sikkerwasser, das sich im Fels auf Schichtflächen fortbewegt, mitten in der Wand zutage und läuft herab wie Kaffeetropfen über den Tassenrand.

Auf solchen Feuchtspuren siedelt sich nun – zumal im Kalkgebirge – eine erstaunlich artenreiche Lebensgemeinschaft aus Mikroorganismen an. Bestandsbildend sind dabei vor allem fädige und kugelige Blaualgen (Cyanobakterien). Haarscharf zeichnen sie die Bahn des Rieselwassers auf dem Fels nach und hinterlassen dort charakteristische blaugraue bis tiefschwarze Vertikalstreifen. Da sie an klecksende, verlaufende Schreibtinte erinnern, nennt man sie Tintenstriche. Tintenstriche sind neben dem natürlichen Relief ein sehr auffälliges und sogar landschaftswirksames Design senkrecht abfallender Felswände. Manche Blaualgen lagern auf den Tintenstrichen auch feinste Kalkplättchen ab, deren Rauhigkeit die Ansiedlung weiterer Zellkolonien fördert.

Bodenlos und unverfroren

In schattigen Lagen, auf kleinen Vorsprüngen oder Schichtklüften, aber auch auf lose herumliegendem Blockwerk, breiten sich oft feinste, nicht einmal millimeterhohe Samtrasen in kräftigem Ockergelb oder sogar in gesättigtem Zinnoberrot aus. Es sind die Fadenfilze mikroskopisch kleiner Algen, die zwar in verwegenen

Felswand mit lebender Tapete: Die schwarzen Tintenstriche sind Blaualgenbeläge (links).

Plakative Farbigkeit: Zu den hübschesten Dekorationsstücken nackter Felsblöcke gehört die Orangerote Wandflechte *(Xanthoria elegans)*.

Gelbrottönen auftreten, aber trotzdem zu den Grünalgen gehören – speziell in die Gattung *Trentepohlia*. Ähnlich wie die grünen Einzeller im Blutschnee der Firnfelder lagern sie zusätzliche Farbstoffe ein, die ihre wahre Natur sichtlich verschleiern. Die Gründe dafür sind bei den *Trentepohlia*-Arten unklar. Sie benötigen an den meisten ihrer Standorte überhaupt keinen wirksamen Strahlenschutz durch Zusatzfarbe. Die aparten Gelbrottöne gehören chemisch in die gleiche Stoffklasse wie die Farben von Blüten, Früchten oder Wurzeln (Mohrrübe). Wenn man diese Farbstoffmoleküle etwas verändert, entsteht daraus der Aromastoff der Veilchenblüte. Tatsächlich duften auch die Kleinrasen mancher *Trentepohlia*-Formen deutlich nach Veilchenparfüm. Solche Duftstücke, ein absoluter Sonderfall im Reich der Algen, nennt man passenderweise Veilchensteine. *Trentepohlia* vertritt die ökologisch so ausgefallene Gruppe der Luftalgen. Sie benötigen keine Beregnung, sondern besorgen sich das Wasser für ihren Zellstoffwechsel aus der Luftfeuchtigkeit.

Im Stein versunken

Zu den ungewöhnlichsten Organismen der Alpenwelt gehören

die flächig ausgebreiteten und meist nur hauchdünnen Krustenflechten – in der Tat eine Truppe, die in Fragen der Lebensführung Respekt verdient. Mal heizt die Sonne ihren Standort kräftig auf, mal erstarrt alles in klirrendem Frost – Temperaturschwankungen bis nahe 100 °C kommen da wohl leicht zusammen. Um den Extremen zu entgehen, haben Flechten eine ganz patente Lösung entwickelt: Sobald es auf die Grenzen des Machbaren zugeht, schalten sie ihren Stoffwechsel einfach ab und haben Betriebsruhe. Physiologisch sind sie dann einfach nicht mehr da. Flechten leben also sozusagen auf Raten – sie sind immer nur dann aktiv, wenn ihre Umwelt ihnen gerade einmal annehmbare Bedingungen anbietet. Folglich können Krustenflechten auch nur sehr langsam wachsen.

Leben von Luft und Licht: Tieforange gefärbte Lager einer Fadengrünalge *(Trentepohlia* sp.*)* zwischen Flechten (links).

Nur die gelben Landkartenflechten *(Rhizocarpon geographicum)* fallen auf. Das halbe Dutzend Arten grauer Krustenflechten sieht aus wie nacktes Gestein. Keine überwächst eine andere. Alle grenzen sich deutlich ab (rechts).

... schon gewußt?

Die von Kleinstorganismen gebildeten Beläge auf Felsen wie die erwähnten Tintenstriche nennt man auch Felsfirniß oder allgemein Mikrobenmatten. In vielen Gebieten der Erde haben die Naturvölker solche Beläge für Ritzzeichnungen verwendet – die Aborigines in Australien ebenso wie die Indianer Nordamerikas.

Kleine grüne Wunderwerke

Ein richtiger Massenartikel sind die Abermillionen schlanker Nadelblätter an Ästen und Zweigen unserer Nadelbäume – im Aussehen so vertraut, daß man schon gar nicht mehr genauer hinsehen mag. Und doch ist die Einzigartigkeit dieser Blattkonstruktion durchaus nicht mit dem Hinweis auf ihre Größenunterschiede oder Oberflächenmerkmale erledigt. So einheitlich, wie sie vielleicht erscheinen, sind die Nadelblätter nämlich nicht.

Schon die Größe dieses Blattyps zeigt eine beachtliche Bandbreite. Die üblichen Fichten- und Tannennadeln bewegen sich im Zentimetermaßstab, die Nadeln der formenreichen Schwarz-Kiefer bringen es dagegen auf mehr als Bleistiftlänge. Fichten haben ebenso wie der Wacholder relativ starre und zugleich unverschämt spitze Nadeln. Widerstandsfreie Softies finden wir dagegen bei den Tannen und ihren engsten Verwandten. Der genaue Formvergleich fördert weitere Besonderheiten zutage: Tannennadeln sind abgeflacht und gehen randlich sehr in die Breite. Bei der Fichte finden sich rautenförmige Querschnitte. Kiefernnadeln weichen wiederum ab. Sie stehen ja nicht einzeln am Zweig, sondern zu mehreren gebündelt auf Kurztrieben. Alle Nadeln eines Kurztriebs ergänzen sich im Querschnittbild zu einem Vollkreis. Bei der Latsche ergibt sich für die Einzelnadel ein exakter Halbkreis, bei der fünfnadeligen Arve dagegen ein sehr breit geratenes Tortenstück.

Alle tragen Nadelstreifen

Nadeln sind nicht durchscheinend wie dünnhäutige Laubblätter. Dennoch kann man auch von außen erkennen, daß nur eine Längsrippe das Nadelgewebe durchzieht – das einzige vorhandene und immer unverzweigte Leitbündel. Diese Blattkonstruktion erinnert ganz klar an die winzigen Blätter der Bärlappe und Schachtelhalme, während normale Laubblätter in der Tradition der Farnwedel stehen. Fichtennadeln tragen – wie schon die Lupenvergrößerung zeigt – auf allen vier Flanken eine feine, weißliche Punktreihe. Es sind die mit Wachsauflagerungen versehenen Spaltöffnungen für den Gasaustausch zwischen Nadelblattgewebe und Atmosphäre. Bei den breiten, flachen Tannennadeln befinden sich die Spaltöffnungen nur auf der Unterseite und bilden dort die feinen Silberstreifen. Bei Kiefern finden wir feine Längsreihen in unterschiedlicher Anzahl jeweils auf der gerundeten Außenflanke der Einzelnadel.

Achten Sie doch einmal auf die Befestigung der Nadeln am Zweig. Fichtenzweige tragen besondere Nadelkissen, die nach dem Abfallen zurückbleiben und die Rauhigkeit der Zweige (Fichten-Feile) verursachen. Tannennadeln leben dagegen auf großem Fuß – sie sitzen mit rundlicher Fußscheibe am Zweig.

Die einfache äußere Form einer Koniferennadel läßt nichts von der konstruktiven Schönheit ihrer inneren Gewebe ahnen, wie sie uns erst das mikroskopische Schnittbild zeigt. Die Zellarrangements in den verschiedenen Geweben bilden ein Gesamtmuster, das schon fast an ein modernes Kunstwerk, beispielsweise einen Entwurf für ein Kathedralfenster, erinnert, mit der Lupe am Schnitt gerade zu erkennen.

Weiß-Tanne *(Abies alba)*: Drehwuchs ordnet die Nadeln in zwei Flachzeilen. Jede Nadel lebt auf großem Fuß (oben).

Tannenzweig mit Nadelstreifen: Die Unterseite zeigt zwei weißliche Längsstreifen mit Hunderten winziger Spaltöffnungen (Mitte).

Fünf auf einem Sitz: Die Arve *(Pinus cembra)* ist unsere einzige fünfnadelige Kiefer (unten).

… schon gewußt?

Die kleinflächigen Nadelblätter von Fichte, Tanne, Kiefer und vielen anderen Arten zeigen in ihrem Feinbau zahlreiche Anpassungen an Trockenheit. Trotz schwieriger Wasserversorgung kann ihre Photosynthese daher auch im Winter weitergehen.

Viele Vögel sind noch da

Schon im Tiefland oder im Mittelgebirge ist der Winter durchaus keine freundliche Jahreszeit für die Pflanzen- und Tierwelt. Genau besehen beginnt er für viele Vögel bereits im September, wenn es draußen keine Insektenvorräte mehr gibt. Arten, die den Sommer über eifrig Raupen und Maden eingesammelt haben, müssen sich jetzt notgedrungen umstellen. Viele Vögel schaffen den Wechsel zu einer völlig anderen Nahrung erstaunlich gut.

Der Hochgebirgswinter ist selbst in Tallagen um vieles härter als in den außeralpinen Regionen Mitteleuropas. Eine zuverlässig vorhandene Schneedecke und recht tiefe Temperaturen engen die Lebensgrenzen draußen sichtlich ein. Es wird still in den verschiedenen Teillebensräumen. Verständlich also, daß jetzt nur ganz wenige Unentwegte die Szene beleben – zum Beispiel die immergrünen Nadelhölzer, die im Gegensatz zu den laubwerfenden Laubgehölzen außerhalb der Schneebedeckung und bei mäßigen Temperaturen im Gefrierbereich durchaus noch einen bescheidenen Stoffgewinn erzielen. Die einzigen auffällig winteraktiven Tiere, denen man jetzt draußen begegnen kann, sind die Jahresvögel, die standorttreu auch während der Wintermonate in der Nähe ihrer Brutreviere bleiben oder allenfalls über kurze Entfernungen umherstreifen. Zugegeben: Ganz weit oben in den sibirischen Gefilden der Gipfelfluren wird es jetzt sehr ruhig. Alpendohle und Alpenkrähe sieht man jetzt schon einmal in Talnähe, und auch der Schneefink verläßt auf der Flucht vor der Nahrungsverknappung ganz bereitwillig die Hochregionen.

Vogeltreffpunkt Futterhaus

Die meisten Vogelarten, die auch während des Winters im Gebirge bleiben, besuchen zumindest die Futterstellen am Rande der Siedlungen oder nahe am Waldrand, soweit sie nicht ohnehin Kulturfolger und damit fast immer in der Nähe des Menschen sind. Manche Überwinterer zieht es aber so gar nicht zu solchen Treffpunkten, an denen es mitunter ja auch allerhand Gezänk gibt. Die Alpenbraunelle, im Sommer Brutvogel oberhalb der Krummholzregion und durchaus nicht selten, kommt fast nie in Hausnähe, sondern sucht allenfalls einmal an Heustadeln oder Almhütten Unterschlupf, soweit sie Schutz gegen starke Winde oder Schneefall bieten. Hier sind wohl auch immer ein paar Spinnen oder sonstige Gliedertiere zu finden. Die verwandte Heckenbraunelle, die sommers wohl zumindest bis in die Krummholzbestände brütet, wandert als Teilzieher fast immer in andere Winterquartiere ab. Selten bekommt man sie innerhalb der Alpen einmal an Futterstellen oder sonst bei der Nahrungssuche zu sehen.

Bunt gemischte Truppe

Wenn man bei einem Spaziergang durch den winterlichen Nadelwald nur leise genug ist, wird man sie wohl fast immer hören, aber nicht unbedingt auch sehen: Wintergoldhähnchen, unsere kleinsten Singvögel, sind in den talnahen Nadelwäldern des Berglandes Jahresvögel, wohingegen die nahe verwandten Sommergoldhähnchen die Bergregion während des Winters meiden. Insofern gibt es in der kalten Jahres-

Wintervögel. 1 Wintergoldhähnchen, **2** Tannenmeise, **3** Seidenschwanz, **4** Bergfink, **5** Fichtenkreuzschnabel, **6** Tannenhäher.

5
♀
5
♂
6
4

Dreizehenspechte *(Picoides tridactylus)* ringeln Nadelbaumstämme zur Gewinnung von nahrhaftem Baumsaft.

zeit auch kaum das Problem der schwierigen Artunterscheidung anhand der sehr ähnlichen Rufreihen. Wintergoldhähnchen sind eifrige Zweigturner vor allem in Fichten. Hier suchen sie mit behender Akrobatik alle Zweige nach Gliedertieren und deren Entwicklungsstadien ab. Oft befinden sie sich in der Gesellschaft umherziehender Meisenarten. Fast immer sind in den Futtersuchtrupps Tannenmeisen, nicht selten auch Haubenmeisen, die sich allerdings überwiegend in Deckungen aufhalten und daher nicht leicht zu beobachten sind. Mit der schwarzköpfigen Weidenmeise, die die Hochgebirge mit einer eigenen Rasse bewohnt (=Alpenmeise), könnte sogar noch eine dritte Meisenart bei den munteren Zweigturnern mitmachen. Nur ganz wenige Einzelgänger sind unterwegs. Zumindest paarweise streifen die Meisen umher und halten dabei mit leisen Rufen untereinander Kontakt. Die Sumpfmeise, eine der Weiden- oder Alpenmeise sehr ähnliche Zwillingsart, ist zu dieser Jahreszeit im Alpenraum nicht zu erwarten.

Ein Vogel legt Plantagen an

Nicht nur in der Talregion ist im Winter der Tannenhäher unterwegs und aktiv. Im Flug fallen seine weiße Schwanzbinde und die sehr helle, wohl als Signal dienende Unterschwanzdecke auf. Sein ziemlich lautes, schnarrendes und etwas nasales „Krärr“ ist im winterlichen Bergwald eine der markantesten Vogelstimmen. In den Zentralalpen ernährt sich der Tannenhäher fast ausschließlich von Zirbelnüssen, den fettreichen Samen der Arven oder Zirbelkiefern. In den übrigen Teilgebieten sammelt er auch die Samen anderer Koniferen, dazu auch Haselnüsse oder winterstehende Beerenfrüchte. Ähnlich wie der Eichelhäher legt er schon im Spätsommer und Herbst Depots an. Erstaunlicherweise findet er einen Großteil davon auch unter Schneebedeckung wieder. Der vergessene Rest trägt natürlich zur Verjüngung der Gehölzbestände bei – passenderweise fast immer in den Bestandslücken.
Eine große Vorliebe für Nadelbäume, speziell Fichten und Tannen, zeigt der Dreizehenspecht. Seine Nahrung, Larven oder Puppen rindenbewohnender Insekten, findet er auch während des Winters. Unverwechselbares

Kennzeichen seiner Tätigkeit sind die Spechtriegel an den Nadelholzstämmen – ganze Serien übereinanderliegender Lochreihen.

Brutgeschäft im Winterwald

Ein typischer Nadelwaldbewohner, vor allem von Fichten- und Tannenbeständen, ist der Fichtenkreuzschnabel, in der Ernährung spezialisiert auf die ölreichen Samen von Fichten oder anderen Nadelbäumen. Geschickt turnen die ziegelroten Männchen und grünlichgelben Weibchen durch die Zweige und klauben die reifen Samen aus Zapfen heraus. Mitten im Winter kann man übrigens auch den Gesang der Kreuzschnäbel hören. Ungewöhnlich ist auch die Brutzeit: Schon im Dezember kann das Weibchen mit der Eiablage und der Brut beginnen. Obwohl zu fast allen Jahreszeiten Bruten möglich sind, fallen etliche in den Winter.

... schon gewußt?

Aus Energiespargründen sinkt die Körpertemperatur überwinternder Vögel während der Nachtruhe kontrolliert um etliche Grade ab. Beliebig ist dieser zeitlich begrenzte Ausstieg aus dem Intensivstoffwechsel jedoch nicht, da eventuell der Kältetod droht.

Auch Birkenzeisige (*Carduelis flammea*) machen sich über die Fruchtstände der Erlen her (oben).

Nur selten kommt die Alpenbraunelle (*Prunella collaris*) im Winter in die Nähe von Siedlungen (Mitte).

Tannenhäher (*Nucifraga caryocatactes*) sind im Bergwald Jahresvögel.

Die Haut der Gehölze

Auch Sträucher und Bäume besitzen eine Haut, die sie nach außen abschottet, vor gefährlichen Wasserverlusten bewahrt, zudem auch unerwünschte Eindringlinge wie Pilze und Bakterien abwehrt und schließlich auch noch das Antlitz der Gehölze ausmacht: Wir nennen diese Pflanzenhaut in zarter Ausführung Rinde und bei altersbedingt grobrissiger Faltenlage Borke. Mit unserer eigenen Haut teilt sie mancherlei Eigenschaften. So ist sie beispielsweise durchaus sehr verletzlich. Wenn die feinfühlige Fassade eines Gehölzes beschädigt wird, gibt es bestenfalls Vernarbungen und schlimmstenfalls Wachstumsprobleme.

Aus mehreren Gründen ist der gesamte Rindenbereich recht sensibel. So befindet sich nur millimetertief unter der Oberfläche das aktive Wachstumsgewebe, von dem das gesamte Dickenwachstum der Stämme, Äste und Zweige ausgeht. Außerdem ist hier erstaunlich oberflächennah auch das hochgradig spezialisierte Leitgewebe für die gesamte stoffliche Versorgung der Gehölzorgane untergebracht. Hier wandern vor allem die löslichen Zucker aus den eifrig produzierenden Blättern so rasch an die Verbrauchs- oder Speicherorte, daß man es schon beinahe rauschen hören müßte.

Sonnenbräune sehr gefragt

Wo die Rinde nicht unmittelbar an der Stoffproduktion beteiligt ist und deswegen grün sein muß (wie bei der Heidelbeere), wechselt ihre Färbung zu dunkleren Tönen, überwiegend zu Rot, Braun oder Graubraun. Diese auf den ersten Blick vielleicht weniger attraktive Kosmetik hat ihre guten Gründe. Die Sonnenbräune ist nämlich auch in diesem Fall eine Antwort auf das Strahlenklima des Standorts. Gerade die der Sonne zugewandte Seite ist häufig besonders pigmentreich. Sobald im Herbst der Abschirmdienst der Belaubung buchstäblich wegfällt, ist Strahlenschutz besonders gefragt. Auch bei den laubwerfenden Gehölzen des Bergwaldes beobachten wir gerade während der Herbst- und Winterwochen eine intensivere Rindenfärbung. Ein paar besonders kosmetische Akzente entdecken wir dennoch: Es gibt manchmal wachsige Bereifung, auf jüngeren Teilen des Gezweigs auch flaumigen Haarfilz oder besondere Netz-, Leisten- und Punktmuster.

Lockere Verhältnisse

Die beachtliche Dichtigkeit des Rindengewebes gegen vermeidbare Wasserverluste oder Benetzung zur Unzeit bringt für die Äste und Zweige auch so einige Probleme mit sich. So blockiert die hübsche Fassade ja nicht nur die Wasserbewegung, sondern gleichzeitig auch den Gasaustausch, vor allem die Zufuhr von Sauerstoff für die Atmungsabläufe im Gewebe. Dafür muß es Aus- und Einwege geben. Wir finden sie auf den Rinden fast aller Gehölze in Form kleiner warziger Öffnungen (= Lentizellen), die wie Lüftungsschächte ins Innere von Ast und Zweig führen. Das Lentizellengewebe ist gewöhnlich abgestorben, reichlich aufgelockert und für die Belüftung wie geschaffen.

Punkt- oder leistenförmig angeordnete Lentizellen bedingen immer eine gewisse Rauhigkeit der

Rinde. Rindenalgen und Rindenflechten verstehen diese Haltehilfen als klare Einladung zur Ansiedlung und verwenden sie erfolgreich als Tritte und Griffe. Der Kontakt zwischen Aufwuchs und Unterlage geht aber in keinem Fall unter die Haut, sondern bleibt an der Oberfläche. Zwischen den Beteiligten finden keinerlei Stoffbewegungen oder vergleichbare Austauschaktionen statt. Besonders rauhrindige Gehölze, wie die Nadelholzarten aus dem Bergwald oder der subalpinen Stufe, tragen oft einen besonders üppigen Besatz.

Spurensuche im Gezweig

Zum charakteristischen Erscheinungsbild der Zweigrinden gehören außer Farbe und Lentizellen noch ein paar weitere Kennzeichen. So kann man oft noch nach Jahren die Ansatzstellen längst abgeworfener Blattgenerationen erkennen. Bei manchen Gebirgsgehölzen, etwa bei Berg-Ahorn oder Esche, sind sie auffallend groß. Deutlich zeichnen sich auf den Blattnarbenfeldern auch noch die ehemaligen Anschlußstellen der Leitbündel ab, die aus dem Zweig durch den Blattstiel in das Blatt zogen. Sehr schmale oder breit auseinandergezogene Blattmarken, oft auch in dichter Folge hintereinander angebracht, sind gleichsam die Fundamente früherer Knospenschuppen. An ihrer Stelle befand sich also einmal das Triebende, und von hier aus nahm der jeweilige Jahreszuwachs seinen Ausgang. Zurückzählen solcher Jahresgrenzen gibt also sehr schnell Aufschluß über das Alter eines Zweiges und seine Zuwachsleistungen in aufeinanderfolgenden Jahren. Bei den Zwerggehölzen der alpinen Stufe sind die Jahresgrenzen fast immer so eng zusam-

Die rissige Rinde des Berg-Ahorns *(Acer pseudoplatanus)* erleichtert die Ansiedlung von Moosen und Flechten.

mengerückt, daß man sie fast nicht mehr trennen kann. In den Hochlagen mit ihren produktionshemmenden Kurzsommern sind nennenswerte Triebverlängerungen nicht möglich. Sie sind aber auch nicht nötig, weil der betreffende Zweig ja sonst dem sicheren Schneeschutz entwachsen könnte.

Vorsorge treffen

Sie fallen nicht auf, sind aber mindestens schon seit den Spätsommerwochen am Geäst – die Knospen mit den Blatt- und Triebanlagen für die kommende

Saison. Bei vielen Klein- und Zwerggehölzen der höheren Vegetationsstufen finden sich in den Knospenhüllen auch schon die Anlagen für die übernächste Saison. Gerade wo es klimatisch gegen die Grenzen geht, planen die Pflanzen doch mit beachtlicher Vorlaufzeit. In Färbung, Stellung, Aufbau, Größe und Gestalt sind die Knospen der Laub- und Nadelgehölze enorm verschieden und dabei auch so kennzeichnend, daß man sogar die einzelnen Arten danach bestimmen kann.

Nicht jedermanns Geschmack

Rinden und Borken sind auch ein wichtiger Bestandteil der pflanzlichen Verteidigungschemie. Allerhand scharfschmeckende, übelriechende oder sogar giftige Stoffe schicken die Gehölze besonders in ihre Außenbezirke. Weiden führen hier beispielsweise den interessanten Naturstoff Salicylsäure. Faulbaumrinde enthält Anthrachinone und dient damit nach besonderer Vorbehandlung als Arzneimittel. Der Seidelbast spickt sich gar mit gefährlichen Giften, die auch für uns eine tödliche Gefahr werden könnten. Wunden, die durch Abbrechen oder Aufbeißen entstehen, können die Nadelbäume durch Harzfluß rasch wieder verschließen. Dieser automatisch arbeitende Wundverband sorgt außerdem dafür, daß Bakterien, Pilze oder

Fichtennadeln stecken in einem winzigen Nadelkissen. Abgenadelte Fichtenzweige sind daher rauh wie eine Feile (oben).

Am Rotbuchenzweig sieht man die Reste früherer Endknospen mit den Blattnarben der Knospenschuppen.

Zweigstelle des Pfaffenhütchens *(Euonymus europaea)* mit Korkleisten, Durchlüftungsstellen und Blattnarben (links).

Eindringliche Vorrichtungen: Die Stacheln der Brombeere *(Rubus fruticosus)* sind Kletterhilfen und Abwehrmittel (rechts).

andere gefährliche Infektionskeime gar nicht erst bis zum lebenden Holz vordringen können. Selbst wenn Borkenkäfer über einen Nadelbaum herfallen, hält sie der sofort einsetzende Harzstrom zunächst einmal wirksam in Schach. Der Angriffsgegner Käfer wird somit schlicht geleimt. Andererseits zeigt die enorm vielfältige pflanzliche Verteidigungschemie, daß es einen absoluten Schutz einfach nicht geben kann. Immerhin umfassen die Pflanzenfresser, die auch der Gehölzrinde zu nahe treten, die stattliche Galerie vom winzigen Insekt bis zum geweihtragenden Wiederkäuer. Eine stoffliche Universalversicherung ist dabei wohl undenkbar. Allerdings schränken die Rindenstoffe den Konsumentenkreis spürbar ein und lassen Spezialisten durchaus eine gewisse Chance.

... schon gewußt?

Wie ein grünes Blatt kann auch die Rinde von Ästen und Zweigen aktiv Photosynthese betreiben. Bei manchen Gehölzen (Blaubeere, Weiden, Hartriegel) ist sie bis in die Außenlagen grün, bei anderen liegen tiefgrüne Gewebe unmittelbar unter der bräunlichen Außenschicht.

Alpentiere in Aktion

Die Alpen bestehen nicht nur aus schroffen Gipfelgraten, holperigen Schuttfluren oder steilhangigen Karmulden. Von Natur aus sind sie nämlich eher ein weithin geschlossenes Waldgebiet, aus dem die gehölzfreien Lebensräume von der alpinen bis zur nivalen Stufe wie Inseln aus einem Meer aufragen. Besiedlung und Bewirtschaftung des Alpenraums haben dieses Bild im Laufe von Jahrhunderten erheblich verändert. Der Wald wurde vielfach auf Bereiche zurückgedrängt, wo andere Nutzungsformen nicht mehr möglich sind.

Früher kamen in den Alpen einmal alle waldlebenden mitteleuropäischen Großsäugerarten vor. Jagd und gezielte Ausrottung haben nicht einen einzigen Wisent, Auerochsen, Luchs oder Wolf übriggelassen. Vom Braunbär lebt heute nur noch eine wenigköpfige Restpopulation im österreichisch-jugoslawischen Grenzgebiet. Andere Wildarten wie Reh und Rothirsch sind in den Alpen infolge falscher Hege bei weitem überrepräsentiert. So rührend das Getümmel der Hirsche an der Winterfütterung auch erscheinen mag – hier päppelt man eine viel zu große Population durch die kalte Jahreszeit, damit die Reviere genügend Jagdtrophäen hergeben. Mit Tierliebe hat dies wenig und mit Naturschutz schon gar nichts mehr zu tun.

Probleme einfach überschlafen

Viele Tierarten, die außerhalb der Hochgebirge leben, wären von ihrer natürlichen Verbreitung eigentlich auch Tiere der Alpen. Unter „Alpentieren" versteht man jedoch vor allem solche Tierarten, die heute überwiegend oder sogar ausschließlich von der alpinen Region aufwärts vorkommen. Unter den Säugern ist ihre

Schneehase *(Lepus timidus)* in brauner Sommertracht: Nach sommerlichem Schneefall ist er nur schlecht getarnt.

Nicht der Schnee, sondern die Jahreszeit steuert den Haarwechsel zum weißen Winterfell (unten).

Alpenschneehuhn *(Lagopus mutus)*: Henne im bräunlichen Sommerkleid. Flügel, Bauch und Füße bleiben weiß befiedert (oben).

Alpenschneehuhn (Hahn) im Übergangskleid. Der Schneeschuheffekt der Federfüße erleichtert die rasche Laufbewegung (Mitte).

Alpenschneehuhn (Henne) im weißen Winterkleid (unten).

Artenzahl nicht allzu groß. Mit zunehmender Höhenlage werden Klima und Geländeverhältnisse so schwierig, daß nur noch Arten mit besonderen Anpassungsvorteilen die Höhenstufen oberhalb der Waldgrenze bewohnen können. Verschiedene Strategien sind dabei zu beobachten.

Das Murmeltier, im eiszeitlichen Europa noch ein häufiger Bewohner des Tieflandes und heute im wesentlichen auf die Alpen beschränkt, weicht den winterlichen Problemen seines Lebensraumes einfach aus; bis zu sieben Monate verbringt es im Winterschlaf in seinem grasgepolsterten, unterirdischen Schlafkessel. Die Körpertemperatur sinkt während dieser Zeit auf etwa 6 °C, und entsprechend verlangsamen sich auch Atemfrequenz und Herzrhythmus. Ebenso handhabt es der Igel, der ja viel höher ins Gebirge geht, als man für möglich hält. Bis zur Krummholzregion dehnt er seinen Lebensraum allemal aus. Winterschlafende Tiere nehmen in der Ruhephase keine Nahrung auf, sondern zehren im Spätsommer angemästete Reserven auf.

Winterwanderungen

Eine andere Art von Ausweichmanöver zeigen uns die Gemsen.

Die Schneemaus *(Microtus nivalis)* ist eine der wenigen wirklich grauen Mäuse der heimischen Kleinsäugerfauna (oben).

Hermelin *(Mustela erminea)* im weißen Winterkleid. Auch im Winter jagen die Tiere zu allen Tageszeiten.

Nur im Sommer halten sie sich zum Äsen auf hochgelegenen Matten und in Steilwänden auf, in denen sie mit traumhafter Sicherheit umherturnen. Erst im Winter wandern sie herunter bis in die obere Bergwaldstufe. Im Tal sind sie dagegen nie zu beobachten. Zu keiner Zeit überschneidet sich ihr Lebensraum mit den Revieren von Rot oder Rehwild. Nahrung finden sie im winterlichen Einstandsgebiet auf jeden Fall – Nadeln und gegebenenfalls Borke oder Rinde sind ihnen auch während hoher Schneelagen zugänglich.

Nahezu konkurrenzlos richtet sich der Steinbock auch im Winter ganz weit oben ein. Hier sucht er bevorzugt die vom Wind offengelegten Steilhänge und Windkuppen auf, wo trotz Schneefall wintergrüne Zwergsträucher oder Polsterpflanzen vorhanden sind. Zumindest tagsüber erwärmt die tiefstehende Sonne die südexponierten Hänge eher als die Talregion, wo sich sehr oft Kaltluftseen stauen. Steinböcke sind ebenso wie das Gamswild bewundernswerte Kletterkünstler. Die Hufe sind weit abspreizbar und geben ihnen auch im extrem steilen Gelände einen festen Tritt. Die kräftigen Hinterbeine lassen auf ein enormes Sprungvermögen schließen. Hinderlich sind für die Tiere kurioserweise nur die Talniederungen. Sie sind für diese Alpentiere so wirksame Verbreitungsbarrieren wie für andere Arten die Gipfelgrate.

Ganz in Weiß

Die meisten Kleinsäuger verzichten auf eine besondere Schutzfärbung – zum Beispiel die ziemlich einheitlich dunkelgraue Alpenspitzmaus, die keine Winterruhe hält und manchmal unter der Schneedecke aktiv ist, um ihren enormen Nahrungsbedarf zu decken.

Die Schneemaus gewandet sich dagegen in hellem, fast weißlichen Grau. Sie bewohnt in den Alpen versteckreiche Geröllfelder weit oberhalb der Waldgrenze und ist schon in 4700 m Höhe gesehen worden. Schneemäuse sonnen sich gerne – wohl um ihre Wärmebilanz ein wenig aufzubessern. Daher kann man sie tagsüber im Umkreis von Almhütten oder an anderen Stellen sehr gut

Gamsbock *(Rupicapra rupicapra)*. Mit Beginn des Bergwinters setzt die Brunftzeit der Tiere ein. Sie erstreckt sich bis in den Januar.

beobachten. Bei Schlechtwetterperioden bleiben sie in ihren Gängen und knabbern an eingesammelten Wintervorräten.
Mehr als ein angleichender Tarnanzug ist das weiße Winterkleid der Schneehasen wohl nicht. Ab Mitte Oktober beginnt der Haarwechsel, und im März ist schon wieder eine neue Garderobe fällig. Schneehasen sind in den Alpen – ebenso wie das Schneehuhn – echte Eiszeitrelikte. Ihr geschlossenes Verbreitungsgebiet umfaßt das gesamte subarktische und arktische Europa. In Irland lebt eine Lokalrasse, die während des Winters braun bleibt. Schneehasen sind erwartungsgemäß hervorragende Schneegänger. Stark behaarte Pfoten erleichtern ihnen sichtlich die Fortbewegung. Auch die für Hasen an sich etwas kurzen Löffel sind wohl eine Konzession an den Lebensraum – sie strahlen nämlich weniger Wärme ab als supergroße Langohren.
Als einziges auch außeralpin vorkommendes Tier legt auch das Hermelin im Herbst ein (bis auf die schwarze Schwanzspitze) einheitlich weißes Haarkleid an.

... schon gewußt?

Die winterlichen Durchschnittstemperaturen sind in den Alpen denen der Arktis vergleichbar. Die Lebensbedingungen für Tiere sind im Hochgebirge dennoch günstiger, weil die lange Polarnacht fehlt.

Literaturtips

BELLMANN, H.: Der neue Kosmos-Insektenführer. Kosmos-Verlag, Stuttgart 1999.

BUER, F.: Natur in der Stadt neu entdecken. Landbuch Verlag, Hannover 1994.

DREYER, E., DREYER, W.: Der Kosmos-Waldführer. Kosmos-Verlag, Stuttgart 1990.

ELLENBERG, H.: Die Vegetation Mitteleuropas mit den Alpen. Eugen Ulmer Verlag, Stuttgart 1996.

ENGELHART, W.: Was lebt in Tümpel, Bach und Weiher? Kosmos-Verlag. Stuttgart 1996.

ERLBECK, R., HASEDER, I. E., STINGLWAGNER, G. K. F.: Das Kosmos Wald- und Forstlexikon. Kosmos-Verlag, Stuttgart 1998.

FRAHM, J.-P.: Moose als Bioindikatoren. Quelle & Meyer Verlag, Wiesbaden 1998.

GERSTMEIER R., ROMIG, T.: Die Süßwasserfische Europas. Kosmos-Verlag, Stuttgart 1998.

GRAU, J., KREMER, B. P., MÖSELER, B.: Gräser. Mosaik Verlag, München 2000.

HESS, D.: Die Blüte. Eugen Ulmer Verlag, Stuttgart 1990.

HOFMEISTER, H.: Lebensraum Wald. Parey Buchverlag, Berlin 1997.

JANKE, K., KREMER, B. P., REICHHOLF, J.: Meere und Küsten. Zur Ökologie mariner Lebensräume Europas. Mosaik-Verlag, München 1990.

JANKE, K., KREMER, B. P.: Das Watt. Kosmos-Verlag, Stuttgart 1990.

JANKE, K., KREMER, B. P.: Düne, Strand und Wattenmeer. Kosmos-Verlag, Stuttgart 1999.

KIRSCHBAUM, U., WIRTH, V.: Flechten erkennen – Luftgüte bestimmen. Eugen Ulmer Verlag, Stuttgart 1995.

KREMER, B. P.: Lebensraum aus Menschenhand. RVDL-Verlag, Köln 1997.

KREMER, B. P.: Die Bäume Mitteleuropas. Kosmos-Verlag, Stuttgart 1998.

KREMER, B. P.: Heilpflanzen. Kosmos-Verlag, Stuttgart 2000.

KREMER, B.P.: Was blüht in den Alpen?. Kosmos-Verlag, Stuttgart 2001.

KÜSTER, H.: Geschichte des Waldes. Von der Urzeit bis zur Gegenwart. C.H. Beck Verlag, München 1998.

NÖLLERT, A. & C.: Die Amphibien Europas. Kosmos-Verlag, Stuttgart 1992.

POTT, R.: Farbatlas Waldlandschaften. Eugen Ulmer Verlag, Stuttgart 1993.

REICHHOLF, J.: Feld und Flur. Mosaik-Verlag, München 1989.

REICHHOLF, J., KREMER, B. P.: Gebirge und Tundra. Mosaik-Verlag, München 1991.

SCHMITT, H.: Die Wiese als Ökosystem. Aulis-Verlag, Köln 1979.

STREBLE, H., KRAUTER, D.: Das Leben im Wassertropfen. Kosmos-Verlag, Stuttgart 1988.

SVENSSON, L., GRANT, P. J., MULLARNEY, K., ZETTERSTRÖM, D.: Der neue Kosmos-Vogelführer. Kosmos-Verlag, Stuttgart 1999.

WIRTH, V., DÜLL, R.: Farbatlas Flechten und Moose. Eugen Ulmer Verlag, Stuttgart 2000.

Adressen

Bund für Umwelt- und Naturschutz Deutschland e.V. (BUND)
Im Rheingarten 7
53225 Bonn

Bundesamt für Naturschutz (BfN)
Konstantinstr. 110
53179 Bonn

Deutscher Naturschutzring
Am Michaelshof 8 – 10
53177 Bonn

Naturschutzbund Deutschland e.V. (NABU)
Herbert-Rabius-Str. 26
53225 Bonn

Umweltstiftung WWF-Deutschland
Hedderichstr. 110
60596 Frankfurt

Naturschutzgesellschaft Schutzstation Wattenmeer e.V.
Grafenstraße 23
24768 Rendsburg

Verein Jordsand zum Schutze der Seevögel und der Natur e.V.
Bornkampsweg 35
22926 Ahrensburg

Österreichischer Naturschutzbund (ÖNB) – Bundesverband
Arenbergstr. 10
A-5010 Salzburg

Schweizerischer Bund für Naturschutz (SBN)
Wartenbergstr. 22 – PF 73
CH-4020 Basel

Schutzgemeinschaft Deutsche Nordseeküste
Neumühlenstraße 10
26216 Varel

Register

Halbfett gedruckte Seitenzahlen weisen auf Abbildungen hin.

Bildnachweis

Mit Farbfotos von
T. Angermayer (Seite 81, 119, 325 re);
H. Bellmann (Seite 175 li, 338 alle);
L. Bertrand (Seite 181, 543);
R. Blauscheck (Seite 23, 24, 25, 27 beide, 28, 29, 30, 31, 32, 33 beide, 34, 35, 37 u, 92/93, 94, 95 u, 96 o, 99, 101 beide, 102, 104, 105 u, 108, 109, 219 u, 222, 224, 225, 226, 227, 228, 229 beide, 233 beide, 234, 239, 372 beide, 373, 378, 381, 386 u, 387, 484/485, 487 beide, 490 beide, 491beide);
M. Danegger (Seite 563);
J. Diedrich (Seite 285, 386 o, 425, 495 re);
S. Dierßen (Seite 48);
S. Dieterich (Seite 4/5);
E. Elfner/T. Angermayer (Seite 479 re);
G. Ewald (Seite 55 beide, 427 beide);
R. Fiebrandt (Seite 473, 502/503);
K. Frantz (Seite 112, 496);
H. Fürst (Seite 105 o, 120 re, 243, 483 re oben);
H. Fürst/D. Stahl (Seite 242 re, 392);
L. Gensetter L. (Seite 170/171, 316/317, 432/433, 540/541);
J. Gilliéron (Seite 173, 319 u, 337, 555 u, 562 o);
W. Groß (Seite 331, 545 li);
M. Haberer (Seite 89);
R. Haselberger/T. Angermayer (Seite 175 re, 263);
E. Hüttenmoser (Seite 61, 190, 560 beide, 561 o);
K. Janke (Seite 57 o, 57 Mitte, 151 beide, 152, 153, 157 beide, 162 o, 163 beide, 164 alle, 165, 166 alle, 167, 169 alle, 283 li, 284 alle, 288 beide, 289 beide, 296 li, 301 alle, 302, 303 alle, 304 beide, 305 beide, 306, 307, 309 o, 309 Mitte, 310 alle, 311 o, 311 Mitte, 313 Mitte, 313 u, 314 re, 315 re unten, 409 beide, 412 beide, 415, 429 alle, 430 beide, 431 beide, 533, 534 alle, 535 alle, 536 beide, 537 alle, 538 beide);
F. Jantzen (Seite 82 o);
G. Jurzitza (Seite 218);
A. Klees (Seite 49 re Mitte, 398 li, 403 u, 498, 499, 500 o);
R. König (Seite 133 o, 201 li oben, 210 re, 214 re, 215 re, 216/217, 248 u, 311 u, 313 o, 399, 422, 526);
B.P. Kremer (Seite 20, 44, 72 beide, 73, 75 beide, 87 o, 120 li, 131 (alle), 132, 158, 161, 162 u, 174 o, 180 beide, 192, 203 re Mitte, 205 re, 209 beide, 247, 248 o, 250 re, 257 beide, 265 beide, 266, 291, 292, 296 re, 309 u, 321, 322 li, 330, 341 o, 344 alle, 350, 352, 353 beide, 357, 360 o, 361 re, 367, 368, 369 beide, 391, 393, 403 o, 404/405, 408, 414, 421, 446, 447, 459 beide, 460 beide, 461 alle, 471 beide, 472 beide, 476 li, 509 beide, 510 beide, 511 beide, 519 re, 520 beide, 521, 528, 532 beide, 547 li, 548 beide, 550 alle, 558 beide, 559 beide);
F. Labhardt (Seite 185 li, 439);
H.E. Laux (Seite 86 u, 177 beide, 185 re, 187 re, 206 o, 249 u, 333 li, 341 u, 345 li oben, 438, 442, 449 li, 450 beide);
W. Layer (Seite 13, 111 o, 219 o, 235 o, 361 li, 383, 400, 482);
A. Limbrunner (Seite 36 u, 37 o, 43, 49 li Mitte, 67 li Mitte, 67 re zweites von oben, 71 beide, 111 u, 113 o, 115, 129, 174 u, 205 li, 242 li, 270, 271, 274, 319 o, 320, 323, 325 li, 388/389, 436, 454, 480 li, 483 re unten, 483 li unten, 515, 554, 555 Mitte, 561 Mitte, 561 u, 562 u);
H. Limbrunner (Seite 10);
T. Marktanner (Seite 123 re, 143 re, 187 li, 250 li, 253 li, 322 re, 333 re, 343 li, 345 li unten, 544);
D. Nill (Seite 49 re oben, 97 o, 363);
H. Pfletschinger/T. Angermayer (Seite 36 o, 82 u, 83, 95 o, 96 u, 98 unten (beide), 114 o, 135, 136, 137 beide, 139 re, 143 li, 201 li unten, 203 li oben, 203 re unten, 214 li (alle), 215 li, 235 u, 249 o, 272, 275, 276 beide, 277, 279, 334, 396, 397, 483 li oben, 483 re Mitte);
M Pforr (Seite 67 li oben, 189, 326 re, 449 re, 547 re);
E. Pott (Seite 57 u, 65, 68/69, 90 u, L 91 o, 144/145, 193 u, 213 o, 236 o, 237 re, 351 o, 355, 379 u, 456/457, 493 re, 557);
H. Presser (Seite 545 re);
P. Pretscher (Seite 9, 14, 17, 139 li, 213 u, 518);
G. Quedens (Seite 56 re oben, 56 re Mitte, 56 li Mitte, 315 o, 522/523);
Reinhard-Tierfoto (Seite 2/3, 7, 11, 19, 21 re Mitte, 21 re unten, 21 li unten, 36 Mitte, 39, 41, 77, 85 beide, 87 u, 90 o, 98 o, 116/117, 123 li, 206 u, 237 li, 273 o, 346/347, 349, 351 li unten, re unten, 370/371, 375 beide, 390, 475, 479 li, 480 re, 501, 504, 505, 507);
Reinhard-Tierfoto/T. Angermayer (Seite 21 re oben, 37 M);
W. Retter (Seite 178);
T. Ruckstuhl (Seite 67 re oben);
G. Sahling (Seite 159 beide);
S. Sammer (Seite 497 u);
F. Sauer (Seite 97 u, 103, 114 u, 251 beide, 314 li, 360 u, 476 re);
E. Schmidt (Seite 398 re);
H. Schneider (Seite 113 u);
P. Schönfelder (Seite 86 o, 194/195, 223, 508);
H. Schrempp (Seite 96 Mitte, 179 beide, 203 li Mitte, 203 li unten, 262, 359, 463, 468 li unten, 468 re, 519 li);
W. Schubert (Seite 379 o, 410, 494);
K. Schwammberger (Seite 278, 467 re);
K. Seeger (Seite 244/245);
F. Siedel (Seite 121);
G. Synatzschke (Seite 23 li Mitte, 49 li oben, 203 re oben, 207, 221 alle, 236 u, 402, 467 li oben, 467 li unten, 468 li oben);
U. Walz (Seite 56 li oben);

J. Weber (Seite 21 li oben, 49 re unten, 382, 493 li);
K. Wernicke (Seite 56 li unten, 56 re unten, 156, 280/281, 282, 283 re, 308, 315 li unten, 417 beide, 418, 419, 423, 426, 492, 500 u, 513 beide, 514 beide, 525, 527);
K. Wothe (Seite 66, 193 o, 319 Mitte, 326 li, 340, 435, 441, 555 o);
P. Zeininger (Seite 127, 133 u, 253 re, 273 u);
W. Zepf (Seite 67 re zweites von unten, 67 re unten, 67 li unten, 335, 343 re, 345 re oben, 345 re unten);
L. Zier (Seite 497 o);
G. Ziesler/T. Angermayer (Seite 49 li unten).

Mit farbigen Illustrationen von
W.A. Bentley (Seite 544);
M. Golte-Bechtle (Seite 78/79, 106/107, 154/155, 182/183, 198/199, 210/211, 268/269, 294/295, 328/329, 364/365, 376/377, 384/385, 394/395, 410/411, 444/445, 516/517, 530/531, 552/553);
R. Hofmann (Seite 258, 259, 260, 261);
B.P. Kremer (Seite 51, 53, 59, 63, 147, 148, 158, 165, 167, 287, 298/299, 300, 407, 453, 477, 506);
U. Müller (Seite 124/125, 140/141, 230/231, 240/241, 254/255, 464/465, 488/489).

Autoren
Die Kapitel über Tümpel, Bach und Weiher stammen von Ralf Blauscheck. Die Kapitel über das Meer schrieben Bruno P. Kremer und Klaus Janke. Alle übrigen Kapitel über den Wald, die Wiese und die Alpen verfasste Bruno P. Kremer.

Impressum

Mit 606 Farbfotos, 57 Farbzeichnungen sowie 25 ganzseitige Farbillustrationen

Umschlag von Friedhelm Steinen-Broo, eStudioCalamar, unter Verwendung von sechs Farbfotos von H. Reinhard (Hauptmotiv Marienkäfer), M. Pforr (Enzian, Schachblume, Stieleiche) und P. Zeininger (Eisvogel, Seehund)

Die Farbillustrationen auf den Klappen stammen von M. Golte-Bechtle (Lebensraum Meer auf S. 576), W. Lang (Lebensraum Wald auf der vorderen Außenklappe, Lebensraum See und Bach auf der vorderen Innenklappe, Lebensraum Wald auf S. 1, Lebensraum Meer Weichbodenküste auf der hinteren Innenklappe oben, Lebensraum Alpen auf der hinteren Außenklappe) sowie von J.-C. Rost, koloriert von W. Lang (Lebensraum Meer Küstentypen auf der hinteren Innenklappe unten)

Die Deutsche Bibliothek – CIP-Einheitsaufnahme
Ein Titelsatz für diese Publikation ist bei der Deutschen Bibliothek erhältlich

Sonderausgabe der Kosmos-Naturspaziergänge „Wald", „Am Wasser", „Wiese", „Am Meer" und „Alpen"

Gedruckt auf chlorfrei gebleichtem Papier

ISBN 3-440-08575-9
Lektorat: Bärbel Oftring, Angelika Holdau, Rainer Gerstle
Printed in Italy/Imprimé en Italie
Druck und buchbinderische Verarbeitung: Printer Trento S.r.l., Trento